Kohlhammer

Die Herausgeber

Apl. Prof. Dr. Heinrich Ricking forscht und lehrt an der Universität Oldenburg in der Fachgruppe Pädagogik bei Verhaltensstörungen und verfügt als Förderschullehrer über langjährige Praxiserfahrungen. Seine Arbeits- und Forschungsschwerpunkte liegen in den Bereichen schulische Erziehungshilfe, Schulabsentismus und Dropout sowie Didaktik unter besonderer Berücksichtigung der Schwerpunkte Lernen und emotionale und soziale Entwicklung.

Tijs Bolz (M. Ed.) ist wissenschaftlicher Mitarbeiter an der Universität Oldenburg in den Fachgruppen Pädagogik bei Verhaltensstörungen sowie Sonder- und Rehabilitationspädagogische Psychologie. Während des Studiums der Sonderpädagogik arbeitete er als pädagogischer Mitarbeiter an einer Förderschule mit dem Schwerpunkt ESE sowie in einer therapeutischen Wohngruppe. Seine Arbeits- und Forschungsschwerpunkte liegen in den Bereichen Schüler-Lehrer-Beziehung, Diagnostik und Intervention unter besonderer Berücksichtigung intensivpädagogischer Unterstützungsmaßnahmen.

Bastian Rieß (M. Ed.) ist an der Universität Oldenburg als Koordinator für den Ausbau Sonderpädagogik tätig. Nach dem Studienabschluss arbeitete er als Lehrkraft im intensivpädagogischen Schulangebot einer Förderschule mit dem Schwerpunkt emotionale und soziale Entwicklung. Als wissenschaftlicher Mitarbeiter in der Arbeitsgruppe Pädagogik bei Verhaltensstörungen und Koordinator für das Qualifizierungsprogramm Weiterbildung Sonderpädagogik kehrte er an die Universität Oldenburg zurück. Seine Arbeits- und Forschungsschwerpunkte liegen im Bereich sonderpädagogischer Beratung und Qualifizierung.

Prof. Dr. habil. Manfred Wittrock arbeitete nach seinem Lehramtsstudienabschluss als Lehrer und nach seiner Promotion in Psychologie zuerst als wissenschaftlicher Mitarbeiter und Akademischer Rat. Als Professor für Pädagogik bei Verhaltensstörungen war er ab 1993 an der Universität Rostock und anschließend bis 2019 an der Universität Oldenburg tätig. Seine Arbeits- und Forschungsschwerpunkte liegen im Bereich internalisierender Verhaltensstörungen und Behavioral Literacy.

Heinrich Ricking,
Tijs Bolz,
Bastian Rieß,
Manfred Wittrock (Hrsg.)

Prävention und Intervention bei Verhaltensstörungen

Gestufte Hilfen in der schulischen Inklusion

Verlag W. Kohlhammer

1. Auflage 2021

Alle Rechte vorbehalten
© W. Kohlhammer GmbH, Stuttgart
Gesamtherstellung: W. Kohlhammer GmbH, Stuttgart

Print:
ISBN 978-3-17-036330-4

E-Book-Formate:
pdf: ISBN 978-3-17-036331-1
epub: ISBN 978-3-17-036332-8
mobi: ISBN 978-3-17-036333-5

Inhaltsverzeichnis

1 Einleitung

Heinrich Ricking, Tijs Bolz, Bastian Rieß & Manfred Wittrock

Das Problem

Verhaltensstörungen bei Kindern und Jugendlichen bzw. Förderbedarfe im Bereich der emotionalen und sozialen Entwicklung[1] stellen in dem heutigen, sich inklusiv entwickelnden Bildungssystem eine große Herausforderung für alle an und in Schule und Jugendhilfe tätigen Professionellen dar. Die Betrachtung dieser schulischen und auch gesellschaftlichen Problematiken bilden den Kern des wissenschaftlichen Erkenntnisinteresses des vorliegenden Werkes. Dabei sind die Ausführungen aus sonderpädagogischer Perspektive insbesondere den Kindern und Jugendlichen gewidmet, die sich in psychosozialen Fehlentwicklungen und in beständiger Gefahr befinden von schulischer und gesellschaftlicher Teilhabe ausgeschlossen zu werden. Der überwiegende Teil der Schülerschaft, der hier im Fokus steht, wächst in risikobeladenen Lebenssituationen auf, die v. a. durch psychosoziale Problemlagen und sozioökonomische Belastungen gerahmt werden. Die entstehenden Probleme und Störungen im emotionalen Erleben und sozialen Handeln erweisen sich im Entwicklungsverlauf als relativ stabil. Sie treten in mehreren Settings auf und betreffen den Umgang mit sich selbst, mit anderen und wirken sich sehr häufig negativ auf das schulische sowie außerschulische Handlungsfeld aus. Die Betroffenen haben oftmals deutliche Probleme den schulischen Anforderungen zu genügen – die Entwicklungsprobleme der ersten Lebensjahre artikulieren sich u. a. in mangelnder sozialer Integration, in emotionaler Instabilität und in schulischen Leistungsproblemen. In einigen Schulformen erscheinen sie in geballter Weise und bringen die pädagogisch Handelnden nicht selten an den Rand der Überforderung. Schließlich führen die Bedingungen Schülerin bzw. Schüler und Schule in zunehmende Distanzierung, begleitet und verstärkt durch außerschulische Risikolagen, schulische Verhaltens- und Disziplinprobleme, Schulversagen und Schulabsentismus (Ricking, Schulze & Wittrock, 2009).

Der Fokus des vorliegenden Herausgeberwerks liegt somit auf Beeinträchtigungen in der sozial-emotionalen Entwicklung, die in den Lebensabschnitten Kindheit und Jugend v. a. im Bezugsfeld Schule verdichtet werden. Dabei spielt die Partizipation dieser Schülerinnen und Schüler am schulischen Unterricht und Schulleben

---

[1] Da sehr unterschiedliche Verwendungen und Schreibweisen des Begriffs »Förderschwerpunkt im Bereich der emotionalen und sozialen Entwicklung« im Fachgebiet bestehen, orientiert sich das Herausgeberteam an der Orthografie der Empfehlung zum Förderschwerpunkt emotionale und soziale Entwicklung der KMK vom 10.03.2000. »Emotionale und soziale Entwicklung« wird im Folgenden oft in der Kurzform »ESE« genutzt.

die dominierende Rolle. Die Aktualität der bereits angedeuteten Problemlagen steht dabei außer Frage (Autorengruppe Bildungsberichterstattung, 2018). Die empirischen Erkenntnisse aus nationalen sowie internationalen Studien zu Prävalenzraten psychischer Auffälligkeiten (bzw. Störungen), der grundlegende Anstieg der Förderquote und die Zunahme an Schülerinnen und Schülern mit Förderbedarf in der allgemeinen Schule unterstreichen die Relevanz, gezielte Unterstützungsstrukturen und -maßnahmen auf verschiedenen Ebenen des Schulsystems zu implementieren (▶ Kap. 2.5). Auch qualitativ werden im Praxisfeld zunehmende Herausforderungen wahrgenommen und benannt, was sich u. a. in dem Belastungsempfinden von pädagogisch Tätigen in diesem Handlungsfeld und im Professionalisierungsbedarf widerspiegelt (Herz, 2016; Zimmermann, Fickler-Stang, Dietrich & Weiland, 2019). Um diesen Bedürfnissen der Schülerinnen und Schüler sowie weiteren Bezugssystemen annähernd Rechnung zu tragen, bedarf es aus Sicht der Herausgeber einerseits gut ausgebildete und vorbereitete Fachkräfte und andererseits eines gestuften und vernetzten Systems (sonder-)pädagogischer Unterstützung (Willmann & Reiser, 2007; Rieß & Bolz, 2015), das im Folgenden differenziert dargestellt werden soll. Somit richtet sich dieses Buch an alle in einem sich inklusiv entwickelnden Setting mit Kindern und Jugendlichen arbeitenden Berufsgruppen, also sowohl Regelschullehrerinnen und -lehrer, Schulsozialarbeiterinnen und -arbeiter, Sonderpädagoginnen und -pädagogen als auch weitere Akteurinnen und Akteure in diesem Feld.

Gegenstandsverständnis

Der Gegenstand der nachfolgenden Beiträge besteht in der grundlegenden Auseinandersetzung mit der Prävention im Förderschwerpunkt emotionale und soziale Entwicklung sowie der Intervention bei bereits verfestigten Verhaltensstörungen. Hintergründig beziehen wir uns auf die aktuell relevanten Definitionen von Myschker & Stein (2018), Opp & Unger (2003) und der KMK (2000). Die Definitionen von Myschker & Stein (2018) mit der klaren Bezugnahme auf die Bedeutung der Erwartungsnormen und die von Stein (2019) mit der deutlichen interaktionistischen Perspektive sind dabei theoretisch leitend. Erst die professionelle *Wahrnehmung* von Verhaltensweisen bzw. Störungen des Verhaltens (in externaler und internaler Form) schafft die Voraussetzung dafür, ein pädagogisches *Verstehen* zu ermöglichen. Dieses ist aus Perspektive der Herausgeber die Grundlage für professionelles *Handeln*: Jedes menschliche Verhalten ist ein subjektiv problemlösendes. Da nur auf der Grundlage von fachlich gesichertem Wahrnehmen und Verstehen ein *planvolles, theoriegeleitetes Handeln* im Rahmen wirksamer Erziehung und Bildung möglich ist, findet dieses Buch im interaktionistischen Ansatz die zentrale Orientierung (Seitz, 1992; Müller & Stein, 2015). In den Beiträgen werden, stets bezugnehmend auf das System der gestuften Hilfen (▶ Kap. 3), sowohl die theoriebezogenen Grundlagen als auch konkrete Konzepte für »Wahrnehmen, Verstehen, Handeln« dargestellt (Vernooij & Wittrock, 2008). Hohe begriffliche Relevanz zeigen dabei »Verhaltensauffälligkeit«, »Beeinträchtigung der emotionalen und sozialen Entwicklung« (auch »Förderbedarf im Bereich der ESE«) und »Verhaltensstörung«. Gerade im Hinblick auf die »International Classifikation of Functioning, Disability and Health« (ICF; DIMDI, 2005) erscheint die Verwendung des Begriffes »Beeinträchtigung« als einen weiter gefassten Begriff zur Beschreibung der Personengruppe in Ergänzung zum engeren Verständnis einer »Verhaltensstörung« sinnvoll (s. Kasten unten). Beeinträchtigungen in der emotionalen und sozialen Entwicklung müssen dabei stets unter Berücksichtigung von Resilienzkonzepten, Ergebnissen der Resilienzforschung und insbesondere dem Risiko- und Schutzfaktorenkonzept betrachtet werden (Opp & Fingerle, 2008; Wustmann-Seiler, 2015).

Präventiver und früh-interventiver Zugang

Dass eine Förderung im Entwicklungsverlauf oft zu spät einsetzt – häufig erst dann, wenn das Vollbild einer Störung oder Behinderung bereits vorliegt und so viele Optionen verschenkt werden, den Entwicklungsgradienten früh zu beeinflussen kann als Grundproblem der Fachdisziplin der Pädagogik bei Verhaltensstörungen verstanden werden. Eine manifeste Verhaltensstörung steht erst am Ende eines Prozesses, in dem Kinder und Jugendliche oft unangemessene und schädigende Lebensbedingungen vorfanden, dann mit ungünstigen Voraussetzungen in die Schule kommen, dort mit den sozialen und akademischen Anforderungen kämpfen und vielfach an ihnen scheitern (Ricking, 2018). Die psychosoziale Entwicklung ist als sukzessiver Aufbauprozess zu verstehen, in dem Entwicklungsergebnisse immer auch als Voraussetzungen für weitere Entwicklungsschritte gelten. Fehlende Resultate in einer Phase bleiben somit kein isoliertes Problem, sondern wirken sich negativ in den folgenden Phasen mit neuen Entwicklungsaufgaben aus. Damit wird auch die Notwendigkeit von präventiven Maßnahmen und frühen Interventionen betont. In der pädagogischen Praxis lassen sich spezifische Ausprägungsgrade einer (drohenden) Beeinträchtigung in der emotionalen und sozialen Entwicklung insbesondere in Bezug auf die Dimensionen »zeitliche Dauer«, »Situation/Rahmung« und »Ausprägungsgrad« identifizieren. Die Betonung der Prozessgestalt bei der Herausbildung von Verhaltensstörungen mit spezifischen Ausprägungsmerkmalen ist daher notwendig.

Dimensionen der Herausbildung von Verhaltensstörungen

Zeitliche Dauer:	vereinzelt	punktuell	andauernd
Situation/Rahmung:	eine	mehrere Situationen	mehrdimensional
Ausprägungsgrad:	leicht	mittel	schwer

Zu unterstreichen ist die Notwendigkeit Verzögerungen zu vermeiden, präventive Bedingungen zu schaffen und Interventionen früh wirksam werden zu lassen (Hennemann, Ricking & Huber, 2018).

Angesichts der oftmalig lebenslangen Auswirkungen von Maladaptionen in bedeutenden Entwicklungsphasen ist dieses basale Verständnis, Fehlentwicklungen im Entwicklungskontext durch Prävention oder frühe Interventionen abzuwenden, von größter pädagogischer Bedeutung. In der Auseinandersetzung mit diesem Prozess werden daher allen Stufen der Herausbildung von Verhaltensstörungen bearbeitet und so ein konzeptioneller Rahmen für die Anpassung von Förderbedingungen und Maßnahmen an die Bedarfe und Bedürfnisse der Zielgruppe geschaffen. Das im Folgenden skizzierte gestufte System sonderpädagogischer Unterstützung verfolgt den Grundsatz der Prävention (Caplan, 1964; Munoz, Mrazek & Haggerty, 1996; Beelmann & Rabe, 2007; Hillenbrand, 2008) und vereint Angebote auf universeller, selektiver und indizierter Unterstützungsebene in möglichst verlässlicher und flexibler Weise. Zwar ist es das Ziel präventiv der Notwendigkeit der Angebote der nächsten Stufe vorzubeugen (Subsidiarität), doch auch nach dem Scheitern früher Unterstützungsangebote bleibt das System gestufter Hilfen im Spannungsfeld von Prävention und Intervention nutzbar und bietet Handlungsoptionen, um den Bedarfen der Zielgruppe Rechnung zu tragen.

Aspekte im Themenfeld schulische Inklusion

Aktuell befindet sich das deutsche Bildungssystem, gebrochen durch die unterschiedlichen Ansätze der Bundesländer, auf dem (langen) Weg hin zu einem inklusiven Schulsystem. Aus unserer Perspektive bildet dabei Teilhabe (Partizipation) die zentrale Zieldimension. Wenn es eine Schule für alle schulpflichtigen Kinder und Jugendlichen geben soll, dann sollte diese eine Schule für alle Schülerinnen und Schüler eine passende pädagogische Rahmung bieten. In einer Zeit, in der die Entwicklung von Konzepten und Modellen für eine inklusive Schule (d. h. einen non-kategorialen Zugang aller Kinder zur Schule bzw. für eine gemeinsame Beschulung von Kindern mit und ohne Behinderung) die (sonder-)pädagogische Diskussion bestimmt, stellt sich zudem die Frage: Sollte die Schule mit dem Förderschwerpunkt der emotionalen und sozialen Entwicklung ersatzlos aufgelöst werden oder kann bzw. muss sie – bei klarer Priorisierung der allgemeinen Schule – einen sinnvollen Beitrag für die (zeitlich befristete) Förderung von Schülerinnen und Schülerin mit emotional-sozialem Förderbedarf, beträchtlichen Funktionsstörungen und abweichenden Verhaltensmustern leisten (Wittrock, 2007; Ricking & Wittrock, 2012)? Und wenn ja: Wie müsste diese Schule für Erziehungshilfe im Rahmen eines Systems der gestuften Hilfen in Zukunft aussehen, d. h. welche pädagogischen, methodischen und organisatorischen Standards müssen entwickelt, eingefordert und erreicht werden? Die erhebliche Heterogenität im Schulsystem erfordert die Schaffung von Passungen zwischen pädagogischen Angeboten und den Bedürfnissen der Schülerinnen und Schüler. Diese ist aus Sicht der Herausgeber nur durch ein gestuftes System der Hilfen leistbar, in dem die professionelle Tätigkeit den Grundsätzen der Subsidiarität und der Evidenzorientierung (Stark, 2017) folgen und hierbei die Möglichkeit zur Entwicklung individualisierter, flexibler und bedarfsorientierter Unterstützungsangebote und -settings unter Anerkennung einer verstehenden Perspektive bieten (Baumann, Bolz & Albers, 2017).

Neben Kindern und Jugendlichen mit erheblichen Verhaltensproblemen gibt es weitere Gruppen in unserer Gesellschaft, die einer Unterstützung im Rahmen einer vorurteilsfreien Akzeptanz ihres So-Seins bedürfen. Viele Menschen werden im

Kontext von Gruppenzuschreibungen wahrgenommen und leicht diskriminiert. Diese Benachteiligungen und Herabwürdigungen beziehen sich insbesondere auf die Bedeutung von Geschlecht, sexueller Orientierung, Familiensprache, Religion, Herkunft, Migrationshintergrund, Hautfarbe, sozialer Klasse, sozialer Schicht, Alter und Generation und/oder geistiger und körperlicher Beeinträchtigung. Das ist den Autorinnen und Autoren bewusst, soll aber nicht Schwerpunkt dieses Buches sein.

Zum Aufbau des Buches

Das vorliegende Buch weist eine klare fachliche Logik in seinem Aufbau und seiner Gliederung auf, die sich an Unterstützungsbedarfen der jungen Menschen im Handlungsfeld der Pädagogik bei Verhaltensstörung orientiert. Nach einer Klärung des Gegenstandes (► Kap. 2) stehen die Organisationsformen und Handlungsformate (► Kap. 3) und nachfolgend die Aufgabenfelder und Konzepte (► Kap. 4) im Fokus der fachlichen Auseinandersetzung. Als Einstieg in diese beiden zentralen Inhaltsbereiche wird in den Kapiteln 3.1 (Gestuftes System der Hilfen) und 4.1 (Professionalität in veränderten Aufgabenfeldern) ein konzeptioneller Überblick geschaffen, der sich entsprechend der unterschiedlichen Organisationsformen und Arbeitsbereiche in den nachfolgenden Kapiteln ausdifferenziert und vertieft.

Wir hoffen, dass die Leserinnen und Leser dieses Buches Hinweise für ihr eigenes Handlungsfeld und förderliche Anregungen für ihren professionellen Alltag finden.

Unser herzlicher Dank gilt allen, die an diesem Werk mitgewirkt haben. Ein ganz herzliches Dankeschön richten wir zudem an Felicitas Beine, die die erstredaktionelle Bearbeitung übernommen hat.

2 Gegenstand und Entwicklungen

Heinrich Ricking & Manfred Wittrock

2.1 Problemaufriss

Erschwerte Erziehungs- und Bildungsprozesse bilden in der Pädagogik bei Verhaltensstörungen den Kern des Faches. Die betroffenen Kinder und Jugendlichen sind zumeist durch die unzureichende pädagogische Qualität ihrer Lebenswelten in ihrem Werden beeinträchtigt, oft gerahmt von Vernachlässigung und anderen Formen der Gefährdung des Kindeswohls. Eine Vielzahl von psychosozialen und sozioökonomischen Risiken schaffen für sie ungünstige Bedingungen des Aufwachsens, was in Beeinträchtigungen in der emotionalen und sozialen Entwicklung, deutlichen Funktionsstörungen und abweichenden Verhaltensweisen zum Ausdruck kommt. Aus sonderpädagogischer Perspektive geht es um junge Menschen, denen es häufig an Halt gebenden Bindungen mangelt (Bolz, Wittrock & Koglin, 2019). Sie sind durch diverse Stressoren oft hochbelastet und geben markante Probleme zu erkennen, um den schulischen Anforderungen zu genügen, z. B. im Bereich der sozialen Integration, der emotionalen Stabilität, der Selbststeuerung und bei der Leistungserbringung (Myschker & Stein, 2018). Die Kinder erleben einerseits einen konfliktreichen schulischen Alltag mit aggressiven Auseinandersetzungen, häufigen Erfahrung den Erwartungen nicht entsprechen zu können, vielen negativen Rückmeldungen und Zurückweisungen. Die Lehrkräfte und andere schulische Mitarbeitenden erleben andererseits Schülerinnen und Schüler, die sich selbst oder anderen schaden, zu viel Nähe suchen, andere bestehlen, weglaufen, die Mitarbeit verweigern oder nicht zur Schule kommen (Müller, 2018b). Pädagogische Situationen können in der Folge auf beiden Seiten sowohl von Distress und Frustrationen als auch von Hilflosigkeit und Ohnmacht geprägt sein.

Im Laufe der Schulzeit entwickeln sich in vielen Fällen erfahrungsbedingte Aversionen gegenüber der Schule, die zu einer Entzweiung führen und die schulische Biografie schwer beeinträchtigen können (Schulze & Wittrock, 2008; Ricking & Hagen, 2016). Die zunehmende Entfremdung endet nicht selten in der Entkopplung von Lernenden und Schule und wird begleitet von außerschulischen Risikolagen, Verhaltens- und Disziplinproblemen, Schulversagen und Schulabsentismus (Ricking, Schulze & Wittrock, 2009). Der Weg der Desintegration führt zu beruflichen und gesundheitlichen Schwierigkeiten und endet laufend in sozialer Randständigkeit. Derartige Problemlagen stellen die Pädagogik bei Verhaltensstörungen vor erhebliche Herausforderungen und setzen die schulischen wie außerschulischen Unterstützungssysteme beträchtlich unter Druck (KMK, 2020). Diese haben die Aufgabe, sich weiterzuentwickeln und regional passende Formate und Prozesse zu etablieren, die einem interdisziplinären Versorgungsanspruch für die gesamte Breite und Vielfalt der Förderbedarfe entsprechen (Hennemann, Ricking & Huber, 2017). Viele Heranwachsende bedürfen vor diesem Hintergrund komplexer Förderarrangements unter Berücksichtigung der Jugendhilfe, pädagogisch-therapeutischer Hilfen und mitunter medizinischer/psychiatrischer Therapie, mit allen Folgen für die Kooperation und Vernetzung der professionellen Akteurinnen und Akteure (Vernooij & Wittrock, 2008). Das dabei zu adressierende fachliche Spektrum reicht von intensivpädagogischen Arrangements (Baumann, Bolz & Albers, 2017) bis zu einer institutionell wie auch konzeptionell abgesicherten Umsetzung inklusiver Leitideen in der Schule (Stein, 2011). Dabei verlangt die gemeinsame Beschulung von Schülerinnen und Schülern mit und ohne Beeinträchtigungen nach hoher fachlicher Kompetenz; sie schafft auch einen Rahmen für eine stärkere präventive und frühinterventive Ausrichtung (Hillenbrand & Hennemann, 2006).

2.2 Begriffe & Definitionen

Die Disziplinen, die mit Verhaltensstörungen bei Kindern und Jugendlichen befasst sind, treffen in der Begriffswahl unterschiedliche Entscheidungen für vergleichbare Zielgruppen und Phänomene: In der Schule spricht man von Schülerinnen und Schülern mit einem »*Förderbedarf in der emotionalen und sozialen Entwicklung*« (KMK, 2000, S. 10), der fachwissenschaftliche Zugang der Sonderpädagogik lautet Kinder und Jugendliche mit einer »*Verhaltensstörung*« (Myschker, 2009, S. 49) oder »*Gefühls- und Verhaltensstörung*« (Opp & Unger, 2003, S. 45), während in medizinischen und klinisch-psychologischen Kontexten insbesondere die Kennziffern »*F90–F98 Verhaltens- und emotionale Störungen mit Beginn in der Kindheit und Jugend*« der ICD (International Classification of Diseases 10-GM, DIMDI, 2020) herangezogen werden. In der Kinder- und Jugendhilfe ist mit dem Verweis auf das SGB VIII (KJHG) traditionell von *seelisch behinderten Kindern und Jugendlichen* die Rede.

Unzweifelhaft, auch im Hinblick auf die inklusive Beschulung, ist den verwendeten Begrifflichkeiten im fachlichen Diskurs eine hohe Bedeutung zuzusprechen. Sie sollten klar definiert und anerkannt sein und so eine notwendige Voraussetzung für eine gelingende professionelle Kommunikation schaffen. Diverse Begriffe werden auch in der (Sonder-)Pädagogik bemüht, um diesen Gegenstand terminologisch zu fassen: Erziehungsschwierigkeit, Entwicklungsverzögerung, Verhaltensauffälligkeit oder -beeinträchtigung, Verhaltensoriginalität oder herausforderndes Verhalten (Vernooij, 2005). Neben historischen Entwicklungen mag das Unbehagen mit dem Begriff Verhaltensstörung ein Grund für diese Vielfalt bzw. Ausweichbewegungen sein und tatsächlich zieht er unschwer Kritik auf sich: Er ist defizitorientiert und so fehlt ihm die finale Ausrichtung auf Förderbedarfe. Der Wortteil Verhalten könnte auf ein verhaltenstheoretisches Gegenstandsverständnis verweisen, das äußerlich erkennbares Verhalten fokussiert und innere Prozesse ausblendet. Ein fraktioniertes Bild vom Menschen und verzerrtes Erziehungsverständnis könnten die Folge sein

(Stein & Müller, 2018). Der zweite Teil Störung beschreibt eine negative Abweichung bzw. Nicht-Funktionalität, wobei die Gefahr in der Personalisierung im Sinne von ›gestörten Kindern‹ liege und unbeachtet bliebe, dass es v. a. um die Auseinandersetzung mit interaktionalen Störungen in bestimmten Situationen geht. Trotz dieser und weiterer Kritikpunkte (z. B. Schlee, 1989) macht es Sinn, an diesem Konsensbegriff festzuhalten – auch mangels überzeugender Alternativen. Bei der Klärung und differenzierten Betrachtung hilft die relativ umfassende Definition von »Verhaltensstörung« nach Myschker & Stein (2018, S. 56) weiter:

> »Verhaltensstörung ist ein von zeit- und kulturspezifischen Erwartungsnormen abweichendes maladaptives Verhalten, das organogen und/oder milieureaktiv bedingt ist, wegen der Mehrdimensionalität, der Häufigkeit und des Schweregrades die Entwicklungs-, Lern- und Arbeitsfähigkeit sowie das Interaktionsgeschehen in der Umwelt beeinträchtigt und ohne besondere pädagogisch-therapeutische Hilfe nicht oder nur unzureichend überwunden werden kann.«

Eine Aufschlüsselung der Aspekte verdeutlicht die Dimensionen.

1. das Phänomen: Verhaltensabweichung, nicht-funktionale Anpassung, kulturelle und zeitspezifische Erwartungen als Bezugsgröße;
2. die Verursachung: organisch und/oder milieureaktiv;
3. die Klassifikation: mehrere Handlungsbereiche sind betroffen, Häufigkeit und Schwere;
4. die Konsequenzen: Auswirkungen auf Entwicklung, Lernen, Arbeiten und Interaktion;
5. die Forderung nach Hilfen: Besondere pädagogisch-therapeutische Hilfen sind zur Überwindung bzw. Verbesserung notwendig.

Ausgangspunkt dieser Definition sind Erwartungsnormen. Sie bestimmen weitgehend, was aus der Beobachterperspektive (Stein, 2019) als abweichend bzw. maladaptiv eingeschätzt wird. Diese Erwartungsnormen sind jedoch nicht einheitlich in der Gesellschaft verbreitet, sondern subjektiv und darüber hinaus milieuspezifisch. Was für das neue Bildungsbürgertum abweichendes Verhalten ist, wird in Teilen jugendlicher Subkultur als erstrebenswert und Zeichen der Zugehörigkeit eingeschätzt. Insofern ist herauszustellen, dass es jenseits der gesellschaftlichen Pluralität v. a. um fachlich begründete und legitimierte Erwartungsnormen geht, was u. a. in einer professionellen Diagnostik zum Ausdruck kommt. Opp & Unger (2003, S. 55) bieten eine alternative Definition, die sich an der Begriffsfassung des US-amerikanischen Council for Children with Behavior Disorders (CCBD) orientiert:

> »Der Begriff Gefühls- und Verhaltensstörungen beschreibt Beeinträchtigungen (disability), die in der Schule als emotionale Reaktionen und Verhalten wahrgenommen werden und sich von altersangemessenen, kulturellen oder ethnischen Normen so weit unterscheiden, dass sie auf die Erziehungserfolge des Kindes oder Jugendlichen einen negativen Einfluss haben. Erziehungserfolge umfassen schulische Leistungen, soziale, berufsqualifizierende und persönliche Fähigkeiten. Eine solche Beeinträchtigung ist mehr als eine zeitlich begrenzte, erwartbare Reaktion auf Stresseinflüsse in der Lebensumgebung; tritt über einen längeren Zeitraum in zwei verschiedenen Verhaltensbereichen (settings) auf, wobei mindestens einer dieser Bereiche schulbezogen ist; und ist durch direkte Intervention im Rahmen allgemeiner Erziehungsmaßnahmen insofern nicht aufhebbar, als diese Interventionen

bereits erfolglos waren oder erfolglos sein würden. Gefühls- und Verhaltensstörungen können im Zusammenhang mit anderen Behinderungen auftreten und erfordern für ihre Beschreibung Informationen aus verschiedenen Quellen und Messverfahren.«

Sie berücksichtigen explizit die emotionale Dimension, indem sie von Gefühls- und Verhaltensstörungen sprechen, nehmen Bezug auf den gefährdeten Erziehungserfolg (Schule, soziale Fähigkeiten, berufliche Qualifikation, persönliche Kompetenzen), betonen ebenso die Notwendigkeit spezifischer Hilfen und die häufige Komorbidität mit anderen Beeinträchtigungen (Schröder & Wittrock, 2002). Um das Phänomen näher zu spezifizieren, ergänzen Opp & Unger (2003) wichtige Kriterien: Bei Kindern und Jugendlichen mit Gefühls- und Verhaltensstörungen zeigt sich der unangemessene Umgang mit normativen Verhaltenserwartungen demnach nicht punktuell und kurzfristig, sondern längerfristig und überdauernd, sodass oft von einer hohen Persistenz auszugehen ist; ihr Verhalten entspricht vielfach nicht dem Alter und ist nicht auf außergewöhnliche Lebensumstände zurückzuführen; es tritt in unterschiedlichen situativen Kontexten auf und ist in seinem Ausmaß als schwerwiegend bzw. entwicklungsgefährdend einzuschätzen.

2.3 Erscheinungsformen und Klassifikation

Im Förderschwerpunkt ESE werden spezifische Störungsbilder subsumiert, sodass der Terminus Verhaltensstörung auch als phänomenologischer Kontraktionsbegriff fungiert und die Aufgabe hat deutlich unterscheidbare Verhaltensmuster zusammenzufassen. Einerseits sind Kinder zu beachten, die angstvoll und gehemmt wirken und sich in sozialen Situationen verunsichert zurückziehen (Hillenbrand, 2008). Überdies fallen Kinder und Jugendliche innerhalb eines externalisierenden Modus als ausagierende Personen auf, die impulsiv auf Reize reagieren und ihre Aufmerksamkeit nur schwer zu steuern vermögen; auch als solche, die mit aggressiven Verhaltensmustern oder Meidungsverhalten versuchen, Konflikte zu regeln (Myschker & Stein, 2018).

Im Kontext externalisierenden Verhaltens sind v. a. Erscheinungsformen zu rücken, die nach außen gerichtet sind und vielfach soziale Konflikte evozieren. Aufmerksamkeitsstörungen, aggressives und delinquentes Verhalten, chronisches Schulschwänzen oder der Gebrauch illegaler Drogen sind dazuzurechnen und zeigen einen Bezug zu dissozialem Verhalten (Beelmann & Raabe, 2007). Personale Gewalt kann als Beispiel für diese Gruppe fungieren. Es ist zu verstehen als Handlungsform, die absichtlich verletzt oder zerstört, mitunter schwere Störungen in die Interaktion sozialer Gruppen einträgt und dort negative Reaktionen hervorruft. Dabei kann es sich sowohl um offen-gezeigte oder verdeckte, körperliche oder verbale wie auch direkte oder indirekte Aggression handeln (Petermann & Koglin, 2013). Ein großer Teil gewalttätiger Kinder und Jugendlicher ist selbst im Laufe seines Lebens Opfer von Gewalt gewesen. Im Kontext von Erfahrungen persönlicher Entwertung wird Gewalt dann als Möglichkeit zur Erlangung von Macht und

Achtung verstanden, als subjektiv notwendige Antwort auf erlebte Missachtung. Vor dem Hintergrund gewaltaffiner Interpretation alltäglicher Situationen verselbständigt sich Gewalt als legitimes Machtmittel (Sutterlüty, 2003). Eine auch in schulischen Zusammenhängen viel diskutierte Form der Gewalt bildet Mobbing (auch: Bullying), ein Muster personaler Gewalt, die sich weniger physisch als verbal und paraverbal zeigt. Es folgt einem Schema und betrifft wiederkehrende Verhaltensweisen (z. B. lächerlich machen, Gerüchte und Lügen streuen, Gewalt androhen, erniedrigen oder quälen), denen das Opfer sozial isoliert über längere Zeit preisgegeben ist (Kindler, 2009). Die zielgerichtete Aggression erscheint innerhalb eines einseitigen Machtverhältnisses, das die oft an Körperkraft überlegene Täterin oder Täter nutzt, um das hilflose Opfer längerfristig unter Druck zu setzen. Dabei kann es im schulischen Kontext entstehen oder in der Freizeit aufkommen (z. B. Cybermobbing) und im Klassenraum oder auf dem Pausenhof konkret werden (Alsaker, 2016). Die Gepeinigten suchen das Problem oft zuerst bei sich und wenden sich nicht oder erst spät an hilfreiche Erwachsene. Mobbing erzeugt Angst, Verunsicherung und negativen Stress, der zu psychischen Erkrankungen und Schulmeidung führen kann (Ricking et al., 2009).

Damit sind auch internalisierende Verhaltensprobleme angesprochen, die oftmals mit Angststörungen, sozial unsicherem Verhalten und depressiven Stimmungen in Verbindung stehen. Angst wird von Menschen als ein negativer emotionaler Zustand empfunden, die in als bedrohlich erlebten Situation aufkommt (Essau, 2014). Angst wird ganzheitlich erlebt und wird auf unterschiedlichen Ebenen offenkundig. Das vegetative System wird aktiviert: Herzrasen oder Blässe; im emotional Erleben bedeutet Angst Pessimismus, Unsicherheit oder Hilflosigkeit; in kognitiver Hinsicht: negative, fatalistische Gedanken; schließlich auf Verhaltensebene: Ersatzhandlungen, Verweigerung, Flucht oder Aggression (Schwarzer, 2000). Angst muss als pädagogisch unerwünschtes Phänomen bewertet werden, weil sie das subjektive Wohlbefinden der Schülerin oder des Schülers beeinträchtigt, habitualisiert werden kann, das Selbstkonzept beeinträchtigt und die Leistungsfähigkeit angreift (Stein, 2012). Behandlungsbedürftigkeit entsteht, wenn

> »ihre Dauer und Intensität dem Potenzial einer Gefährdung nicht angemessen ist, sie in harmlosen Situationen oder ohne jegliche wahrnehmbare Bedrohung auftritt, sie überdauernden (chronischen) Charakter hat, das Individuum keine Möglichkeit der Erklärung, Reduktion oder Bewältigung der Angst hat und seine Lebensqualität massiv beeinträchtigt wird« (Essau, 2003, S. 29).

Aufgrund der »stillen Problematik« begegnet den Betroffenen jedoch mitunter nur wenig Aufmerksamkeit, sie benötigen in der Schule und darüber hinaus pädagogische und/oder therapeutische Unterstützung (Schneider, 2004). Die nachfolgende Tabelle verdeutlicht die unterschiedlichen Dimensionen von maladaptiven Verhaltensmustern (▶ Tab. 2.1).

Klassifikationssysteme wie das ICD-10 der Weltgesundheitsorganisation (WHO) oder DSM-V (Diagnostic Stastical Manual-V) der Amerikanischen Gesellschaft für Psychiatrie (APA) definieren aus medizinischer bzw. psychiatrischer Perspektive Symptome, die oft in der Diagnostik von Gefühls- und Verhaltensstörungen unterstützend Einsatz finden. Stein und Müller (2018) warnen in diesem Zusammenhang

Tab. 2.1: Entwicklungshemmende Verhaltensmuster (orientiert an Myschker & Stein, 2018, S. 63)

A. Kinder und Jugendliche mit externalisierenden, aggressiven, ausagierenden Verhaltensmustern	• ungesteuert aggressiv • überaktiv, impulsiv, exzessiv • streitend • tyrannisierend • regelverletzend • aufmerksamkeitsbeeinträchtigt • geringe Selbststeuerung und -kontrolle
B. Kinder und Jugendliche mit internalisierenden, ängstlich-gehemmten Verhaltensmustern	• zurückgezogen, gehemmt, • freudlos, traurig, ängstlich (Freudlosigkeit ist ein hoher Prädikator) • interessenlos • kränkelnd, somatische Störungen • Minderwertigkeitsgefühle
C. Kinder und Jugendliche mit sozial unreifen Verhaltensmustern	• leicht ermüdbar und wenig belastbar • Kontaktprobleme • konzentrations- (und leistungs-)schwach • Sprach- und Sprechentwicklungsstörungen • nicht altersgerechtes Verhalten (zugrundeliegend ist dabei die Vorstellung, dass es ein ›normiertes‹ Verhalten für jedes biologisches Alter gibt)
D. Kinder und Jugendliche mit sozialisiert delinquenten Verhaltensmustern	• planvoll aggressiv • verantwortungslos • nicht normentsprechende Wertesysteme • reizbar, leicht erregt, leicht frustriert • reuelos • hohe Selbststeuerung und -kontrolle

jedoch davor, dass bei einer Fokussierung auf die Klassifikation der Störungen diejenigen verloren gehen, die hinter dem Ganzen stehen – die »Kinder und Jugendlichen mit spezifischen biografischen Erfahrungen und Lebensbewegungen, die mit sich und anderen in Konflikte geraten sind, welche sie alleine nicht mehr lösen können und aus denen nicht nur eine situative, sondern eine geradezu existenzielle Bedürftigkeit im Sinne einer ontologischen Sicherheit erwächst« (S. 37).

2.4 Genese und Erklärungsansätze

In der Sonderpädagogik – wie auch in anderen Disziplinen – liegen verschiedene wissenschaftliche Erklärungsmodelle vor, die versuchen abweichendes Verhalten auszulegen, verstehbar zu machen und daraus Handlungsansätze abzuleiten

(Myschker & Stein, 2018; Vernooij & Wittrock, 2008). Erst in einem theoretischen Interpretationsrahmen werden z. B. Motive und Wechselwirkungen in Handlungsweisen sichtbar. Dabei bezieht sich das *biomedizinische Modell* v. a. auf genetische und organische Ursachen, das *sozialwissenschaftliche Modell* versteht die Verhaltensproblematik als Ergebnis sozialer Bewertung und Stigmatisierung, *verhaltenstheoretisch* geht es um nicht vollzogene oder fehlgeleitete Lernprozesse während in *psychoanalytischer Perspektive* das Verhalten eine Funktion psychischer Prozesse darstellt, die zu einer inadäquaten ICH-Entwicklung geführt haben. Schließlich begreift der *systemische Ansatz* das Kind als Symptomträger gestörter sozialer Verhältnisse. Es wird deutlich, dass die Entstehung und Ausformung von Gefühls- und Verhaltensstörungen als sehr komplexer Prozess verstanden werden kann, der vielfältig interpretierbar und von vielen inneren wie äußeren Faktoren abhängig ist. In der Entwicklung sind Risikoeinflüsse v. a. hinsichtlich biopsychosozialer Voraussetzungen des Kindes, familiale Erziehungs- und Lebensbedingungen, schulische Lernbedingungen und Beziehungen sowie Wirkungszusammenhängen zu berücksichtigen, die von Gleichaltrigen ausgehen. Insofern ist auf multikausal bedingte Beeinträchtigungen Bezug zu nehmen, bei denen Wirkungen aus unterschiedlichen Lebensräumen in fließendem Interaktionszusammenhang stehen. Der Mehrdimensionalität des Gegenstandes ist es geschuldet, dass sich die Notwendigkeit zeigt (auch in der Praxis) theoretische Erklärungsansätze miteinander in Verbindung zu bringen, um die Reichweite, die Klärung oder das Verstehen des Verhaltens zu optimieren (Schmitz & Wittrock, 2010).

Wie schon die oben aufgeführte Definition von Myschker & Stein (2018) durch die Begriffe »organogen und/oder milieureaktiv« hervorhebt, spielen bei der Herausbildung von Beeinträchtigungen in der emotionalen und sozialen Entwicklung grundsätzlich die Wechselwirkungen zwischen individueller Anlage und primärer Umwelt eine zentrale Rolle. Es entstehen nach heutigem Wissen einerseits Dispositionen, die auf genetische Einflüsse und frühe Erfahrungen zurückgehen und eine höhere oder niedrigere Empfindlichkeit oder Vulnerabilität für einen eingrenzbaren Verhaltensbereich bewirken, z. B. für Angststörungen (Fingerle, 2008). Ob sich eine Störung tatsächlich manifestiert, ist andererseits wesentlich abhängig von risikoerhöhenden oder -mindernden Umwelteinflüssen. Besondere Entwicklungsrisiken entstehen, wenn ungünstige Anlagenbedingungen mit einer hohen Vulnerabilität auf schwierige Umweltbedingungen wie z. B. ein dissoziales Milieu treffen (Beelmann & Raabe, 2007; Steinhausen, 2019). Und dennoch ist auch in einem solchen Fall kein Entwicklungsdeterminismus angemessen. Menschen sind ihren Lebensbedingungen nicht ausgeliefert, sondern selbst Akteurinnen bzw. Akteure ihrer Entwicklung, in der sie auf ihre Verhältnisse und Konditionen Einfluss nehmen – in förderlicher wie auch hemmender Weise (Scheithauer, Mehren & Petermann, 2003). Vor diesem Hintergrund schlagen Beelmann & Raabe (2007, S. 55) folgende Charakterisierung vor:

> »Fehlentwicklung (gleich welcher Art) kann nach dieser Konzeption als das Resultat eines dynamischen Entwicklungsprozesses verstanden werden, der durch ein relativ ungünstiges Verhältnis von Vulnerabilitäten (als personale Risiken) und Stressoren (als soziale Risiken) zu Resilienz (personale Schutzfaktoren) und Ressourcen (soziale Schutzfaktoren) gekennzeichnet ist.«

Es ist davon auszugehen, dass bei Individuen in psychosozialen Fehlentwicklungen regelhaft mehrere Risikofaktoren wirken (Multikausalität), die leicht kumulieren und interagierende Belastungskomplexe bilden. D. h., eine multiple Risikobelastung ist bei Kindern und Jugendlichen mit Verhaltensstörungen eher die Regel als die Ausnahme. So geraten mitbedingende Faktoren in den Blick, u. a. frühkindliche Beziehungserfahrungen, häuslich-familiäre Strukturen und Interaktionen, gruppendynamische (Peergroup), schulisch-unterrichtliche, gesamtgesellschaftliche und organogene Faktoren. Die Anhäufung von individuellen und umfeldbezogenen Risikofaktoren führt zumeist zu einer Verstärkung der pädagogisch ungünstigen Wirkungen, die die Wahrscheinlichkeit von Lern- und Verhaltensstörungen in der Entwicklungskonsequenz steigen lässt (Beelmann & Raabe, 2007; Ihle & Esser, 2008). Ob und wie Lebens- und Lernbelastungen verarbeitet werden können, ist auch stark abhängig von den zeitlichen Ausmaßen, in denen die Heranwachsenden ihnen ausgesetzt sind. Häufig wiederkehrende und langandauernde Negativeinflüsse (persistente im Gegensatz zu situativen Risikofaktoren), zu Verbünden kumuliert, sind nur schwer konstruktiv zu verarbeiten, wirken sich am massivsten aus und überfordern mitunter die Möglichkeiten der konstruktiven Bewältigung (Fingerle, 2008). Dabei ist auf kritische Phasen erhöhter Vulnerabilität hinzuweisen, auf Entwicklungsstadien, die besonders sensibel erfahren werden: Übergänge (z. B. zwischen Zuhause und Kindergarten oder Kindergarten und Schule), in denen sich vertraute Abläufe ändern, neue Bezugspersonen hinzukommen und veränderte Anforderungen gestellt werden. Sie stellen immer ein gewisses Risiko dar, bieten aber auch die Chance einer neuen positiven Entwicklung. In individueller Perspektive sind Beeinträchtigungen im Verhalten die sichtbaren Folgen eines Mangels von angemessenen und flexibel einsetzbaren Anpassungsleistungen angesichts neuer Herausforderungen und Aufgaben.

Mit dem Übergang in das schulische Setting sind gesellschaftlich definierte Entwicklungsaufgaben verbunden, bei denen besonders Kinder, die in bildungsfernen und anregungsarmen Verhältnissen aufwachsen, größere Schwierigkeiten zeigen (Quenzel, 2015). Im Umgang (gelingend oder nicht gelingend) damit bilden sich (re-)aktive Verhaltensweisen heraus, die sich prozessual zu zunehmend verfestigenden Verhaltensmustern entwickeln können. Je nachdem, ob diese Bewältigungsstrategien den zeit- und kulturspezifischen Normen (Myschker & Stein, 2018) entsprechen oder nicht, werden sie im gesellschaftlichen Rahmen, wie z. B. in der Schule, als »maladaptiv« wahrgenommen und ggf. etikettiert. Insofern ist im Sinne einer Ausgangsannahme jedes menschliche Verhalten als ein subjektiv problemlösendes zu verstehen und auch in abweichenden, wenig funktionalen Verhaltensweisen ein aktiver Bewältigungsversuch zu sehen (Wittrock, 2008). Dieses Gegenstandsverständnis unterliegt aber auch einer zeitlichen Dimension. So kann das hoch aggressive Verhalten eines Grundschulkindes auf den für es unerklärlichen Tod der geliebten Großmutter von den familialen und schulischen Bezugspersonen als ein ›reaktives‹ verstanden und ihm durch verstehendes, zugewandtes Verhalten bzw. geeignete Angebote begegnet und in der Folge gemildert werden. Erhält das Kind, insbesondere in der Familie, jedoch andauernd keine geeigneten verstehenden Angebote bzw. sogar verletzendes Verhalten durch die primären Bezugspersonen, dann kann sich die Fehlentwicklung verfestigen. In der englischen Fachsprache wird dann von »adverse-childhood-experiences (ACEs)« gesprochen (Felitti et al., 1998). In Kombination mit weiteren entwicklungshemmenden Faktoren kann dies nachfolgend zu Verhaltensstörungen bzw. delinquentem Verhalten führen. Aus dem Verständnis der Herausbildung von Verhaltensstörungen als prozesshaftes Geschehen ergibt sich die Schlussfolgerung, dass

- reaktives Verhalten auf Problemkonstellationen bzw. kritische Lebensereignisse,
- maladaptive Verhaltensmuster der Kinder und
- chronifizierte Verhaltensstörungen

im Prozess des fachlichen Verstehens und für das professionelle Handeln zu unterscheiden sind.

Wird der emotional-soziale Förderbedarf im Rahmen eines interaktionistischen Verständnisses betrachtet, bildet eine Verhaltensstörung eine Problematik im Person-Umfeld-Bezug (Myschker & Stein, 2018; Schulze & Wittrock, 2018). Diese spezifische Sicht führt zur Fokussierung der Entstehung und Entwicklung von Störungen auf der Basis von Einflüssen der Person, der Situation wie auch der Interaktion und der beurteilenden und diagnostizierenden Beobachtenden (Stein, 2019). In diesem Sinne kann der Gegenstandsbereich somit »als ein System begriffen werden, das die betroffenen Kinder und Jugendlichen impliziert, sie jedoch nicht als Gegenstand betrachtet« (Stein & Müller, 2015). Diese Perspektive bedingt die Berücksichtigung von Beiträgen der Person (z. B. habitualisierte dissoziale Verhaltensmuster, Persönlichkeitsstörungen), der Situation bzw. des Umfeldes (z. B. Zwangssituationen, aversiv erlebtes Setting) wie auch der interaktionalen Prozesse und Formen der Kommunikation (z. B. Provokationen). Sie sind in der Erklärung und im Verstehen des Verhaltens zu berücksichtigen wie auch in ihren Wechselwirkungen zu betrachten (▶ Kap. 4.3). In der Schule sollten somit Problemkonstellationen im Umfeld von Schülerverhalten als Interaktionsaufgaben erkannt und verstanden werden, was einem pädagogischen Zugang durchaus entgegenkommt (Willmann, 2010b). Umfassendere Darstellungen der Ursachen und Prozesse der Herausbildung von maladaptiven Verhaltensmustern finden sich u. a. bei Myschker & Stein (2018) und bei Vernooij & Wittrock (2008). Es bleibt festzuhalten: Verhaltensstörungen

- sind ernst zu nehmen und schaffen gravierende Probleme für die Betroffenen und ihr Umfeld,
- sind in ihrer Bestimmung abhängig von Normen und Wertvorstellungen aus (fachlicher) Beobachterperspektive,
- benötigen zu ihrer Einschätzung Kriterien/einen Bezugsmaßstab (interindividueller Vergleich, Leidensdruck …),
- sind ein relatives Phänomen und abhängig von Epoche, Ort, soziokulturellen Normen (z. B. geschriebene und ungeschriebene Gesetze) oder institutionellen Regeln und Erwartungen (z. B. Schule) und
- sind vielfältig. D. h., der Begriff hat sehr unterschiedliche Verhaltensweisen zusammenzufassen (Kontraktionsbegriff).

2.5   Prävalenz und Persistenz

Prävalenzraten zu Verhaltensstörungen bei Kindern und Jugendlichen variieren grundsätzlich in Abhängigkeit von in Ansatz gebrachten definitorischen Kriterien, eingesetzten Instrumenten, die verwendeten Erhebungsmethoden sowie bildungs- und finanzpolitischen Gesichtspunkten. Vor dem Hintergrund der Normabhängigkeit weisen die vorliegenden Daten über die Verbreitung von Beeinträchtigungen im emotionalen Erleben und sozialen Verhalten im Kindesalter eine relativ große Schwankungsbreite auf (Scheithauer et al., 2003; Steinhausen, 2019). Ihle & Esser (2008) benennen in ihrer metaanalytischen Untersuchung eine Prävalenzrate von 18 % und machen auf eine hohe Persistenz der Störungen von über 50 % über alle Altersstufen des Kindes- und Jugendalters aufmerksam. Hennemann & Casale (2016, S. 209) geben nach einer Analyse der internationalen Studien »einen validen Wert von 12–15 % als klinisch relevante Verhaltensstörungen« an. Dabei ist unter Komorbiditätsbedingungen allgemein von einer problemverschärfenden Entwicklung auszugehen. »Als häufigste Störungen in relevanten epidemiologischen Studien zeigen sich Angststörungen mit einer durchschnittlichen 6-Monatsprävalenz von 10,4 %, gefolgt von dissozial-aggressiven Störungen mit 7,5 % sowie depressiven Störungen und hyperkinetischen Störungen mit jeweils 4,4 %« (Ihle & Esser, 2008, S. 54). Die Analysen von Forness et al. (2012) bestätigen diese Verteilungen.

Nach den Ergebnissen der KiGGS Basiserhebung (2003–2006), die Daten (gemessen mit dem SDQ) zur Gesundheit von Kindern und Jugendlichen (3–17 Jahre) in Deutschland erhebt, waren ca. 20 % der Kinder und Jugendlichen als auffällig zu bezeichnen. Die derzeit aktuellsten Ergebnisse der KiGGS-Studie (Robert Koch Institut, 2018a; 2018b) ergeben eine leicht rückläufige Tendenz bei den psychisch auffälligen Kindern und Jugendlichen:

> »Die Prävalenz psychischer Auffälligkeiten liegt zu KiGGS Welle 2 bei 16,9 %. Der rückläufige Trend betrifft insbesondere Jungen im Alter von 9 bis 17 Jahren. Mädchen und Jungen aus Familien mit niedrigen sozioökonomischen Status sind deutlich häufiger als Gleichaltrige aus Familien mit mittlerem und hohem sozioökonomischen Status psychisch auffällig« (2018b, S. 37).

Dazu wird des Weiteren ausgeführt: »Jungen zeigen mit 19,1 % eine signifikant höhere Prävalenz als Mädchen mit 14,5 %. Dies trifft insbesondere für die Altersstufen von 3 bis 14 Jahren zu. […] So ist beinahe jedes vierte Mädchen und fast jeder dritte Junge aus Familien mit niedrigem sozioökonomischen Status psychisch auffällig« (Robert Koch Institut, 2018b, S. 39 f.).

Neben dem Hinweis auf den Risikofaktor ›niedriger sozioökonomischer Status‹ ist für die professionelle (sonder-)pädagogische Arbeit mit verhaltensauffälligen Kindern und Jugendlichen noch ein weiteres Resultat der KiGGS-Studie (Welle 2) bedeutsam. So zeigen die Ergebnisse, dass

> »der Anteil der Kinder und Jugendlichen, die zum ersten Erhebungszeitraum psychisch auffällig waren und die bei der Folgeerhebung psychische Auffälligkeiten zeigten, bei den 3- bis 5-jährigen Jungen am höchsten ist (im Vergleich zu allen anderen Altersgruppen sowie zu den Mädchen): er betrug in dieser Gruppe 52 %. Der Anteil der Jungen mit wiederholt

kritischen Symptomen sank für die Gruppe der 9- bis 11-Jährigen auf 38 %. Für Mädchen nahm der Anteil derjenigen, die über beide Erhebungszeiträume psychisch auffällig waren, mit steigender Altersgruppe zu (38 % vs. 45 % vs. 47 %)« (Robert Koch Institut, 2018a, S. 61).

Besorgniserregend erscheinen daneben die Ergebnisse einer Studie zur Verbreitung selbstverletzenden Verhaltens unter Jugendlichen in Deutschland: »25–35 % of adolescents in random samples drawn from German schools have been found to have manifested at least one episode of non-suicidal self-injury (NSSI)« (Plener et al., 2018, S. 23).

Aktuelle Befunde aus sonderpädagogischer Perspektive im deutschen Sprachraum und insbesondere für den Förderschwerpunkt ESE liefern Hennemann et al. (2020). Sie konnten im Rahmen einer Erhebung zur psychischen Gesundheit von Schülerinnen und Schülern an sechs Förderschulen mit dem Förderschwerpunkt ESE aus dem Großraum Köln empirische Erkenntnisse zur differenzierten Beschreibung der Schülerschaft generieren. Mittels Screening (Screening-Bogen des DISYPS-III; Döpfner & Görtz-Dorten, 2017) beurteilen die Klassenlehrkräfte psychischer Auffälligkeiten von 698 Schülerinnen und Schülern (84,6 % männlich, 15,4 % weiblich; Alter zwischen 6 und 17) störungsspezifisch (Hennemann et al., 2020). Die ersten Teilergebnisse der Studie deuten u. a. darauf hin, dass Lehrkräfte bei einem Großteil der Schülerschaft externalisierende Verhaltensweisen als auffällig (58,6 %) oder sogar als stark auffällig (34,1 %) einschätzen (ebd.). Internalisierende Verhaltensweisen schätzen die Lehrkräfte insgesamt bei 22,3 % als auffällig (16,3 %) bzw. als sehr auffällig (6 %). Darüber hinaus weisen 85 % nach Urteil der Lehrkräfte Funktionsbeeinträchtigungen auf. Insgesamt deuten die Ergebnisse somit auf eine sehr hohe Problembelastung der Schülerinnen und Schüler und auf einen Schwerpunkt im Bereich externalisierender Verhaltensprobleme hin. Hennemann et al. (2020) stellen nach Betrachtung epidemiologischer Studien zusammenfassend fest, dass fast ein Fünftel der Kinder und Jugendlichen in Deutschland psychische Auffälligkeiten und ca. ein Siebtel, ausgehend von eng gefassten klinischen Kriterien, psychische Störungen aufweisen. Dabei ist jedoch zu unterstreichen, dass die Anzahl an Kindern und Jugendlichen, die psychische Auffälligkeiten bzw. Störungen aufweisen, nicht mit dem Anteil der Schülerinnen und Schüler mit diagnostizierten Förderbedarf im Bereich ESE in der Schule gleichzusetzen ist.

Generell sind die Prävalenzquoten vor dem Hintergrund des verwendeten Erhebungsinstrumentes sowie möglichen Beurteilungsfehlern (Bezugsnormen, Referenzen etc.) einzuordnen. Dennoch kann aus diesen Studien gefolgert werden, dass in der (sonder-)pädagogischen Arbeit eine besondere Beachtung der präventiven bzw. früh-interventiven Arbeit im Vorschul- und Grundschulalter und die gezielte Beachtung genderspezifischer Aspekte erforderlich sind. Ein Blick auf die Zahlen von Schülerinnen und Schülern mit einem sonderpädagogischen Förderbedarf ergibt folgendes Bild: Nach den aktuellen Daten der KMK (2020) wurden 2018 in Deutschland 556.317 Schülerinnen und Schüler mit sonderpädagogischem Förderbedarf unterrichtet. Davon entfielen 95.765 auf den Förderschwerpunkt ESE, was einem Anteil von 17,2 % aller Schülerinnen und Schüler mit sonderpädagogischem Förderbedarf entspricht. Im Zuge des Ausbaus inklusiver Bildungsstrukturen (z. B. unterschiedliche Formen gemeinsamen Lernens, Stärkung des Elternwahlrechts bei der Entscheidung über den Förderort) in den letzten zehn Jahren ist ein deutlicher

Anstieg der Beschulung von Schülerinnen und Schülern mit Förderbedarf im Bereich ESE in der allgemeinen Schule (bei gleichbleibender Anzahl an den Förderschulen) zu beobachten. In der Zeit von 2006 bis 2018 ist ihre Zahl bundesweit von 48.217 auf 95.765 gestiegen. Die Förderquote[1] kletterte entsprechend auf 1,3 % (KMK, 2020, S. 3 ff.). Mit der Förderquote ist auch die Inklusionsquote gestiegen: Im Bundesdurchschnitt haben 2018 54.326 Kinder und Jugendliche mit diesem Förderschwerpunkt eine allgemeine Schule besucht, was einer Quote von 56,7 % inklusiv beschulter Kinder entspricht (ebd., S. 5).

Tab. 2.2: Schüler mit Förderbedarf (im Schwerpunkt ESE) in Deutschland 2006–2018 (KMK, 2016; 2018a, b; 2020)

	2006	2008	2010	2012	2014	2016	2018
Schülerinnen und Schüler mit Förderbedarf (insgesamt)	484.346 5,8 %	482.155 6,0 %	486.564 6,4 %	494.744 6,6 %	508.386 6,9 %	523.813 7,0 %	556.317 7,4 %
Emotionale und soziale Entwicklung	48.217 0,6 %	55.442 0,7 %	62.692 0,8 %	70.534 0,9 %	81.675 1,1 %	86.794 1,2 %	95.765 1,3 %

Die Ursachen für den grundlegenden Anstieg der Prävalenzrate im schulischen Kontext in den letzten zehn Jahren werden in der Fachdisziplin darüber hinaus kritisch diskutiert und sind vielschichtig (z. B. Herz, 2011; Popp, 2014). Gesellschaftliche Entwicklungen, diagnostische Fortschritte, eine zunehmende Sensibilisierung der Akteure in Schulen bezeichnen mögliche Einflüsse (Herz, 2012). Die Bestrebungen der allgemeinen Schule, frühzeitig auf ›Problemfälle‹ aufmerksam zu machen und mit Ressourcen reagieren zu können, kann ebenso einen Faktor darstellen. Die Diskrepanz zwischen Prävalenzangaben aus epidemiologischen Studien von psychischen Auffälligkeiten bzw. Störungen und dem Anteil der Schülerinnen und Schüler mit einem Förderbedarf im Bereich der emotionalen und sozialen Entwicklung ist kritisch zu beleuchten. Vermutlich könnte deren Zahl deutlich höher liegen, da der Förderbedarf nur einer Teilgruppe zukommt, die dauerhaft gegen schulische Ordnungskategorien verstößt (▶ Kap. 5).

---

1 Als Förderquote wird der Anteil der Schülerinnen und Schüler in Förderschulen und der in allgemeinen Schulen unterrichteten Schüler mit sonderpädagogischer Förderung an der Gesamtzahl der Schüler im Alter der Vollzeitschulpflicht (Klassenstufen 1 bis 9/10 der allgemeinbildenden Schulen einschließlich Förderschulen) bezeichnet.

2.6   Schulische Förderung

Die strukturelle Komplexität und Anforderungsvielfalt im Förderschwerpunkt ESE haben ein beträchtliches Maß erreicht (Ahrbeck & Willmann, 2010; Vernooij & Wittrock, 2008). Der Förderbedarf bedingt eine beziehungsintensive Rahmung zwischen den Kindern und pädagogischen Fachkräften (Bolzet et al., 2019), alternative didaktische Ansätze, spezifische Fördermaßnahmen, eine ausgeprägte Kooperation mit Erziehungsberechtigten und die Einbindung in funktionierende Netzwerke unterstützender Dienste (Ellinger & Stein, 2012). Es zeigt sich jedoch deutlich, dass den Anforderungen an den Förderschwerpunkt, die sich aus den Veränderungen im Zuge der Entwicklungen hin zu einem inklusiven Schulsystem ergeben, nicht allein mit der bisherigen Expertise zu genügen ist. Inklusion bedeutet im Bildungsbereich die weitgehende gemeinsame Beschulung von Schülerinnen und Schülern mit unterschiedlichen Persönlichkeitsmerkmalen und divergierender Leistungsfähigkeit in einer Schule (Deutsche Unesco Kommission, 2009). So ist in der inklusiven schulischen Förderung eine hohe Fachlichkeit gefordert, die sich auf ein flexibel auf die Bedarfe in der Praxis ausgerichtetes System professioneller Förderung stützen kann (Rieß & Bolz, 2015; Hennemann, Ricking & Huber, 2017). Dieses bietet ein abgestimmtes Hilfsangebot und schafft für Eltern, Schülerinnen sowie Schüler und Lehrkräfte bedarfsgerechte Möglichkeiten der inklusiven bzw. separierenden Förderung (Hegarty, 2001). Zahlreiche internationale Berichte und Studien weisen auf die Möglichkeiten und Schwierigkeiten einer erfolgreichen schulischen Inklusion von Kindern und Jugendlichen mit Verhaltensstörungen hin (Dyson, 2010; Farell et al., 2007; Lindsay, 2007) und auch die deutschsprachigen Untersuchungen berichten von größeren Problemen bei der sozialen Integration und emotionalen Entwicklung, weniger von leistungsbezogenen Nachteilen gegenüber der Förderbeschulung (Speck, 2010; Bless, 2007; Ahrbeck, 2011; Vernooij, 2010). Ellinger & Stein (2012, S. 104) resümieren nach einer metaanalytischen Betrachtung der einschlägigen Studien:

> »Im Gesamtbild ergeben sich unter bestimmten Umständen leicht günstigere Befunde für inklusive Settings im Hinblick auf Leistungsaspekte, Sozialverhalten und Selbstkonzept (vgl. Goetze, 1990; Preuss-Lausitz, 2004). Dagegen stehen deutlich problematische Erkenntnisse im Hinblick auf soziale Integration und die Wirkung auf die Mitschülerinnen und Mitschüler ohne Förderbedarf«.

Vor diesem Hintergrund ist es Aufgabe der Sonderpädagogik, im schulischen Bildungssystem innerhalb eines ressourcenorientierten Ansatzes die allgemeinen Schulen in der Entwicklung von Förderkompetenz zu unterstützen und ihre soziale Integrationskraft sowie ihr Förderpotenzial zu stärken (Fröhlich-Gildhoff & Rönnau-Böse, 2014). Dabei ist es unabdingbar, auf eine offene, unvoreingenommene Haltung bei den pädagogisch Tätigen hinzuwirken und so die soziale Eingliederung der Schülerinnen und Schülern zu begünstigen. Die Bereitstellung personaler Ressourcen (z. B. für eine Doppelbesetzung) schafft erst den Rahmen für eine kompetente sonderpädagogische Begleitung der Förderung innerhalb eines gemeinsamen Förderkonzepts mit differenzierenden Lernhilfen und didaktischer Individualisierung (Ricking, 2011, 2016). Notwendigerweise ist dieser Wandlungsprozess einzubetten in die Schulentwicklung, deren Ziel u. a. ein integratives Handlungskonzept an jeder allgemeinen Schule und ein gelebtes Reintegrationskonzept an Förderschulen sein sollte. Lindmeier (2009) schlägt in diesem Kontext vier Strukturmerkmale (4-A-Schema) eines inklusiven (Bildungs-)Systems vor:

1. Adaptability: die flexible Anpassung des Systems an die Bedürfnisse der Betroffenen und den Wandel der Gesellschaft
2. Availability: die Verfügbarkeit des Bildungssystems ohne systematische Trennung und Ausschluss
3. Accessibility: die Zugänglichkeit des Bildungssystems sowie die Verfügbarkeit der nötigen Ressourcen
4. Acceptablity: die Akzeptierbarkeit von Bildung (gemeinsame Bildungsziele) sowie eine hohe Akzeptanz der Beteiligten.

Insbesondere das dritte Strukturmerkmal betont die dringende Forderung, dass die notwendigen pädagogischen Maßnahmen jeweils für alle beteiligten Personen im Bildungssystem unmittelbar erreichbar sein müssen (Lindmeier, 2009). Dies hat für die schulische Inklusion zur Folge, dass effektive Maßnahmen zur Vorbeugung oder Verminderung von Gefühls- und Verhaltensstörungen sowie von Lernstörungen bereits an den allgemeinen Schulen als individuelle Ressource zur Verfügung stehen und damit zu einer gezielten Förderung der Kinder und Jugendlichen beitragen können (Hennemann et al., 2017b). Die Gestaltung des Prozesses sollte so angelegt sein, dass exkludierende Bedingungen und Prozesse abzubauen und Veränderungen im System zu vollziehen sind, die zu höheren Passungen und störungsärmeren Relationen führen (Reiser, Willmann & Urban, 2008). Es ist somit elementar, dass Schulen ihr Potenzial stärken, auch leistungsschwache Schülerinnen und Schüler, solche mit Migrationshintergrund, aus Familien mit Multiproblemlagen oder mit problematischem Verhalten einzubinden und bedarfsgerecht zu fördern (Wittrock & Ricking, 2017). In diesem Kontext werden professionelle Interventionen in der Fachliteratur zunehmend (z. B. Kearney, 2016) in drei Ebenen/Stufen (»Tiers«) unterteilt, die sich vornehmlich in der pädagogischen Praxis von Ländern mit etablierter schulischer Inklusion zeigen. Allgemein werden dabei

- »Universelle Maßnahmen« für alle Mitglieder der Gruppe (z. B. Klasse) = »Prä vention« als »Tier 1«,
- »Selektive Maßnahmen« für Kinder und Jugendliche mit einem speziellen Unterstützungsbedarf (unter Einbezug von Sonderpädagoginnen und Sonderpädagogen) = »(frühe) Intervention« als »Tier 2« und
- »Indizierte Maßnahmen« für spezifische Teilgruppen bzw. Individuen = »Intervention und Rehabilitation« als »Tier 3« bezeichnet.

Spätestens in der dritten Stufe (»Tier 3«) wird die fachliche Expertise der Sonderpädagogik allgemein bzw. der Fachkräfte im Förderschwerpunkt ESE für notwendig erachtet. Diese Modellvorstellung wird im Konzept der »Response to Intervention (RTI)« verwandt (Berkeley et al., 2009), die insbesondere in der präventiven (sonder-)pädagogischen Arbeit (auch in Deutschland) verbreitet ist (Huber & Grosche, 2012). Im pädagogischen Alltag zeigen sich jedoch auch Ausprägungsformen von Verhaltensproblemen aufgrund schwerer Traumatisierungen oder verfestigter selbst- und fremdverletzender Verhaltensmuster, von Substanzmissbrauch oder massiv schulaversivem Verhalten. Sie stellen sowohl schulische als auch außerschulische Erziehungshilfe vor beträchtliche Herausforderungen in der aktuellen pädagogischen Praxis (Bolz, Albers & Wittrock, 2018; Ricking & Wittrock, 2012). Kearney (2016) spricht dabei von einer Gruppe »beyond tier 3«. Die Förderung von jungen Menschen mit den unterschiedlichen Ausprägungen von massiv störenden Verhaltensweisen scheint die Möglichkeiten und Grenzen ›inklusiver‹ Beschulung besonders auszureizen. Die Herstellung individueller Passung bei dieser Zielgruppe stellt eine Aufgabe dar, der oft nur mit einzelfallorientierten, indikationsbasierten, interdisziplinär vernetzten und somit komplexen Fördersettings begegnet werden kann. Aufgrund ihrer teilweise massiv (ver-)störenden Verhaltensweisen werden sie nicht selten von einer zur anderen Einrichtung im Unterstützungssystem ›hindurchgereicht‹ und bewegen sich in der Folge in einer Pendelbewegung zwischen Schule, Kinder- und Jugendhilfe, der Kinder- und Jungendpsychiatrie und/oder dem Jugendstrafvollzug (Baumann, 2010; Bolz, 2019). Nicht jedes Kind ist zu jedem Zeitpunkt seiner Entwicklung in einer Schule mit über 1000 Schülerinnen und Schülern, einer Klasse mit 25 Mitschülerinnen und Mitschülern und einem Fachlehrkraftsystem im 45-Minuten-Takt gut aufgehoben (Baumann et al., 2017). Psychische Problemlagen können dazu führen, dass der Kontext Schule für den jungen Menschen eine massive Überforderung darstellt und alternativ der Bedarf nach einem geschützten Rahmen besteht. Es handelt sich um Erscheinungsformen sozialemotionalen Verhaltens, die zwar nur bei einer kleinen Anzahl von Kindern und Jugendlichen wahrzunehmen sind, die jedoch Inklusions- und auch Integrationskraft der derzeit existierenden pädagogischen Systeme übersteigen können (Kauffman & Hallahan, 2005). Diese Zielgruppe, die sowohl im Praxisfeld als auch zunehmend im fachlichen Diskurs als sog. ›Systemsprenger‹ bezeichnet werden, ist durch universelle oder selektive Maßnahmen, aber oft auch durch indizierte Maßnahmen nicht erreichbar (Baumann et al., 2017) (▶ Kap. 3.6). Die gegenwärtige Situation vermittelt den Eindruck, dass diese Kinder und Jugendlichen nicht zur Schule passen. Die fehlende Passung führt zu massiven Schwierigkeiten für Schülerinnen und Schüler sowie Lehrkräfte, denn »jedes menschliche Verhalten ist ein subjektiv problemlösendes« (Wittrock, 2008) und genau dieses subjektiv problemlösende Verhalten zeigen Schülerinnen, Schüler und Lehrkräfte in Schule heute.

2.7   Fazit & Ausblick

Der Förderschwerpunkt ESE konfrontiert alle fachlichen Akteure mit Problemstellungen innerhalb einer größer werdenden Zielgruppe und sich verändernder Phänomene psychosozialer Beeinträchtigungen (Schad & Stein, 2005). Die schulische

Inklusion stellt dabei eine aktuelle Herausforderung dar. Sie sollte für Schülerinnen und Schüler mit einem festgestellten Förderbedarf im Schwerpunkt ESE umfassender gedacht werden als nur in Bezug auf die gemeinsame Beschulung von allen Kindern in einer Klasse. Für das professionelle pädagogische Handeln sollten Grundannahmen die Basis bilden: Menschen (Kinder) benötigen eine adäquate Versorgung, positive Beachtung, Wertschätzung und Selbstwirksamkeitserleben (Bandura, 1997). Gerade unter Berücksichtigung der Zielgruppe der Kinder und Jugendlichen mit komplexen und langfristigen Förderbedarfen leuchtet ein, dass nur ein differenziertes System der Förderung den wachsenden Anforderungen und Inanspruchnahmen gerecht werden kann (▶ Kap. 3.1). Es ist heute als Entwicklungsaufgabe von Schulen zu verstehen, sich auf die zunehmende Heterogenität ihrer Schülerschaft systematisch einzustellen und bedarfsgerecht Unterstützungsangebote anzubieten. In einer solchen Schule kann nicht das Curriculum der Kristallisationspunkt des Handelns sein, sondern die Lern- und Entwicklungsbedürfnisse sowie die pädagogischen Bedingungen für ein gesundes Aufwachsen der Kinder und Jugendlichen (Stein, 2011).

Nicht Selektionsmaßnahmen wie Rückstellung, Klassenwiederholung oder Schulwechsel sind die pauschalen Antworten auf Leistungs- und Verhaltensheterogenität, sondern ein differenziertes Lernarrangement innerhalb einer Schulgemeinschaft, in der eine gute Balance herrscht zwischen dem Spektrum der Voraussetzungen auf Schülerseite und dem Bildungsangebot wie auch den Erwartungen auf Seiten der Schule. Positive Entwicklungsbedingungen unterstützender Strukturen sind deshalb für alle Kinder und Jugendlichen herzustellen, insbesondere für die, die bildungsfern, psychosozial belastet unter benachteiligenden Bedingungen aufwachsen. Ein entsprechendes Förderpotenzial aufzubauen und zu optimieren kann als eine zentrale Zukunftsaufgabe von Schule betrachtet werden (Hennemann, Ricking & Huber, 2017). In diesem Rahmen sind wichtige Ziele zu definieren: Zum einen die Stärkung der Bewältigungskompetenzen der Schülerinnen und Schüler im Umgang mit risikobelastenden Lebenslagen und zum anderen die Schaffung von Förderbedingungen in der Schule, die eine störungsarme und gesunde Entwicklung ermöglichen.

In dem schulischen Handlungsplan sollte die frühzeitige Förderung von Lebenskompetenzen enthalten sein, v. a. in den Bereichen Emotionalität, Soziabilität, Sprache und Kognition, Ernährung und Bewegung, um Kinder und Jugendliche bei der erfolgreichen Bewältigung der jeweiligen Entwicklungsaufgaben gezielt durch pädagogische Maßnahmen zu unterstützen (Ricking, 2016). Für (schulische) Inklusion und ihre Gelingensbedingungen sind adäquate Ressourcen (in allen Altersstufen), eine Mitwirkung und Vernetzung im System der »gestuften Hilfen«, multiprofessionelle (Zusammen-)Arbeit und Gemeinwesenorientierung (im Sozialraum) relevant. In Bezug auf Schule und Unterricht ist für jede Einrichtung ein Schulkonzept notwendig, das von allen getragen wird und besondere Angebote für ein positives Klima, zur Orientierung, Probehandeln und gezielten Förderung enthält. Dazu sollte Schule ein Arbeitsort verschiedener Disziplinen sein, die die Ganzheitlichkeit der Förderung repräsentiert und auf die Lernbedürfnisse (z. B. Lehrkraft), die psychosozialen Bedarfe (z. B. Sozialarbeiterinnen, Therapeuten) und die Erfordernisse der körperlichen Gesundheit(-spflege) (z. B. Krankenpflegepersonal) einzugehen vermag (Heimlich, 2014).

So lassen sich Bedingungen kreieren, die dafür sorgen, dass Kinder und Jugendliche nicht in Handlungsbereitschaften abdriften, die von Schulaversion genährt werden. Die weitere Entwicklung präventiver gestufter Hilfen im Förderschwerpunkt ESE sollte, gerade unter dem Gesichtspunkt spezifischer Teilgruppen, z. B. mit gewaltförmigen Verhaltensmustern, sorgfältig fachlich begleitet und evaluiert werden. Schließlich ist auch die Lehrkräfteausbildung durch eine stärkere Verzahnung von Sonder- und allgemeiner Schulpädagogik weiterzuentwickeln (Burns, 2007). Für die Lebenschancen dieser Kinder und Jugendlichen ist somit die Qualität und Angemessenheit der Erziehungs- und Bildungsarbeit an Schulen von entscheidender Bedeutung. Davon hängt letztlich auch ab, ob es gelingt, die Abhängigkeit des Schulerfolgs von der sozialen Herkunft zu mindern und mehr strukturelle Gerechtigkeit zu etablieren (Autorengruppe Bildungsberichterstattung, 2016).

Zum Abschluss ein Zitat zum Nachdenken:

> »Children have an inalienable right to high-quality, appropriate education. This should be provided in as inclusive a manner as possible, but there are times when inclusion is difficult or even impossible and must be set aside. The right to high-quality, appropriate education can never be set aside« (Hegarty, 2001, S. 248).

3 Organisationsformen

Aufgrund der Heterogenität und Komplexität in dem Handlungsfeld der Pädagogik bei Verhaltensstörung (▶ Kap. 2) und den sich daraus ergebenen Bedarfen und Herausforderungen, sind spezifische Organisationsformen für die Planung, Umsetzung und Evaluation von Förderung und Unterstützung erforderlich. Bereits in den 1990er Jahren werden in einschlägigen fachwissenschaftlichen Publikationen unterschiedliche, teilweise miteinander verbundene Organisationsformen (sonder-)pädagogischer Förderung im Bereich der emotionalen und sozialen Entwicklung skizziert. Neben einer fachwissenschaftlichen Auseinandersetzung ist die Fragestellung der Organisation bzw. der Organisationsformen auch auf politischer, wirtschaftlicher, kommunaler und gesellschaftlicher Ebene relevant. Im nachfolgenden Kapitel wird zunächst ein organisatorischer Überblick zu Unterstützungssystemen gegeben und ein aktuelles System gestufter Hilfen abgeleitet. Die darauffolgenden Beiträge werden die einzelnen Stufen dieses Systems bzw. unterschiedliche Organisationsformen differenziert darstellen und die Umsetzung in Praxisprojekte konkret vorstellen. Diese werden vor dem Hintergrund eines sich inklusiv entwickelnden Bildungssystems kritisch diskutiert.

3.1 Gestuftes System der Hilfen

Tijs Bolz & Bastian Rieß

3.1.1 Einleitung

Ziel dieses Beitrags soll es sein, ein gestuftes System der Unterstützung zu skizzieren, das die organisatorischen und strukturellen Eckpunkte der sonderpädagogischen Förderung im Bereich der emotionalen und sozialen Entwicklung berücksichtigt, die unterschiedlichen Formen der Hilfen miteinander verbindet und hierbei die Spezifität und Heterogenität der Zielgruppe beachtet. Sowohl in der Fachliteratur als auch in der Praxis etabliert, finden sich unterschiedliche Modelle und Konzepte gestufter Systeme, die die Förderung und Unterstützung in diesem Förderschwerpunkt fokussieren. Neun nationale und internationale ausgewählte Modelle bzw. konzeptionelle Überlegungen sowie deren spezifische Entwicklungslinien aus dem fachwissenschaftlichen Diskurs sollen im Folgenden kurz skizziert und anschließend hinsichtlich grundlegender gemeinsamer Prinzipien analysiert werden. Dies stellt die Grundlage für das entwickelte gestufte System der Hilfen dar, das in unterschiedlicher Ausgestaltung im Praxisfeld zu beobachten ist.

3.1.2 Modelle und Konzepte gestufter Systeme sonderpädagogischer Förderung

Einführend wird zunächst das »Stufenmodell der Institution zur Prävention und Rehabilitation von Verhaltensstörungen« von Myschker und Stein (2018, S. 348), erstmals von Myschker 1993 veröffentlicht, beschrieben. Dieses Modell fasst die Angebote schul-, sozial- und kriminalpädagogischer, pädagogisch-psychiatrischer und berufspädagogischer Institutionen in sieben aufeinander aufbauenden Stufen der Förderung zusammen. Die Extreme bilden auf der untersten Ebene »Elternschulungen und Früherkennungsuntersuchungen« und auf der obersten Ebene »Anstalten und Schulen der Kinder- und Jugendpsychiatrie« (▶ Abb. 3.1.1).

Abb. 3.1.1: Stufenmodell der Institutionen zur Prävention und Rehabilitation von Verhaltensstörungen (Myschker & Stein, 2018, S. 356)

Myschker und Stein (2018) weisen darauf hin, dass dieses Stufenmodell integrative bis hin zu separierenden und segregierenden Organisationsformen enthält. Diese Möglichkeiten erstrecken sich von stark präventiven (z. B. Elternschule, Frühförderung) bis hin zu rehabilitativen bzw. pädagogisch-kurativen Einrichtungen (z. B.

Förderschule, Anstalt, Schule des Strafvollzugs, Klinik und Schule der Kinder und Jugendpsychiatrie).

Ein weiteres frühes Modell skizziert Bach (1995) für den deutschen Sprachraum. Unterschieden wird hierbei zwischen den vier Stufen:

1. Förderung durch eine Lehrkraft der allgemeinen Schule,
2. Förderung durch eine Förderschullehrkraft im Umgang von wenigen, maximal zwei Unterrichtsstunden,
3. Förderung durch eine Förderschullehrkraft in Kooperation mit der Lehrkraft der allgemeinen Schule im Umgang von i. d. R. maximal sechs Stunden,
4. Förderung in der Förderschule.

Zielsetzung ist es, ein »System weitmöglicher integrierter Förderung mit der Tendenz, sich selbst als abnehmende Größe zu verstehen und durch Förderung eine Reduzierung der Förderung zu ermöglichen« (Bach, 1995, S. 7). Im Vergleich zu Myschker & Stein (2018) ist anzumerken, dass Bach (1995) primär den schulischen Kontext der Förderung fokussiert.

Aus den Empfehlungen zum Förderschwerpunkt ESE der KMK (2000) geht ebenfalls eine übergeordnete Darstellung zu den Formen und Orten sonderpädagogischer Förderung im schulischen Kontext hervor. Unterschieden werden *vorbeugende Maßnahmen*, zu denen bspw. spezielle Fortbildungsangebote, Diagnose- und Förderklassen, mobile Beratungs- und Unterstützungsdienste sowie kooperative Zusammenarbeit zwischen allgemeinen Schulen und Förderzentren zählen. Eine weitere Form stellt der *gemeinsame Unterricht* an allgemeinen Schulen dar, der in Zusammenarbeit von sonderpädagogischen Lehrkräften mit Lehrkräften der allgemeinen Schule für Schülerinnen und Schüler mit einem sonderpädagogischen Förderbedarf ESE durchzuführen ist. Als weitere Institutionen werden *Sonderschulen* und *Sonderpädagogische Förderzentren* angegeben (ebd.). Die Unterscheidung liegt darin, dass sich die sog. Sonderschule primär der Aufgabe der Unterrichtung von Schülerinnen und Schülern mit einem sonderpädagogischen Förderbedarf ESE widmet, während ein Förderzentrum die »sonderpädagogische Förderung [...] in einzelnen oder mehreren Förderschwerpunkten an unterschiedlichen Förderorten nach Möglichkeit in der allgemeinen Schule kompetent und möglichst wohnortnah« (ebd., S. 26) durchführen soll. Darüber hinaus werden noch der *berufsorientierende und berufsbildende Bereich* ausgewiesen, der primär im gemeinsamen Unterricht, durch die Kooperation mit beruflichen Schulen und in Berufsbildungswerken umgesetzt werden soll. Es ist darauf hinzuweisen, dass es sich hierbei um Empfehlungen handelt und die Umsetzung in den einzelnen Bundesländern in unterschiedlicher Ausprägung und Intensität erfolgt.

Der Versuch, diese institutionelle Vielfalt empirisch zu erfassen, erfolgte u. a. durch Willmann (2005) im Rahmen des SfE-Survey 2004/2005, einer bundesweiten Totalerhebung zu schulischen Institutionen im Förderschwerpunkt ESE (hier unter der Bezeichnung »Schule für Erziehungshilfe«), inklusive eines Vergleichs von Bundes- und Länderergebnissen. Aus den Ergebnissen von Willmann (2005, S. 446 f.; 2007) lässt sich ebenfalls ein System sonderpädagogischer Förderung ableiten. Dabei werden insbesondere schulische Organisationsformen fokussiert, die ausschließlich spezialisierte Einrichtungen für Schülerinnen und Schüler mit Verhaltensstörungen darstellen oder von ihnen ausgehen. Im Rahmen dieser Darstellung werden die folgenden Institutionen als Bestandteile eines Systems sonderpädagogischer Förderung skizziert:

- Schulen für Erziehungshilfe/Sonderschulen mit dem Förderschwerpunkt ESE,
- Heimschulen (bzw. Schulen im Jugendhilfeverbund),
- Klinikschulen (Schulen im Verbund mit der Kinder- und Jugendpsychiatrie),
- sonderpädagogische Förderzentren (Verbundschulen) oder Beratungs- und Förderzentren,
- Sonderberufsschulen,
- Gefängnisschulen,
- ambulante schulische Erziehungshilfe durch Förderschule/Förderzentren.

Auch wenn Willmann (2005) primär spezialisierte Einrichtungen für Schülerinnen und Schüler mit Verhaltensstörungen fokussiert, betont er deutlich den starken Anstieg und die Ausweitung ambulanter Formen der schulischen Erziehungshilfe, die organisatorisch und personell von Förderschulen und Förderzentren ausgehen. Weitestgehend unberücksichtigt bleiben – vermutlich aufgrund der Ausrichtung des Surveys – integrative bzw. inklusive Förder- und Unterstützungsangebote, die organisatorisch und personell an der allgemeinen Schule verortet sind.

Als Ergänzung ist hier die Perspektive von Reiser (2002; 2007) zur Ausdifferenzierung »integrativer erzieherischer Hilfen in Schulen« zu sehen. Er unterscheidet zwischen der »schulintegrierten« (schulhausinterne) und »ambulanten erzieherischer Hilfe« (Reiser, 2007, S. 71). Unter integrierter schulischer Erziehungshilfe versteht Reiser (2007) Maßnahmen zur Förderung und Unterstützung der emotionalen und sozialen Entwicklung, die über den Erziehungs- und Bildungsauftrag einer allgemeinen Schule hinausgehen und die von einem spezifisch qualifizierten Fachpersonal (z. B. Sozialpädagoginnen, Beratungslehrkräfte, Erzieher) durchgeführt werden. Diese ergänzenden Unterstützungsmaßnahmen gehen ausschließlich aus den personellen, strukturellen und zeitlichen Ressourcen der jeweiligen allgemeinen Schule hervor und sind idealerweise fallunabhängig bzw. fallübergreifend. Sie können somit bedarfsgerecht für alle Schülerinnen und Schüler der Schule verwendet werden. Dem gegenüber stehen die sog. ambulanten erzieherischen Hilfen. Sie beinhalten gezieltere Maßnahmen zur Förderung und Unterstützung der sozialen und emotionalen Entwicklung, die ausschließlich von qualifiziertem Fachpersonal externer Institutionen (z. B. Förderzentrum, Förderschule, Jugendhilfe, freie Bildungsträger) ausgehen. Es handelt sich um fallbezogene Maßnahmen, die sich nach dem individuellen Unterstützungsbedarf der einzelnen Schülerin bzw. des einzelnen Schülers richtet und entsprechend nur einzelnen Schülerinnen und Schülern zur Verfügung gestellt wird. Reiser (2007, S. 72) weist darauf hin, dass diese beiden Kategorien nicht trennscharf voneinander abzugrenzen sind und sich im Praxisfeld sog. »Mischformen« ergeben können. Dies kann bspw. im Falle einer Abordnung einer Förderschullehrkraft an eine allgemeine Schule erfolgen. Es ist darauf hinzuweisen, dass Reiser (2007) ausschließlich integrative Formen der Förderung und Unterstützung berücksichtigt.

Hillenbrand (2008, S. 168) thematisiert im Rahmen der Darstellung eines »gestuften Systems schulischer Hilfen bei Verhaltensstörungen« die Inhalte der Konzepte von Willmann (2005) sowie Reiser (2007) und gliedert sonderpädagogische Förderung in Unterstützungsmaßnahmen nach Angeboten in »Regelschulen« und in »besonderen Institutionen«. Den integrierten Unterstützungsmaßnahmen in der allgemeinen Schule (hier: Regelschule) werden individuelle Hilfen (z. B. angeboten von Beratungslehrkräften, Ambulanzlehrkräften, Mobilen Diensten) und Gruppenförderung (z. B. in Fördergruppen, Kleinklassen) zugeordnet. Zu den besonderen Institutionen zählen Förderzentren, Förderschulen, Klinikschulen, Schulen im Strafvollzug, die sonderpädagogische Beschulung und mehrdimensionale Hilfen (Hillenbrand, 2008). In diesem *Gestuften System schulischer Hilfen bei Verhaltensstörungen* wird die Berücksichtigung von Unterstützungsmaßnahmen sowohl integrativer als auch separierter Institutionen verdeutlicht (▶ Abb. 3.1.2).

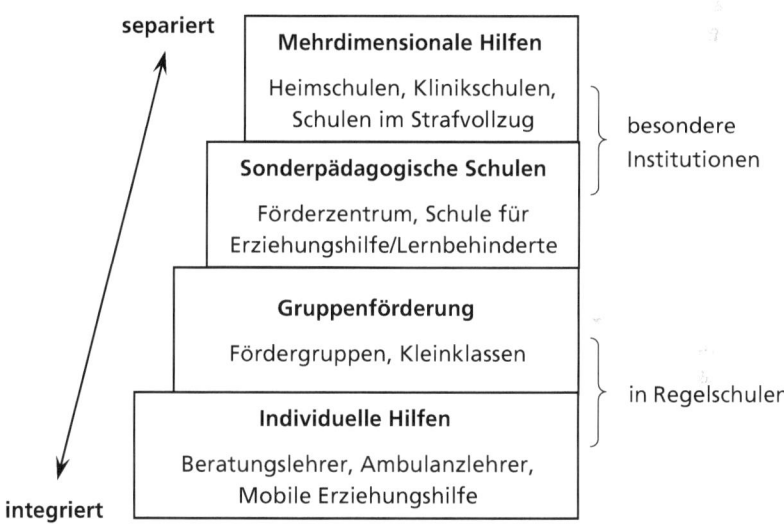

Abb. 3.1.2: Gestuftes System schulischer Hilfen bei Verhaltensstörungen (aus: Hillenbrand, Clemens: Einführung in die Pädagogik bei Verhaltensstörungen. © 4., überarb. Auflage 2008, Ernst Reinhardt Verlag München/Basel. S. 168. www.reinhardt-verlag.de)

Eine differenziertere Unterscheidung zwischen ambulanten und integrierten Maßnahmen innerhalb der allgemeinen Schule wie z. B. bei Reiser (2007) wird hier nicht explizit vorgenommen.

Heimlich (2014, S. 86) bringt in der Darstellung seines Modells »schulische Organisationsformen sonderpädagogischer Förderung« stationär, ambulant, integrativ und inklusive Förder- und Unterstützungsangebote zusammen. Die von ihm dargestellten Organisationsformen werden im Spannungsfeld zwischen »Exklusion« und »Inklusion« eingeordnet. Zu den stationären Angeboten zählen Förderschulen und sonderpädagogische Förderzentren (Heimlich, 2014). Gemeint sind speziali-

35

sierte Institutionen, die in klarer Abgrenzung zur Regelbeschulung stehen. Mobile sonderpädagogische Förderung und Förderklassen (Diagnose-Förderklassen und Kooperationsklassen) werden den ambulanten Förderangeboten zugeordnet (Heimlich, 2014). Unterstützungsangebote dieser Förderstufe werden durch externes Fachpersonal, das nicht der allgemeinen Schule zuzuordnen ist, i. d. R. an der allgemeinen Schule durchgeführt. Integrative Angebote sonderpädagogischer Förderung beinhalten die *Einzelintegration, Integrationsklassen* sowie *Integrative Regelklassen*. Gemeinsam haben diese unterschiedlichen Formen, dass Schülerinnen und Schüler mit einem diagnostizierten sonderpädagogischen Förderbedarf an allgemeinen Schulen beschult werden und dort fallbezogene Unterstützungsmaßnahmen erhalten. Unter dem Begriff »sonderpädagogische Förderung in inklusiven Schulen« stellt Heimlich (2014, S. 102 f.) das anzustrebende Ziel einer »inklusiven Schule der Zukunft« dar. Diese zeichnet sich durch eine übergreifende inklusive Schulkultur auf unterrichtlicher sowie schulorganisatorischer Ebene aus, deren Förder- und Unterstützungsmaßnahmen sich fallunabhängig und bedarfsgerecht an alle Schülerinnen und Schüler richten. Dies wird v. a. durch ein interdisziplinäres Team realisiert.

International wird eines der ersten gestuften Systeme sonderpädagogischer Förderung bereits 1970 von Deno beschrieben (Deno, 1970, S. 235). Dies fasst unter dem Begriff des »*Cascade Model*« oder »*Cascade Services*« sonderpädagogische und weitere Unterstützungsmaßnahmen und Förderorte auf sieben Stufen (hier: Level) konzeptionell zusammen (▶ Abb. 3.1.3).

An dem Modell von Deno (1970) fällt zunächst die Unterteilung in »Out-Patient-Program« und »In-Patient-Program« auf, die die Differenzierung zwischen Angeboten des Schulsystems sowie des Gesundheits- und Sozialsystems innerhalb des US-amerikanischen Unterstützungssystems deutlich macht. Die Angebote innerhalb des Schulsystems gliedern sich in sechs Stufen. Die Beschulung und Förderung auf den Leveln I bis IV ist institutionell an der allgemeinen Schule verortet, wobei die Beschulung von Schülerinnen und Schülern mit und ohne Beeinträchtigung in einer gemeinsamen Lerngruppe mit zunehmender Stufe abnimmt und die Intensität der (Einzel-)Förderung steigt. Das Level V entspricht der Beschulung an einer Förderschule. Auf der sechsten Stufe erfolgt die Beschulung im häuslichen Umfeld. Zu den Angeboten, die innerhalb des amerikanischen Gesundheits- und Sozialsystem verortet sind, gehören auf dem Level VII zum einen Unterstützungsmaßnahmen in Klinken sowie Wohngruppen und zum anderen medizinische und caritative Einrichtungen. Die in dem Modell von Deno (1970) erfolgte explizite Trennung zwischen den Angeboten des Schul- sowie Gesundheits- und Sozialsystems lässt sich, im Vergleich zu den bisher dargestellten Konzepten aus Deutschland, als Besonderheit herausstellen. In der erfolgten Auseinandersetzung ist in einzelnen Stufen eine Kombination von Unterstützungsmaßnahmen des Schul- und Sozialsystems, z. B. durch die Verknüpfung von Bildungsangeboten mit Maßnahmen der Kinder- und Jugendhilfe im Rahmen sog. Heimschulen (u. a. Hillenbrand, 2008; Myschker & Stein, 2018), festzustellen. Eine Erklärung für diesen Unterschied kann in den spezifischen Strukturen des amerikanischen und deutschen Schul- sowie Gesundheits- und Sozialsystem liegen sowie den Bedingungen zum Zeitpunkt der Veröffentlichung dieses Modells.

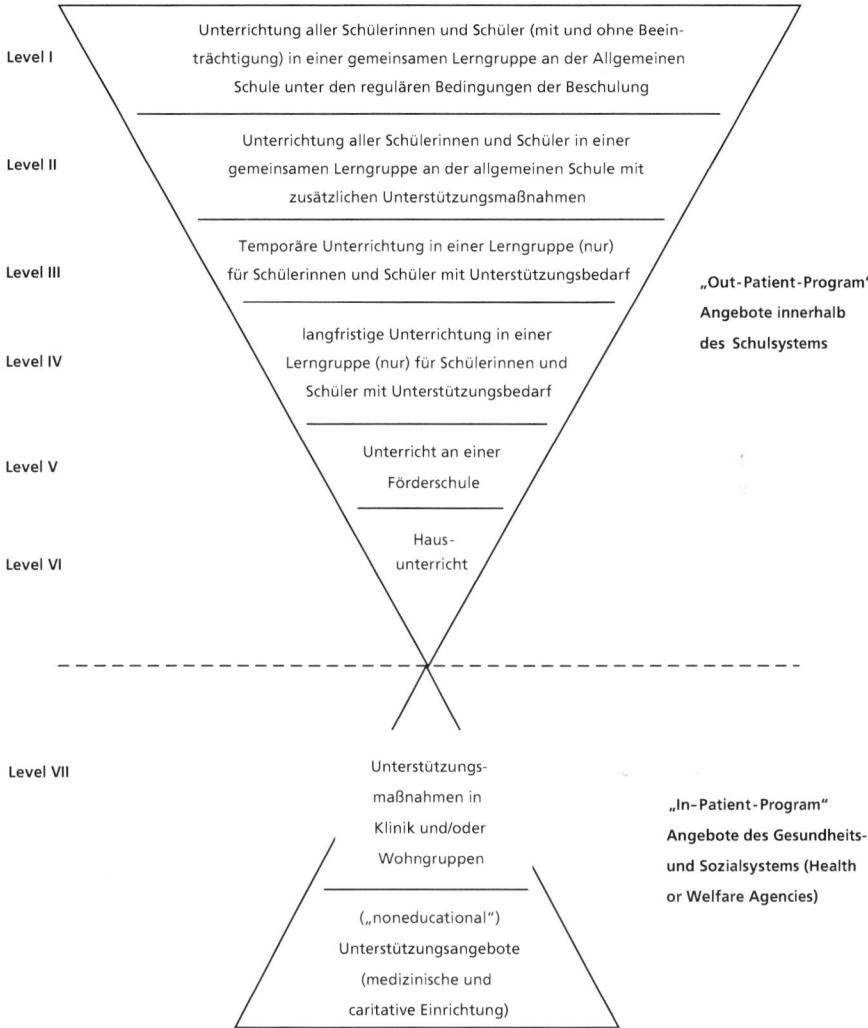

Level I
Level II
Level III
Level IV
Level V
Level VI
Level VII

Unterrichtung aller Schülerinnen und Schüler (mit und ohne Beeinträchtigung) in einer gemeinsamen Lerngruppe an der Allgemeinen Schule unter den regulären Bedingungen der Beschulung

Unterrichtung aller Schülerinnen und Schüler in einer gemeinsamen Lerngruppe an der allgemeinen Schule mit zusätzlichen Unterstützungsmaßnahmen

Temporäre Unterrichtung in einer Lerngruppe (nur) für Schülerinnen und Schüler mit Unterstützungsbedarf

langfristige Unterrichtung in einer Lerngruppe (nur) für Schülerinnen und Schüler mit Unterstützungsbedarf

Unterricht an einer Förderschule

Hausunterricht

Unterstützungsmaßnahmen in Klinik und/oder Wohngruppen

(„noneducational") Unterstützungsangebote (medizinische und caritative Einrichtung)

„Out-Patient-Program" Angebote innerhalb des Schulsystems

„In-Patient-Program" Angebote des Gesundheits- und Sozialsystems (Health or Welfare Agencies)

Abb. 3.1.3: The Cascade System of Special Education Services

Als ein weiteres besonderes Merkmal des *Cascade System* von Deno (1970) ist die Unterstützungsform »Hausunterricht« auf Level VI zu sehen, die in keinem der bisher angeführten Konzepte aus dem deutschen Sprachraum genannt wird. Auch wenn aufgrund der bestehenden Schulpflicht und der rechtlichen Vorgaben eine Beschulung im häuslichen Umfeld formal in Deutschland nur in besonderen Ausnahmefällen möglich ist, gibt es in der Praxis vereinzelt Fälle, bei denen im Kontext massiver Verhaltensstörungen dieser oder einer ähnlichen Form der Unterrichtung außerhalb einer Schule zugestimmt wird. Inklusionserfahrenere Länder wie bspw. Kanada, USA oder Finnland orientieren sich an diesem »Cascaden-Modell« und haben diese Ausdifferenzierung sonderpädagogischer Unterstützung teilweise regional bzw. national in ein übergreifendes Unterstützungssystem integriert. Diese zeichnen sich v. a. durch eine Dezentralisierung sonderpädagogischer Unterstützungsangebote aus, von Förderzentren organisiert und in der allgemeinen Schule appliziert werden. Weitere Ausführungen zu internationalen Konzeptionen sowie deren Umsetzung und empirische Einordung finden sich bei Hennemann, Ricking & Huber (2017).

Zunehmend in den Fokus des fachwissenschaftlichen Diskurses im deutschen Sprachraum gerät das aus Nordamerika stammende Konzept »*Response to Intervention (RTI)*« (Fuchs et al., 2003; Fuchs, Fuchs & Compton, 2012). In den USA in den 1980er Jahren entwickelt (Deno, 1985; 1986), wird es bereits in über 50 % der Staaten als ein Rahmenkonzept in der schulischen Bildungslandschaft umgesetzt und ist dort gesetzlich verankert. Übergeordnete Zielsetzung ist die individuelle Anpassung von Förder- und Unterstützungsmaßnahmen an die Bedarfe der einzelnen Schülerin bzw. des einzelnen Schülers (Huber & Grosche, 2012). Diese erfolgt ausgehend von der Reaktion der Schülerin bzw. des Schülers (Response) auf die jeweiligen Förderung- und Unterstützungsmaßnahme (Intervention) (Voß et al., 2016; Huber & Grosche, 2012). RTI stellt ein konzeptionelles Gerüst zur Identifikation, Prävention und Intervention bei Beeinträchtigungen im Lernen und Verhalten auf drei Förderstufen dar (Huber & Grosche, 2012; Hillenbrand, 2018). Im Rahmen des Ansatzes werden die Elemente Diagnostik, Förderung und Kooperation verschiedener Professionen zusammengeführt und miteinander verknüpft (Casale, Hennemann & Grosche, 2015; Hillenbrand, 2018). In den USA sind diese drei Präventionsstufen jedoch meist konzeptionell an einer Schulinstitution integriert (National Center on Response to Intervention, 2012). Durch eine frühzeitige Erkennung von Lern- und Verhaltensbeeinträchtigungen, einer effektiven und professionellen Prävention sowie der Optimierung von diagnostischen, didaktischen und organisatorischen Maßnahmen kann eine Anpassung der Förderung und Unterstützung an die Bedürfnisse und Bedarfe der Schülerinnen und Schüler gelingen (Blumenthal, Kuhlmann & Hartke, 2014; Huber & Grosche, 2012). Die Verknüpfung von Verlaufsdiagnostik und evidenzbasierter Fördermaßnahmen im Rahmen des Konzepts kann zu einer möglichst kurzfristigen und zielgerichteten Rückmeldung über den Erfolg der Förderung beitragen (Blumenthal, Kuhlmann & Hartke, 2014; Casale et al., 2015). Somit stellt RTI ein Konzept gestufter Förderebenen mit Angeboten zur Prävention von Lern- und Verhaltensschwierigkeiten in unterschiedlicher Intensität und Spezifität dar, das als Mehrebenenpräventionsansatz verstanden werden kann. Neben den kritisch diskutierten Aspekten dieses Konzepts (u. a. Stein & Stein, 2014; Ahrbeck et al., 2016) ist die enge Verzahnung zwischen Förder- bzw. Verlaufsdiagnostik und Förder- und Unterstützungsmaßnahmen positiv hervorzuheben.

3.1.3 Grundlegende, gemeinsame Prinzipien der dargestellten Modelle und Konzepte

Nach der Darstellung von ausgewählten Modellen und Konzepten gestufter Systeme sonderpädagogischer Förderung sowie deren Entwicklungslinien werden im Folgenden grundlegende, gemeinsame Prinzipien herausgearbeitet. Ziel ist es, zentrale

Wirkmechanismen sowie die Grundsätze der pädagogischen Arbeit innerhalb dieser Systeme darzulegen.

Prinzip der Inklusion

Als erstes zentrales Prinzip kann herausgestellt werden, dass die dargestellten Modelle und Konzepte dem Grundgedanken der Inklusion gemäß der *Convention on the Rights of Persons with Disabilities* (VN-BRK, 2008) folgen und somit ein möglichst hohes Maß an Partizipation/Teilhabe anstreben. Der Beschulung und Förderung in spezialisierten, separierenden Institutionen (z. B. in einer Förderschule) wird in allen Modellen die integrative bis inklusive Unterrichtung in der allgemeinen Schule gegenübergestellt. Deutlich erkennbar ist dies u. a. im »*Gestuften System schulischer Hilfen bei Verhaltensstörungen*« von Hillenbrand (2008, S. 168). Angestrebt wird hierbei, dass jeder Schülerin und jedem Schüler bedarfsgerecht die benötigte Unterstützung in einem möglichst wenig separierenden Setting geboten wird (Spies et al., 2010). Grundlegendes Ziel gestufter Systeme sonderpädagogischer Förderung ist es, Schülerinnen und Schüler mit Förderbedarf so zu unterstützen, dass die frühen obligatorischen Schritte einer ›Umschulung‹ in die Förderschule umgangen werden können. Anzumerken ist hierbei, dass in allen Konzepten sowohl separierende als auch integrative bis inklusive Maßnahmen genannt werden und sich diese als Teil eines gemeinsamen Systems verstehen. Insbesondere vor dem Hintergrund der Diversität und Heterogenität der Zielgruppe im Förderschwerpunkt ESE (▶ Kap. 2) wird deutlich, dass unterschiedliche institutionelle Rahmungen für eine erfolgreiche Förderung und Unterstützung benötigt werden.

Prinzip der Prävention

Als weiteres Prinzip lässt sich die grundsätzliche präventive Ausrichtung der dargestellten Modelle beschreiben, die bereits im Rahmen der Kapitel 1 und 2 als wesentliche Grundlage der Arbeit in dem Förderschwerpunkt ESE beschrieben wurde. Ziel präventiv-pädagogischen Handelns ist es, die Entstehung und Verfestigung von Verhaltensauffälligkeiten sowie Verhaltensstörungen zu verhindern bzw. diesen entgegenzuwirken. Diese präventive Grundausrichtung zielt auf die Bewältigung des sog. *Wait-to-Fail-Problems* ab. Die Förderung bei Lern- und Verhaltensbeeinträchtigungen sollte somit nicht auf eskalierende Verläufe ausgerichtet und Unterstützungsmaßnahmen nicht erst dann aktiviert werden, wenn sich die Problementwicklung intensiviert hat, sondern bereits vor bzw. zu Beginn eskalierender Verläufe (Vaughn, Linan & Hickman, 2003). Dieser Grundgedanke wird insbesondere im Mehrebenenpräventionsansatz RTI deutlich.

Als theoretische Grundlage kann hier das Präventionsverständnis von Munoz, Mrazek & Haggerty (1996, S. 1118) verwendet werden, das eine Differenzierung auf den Ebenen der universellen, selektiven und indizierten Prävention vornimmt. Im deutschsprachigen Raum wird diese Ausrichtung u. a. von Beelmann & Raabe (2007) sowie Hillenbrand (2008) spezifiziert. Unter der Bezeichnung *universelle Prävention* werden vorbeugende Maßnahmen zusammengefasst, die grundlegend der Entstehung einer Verhaltensstörung entgegenwirken sollen und sich somit auch an keine ausgewählte Gruppe von Kindern und Jugendlichen richten. Die Vermeidung der Entwicklung von Verhaltensstörung steht im Vordergrund. Spezifische und gezielte Angebote für Kinder und Jugendliche, mit einem erhöhten Risiko, Verhaltensstörung zu entwickeln, werden unter der Bezeichnung *selektive Prävention* zusammengefasst. Weisen Kinder und Jugendliche bereits erste ›Störungen‹ auf und wird von einer hohen Risikobelastung ausgegangen, finden gezielte Maßnahmen der *indizierten Prävention* Berücksichtigung. Wesentliches Ziel der *indizierten Prävention* ist die Vermeidung weiterer ›Störungen‹ (Hillenbrand, 2008, S. 134 f.). Unter Berücksichtigung dieses Verständnisses ist es möglich, die unterschiedlichen Institutionen der dargestellten Modelle und Konzepte hinsichtlich der »Präventionsstufe« zu differenzieren.

Prinzip der Individualisierung und Intensivierung

In den beschriebenen Systemen gestufter Hilfen wird mit zunehmender Stufe eine Intensivierung und Individualisierung der Förder- und Unterstützungsangebote von der universellen bis zur indizierten Prävention angestrebt. Ziel ist es somit, präventiv der Notwendigkeit der nächsten Stufe vorzubeugen und Systemebenen so zu stabilisieren, dass Angebote der aktuellen Stufe reduziert werden bzw. durch Angebote der vorherigen Stufe ersetzt werden können. Aufgaben, Handlungen und Problemlösungen sollten zunächst von den unteren Ebenen bzw. Organisationsformen unternommen werden. Nur wenn die Ressourcen nicht ausreichen und alle Maßnahmen ausgeschöpft sind oder die Umsetzung mit erheblichen Hürden und Problemen verbunden ist, sollen sukzessiv höhere Ebenen bzw. Organisationsformen subsidiär, d. h. nachrangig unterstützend, wählbar sein. Betont wird dies bspw. bereits in dem von Bach (1995) skizzierten Modell.

Prinzip der Durchlässigkeit

Eine weitere Gemeinsamkeit der dargestellten Modelle und Konzepte ist, dass grundsätzlich davon ausgegangen wird, dass ein (unterstützungs-)bedarfsorientierter Wechsel zwischen den unterschiedlichen Ebenen resp. Stufen des jeweiligen Systems möglich und ggf. notwendig ist. Hierbei müssen die Stufen nicht in jedem Fall chronologisch bzw. in einer festgelegten Reihenfolge durchlaufen werden, sondern die Reihenfolge und Aktivierung sollte sich an dem Bedarf und der Problemsituation orientieren. Auch innerhalb einer Ebene bzw. Stufe gilt das sog. »Subsidiaritätsprinzip« und es sollte eine Durchlässigkeit bzgl. der spezifischen Angebote bestehen. Deutlich wird dies u. a. an dem RTI-Konzept, das auf Grundlage diagnostischer Ergebnisse einen Wechsel zwischen den Ebenen der Prävention vorsieht. Dies steht jedoch im direkten Zusammenhang mit den Kooperationsstrukturen, der interdisziplinären Zusammenarbeit verschiedener Professionen und den unterschiedlichen Unterstützungsstufen.

    Mit Blick auf das Praxisfeld zeigt sich jedoch aktuell am Beispiel der Förderschule – aber auch unter Berücksichtigung der verschiedenen Schulformen – für

Deutschland eine geringere Durchlässigkeit zwischen den verschiedenen Unterstützungssystemen und Organisationsformen (Mays, 2014). Obwohl sich die Förderschule mit dem Schwerpunkt der emotionalen und sozialen Entwicklung als Durchgangsschule verstehen sollte und das vorrangige Ziel der Rückschulung ihrer Schülerinnen und Schüler an die allgemeine Schule besteht (Stein & Stein, 2014), sind die Rückschulungsquoten von Förderschulen mit dem Schwerpunkt ESE eher gering (Ricking & Hennemann, 2008). Wenige Studien sowie amtliche Zahlen aus einzelnen Bundesländern unterstreichen diese Erkenntnis (Mays, 2014; Voigt, 1998). Ein gestuftes System sonderpädagogischer Förderung kann jedoch einen Beitrag zur Durchlässigkeit zwischen den verschiedenen Organisationsformen leisten. Bei der Betrachtung der Inklusionsquoten[1] in den bereits beschrieben inklusionserfahrenen Ländern wird deutlich, dass sich eine gestufte Ausgestaltung der Förderstruktur und Organisation durch ein hohes Maß an Durchlässigkeit auszeichnet (Lindsay, 2007; Hennemann, Ricking & Huber, 2017).

Prinzip fallbezogener und fallunabhängiger Unterstützungsmaßnahmen

Besonders in dem Modell der »*Integrativen erzieherischen Hilfen in Schulen*« von Reiser (2007) wird das Prinzip der Kombination fallbezogener und fallunabhängiger Unterstützungsmaßnahmen deutlich. Gemeint ist hiermit die Unterscheidung zwischen fallbezogenen Förderangeboten, die sich an Personen richten, denen ein bestimmter Status/ein bestimmtes Merkmal (z. B. diagnostizierter sonderpädagogischer Förderbedarf) zugeschrieben wird, und fallunabhängigen Förderangeboten, die sich an alle Teilnehmenden eines Systems richten und von diesen in Anspruch genommen werden können. Wichtig ist hierbei zu erwähnen, dass diesen beiden Formen von Unterstützungsmaßnahmen unterschiedliche Ansätze der Zuweisung von Ressourcen zugrunde liegen. Gesprochen werden kann von einer individuumsbezogenen (fallbezogenen) und einer systembezogenen (fallunabhängigen) Ressourcenzuweisung. Auf das daraus entstehende »Ressourcen-Etikettierungs-Dilemma« soll an dieser Stelle hingewiesen, aber nicht näher eingegangen werden.

Prinzip der Multiprofessionalität und Kooperation

In der Analyse der dargestellten Modelle wird deutlich, dass die Unterstützungsangebote auf einzelnen Stufen i. d. R. durch Fachpersonal durchgeführt werden, das unterschiedlichen Professionen zugeordnet ist. Deutlich wird dies u. a. in den »schulintegrierten Hilfen« nach Reiser (2007). Die Förderung erfolgt hier (im Idealfall) in Kooperation zwischen Lehrkräften der allgemeinen Schule, Fachkräften der Sonder- und Sozialpädagogik, Beratungslehrkräften sowie Erzieherinnen und Erziehern und kann als multiprofessionelle Zusammenarbeit beschrieben werden. Ob dies die Entstehung und Etablierung multiprofessioneller Teams zur Folge hat, bleibt

---

1 Anteil der Schülerinnen und Schülern mit sonderpädagogischem Förderbedarf, die inklusiv in allgemeinen Schulen unterrichtet werden.

diskutabel (▶ Kap. 4.7). Unter Berücksichtigung des Prinzips der Durchgängigkeit ist davon auszugehen, dass auch Kooperation zwischen dem Fachpersonal unterschiedlicher Organisationsformen bzw. Stufen erfolgt, z. B. infolge eines Wechsels einer Schülerin oder eines Schülers zwischen unterschiedlichen Ebenen des Systems. Das »*Stufenmodell der Institution zur Prävention und Rehabilitation von Verhaltensstörungen*« von Myschker und Stein (2018) macht deutlich, dass schul-, sozial- und kriminalpädagogische, pädagogisch-psychiatrische und berufspädagogische Institutionen Teil eines gemeinsamen Fördersystems sein können und sich dadurch Anlässe zu einer professionsübergreifenden Kooperation ergeben können, vielleicht sogar müssen.

3.1.4 Gestuftes System der Hilfen im Förderschwerpunkt emotionale und soziale Entwicklung

Die dargestellten ausgewählten Modelle und Konzepte sowie die abgeleiteten grundlegenden, gemeinsamen Prinzipien stellen die Grundlage für das entwickelte *Gestufte System der Hilfen* dar. Ausgehend von den Entwicklungen im Förderschwerpunkt ESE (▶ Kap. 2) und der Forderung von Stein (2011, S. 333) nach einem »ausdifferenzierten System gestufter Förderung ›jenseits‹ der beiden Extremstufen Separation versus Integration/Inklusion« wird an dieser Stelle ein gestuftes System skizziert, das Bildungs-, Beratungs- und Unterstützungsangebote für Kinder und Jugendliche mit Beeinträchtigungen in der emotionalen und sozialen Entwicklung sowie deren Umfeld zur Verfügung stellt (Rieß & Bolz, 2015; Rieß, 2018). Das Prinzip der *Inklusion* ist der Grundgedanke dieses gestuften Systems, das auf den unterschiedlichen Ebenen jeder Schülerin und jedem Schüler bedarfsgerecht die benötigte Unterstützung in einem möglichst wenig separierenden Setting bieten soll und die Teilhabe an schulischen Bildungsprozessen unterstützt. Mit zunehmender Stufe erfolgt eine *Intensivierung und Individualisierung* der Bildungs-, Beratungs- und Unterstützungsangebote von der universellen über die selektive bis hin zur indizierten *Prävention*. Ziel ist es, präventiv der Notwendigkeit der Angebote der nächsten Stufe vorzubeugen und Systeme so zu stabilisieren, dass Angebote der aktuellen Stufe zurückgenommen werden bzw. durch Angebote der vorherigen Stufe ersetzt werden können. Das Prinzip der *Durchlässigkeit* äußert sich darin, dass die dargestellten Stufen nach Bedarf und Problemsituation durchlaufen werden sollten, dies muss nicht in jedem Fall chronologisch bzw. in einer festgelegten Reihenfolge erfolgen. Hierbei ist es auch möglich, dass Unterstützungsangebote der unterschiedlichen Ebenen phasenweise zeitlich parallel von einer Schülerin oder einem Schüler genutzt werden (z. B. in der Phase der Rückführung aus einer Kurzzeitinterventionsmaßnahme oder der Förderschule an die allgemeine Schule). Auf den Stufen finden sich *fallbezogene sowie fallunabhängige Unterstützungsmaßnahmen*, die i. d. R. auf Grundlage einer individuumsbezogenen (z. B. Maßnahmen infolge der Feststellung sonderpädagogischer Förderbedarf) und einer systembezogenen (z. B. schulweiter Einsatz spezifischer Trainingsprogramme zur Stärkung sozialer Kompetenzen) Ressourcenzuweisungen erfolgt. Die Unterstützungsangebote auf den unterschiedlichen Stufen sollten sich durch *Multiprofessionalität und Kooperation* auszeichnen und sehen eine stufeninterne und -übergreifende Vernetzung der

Institutionen und Mitarbeitenden im Sinne eines »Netzwerk der Hilfen« (Hennemann et al., 2016).

Die dargestellten Stufen dieses Systems der Hilfen werden in den nachfolgenden Kapiteln intensiv behandelt und stellen somit die Grundlage für die Gliederung dieses Buches dar.

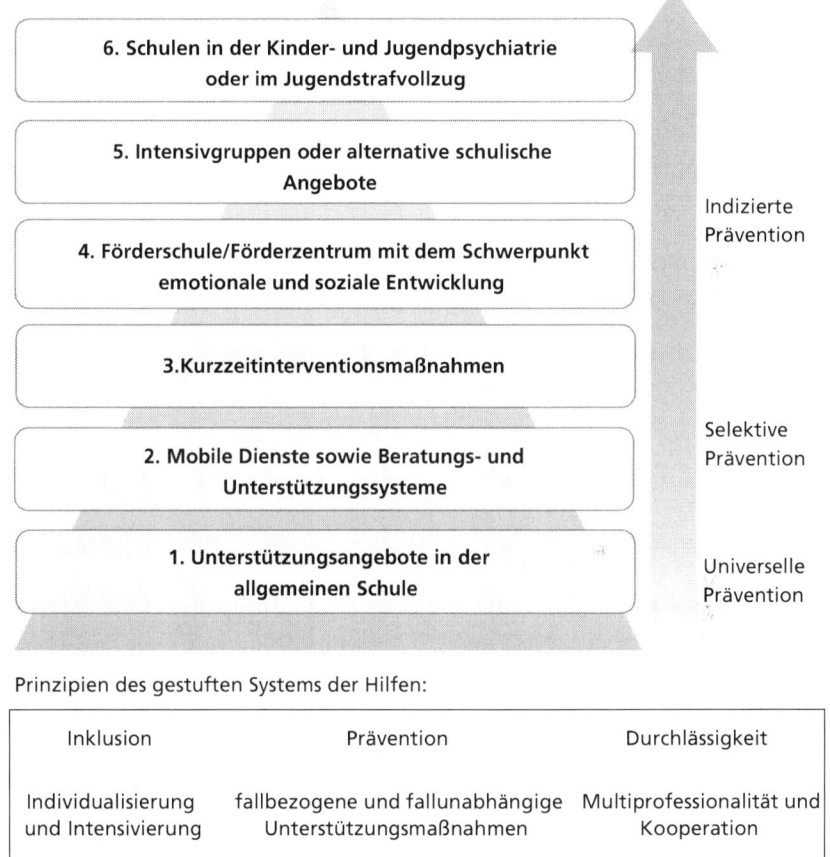

6. Schulen in der Kinder- und Jugendpsychiatrie oder im Jugendstrafvollzug

5. Intensivgruppen oder alternative schulische Angebote

4. Förderschule/Förderzentrum mit dem Schwerpunkt emotionale und soziale Entwicklung

3. Kurzzeitinterventionsmaßnahmen

2. Mobile Dienste sowie Beratungs- und Unterstützungssysteme

1. Unterstützungsangebote in der allgemeinen Schule

Indizierte Prävention

Selektive Prävention

Universelle Prävention

Prinzipien des gestuften Systems der Hilfen:

Inklusion	Prävention	Durchlässigkeit
Individualisierung und Intensivierung	fallbezogene und fallunabhängige Unterstützungsmaßnahmen	Multiprofessionalität und Kooperation

Abb. 3.1.4: Gestuftes System sonderpädagogischer Förderung im Schwerpunkt ESE

Die Bildungs-, Beratungs- und Unterstützungsangebote der einzelnen Stufen sollen im Folgenden nur kurz skizziert werden, um eine Grundlage für die vertiefende Auseinandersetzung in den darauffolgenden Kapiteln zu schaffen.

1. Unterstützungsangebote in der allgemeinen Schule
   Verortet an der allgemeinen Schule richtet sich die erste Stufe, im Sinne einer universellen Prävention, zunächst an alle Schülerinnen und Schüler. Gemeint sind hier sowohl »schulintegrierte« als auch »ambulante erzieherischer Hilfen«

43

(Reiser, 2007). Hierzu gehören bspw. Maßnahmen, die der Prävention von Verhaltensauffälligkeiten sowie Unterrichtsstörungen an der allgemeinen Schule dienen sollen, z. B. Entwicklung einer inklusiven Schulkultur, der Einsatz von Maßnahmen des Classroom Management, eine regelmäße Verlaufsdiagnostik bezogen auf das Arbeits- und Sozialverhalten, die Umsetzung der Didaktik des Gemeinsamen Unterrichts sowie spezifische Trainingsprogramme zur Stärkung sozialer Kompetenzen. Aber auch sozialpädagogische und schulpsychologische Angebote sowie Beratungs- und Fördermaßnahmen, die von Sonderpädagoginnen und Sonderpädagogen umgesetzt werden, sind dieser Ebene zuzuordnen. Darüber hinaus bilden Leistungen entsprechend der Eingliederung gemäß SGB XIII, wie z. B. Schulassistenz, die sich der selektiven bis indizierten Prävention zuordnen lassen, weitere Unterstützungsangebote an der allgemeinen Schule (Wachtel, 2010) (▶ Kap. 3.2).

2. Mobile Dienste und Beratungs- und Unterstützungssysteme
Mobile Dienste und Beratungs- und Unterstützungssysteme (MoDiBUS) sind ambulante erzieherische Hilfen, die i. d. R. verortet an einem Förderzentrum je nach Bedarfslage als systemisch orientierte Beratungs- und Unterstützungsangebote unterschiedlichen Adressatengruppen (z. B. Schülerinnen und Schülern, Lehrkräften, Erziehungsberechtigten) zur Verfügung stehen. Die Angebote der MoDiBUS sind den Bereichen der universellen bis selektiven Prävention zuzuordnen und es finden (je nach Ausrichtung und Arbeitsverständnis) individuums- und/oder systembezogene Ansätze Berücksichtigung. In der Bundesrepublik haben sich bereits verschiedene MoDiBUS etabliert, die teilweise konzeptionell sehr unterschiedlich ausgerichtet sind (▶ Kap. 3.3).

3. Kurzzeitinterventionsmaßnahmen
Kurzzeitinterventionsmaßnahmen sind temporäre Bildungs- und Unterstützungsangebote für Schülerinnen und Schüler außerhalb ihrer Lerngruppe der allgemeinen Schule. Sie verlassen für einen festgelegten, begrenzten Zeitenraum ihre ursprüngliche Lerngruppe und werden primär in der neuen Lerngruppe unterrichtet, die sich durch spezifische Rahmenbedingungen (z. B. Gruppengröße, personelle Ausstattung, pädagogisch-therapeutische Ausrichtung) auszeichnet und ihnen in der emotionalen und sozialen Entwicklung fördern soll. Dies erfolgt i. d. R. unter Einbezug des Umfelds der Schülerinnen und Schüler. Am Ende der Kurzzeitintervention wird die (häufig begleitete) Rückführung in die allgemeine Schule angestrebt. Diese Organisationsform ist der selektiven bis indizierten Prävention zuzuordnen (▶ Kap. 3.4).

4. Förderschule mit dem Schwerpunkt ESE
Die Förderschule mit dem Schwerpunkt ESE ist eine eigenständige Schulform und richtet sich an Schülerinnen und Schüler mit einem festgestellten sonderpädagogischen Unterstützungsbedarf. Förderschulen zeichnen sich durch besondere Organisationsformen (Klassengrößen, personelle Ausstattung, Vernetzung, pädagogische und didaktische Konzepte) aus (Stein, 2019). Grundsätzlich ist die Arbeit nach dem Prinzip der »Durchgangsschule« ausgerichtet und folgt dem Ziel, die Schülerinnen und Schüler zeitnah wieder an einer allgemeinen Schule unterrichten zu können. Die Förderschule mit dem Schwerpunkt emotionale und sozialen Entwicklung kann darüber hinaus ergänzt werden durch

ambulante und stationäre Maßnahmen gemäß des Kinder- und Jugendhilfegesetzes. Die Arbeit im Feld Schule wird bspw. kombiniert mit sozialpädagogischer Familienhilfe (SPFH), sozialer Gruppenarbeit, Tagesgruppen oder betreuten Wohnformen, um belastete familiäre Systeme zu unterstützen (▶ Kap. 3.5).

5. Intensivgruppen oder alternative schulische Angebote
   In dieser Stufe sind in Anlehnung an Stein (2011) sowie Baumann (2011) Konzepte für bestimmte Teilgruppen zusammengefasst, deren Bedarfen im Rahmen einer Förderschule nicht entsprochen werden kann. Die Angebote richten sich an Schülerinnen und Schüler mit einem erhöhten emotionalen und sozialen Unterstützungsbedarf, der sich z. B. in selbst- und fremdverletzenden oder in schulaversiven Verhaltensweisen zeigt. Diese Unterstützungsbedarfe bestehen in unterschiedlicher Ausprägung zwar bereits auf den anderen dargestellten Stufen, entscheidend ist jedoch, dass die schulpflichtigen Kinder und Jugendlichen nicht ausreichend durch diese bestehenden Hilfe- und Unterstützungsangebote erreicht werden. Auf den ersten Blick zeichnen sich diese Angebote durch eine intensivpädagogische Ausrichtung in der konzeptionellen Gestaltung von Rahmungen (verringerte Gruppengröße, engerer Betreuungsschlüssel, hohes Maß an Spezialisierung und Individualisierung) sowie der Verwendung von zielgruppenspezifischen Methoden und Konzepten aus (Koß, Wagner & Baumann, 2018). Die Umsetzung dieser Maßnahmen ist sehr abhängig von der regionalen Ausgestaltung von Hilfe- und Unterstützungsmaßnahmen an der Schnittstelle zwischen den schulischen und außerschulischen Institutionen (Schule und Jugendhilfe). So entstehen im Praxisfeld zunehmend intensivpädagogische Kleingruppen bzw. Projekte, die der jeweiligen Förderschule bzw. dem Förderzentrum zugeordnet sind, eine Kombination mit vollstationären Angeboten der Jugendhilfe darstellen oder als komplette Schulersatzmaßnahmen zu beschreiben sind (▶ Kap. 3.6).

6. Schulen in der Kinder- und Jugendpsychiatrie oder im Jugendstrafvollzug
   Die Angebote auf dieser Stufe zeichnen sich dadurch aus, dass die spezifischen, rehabilitativen Ziele aus den Bereichen der Psychiatrie und des Strafvollzugs im Mittelpunkt der Arbeit stehen und pädagogische Intentionen diesen zu- bzw. untergeordnet sind. Dies zeigt sich insbesondere in den organisatorischen und personellen Strukturen dieser Institutionen, die im gesellschaftlichen Kontext i. d. R. stark separierend wirken können. Wichtig ist hierbei, dass die hier zugeordneten Institutionen häufig bereits an den Maßnahmen vorherigen Stufen involviert sind und somit (häufig temporärer) beteiligt sind. Nur in wenigen Fällen durchlaufen Kinder und Jugendliche mit Verhaltensstörungen die fünf vorherigen Stufen, ohne Unterstützungsmaßnahmen aus dem Handlungsfeld der Kinder- und Jugendpsychiatrie erhalten zu haben (▶ Kap. 3.7).

Abschließend ist anzumerken, dass das skizzierte System gestufter Hilfen eine idealtypische Förder- und Unterstützungsstruktur im Bereich der emotionalen und sozialen Entwicklung anbietet. Im Praxisfeld werden ähnliche gestufte Systeme in unterschiedlichen Bundesländern aufgebaut oder bereits umgesetzt, z. B. im Rahmen der Präventionsbausteine der Stadt Delmenhorst in Niedersachsen (Spies et al., 2010). Hier ist anzumerken, dass die Ausgestaltung eines solchen gestuften Systems unter Berücksichtigung der regionalen Bedingungen (z. B. bundeslandspezifische gesetzliche Vorgaben, aktuell bestehende Förder- und Kooperationsstrukturen, soziokulturelle und -ökonomische Ausgangslage des Einzugsgebiets) sowie den zur Verfügung stehenden Ressourcen erfolgen muss.

3.1.5 Praktische Impulse und Ausblick

Im Folgenden sollen Herausforderungen in der Implementierung und Umsetzung der Fördersysteme kritisch diskutiert sowie weiterführende Fragen an Forschung und Praxis abgeleitet werden. Mit Blick auf die aktuelle Umsetzung einer ›inklusiven‹ Bildungslandschaft kann kritisch angemerkt werden, dass in dem skizzierten System mit zunehmender Stufe eine stärkere Separierung zu erwarten ist, bspw. ein Wechsel des Beschulungsortes von der allgemeinen Schule in eine Förderschule. Hierbei stellt sich die Frage, ob und wie spezialisierte Institutionen, wie bspw. eine Förderschule, Teil eines »inklusiven Bildungssystems« sein können und sollen. Ausgehend von der in Deutschland 2008/2009 ratifizierten UN-Konvention über die Rechte von Menschen mit Behinderungen (VN-BRK, 2008) geht es um die Entwicklung von Systemen, die allen jungen Menschen die Teilhabe ermöglichen und nicht die Kinder an bestehende schulische und außerschulische Systeme anzupassen (Stein & Stein, 2014; Baumann, Bolz & Albers, 2017). Wie Stein & Stein (2014) auf der Grundlage des Artikels 5, Abs. 4 sowie des Artikels 7, Abs. 7 der VN-BRK 2008 für den schulischen Kontext zusammenfassen, bedarf es besondere Maßnahmen, die zur Förderung und Etablierung der Gleichberechtigung führen und bei denen das Wohl des Kindes im Vordergrund stehen. Je nach Intensität der Verhaltensstörung sowie durch diese hervorgerufenen Herausforderungsmomente in den schulischen sowie außerschulischen Wirkungsräumen bedarf es somit Förder- und Unterstützungsangebote sowie institutionelle Rahmenbedingungen, die eine Passung zwischen den Bedarfen des jungen Menschen und der jeweiligen Maßnahme herstellen. Des Weiteren braucht es Maßnahmen und Angebote für junge Menschen, die unter den aktuellen Bedingungen der Inklusion in der allgemeinen Schule nicht zu unterrichten sind. Denn nicht jedes Kind ist zu jedem Zeitpunkt seiner Entwicklung in einer Klasse der allgemeinen Schule gut aufgehoben und nicht alle psychosozialen Probleme sind allein mit einem gutem Classroom Management und dem geschickten Einsatz von passenden Präventions- und Förderprogramme zu bewältigen (Baumann et al., 2017). Wichtigster Grundsatz dabei ist die Verzahnung und Vernetzung der einzelnen Organisationsformen untereinander und die Möglichkeit der Schaffung von Durchlässigkeit eines aufeinander abgestimmten Unterstützungssystems, das im Rahmen eines gestuften Systems erreicht werden könnte.

Das dargestellte gestufte System geht von einer professionsübergreifenden, kooperativen Haltung der in dem System tätigen Personen aus. Diese gilt als Voraussetzung für Angebote und die Vernetzung multiprofessioneller Perspektiven innerhalb und zwischen den Stufen. Wie immens diese Herausforderung ist, lässt sich an Praxisbeispielen belegen, in denen die Kooperation zwischen unterschiedlichen Institutionen erschwert ist oder nicht gelingt. Zentral ist hierbei die Frage, wie Mitarbeitende mit unterschiedlichen professionsbezogenen Kompetenzen und Haltungen, Aufgabenverständnissen und Arbeitsweisen darin unterstützt werden können, sich als Teil eines gemeinsamen Systems zu verstehen und die professionsgebundenen Unterschiede als Ressource und nicht als Hemmnis wahrzunehmen. Dazu gehört auch das Verstehen der Sichtweisen der jeweils anderen Profession. So kann eine pädagogische Perspektive für das Handlungsfeld der Psychiatrie gewinnbringende Handlungsansätze für die Fallarbeit liefern wie auch psychiatrische Erkenntnisse für den pädagogischen Förderprozess. Dies gilt auch für die Kooperation von Sonderpädagogen und Lehrkräften der allgemeinen Schule (▶ Kap. 3.2; ▶ Kap. 4.7). Eine Gefahr, die u. a. von Sonderpädagoginnen und Sonderpädagogen beschrieben wird, deren primärer Einsatz dezentral an allgemeinen, inklusiven Schulen erfolgt, ist der fehlende professionsbezogene Austausch bis hin zu einem Verlust der professionsbezogenen Identität (Ockenga, 2019). Hier ergeben sich insbesondere Aufgaben im Bereich der kollegialen Vernetzung und Koordination. Neben der Frage nach einer grundsätzlichen Bereitschaft zur Kooperation (im Sinne einer kooperativen Haltung) zwischen verschiedenen Professionen und Organisationsformen bedarf es einer übergeordneten Koordination des Förder- und Unterstützungsprozesses, die auch die Spezifika der jeweiligen Profession berücksichtigt und stärkt.

Damit ein aufeinander abgestimmtes und vernetztes System gestufter Hilfen umgesetzt werden kann, muss die Frage gestellt werden, wie die Koordination und die Vernetzung der Organisations- und Unterstützungsformen auf und zwischen den unterschiedlichen Ebenen gestaltet wird. Diese Frage erhält insbesondere vor dem Hintergrund der Zuständigkeit unterschiedlicher Ämter und Institutionen mit ihrer jeweils eigenen rechtlichen Rahmung und Arbeitsweisen Relevanz. Die immer größer werdende (und teilweise hemmende) Bedeutsamkeit des Datenschutzes sei an dieser Stelle ebenfalls erwähnt. Eine Orientierung können bestehende Konzepte der Koordinierung bieten, wie bspw. im internationalen Bereich die sog. Special Educational Needs Coordinator (SENCo) in Großbritannien. Aufgabe dieser Person ist es, die Diagnostik und Förderung von Schülerinnen und Schülern mit einem sonderpädagogischen Förderbedarf übergeordnet zu planen, zu koordinieren und zu evaluieren. Im deutschsprachigen Raum könnten Organisationsformen wie bspw. Regionale Beratungs- und Unterstützungszentren Inklusive Schule (RZI) in Niedersachsen oder Regionale und Bildungs- und Beratungszentren (ReBBZ) in Hamburg die Aufgabe der Koordination und Vernetzung auf institutioneller Ebene übernehmen. Aktuell nehmen sonderpädagogische Fachkräfte primär beratende Aufgaben für Professionelle, Eltern und Schülerinnen und Schüler (teilweise kombiniert mit eigenen Beschulungs- und Förderangeboten) wahr und dienen der Verwaltung sowie Vergabe sonderpädagogischer Ressourcen. In diesem Zusammenhang sind auch die Ausführungen von Loeken (2008, S. 160) zu erwähnen, die ein gestuftes System sonderpädagogischer Förderung nur im Sinne einer »verantwortlichen, systemübergreifenden Koordination von Hilfen« einfordert. Erste Ansätze finden sich bspw. im Bundesland Hessen in Form der Beratungs- und Förderzentren (BFZ). Sie koordinieren die sonderpädagogischen Angebote für Schülerinnen und Schüler an allgemeinen Schulen in Kooperation mit Förderschulen sowie außerschulischen Institutionen.

Eine weitere Herausforderung liegt in der passgenauen und bedarfsgerechten Entscheidung über die Auswahl von Maßnahmen einer bestimmten Unterstützungsstufe. Hier stellt sich die Frage, auf welcher diagnostischen Grundlage (► Kap. 4.3) und von welchen Personen bzw. von welchem ›Gremium‹ diese Entscheidung getroffen und regelmäßig geprüft wird. Mit dem Ziel, Prozesse der Etikettierung und damit häufig einhergehenden Stigmatisierung zu vermeiden, wäre ein Verzicht auf eine klassische »Statusdiagnostik«, im Sinne der Vergabe eines Förderbedarfs, erforderlich. Auf der anderen Seite bedarf es diagnostischer Erkenntnisse, um die Zuweisung zu Maßnahmen der selektiven und indizierten Prävention zu legitimieren. Das damit einhergehende Etikettierung-Ressourcen- Dilemma kann aus Sicht eines solchen Systems nur durch ausreichend zur Verfügung stehende systemische (fallunabhängige) Ressourcen gemindert werden.

Sowohl aus den eigenen Erfahrungen im Praxisfeld als auch den Untersuchungen von Freyberg & Wolff (2004) zu Konfliktgeschichten sehr problematischer Jugendlicher lässt sich ableiten, das Übergänge und Wechsel zwischen verschiedenen Institutionen zu kritischen Phasen werden können. All diesen Verläufen gemein ist eine fehlende integrierte Hilfe- bzw. Förderplanung, kontinuierliche Fallverantwortung sowie die Verzahnung und Vernetzung verschiedener Hilfeakteure (Baumann, 2012). Insbesondere Schülerinnen und Schüler, die aufgrund ihrer massiv störenden Verhaltensweisen die einzelnen Unterstützungsstufen vor besondere Herausforderungen stellen, können institutionellen Delegationsmechanismen sowie wiederholt Nicht-Zuständigkeits-Erklärungen ausgesetzt sein (Baumann et al., 2017). Die einzelnen Unterstützungsstufen werden – häufig ohne dies bewusst zu verfolgen – zu »Verschiebebahnhöfen«. Besonders auf der Ebene der indizierten Unterstützungsstufen bewegt sich diese Zielgruppe in der Folge in einer Pendelbewegung – teilweise parallel – zwischen den Systemen der Schule, Kinder- und Jugendhilfe, der Kinder- und Jugendpsychiatrie und/oder der Jugend-Justizvollzugsanstalt (Fegert & Schrapper, 2004; Baumann, 2012). In der Konsequenz können sich Eskalationsprozesse in Form negativer Interaktionsspiralen zwischen Hilfesystem und dem jungen Menschen sowie innerhalb des Hilfesystems zwischen einzelnen Institutionen aufschaukeln. Dieser kann zu spezifischen Delegationsmechanismen führen, die der Logik des Hilfesystems immanent sind (Baumann, 2012; Bolz, 2019). Die Frage, die sich in diesem Zusammenhang stellt, ist, wie in einem System gestufter Hilfen diesen Prozessen präventiv begegnet und entgegengewirkt werden kann. Wie Herz (2008) beschreibt, sollte sich die Kooperation zwischen Schule, Kinder- und Jugendhilfe sowie Kinder- und Jugendpsychiatrie nicht als Teil institutioneller Dynamik multifaktorieller Ausgrenzungsprozesse entwickeln, deren Funktion in der Entlastung der eigenen Institution resp. Person liegt (Loeken, 2008). Neben möglichst ganzheitlichen Kooperations- und Vernetzungsstrukturen, einer übergeordneten Koordination der Förder- und Unterstützungsmaßnahmen sowie einer systematischen Förderdiagnostik muss an der Möglichkeit der Durchlässigkeit eines gestuften Systems sonderpädagogischer Förderung festgehalten werden, um auf dem jeweiligen Bedarf der Schülerinnen und Schüler sowie der Unterstützungssysteme eingehen zu können. Es darf nicht als starr aufeinander aufbauendes und festgelegtes System verstanden werden.

Das dargestellte System gestufter Hilfen im Förderschwerpunkt ESE kann und soll ein Beitrag zur Ausgestaltung und zum Ausbau inklusiver Bildungssystems leisten. Die flächendeckende und aufeinander abgestimmte Ausgestaltung dieses

Systems bedarf sowohl der bildungspolitischen Rahmung und Unterstützung als auch der Bereitschaft und Kompetenz aller beteiligten Akteure sowie erforderlichen sächlichen Bedingungen. Um dieses Bestreben zu legitimieren, sind die Ergebnisse weiterführender empirischer Forschungsstudien erforderlich, die sowohl einzelne Ebenen als auch die Wirkung des Gesamtkonzeptes erfassen. Als Indikatoren könnten hier u. a. die dargestellten Prinzipien des gestuften Systems der Hilfen dienen.

3.2 Die Inklusive Schule

Marie-Christine Vierbuchen & Frederike Bartels

3.2.1 Einleitung und Begriffsklärung

Eine inklusive Schule sieht sich mit dem Anspruch konfrontiert, alle Schülerinnen und Schüler optimal in ihrer Entwicklung zu unterstützen (Dumont, 2018). Viele Lehrkräfte fühlen sich dieser Aufgabe aufgrund der starken Heterogenität ihrer Schülerschaft nicht ausreichend gewachsen (Gebauer, Emmer & McElvany, 2013). Besonders herausfordernd empfinden sie den Umgang mit Kindern, die emotional-soziale Schwierigkeiten und auffälliges Verhalten zeigen (Dyson, 2010). In Deutschland handelt es sich mit Blick auf die Grundschule zahlenmäßig – gemessen an der gesamten Schülerschaft – zwar um eine vergleichsweise kleine Gruppe (Willmann, 2018), jedoch ist es die Gruppe förderbedürftiger Kinder mit der höchsten Zuwachsrate im Regelschulbetrieb (Boger & Textor, 2018) (▶ Kap. 2). Die Integration dieser Kinder in den Regelschulbetrieb wird als besonders schwierig eingeschätzt (Dyson, 2010; Ellinger & Stein, 2012; Hillenbrand, 2008). Erwähnt werden sie immer wieder im Zusammenhang mit der Diskussion um den *erzieherischen* Auftrag von Schule und Unterricht und dem Thema Unterrichtsstörungen (Boger & Textor, 2018).

Wie also in inklusiver Schule mit der wachsenden Anzahl an Kindern mit emotionalen und sozialen Beeinträchtigungen umgehen und zugleich den individuellen Bedürfnissen aller Kinder im inklusiven Schulbetrieb gerecht werden? Als einen möglichen Schlüssel zur erfolgreichen und zugleich verantwortungsvollen Bewältigung dieser Aufgabe schlagen u. a. Ahrbeck & Willmann (2012) eng aufeinander abgestimmte und mehrstufige Verfahren der Zusammenarbeit schulischer und außerschulischer Kooperationspartner vor.

Ziel des vorliegenden Beitrags ist es, diese Verfahren und Möglichkeiten der Zusammenarbeit verschiedener Akteursgruppen im Kontext inklusiver Schule intensiver zu beleuchten. Dem Beitrag liegt dabei ein Verständnis von Inklusion zugrunde, bei dem Partizipation zugleich als Zugehörigkeit, Ziel und Programm gesehen wird. Inklusive Pädagogik versteht sich dabei als wirksame Unterstützung aller Kinder und Jugendlichen, um gemeinsames Lernen im schulischen Kontext zu ermöglichen. Es gilt hier also ein weites Inklusionsverständnis als Orientierung und Perspektive, was jedoch spezifisch für die Umsetzung des hohen Anspruchs der Partizipation für und mit Kindern und Jugendlichen mit emotional-sozialen Förderbedarfen konkretisiert wird. Partizipation expliziert sich dabei sowohl im akademischen als auch sozialen Bereich (Piezunka, Schaffus & Grosche, 2017). Als grundlegend wird aus Sicht der allgemein- und sonderpädagogischen Perspektive der Einsatz diagnostischer Methoden eingeschätzt, um wirksame individuelle Förderung daraus ableiten zu können (Möbus & Vierbuchen, 2019).

Kooperation wird als eine Dimension erfolgreicher inklusiver Schulentwicklung skizziert und Gestaltungsmöglichkeiten von Kooperation werden unter besonderer Berücksichtigung von ESE-Bedarfen aufgezeigt. Es werden einerseits auf schulstruktureller Ebene Möglichkeiten und Formen flankierender Maßnahmen im Bereich der Kooperation in den Blick genommen, durch welche eine wertschätzende, partizipative Schulkultur geschaffen werden kann. Andererseits werden didaktisch-methodische Hinweise gegeben, wie emotionale und soziale Entwicklung im inklusiven Unterricht gefördert werden kann. Das folgende Kapitel bietet einen Einblick in die heterogene Zielgruppe und eine Auswahl an Aspekten, die die Entwicklung der Kinder und Jugendlichen spezifisch beeinflussen.

3.2.2 Zielgruppe und beeinflussende Faktoren

Zielgruppe

Schülerinnen und Schüler, die als sozial-emotional förderbedürftig eingeschätzt werden, haben häufig Schwierigkeiten, ihre eigenen Emotionen situationsangemessen wahrzunehmen, zu regulieren und darüber zu kommunizieren (Große, 2018). Sie haben Schwierigkeiten mit anderen zusammenzuarbeiten oder gute Beziehungen zu unterhalten und zeigen zum Teil starke Verhaltensauffälligkeiten. Gerade Kinder und Jugendliche mit starken Verhaltensauffälligkeiten bereiten Lehrkräften Sorgen. Diese/Letztere haben Befürchtungen gegenüber der inklusiven Beschulung der Kinder (Forlin, Keen & Barrett, 2008; Hillenbrand, Melzer & Hagen, 2013). Sie schätzen ihre eigene Kompetenz im Umgang mit den Kindern als defizitär ein und berichten von Schwierigkeiten der Umsetzung adäquater Lösungsmöglichkeiten im Umgang mit herausfordernden Situationen. Bei Kindern und Jugendlichen, die starke Verhaltensauffälligkeiten aufweisen, handelt es sich laut Hennemann, Ricking & Huber (2017, S. 121) um

> »Heranwachsende, die oft im Kontext dysfunktionaler Erziehungsprozesse in ihren Umweltbeziehungen wie auch in ihrer personalen Integration erhebliche Störungen zeigen und komplexer Förderarrangements unter Berücksichtigung der Jugendhilfe sowie pädagogisch-therapeutischer Hilfen und mitunter medizinischer Therapie bedürfen«.

Die starken Verhaltensauffälligkeiten manifestieren sich insbesondere in sozialen Situationen und stehen im inklusiven Kontext häufig für alle Beteiligten im Fokus der Aufmerksamkeit. Die Ursachen für Verhaltensprobleme und gestörte Funktionsregulation können vielfältig sein. Kindzentriert deuten zahlreiche nationale und internationale Untersuchungen darauf hin, dass diese Kinder Beeinträchtigungen im Bereich der sozial-kognitiven Informationsverarbeitung (SKI) aufweisen (Cooke, 2017; Vierbuchen, 2015). Sie unterstellen ihrem Gegenüber in sozialen Situationen mehr feindliche Absichten (Horsley, de Castro & Van der Schoot, 2010), weisen starke Probleme in der Emotionsregulation auf (Calvete & Orue, 2012) und es steht ihnen ein eingeschränktes Verhaltensrepertoire zur Verfügung (Kempes et al., 2005). Darüber hinaus existieren weitere Aspekte, die Einfluss auf die emotionale und soziale Entwicklung nehmen, wie biologische Faktoren (u. a. Temperament, neurobiologische, genetische Faktoren), Beziehungen zu Gleichaltrigen und Geschwistern sowie die Sozialisation durch die Eltern (Jacob et al., 2011), kulturelle oder systembedingte Strukturen. Gerade die letztgenannten Aspekte spielen im inklusiven Setting eine bedeutsame Rolle, denn die sind durch Schulentwicklung, Lehrkräfte und deren professionelles Handeln wirksam zu beeinflussen und zu gestalten.

Entwicklungsfördernde Strukturen in der Schule

In Bezug auf die schulische Lernumwelt zeigt sich bspw., dass ein kompetentes Classroom Management die gesamte Klasse unterstützt, aber besonders Kindern und Jugendlichen mit sozial-emotionalem Förderbedarf hilft. Es wird als eine der wirksamsten Maßnahmen gegen Unterrichtsstörungen eingeschätzt (Evertson & Weinstein, 2006) und bewirkt sowohl eine Steigerung des Lernens (mehr effektive Lernzeit) als auch der sozialen Komponenten des Unterrichts (Klassenklima, Wohlbefinden der Schülerinnen und Schüler, Beziehungen). Die Lehrkraft-Schüler-Beziehung gewinnt dabei insbesondere für Schülerinnen und Schüler mit schwierigem sozialen Hintergrund im Vergleich zu Schülerinnen und Schülern aus weniger sozial deprivierten Verhältnissen an Bedeutung (Fefer & Vierbuchen, 2019; Roorda et al., 2011). Enge Bindungen zur Lehrkraft werden als wichtige Voraussetzung für das Lernen betrachtet, welche sich besonders im inklusiven Unterricht nicht automatisch entwickeln, sondern zielgerichtet initiiert werden müssen. Gelingt die Etablierung einer sicheren und positiven Lernumgebung gemeinsam mit einer Förderung der sozialen Kompetenzen, so führt diese Kombination zu einer Steigerung der schulischen Leistungen und des Verhaltens (Durlak et al., 2011). Das Klassenklima und die Unterstützung der sozialen Partizipation in der Klasse sind dabei besonders relevant, aber bei heterogenen Klassen nicht selbstverständlich vorhanden. Besonders Schülerinnen und Schüler mit sozial-emotional auffälligem Verhalten werden häufig von ihren Mitschülerinnen und Mitschülern abgelehnt (Gooren et al., 2011; Huber, 2008; Huber & Wilbert, 2012). Das bestätigen Untersuchungen zur Beschulung von Schülerinnen und Schülern mit Förderbedarf im sozial-emotionalen Bereich im inklusiven Setting (Überblick bei Ellinger & Stein, 2012). Soziale Ausgrenzung hat weitreichende Folgen für das Unterrichtsklima innerhalb der Klasse und die Entwicklung der einzelnen Kinder. Das Risiko sozialer Ausgrenzung ist erhöht bei Schülerinnen und Schülern mit Förderbedarf. Es zeigt sich jedoch in einigen Untersuchungen, dass Interventionsmöglichkeiten erfolgreich sein können, da die Intensitäten der sozialen Ausgrenzungen zwischen einzelnen Klassen sehr stark schwanken (Huber & Wilbert, 2012); soziale Ausgrenzung und Förderbedarf in der sozial-emotionalen Entwicklung sind demnach nicht bedingungslos miteinander korreliert.

Neben dem sozialen Verhalten sind im Kontext inklusiver Schule auch andere Aspekte und Faktoren in den Blick zu nehmen wie Emotionen und Emotionsregulation, das Selbstkonzept, Leistungsfähigkeit, (Leistungs-)Motivation, Soziale Integration und Akzeptanz, Gruppenklima und der Einfluss auf andere Schülerinnen und Schüler (Ellinger & Stein, 2012). Kinder mit Problemen der Emotionsregulation fällt der Aufbau positiver Peer-Beziehungen vergleichsweise schwerer. Sie können die Gefühle anderer Personen oft nicht adäquat einschätzen sowie bewerten und haben Schwierigkeiten, ihre eigenen Gefühle differenziert wahrzunehmen und situationsangemessen damit umzugehen. Da emotionale und soziale Kompetenzen als besonders wichtig für die Bewältigung schulischer Aufgaben eingeschätzt werden (Buckley & Saarni, 2009), ist die Aneignung von Strategien zur Emotionsregulation (Große, 2018) oder der Aufbau eines günstigen Selbstkonzepts wichtig, um bspw. mit Misserfolgen bewältigungsorientiert umgehen zu können (Bartels, 2015) und positive Peer-Beziehungen aufzubauen (English et al., 2012; Mostow et al., 2003). Inwieweit inklusive schulische Settings für Kinder mit Beeinträchtigungen im emotional-sozialen Bereich förderlich für ihre Entwicklung von etwa positiven Selbstkonzepten und geeigneter Emotionsregulationsstrategien sind, lässt sich nicht eindeutig beantworten. Die Befundlage hierzu ist zum Teil von Widersprüchen geprägt. Einige Studien zeigen bei Kindern und Jugendlichen Entwicklungen zum Nachteil inklusiver Beschulung, einige Untersuchungen jedoch auch positive oder neutrale Resultate (Ellinger & Stein, 2012). Zusammenfassend lässt sich festhalten, dass es verschiedene Rahmenbedingungen und Faktoren auf Schulebene gibt, die sich vorteilhaft bzw. weniger vorteilhaft auf die Entwicklung sozialer und emotionaler Kompetenzen auswirken. Diese werden in den nachfolgenden Kapiteln näher betrachtet.

3.2.3   Rahmung und Strukturen

Aus Sicht inklusiver Schule besteht zunächst die besondere Herausforderung, die Ambivalenz zwischen schulischer Allokations- und Selektionsfunktion und gleichzeitiger Qualifikationsfunktion (Fend, 2006) auszuhalten und den individuellen und gesellschaftlichen Ansprüchen gleichermaßen gerecht zu werden. Die auf Homogenisierung ausgerichteten Strukturen des deutschen Schulsystems stehen dabei in starkem Kontrast zu den Ansprüchen an eine inklusive Schule. So werden in den meisten allgemeinen Schulen nach wie vor Leistungen in Form von Ziffernnoten dokumentiert, ein auf Selektion gerichtetes Bewertungsinstrument, das kaum Spielraum für die Berücksichtigung individueller Leistungsentwicklungen lässt. Inklusive Schule im Allgemeinen und unter Berücksichtigung von ESE-Bedarfen im Besonderen bedeutet vor diesem Hintergrund, allen Kindern ein schulisches Angebot zu unterbreiten, das es ihnen erlaubt, gesellschaftlich breit akzeptierte angemessene Werthaltungen und positive Einstellungen zu sich selbst und anderen zu entwickeln und zu internalisieren (KMK, 2000, S. 13), und zugleich zu lernen, mit

Niederschlägen und Misserfolgen, die auch durch soziale Vergleichsprozesse an Bedeutung gewinnen, adäquat umzugehen.

Dafür sind zunächst die schulischen Rahmenbedingungen so zu gestalten, dass eine Einbindung und Unterrichtung der Schülerinnen und Schüler mit Unterstützungsbedarf überhaupt möglich sind. Nach Willmann (2010a, S. 32) ist dabei in den meisten Fällen davon auszugehen, dass bereits durch Primärprävention in Form einer Bereitstellung schützender Faktoren auf Schul- und Klassenebene die Entwicklung positiver Emotionen und sozialen Verhaltens begünstigt werden. Neben der Schaffung räumlicher Voraussetzungen hat sich auf Schul- und Unterrichtsebene die Erzeugung einer *demokratischen* Schulkultur als protektiver Faktor erwiesen. Durch die Implementation von klaren Strukturen, Regeln und Ritualen, an deren Erstellung diverse Akteure beteiligt sind, wird sowohl den Kindern und Jugendlichen als auch anderen schulischen Akteuren Orientierung, Vorhersagbarkeit, Planbarkeit und Sicherheit gewährleistet. Rituale und Regeln erweisen sich gerade für Kinder mit Schwierigkeiten im sozialen und emotionalen Erleben als Schutzfaktoren, was die Forschung zum Classroom Management immer wieder eindrucksvoll belegt. Gut funktionierende Netzwerke – nach innen und außen sichtbar aktiv – und die Entwicklung gemeinsamer Visionen von Schule haben sich nicht nur, aber eben gerade bei belasteten Schulen auch als wirkmächtiges Instrument für die Entwicklung inklusiver Schulentwicklung herausgestellt (Racherbäumer et al., 2013). Gesprächsanlässe zu finden und dadurch kommunikative Situationen unter Einbindung verschiedener schulischer Akteure herzustellen, wird als wertvoll für die Entwicklung emotionaler und sozialer Kompetenzen eingeschätzt, weil Kinder und Jugendliche dadurch die Gelegenheit erhalten, soziale Kontakte zu intensivieren und in Gesprächen Emotionen zu reflektieren und zu bewerten (Große, 2018).

Im Rahmen der Diskussion um gelingende Handlungsmöglichkeiten im inklusiven Unterricht werden immer wieder mehrstufige Systeme der Organisation von Methoden und Ressourcen in den Fokus gerückt (▶ Kap. 3.1). Als solche gestuften Verfahren stehen z. B. das Response-to-Intervention-Modell (Huber & Grosche, 2012) oder der schul- oder klassenweite Ansatz der positiven Verhaltensunterstützung (Schoolwide Positive Behavior Support, Horner et al., 2010; Mitchell, 2014, ▶ Kap. 4.5) zur Verfügung. Beide Modelle bedienen sich drei Stufen, in denen jeweils die Intensität und Individualität der diagnostischen Fördermethoden und Strategien zunehmen. Auf jeder Stufe findet dabei die Einbindung einer anderen fachlichen Perspektive und eine transparente, geteilte Verantwortungsübernahme statt. Die bewusste synergetische Bündelung unterschiedlicher fachlicher Expertisen, insbesondere der der allgemein- und sonderpädagogischen Expertise im Umgang mit Kindern mit ESE-Bedarfen, entspricht dabei dem gegenwärtigen Zeitgeist. Die Bündelung manifestiert, dass Formen von Kooperation mit geteilter, aber klarer Verantwortung als unbestrittene Dimension erfolgreicher Inklusion und Voraussetzung für den gelingenden Einsatz wirksamer Unterstützungsmethoden betrachtet werden. Erfahrungen aus dem Förderschulsystem können jedoch nicht einfach auf die inklusive Schule übertragen werden (Greiten, Franz & Biederbeck, 2016), auch wenn diese Erwartung vielfach besteht. Auch für sonderpädagogische Lehrkräfte ist eine Entwicklung ihres Handelns für den inklusiven Bereich notwendig. Für alle Beteiligten bestehen hier Herausforderungen.

Um der wachsenden Zahl von Kindern mit Unterstützungsbedarfen in emotional-sozialen Bereichen im inklusiven Unterricht wie oben angedeutet gerecht werden zu können, wird jedoch die Zusammenarbeit von allgemeinen Lehrkräften und sonderpädagogischen Lehrkräften im Schulalltag erforderlich. Darauf reagiert auch die politisch-administrative Ebene und versucht, diesen Prozess der Entwicklung zur inklusiven Schule zu unterstützen. Am Beispiel Niedersachsen lässt sich illustrieren, dass die Grundversorgung im allgemeinen Schulsystem kontinuierlich ausgebaut wurde. Die amtliche Schulstatistik zeigt, dass der Umfang der bereitgestellten sonderpädagogischen Stunden von 20.038 (2013) auf 29.214 und somit auf insgesamt 1.103 Vollzeitlehrereinheiten gestiegen ist (Niedersächsisches Kultusministerium, 2016). Im Zuge der sonderpädagogischen Grundversorgung werden den Schulen Stunden sonderpädagogischer Lehrkräfte zur Verfügung gestellt, mit dem Ziel der Verankerung von Wohnortnähe, Passung sonderpädagogischer Hilfen und Prävention (Niedersächsisches Kultusministerium, 2005) im allgemeinen Schulsystem. Der Grundansatz der Zuweisung von Stunden beträgt zwei Stunden pro Klasse, die jedoch in Kooperation und nach Bedarf umverteilt werden können. Kennzeichnend für inklusive Schulen ist – das wird dadurch deutlich – nicht nur die zunehmende Heterogenität der Schülerschaft, sondern auch die zunehmende Heterogenität pädagogischer Akteure. Wenngleich die Stärkung personeller Ressourcen die Gestaltung entwicklungsfördernder Lernumgebungen begünstigen, wachsen gleichförmig damit auch die Anforderungen, die an eine gelingende Zusammenarbeit verschiedener Akteure gestellt werden.

3.2.3 Professionalität

Gerade von den Lehrkräften im inklusiven Unterricht wird ein hoher Grad an Professionalität erwartet. Sie sind in erster Linie diejenigen, die in der Verantwortung für eine positive soziale und emotionale Entwicklung stehen (Lütje-Klose, Miller & Ziegler, 2014). Um dieser Verantwortung gerecht werden zu können, stellt inklusive Schule hohe Erwartungen an die Professionalität von Lehrkräften in den Bereichen des Wissens, des Könnens und der Einstellungen (European Agency for Development in Special Needs Education, 2012). Passgenaue Unterrichtsgestaltung erfordert einerseits Wissen über individualisierende, inklusive Didaktik und Methodik, andererseits eine angemessene Einschätzung der Lernvoraussetzungen und -prozesse. Allerdings besteht Einigkeit darin, dass Lehrkräften nicht allein die hohe Verantwortung für das Gelingen inklusiver Schule übertragen werden kann. Inklusive Schule erfordert die Unterstützung weiterer Fachkräfte und den ergänzenden Blick anderer Professionen sowie die Fähigkeit und Bereitschaft aller Beteiligten zur Kooperation. Erfolgreiche inklusive Schulen zeichnen sich dadurch aus, dass Lehrkräfte sich nicht als ›Einzelkämpfer‹ erleben. Die Arbeit in einem multiprofessionellen Team (Fachkräfte aus der Sonderpädagogik, Psychologie oder weitere pädagogische Mitarbeitende etc.) wird sich zukünftig nicht mehr aus der inklusiven Schule wegdenken lassen (▸ Kap. 4.2).

Einem idealistischen Anspruch entsprechend wird nach Lütje-Klose & Urban (2014, S. 3) Kooperation definiert als ein

»auf demokratischen Werten basierendes, auf der Gleichwertigkeit und gegenseitigem Vertrauen der Kooperationspartner/-innen beruhendes, zielgerichtetes und gemeinsam verantwortetes Geschehen [...], in dem aufgrund von Aushandlungsprozessen die Schaffung bestmöglicher Entwicklungsbedingungen aller Kinder einschließlich derjenigen mit besonderen Bedürfnissen angestrebt wird«.

Kooperation kann im Schulkontext auf verschiedene Ebenen (innerschulisch vs. außerschulisch) stattfinden und diverse Akteure und Akteursgruppen einbeziehen. Außerschulische Kooperation umfasst i. d. R. die interdisziplinäre Zusammenarbeit von Schulpsychologinnen, Diplom-/Sozialpädagogen, Ärztinnen, Jugendhilfe, Ergotherapeuten, Eltern und Lehrkräften. Für gelingende inklusive Schulentwicklung – so zeigen Befunde aus Kanada – setzt inklusive Schule aber auch auf verstärkte Zusammenarbeit und Unterstützungssysteme durch andere regionale Akteure, Beratende und Organisationen (MacKay, 2006). Inklusive Schulentwicklung wird so zur gesamtgesellschaftlichen Aufgabe. Die Dimension innerschulischer Kooperation erstreckt sich auf ein komplexes Geflecht der Zusammenarbeit zwischen fest integrierten Mitgliedern der Schule, etwa zwischen oder unter dem Lehrpersonal (allgemeine und/oder sonderpädagogische Lehrkräfte), den Schülerinnen und Schülern und der Schulleitung sowie zwischen Lehrkräften und pädagogischen Mitarbeitende, Schulsozialarbeitern und -sozialarbeiterinnen als auch punktuell hinzugezogenem Personal wie Erzieherinnen und Erziehern. Multiprofessionelle Kooperation gilt als unstrittige Voraussetzung, um der Heterogenität einer Lerngruppe und den individuellen Bedürfnissen der Schülerinnen und Schüler gerecht werden zu können (Schwager, 2011).

Die Zusammenarbeit kann dabei im Unterricht, in Fördergruppen oder fachunabhängigen bzw. fachübergreifenden Projekten stattfinden. Untersuchungsergebnisse zeigen, dass die Zusammenarbeit von Akteuren unterschiedlicher Professionen im Regelbetrieb der Schule von Lehrkräften durchaus als nützlich und sinnvoll anerkannt wird (Kremer & Kückmann, 2016) und sich eine intensive Kooperation der Lehrkräfte untereinander etwa positiv auf die Qualität des Unterrichts (Klieme, Hochweber & Steinert, 2012) und die Schulentwicklung auswirkt. Scruggs, Mastropieri & Mcduffie (2007) konnten Anhaltspunkte dafür finden, dass ein regelmäßiger Austausch zwischen Grundschul- und sonderpädagogischen Lehrkräften zu einer intensiveren Reflexion professionellen Wissens führt. Mit Blick auf den Kompetenzerwerb und die Einstellungen manifestiert sich, dass die Zusammenarbeit zur Steigerung der Selbstreflexivität beitragen kann und der Austausch sowie regelmäßiger Informationsfluss zur Erweiterung und Verbesserung des didaktisch-methodischen Handlungsrepertoires führt. Holtappels et al. (2011) sehen in der Lehrkräftekooperation daher eine Schlüsselvariable der Schulentwicklung.

Aber: »Lehrkräfte der allgemeinen Schule und Lehrkräfte für sonderpädagogische Förderung müssen in der inklusiven Schule nicht nur zusammen arbeiten, sondern auch zusammenarbeiten« (Wember, 2013, S. 383). Diese Zusammenarbeit geschieht nicht automatisch und der zu erreichende Profit einer gelingenden Kooperation setzt oft v. a. zu Beginn ein hohes Engagement aller Beteiligten voraus. Die Diversität beteiligter Akteursgruppen und die mit der jeweiligen Berufskultur verknüpften Zielsetzungen, Erwartungen und bildungstheoretischen Positionen führen im Schulalltag oft zu Missverständnissen, insbesondere dann, wenn die Ziele und Erwartungen beteiligter Akteure nicht identisch sind und das Verständnis von Kooperation aus der jeweiligen Perspektive unterschiedlich ist. Kooperation findet daher im schulischen Alltag in verschiedener Intensität und Ausprägung statt. In Anlehnung an Gräsel et al. (2006) unterscheiden Lütje-Klose et al. (2014, S. 73) drei Niveaustufen der Kooperation:

1. Austausch: Auf dieser Ebene definiert sich die Zusammenarbeit über den Austausch von Erfahrungen, Wissen oder Materialien.
2. Arbeitsteilige Kooperation: Dieser Niveaustufe entspricht die Übernahme von bestimmten Aufgaben durch einzelne Mitglieder.
3. Ko-Konstruktion: Auf dieser Ebene wird kooperiert, um gemeinsam und auf Augenhöhe schulische, unterrichtliche oder außerunterrichtliche Entwicklungsaufgaben zu bewältigen.

Lütje-Klose et al. (2014) gehen davon aus, dass gerade die Stufe der Ko-Konstruktion die Bedingung für eine Professionalisierung einer inklusiven Pädagogik ist. Selten wird das Niveau einer Ko-Konstruktion oder Arbeitsteilung in der Praxis jedoch erreicht (Gräsel et al., 2006). Dies liegt nicht zuletzt an den unterschiedlichen Erwartungen an eine Zusammenarbeit. Spies & Pötter (2011) berichten, dass Lehrkräfte unter Kooperation oft den gegenseitigen Austausch von Erfahrungen und Informationen verstehen, was einem geringen Niveau von Kooperation entspricht, wohingegen Schulsozialarbeiterinnen und -sozialarbeiter unter Kooperation die Zusammenarbeit auf ›Augenhöhe‹ und die gemeinsame Ausgestaltung von Projekten verstehen, was einem eher komplexen Anforderungsniveau entspricht. Vor dem Hintergrund dieser Annahme kann, so die These, Kooperation nur dann wirksam werden, wenn ein gemeinsames, konkretes Ziel verfolgt wird. Aufgaben und Probleme, die bearbeitet werden sollen, müssen definiert werden. Das Erreichen des Ziels sollte einer gemeinsamen Strategie folgen. Dabei sollten professionsbezogene Kompetenzen synergetisch gebündelt werden, um Arbeitsprozesse gewinnbringend voranzutreiben.

In der Abbildung von Huber (2015) erhält multiprofessionelle Kooperation einen festen Platz im inklusiven Schulsystem durch die Bildung von übergreifenden multiprofessionellen Problemlöse-Teams, die dann eingesetzt werden, wenn zusätzlich zum fundierten regulären Unterricht weitere Maßnahmen notwendig sind, um Partizipation am akademischen und sozialen Alltag der Schule zu unterstützen (▶ Abb. 3.2.1).

3.2.4 Beispiel und Praxiskonzeptionen

Mit der Implementation eines mehrstufigen Systems wie der schulweiten positiven Verhaltensunterstützung und darin integrierter Kooperation aller Beteiligten kann emotional-sozialen Problemen möglichst früh entgegengewirkt werden und es können die vorhandenen Ressourcen sinnvoll eingesetzt werden (▶ Kap. 3.1).

Auf der ersten Stufe kann für alle Schülerinnen und Schüler qualitativ hochwertiger Unterricht umgesetzt werden. Das beinhaltet ein positives Classroom Management

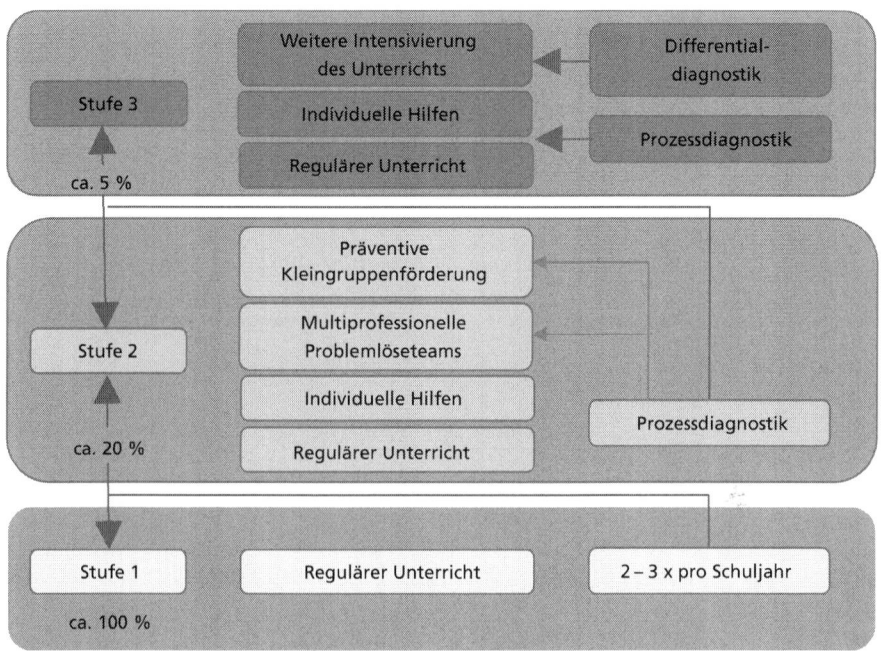

Abb. 3.2.1: Teamarbeit im mehrstufigen System zur Umsetzung von Inklusion (aus: Huber, C. (2015). Verhaltensprobleme gemeinsam lösen! Wie sich multiprofessionelle Teams nach dem RTI-Modell effektiv organisieren lassen. Lernen und Lernstörungen, 4(4), 283-291, hier S. 284)

mit transparenten, nachvollziehbaren Regeln auf der Grundlage einer tragfähigen und zuverlässigen Beziehung zwischen Lehrkraft und Schülerinnen und Schülern. Zur Verstärkung der gemeinsam aufgestellten Regeln bietet sich u. a. das Klasse-KinderSpiel an. Dieses belohnt regelkonformes Verhalten und stärkt das Klassenklima. Regelmäßige Screenings, die das Verhalten fokussieren (z. B. Strength and Difficulties Questionnaire, Goodman, 1997, verfügbar unter https://sdqinfo. org/; Lehrereinschätzliste für Sozial- und Lernverhalten, Petermann & Petermann, 2013; Ratings für Verhaltensbeobachtung), ermöglichen zuverlässige Rückschlüsse darauf, welches Kind oder Jugendlicher mehr Unterstützung benötigt. Daraufhin können die Maßnahmen datengestützt vertieft werden. Auch hier spielt die Kooperation zwischen allgemeiner Lehrkraft und sonderpädagogischer Lehrkraft eine bedeutsame Rolle. Gemeinsam werden Interventionsstrategien zur Verhaltensunterstützung installiert, wie bspw. ein Verhaltensvertrag aufgrund von gemeinsam mit dem Kind gesteckten Zielvereinbarungen mit eng gestecktem Feedback, eine Kleingruppenförderung sozialer Kompetenzen oder der Emotionsregulationsstrategien (Vierbuchen & Bartels, 2019). Hier werden zudem zeitlich dichter aufeinanderfolgende Verhaltensbeobachtungen und diagnostische Verfahren je nach auffälligem Bereich (z. B. Schulbesuchsverhalten, soziale und emotionale Schulerfahrungen, Motivation, Emotionsregulation) zur Gewinnung von Erkenntnissen für die Anpassung der Maßnahmen eingesetzt. Reichen die Maßnahmen auf dieser Stufe nicht aus, wird für das Kind die dritte Stufe einer noch stärker intensivierten Förderung relevant. Hier finden Interventionen in Form von Einzelfallhilfen statt – die Zusammenarbeit mit außerschulischen Systemen wie der Jugendhilfe und den Eltern wird in enger Abstimmung gestaltet. Rückmeldungen (insbes. positive Rückmeldungen) spielen hier in der Zusammenarbeit mit den Eltern eine tragende Rolle. Auf dieser Stufe wird der funktionelle Aspekt des Verhaltens des Kindes genauer analysiert und mehrere Interventionen parallel differenziert angepasst. Neben einer individuellen Zielvereinbarung mit einem Verstärkersystem kann je nach Problembereich ein Selbstinstruktionstraining, ein individualisiertes Problemlösetraining, Einzelfallhilfe, Beratung und Krisenintervention zur Verfügung stehen. Die Unterstützung durch die zweite oder dritte Stufe eines mehrstufigen Systems bedeutet jedoch nicht, dass das Kind dadurch aus dem inklusiven Setting herausgenommen wird, stattdessen können viele dieser Maßnahmen innerhalb des Klassensettings installiert werden oder es ergänzen. Wichtig ist die Durchlässigkeit eines solchen Systems, die Flexibilität durch die schnelle Reaktion auf Unterstützungsbedarfe und den unauffälligen Wechsel über die verschiedenen Stufen.

Ziel dieser Systematik ist es, den Unterricht passgenau auf die Schülerinnen und Schüler zuzuschneiden sowie v. a. präventiv wirksame Aspekte für alle zu implementieren. Erst bei höherem Bedarf in bestimmten Bereichen wird die nächste intensivere Stufe der Unterstützung eingeleitet. Dies setzt aber voraus, dass erstens Schülerinnen und Schüler konsequent im Blick behalten werden, um den Bedarf feststellen zu können und zweitens, dass im System wirksame verstärkte Unterstützungsmaßnahmen bereitgestellt werden.

3.2.5 Konklusion

Hier findet sich ein deutliches Plädoyer für zielgerichtete Diagnostik sozial-emotionaler Probleme und besonderer Ressourcen, gerade auch im inklusiven Kontext, um frühzeitig, aktiv und angemessen Unterstützung implementieren zu können. Inklusion und damit Partizipation für Schülerinnen und Schüler mit Problemen im Bereich Verhalten ist nicht nur die Aufgabe einer einzelnen Lehrkraft vor Ort, sondern des gesamten Schulsystems. Mit der verbindlichen Weiterentwicklung von Strukturen und Methoden kann hier viel erreicht werden. Die Umsetzung liegt in der Verantwortung der Schulleitung sowie des gesamten Kollegiums, also bei jeder Lehrkraft und jedem an Schule und Unterricht Beteiligten.

3.3 Mobile Dienste – Beratungs- und Unterstützungssysteme

Frank Ockenga

3.3.1 Einleitung

Neben Angeboten und Handlungsformaten, die eine direkte Unterstützung des Kindes oder Jugendlichen in ihrem bzw. seinem schulischen Kontext vorsehen, hat sich in einigen Bundesländern ein indirekter sonderpädagogischer Unterstützungsmodus etabliert. Diesen zeichnet aus, dass über Beratung und Prozessbegleitung die Stärkung der ›Haltefähigkeit‹ der Schule angestrebt wird. Die Arbeitsweise ergänzt separierte und integrierte Bildungs-, Unterrichts- und Förderangebote wie Förderschulen, Ambulanzmodelle oder eine sonderpädagogische Grundversorgung. Sie firmieren unter Begriffen wie Mobile (sonderpädagogische) Dienste, bzw. Bildungs-, Beratungs-, Kompetenz- oder Unterstützungszentren und sind entweder institutionell-organisatorisch eigenständig oder in Kombinationsmodellen ausgestaltet. Mobile Dienste selbst, bzw. die hier angesprochenen Abteilungen, bieten keine sonderpädagogische Kleingruppen- oder Einzelförderung sowie separierten Unterricht an, sondern begleiten Lehrkräfte, Erziehungsberechtigte und Schülerinnen und Schüler fallbezogen.

> »Entscheidendes Merkmal bleibt […] die externe organisationale Position der Sonderpädagogen […]. Dies bezieht sich auf alle Adressatengruppen, wie Schülerinnen und Schüler, Eltern und Lehrkräfte der Allgemeinen Schule. Hieraus resultiert auch die bedeutsame Abgrenzung zu den integrierten Unterstützungsformen« (Hoyer, 2013, S. 221).

Parallel zum Ausbau des Förderschulwesens entstanden in den 1970er Jahren Ambulanzsysteme (zunächst in Rheinland-Pfalz) und in den 1980er Jahren in Bayern die erste Mobile Erziehungshilfe (MEH). Später, in den 1990er Jahren, wurden weitere sonderpädagogische Unterstützungsinstitutionen aufgebaut (v. a. Hamburg und Niedersachsen) und es gab wichtige konzeptionelle Weiterentwicklungen. Neben der direkten Unterstützung in Einzel- und Kleingruppensettings wurden der Beratungsaspekt und die Kooperation mit weiteren Professionen und Institutionen deutlich ausgebaut und professionalisiert. Diese sind aktuell zum bestimmenden Merkmal geworden ist (Urban, 2007a). Beispiele für diese Entwicklung ist die Neuausrichtung der Ambulanz der *Schule auf der Bult* in Hannover zu einem Mobilen Dienst, die Weiterentwicklung der *MEH* in Bayern zu Mobilen Sonderpädagogischen Diensten (*MSD*) und die Umgestaltung der Regionalen Beratungs- und Unterstützungssystem (*ReBUS*) in Hamburg zu Regionalen Bildungs- und Beratungszentren (*ReBBZ*). Außer diesen präg(t)en das *Zentrum für Erziehungshilfe/Berthold-Simonsohn-Schule* der Stadt Frankfurt a. M. und die *Lotte-Lemke-Schule* in Braunschweig mit ihren konsequenten Ausrichtungen auf systemische Beratung und dem Aufbau von Teams mit sozial- und sonderpädagogischen Fachkräften die Arbeitsweisen der Mobilen Dienste entscheidend mit.

3.3.2 Zielgruppen und indirekte Unterstützung

Die externe sonderpädagogische Unterstützung der Mobilen Dienste kann als eine im Kern sekundärpräventive Maßnahme entsprechend der Definition nach Caplan eingeordnet werden (Ockenga, 2019).

> »Er [Caplan; Anm. F.O.] unterscheidet primäre, sekundäre und tertiäre Prävention. Bei primären Präventionsmaßnahmen soll das Auftreten einer psychischen Störung verhindert und deren Inzidenzrate gesenkt werden. Sekundäre Prävention zielt auf das Verringern der Prävalenzrate einer Störung ab, d.h. diese soll rechtzeitig erkannt und wirksam behandelt werden (Früherkennung). In der tertiären Prävention sollen die negativen Folgen einer psychischen Erkrankung reduziert werden (Rehabilitation)« (Mörtl, 1989, S.9).

Zusätzlich betätigen sich Mobile Dienste in der primären (und v.a. strukturbezogenen) Prävention. Ihre Handlungsformen werden ebenfalls im Rahmen von Maßnahmenbündeln einer tertiären Prävention eingesetzt und wirken dann gleichwohl rehabilitativ (Ockenga, 2011). So gibt es Beratungen von Lehrkräften, ohne dass diese einen Fall vorstellen, sondern z.B. auf die Klassensituation abzielen oder eine allgemeine Reflexion ihrer Arbeitsweise wünschen. In die primäre Prävention fallen auch Beratungen bspw. mit den Schulleitungen oder in Jahrgangsteams und Arbeitsgruppen. Dennoch wird als Kernmerkmal die Fallarbeit gesehen (Ockenga, 2019). Eine Situation um ein Kind oder Jugendlichen wird von Lehrkräften, seltener von Erziehungsberechtigten und Kindern bzw. Jugendlichen selbst, als Beratungsanfrage formuliert, um dann in die Arbeit mit den Mobilen Diensten einzusteigen. Dabei bestimmen Sorgen um die weitere Entwicklung, Unterrichts- und Verhaltensstörungen sowie Anfragen zur Reflexion und zum Prozessmanagement in komplexen und gestörten Erziehungssituationen die Anfragen der ratsuchenden Personen. Insofern kann auch von einer selektiven Prävention gesprochen werden (Hillenbrand, 2008, S. 133), da häufig eine Wahrnehmung von Risikolagen bzw. risikobehaftetem Verhalten vorausgeht und zur Meldung bei einem Mobilen Dienst führt.

Dadurch, dass Mobile Dienste ein Angebot im Schulwesen sind, und damit strukturgebunden frühestens ab Schuleintritt agieren und wirken können, ist die Frage nach der jeweiligen Zuordnung der Unterstützungsangebote immer auf dieser Basis zu betrachten. In vereinzelten Kooperationen und Netzwerken gibt es einen Austausch, teilweise eine fallbezogene Zusammenarbeit, mit Angeboten, die bereits im Kindergartenalter ansetzen. Umfassende Konzepte von Kommunen wie z.B. die Delmenhorster Präventionsbausteine können den Rahmen für eine ausgewiesene präventive Unterstützungsstruktur bilden (▶ Kap. 3.1). Je nach Genehmigungspraxis und Ausgestaltung stehen Mobile Dienste den Schulen entweder ausschließlich im Primarbereich, in unterschiedlichen Erweiterungen, oder auch im Sekundarbereich I und II zur Verfügung. Vor diesem Hintergrund sind Mobile Dienste dann ein Angebot, das auf allen Ebenen eines gestuften Systems der Hilfen eingesetzt werden kann. Dieses schließt die Weitergabe von (sonder-)pädagogischen Handlungsstrategien im Rahmen universeller Prävention ebenso ein wie die professionelle Begleitung institutioneller Übergänge z.B. bei Förderschulen und Intensivangeboten. Zusätzlich können Mobile Dienste immer dort eingesetzt werden, wo ihre externe

Position Chancen, verspricht emotional belastete und belastende Situationen zu klären.

Ein wesentliches Merkmal in Bezug auf die Zielgruppen Mobiler Dienste ist, dass diese in aller Regel lediglich einen indirekten Bezug zueinander aufweisen. Die Beratung durch Mobile Dienste ist zuvorderst an ratsuchende Lehrkräfte adressiert, die in ihrem Verantwortungsrahmen Maßnahmen initiieren, welche in ihrem direkten Bezug zu den Schülerinnen und Schülern wirken. Diese Form der Beratung wird auch als Konsultation definiert, ausgehend von amerikanischen Ansätzen der Schooling Consultation. Viele Ansätze der Beratung stehen für eine »direkte Unterstützungsleistung [...] während ›consultation‹ die gemeinsame Beratung zwischen zwei Professionellen beschreibt und sich hierbei mit Blick auf den Klienten des Konsultierenden als indirektes Unterstützungsformat versteht« (Willmann, 2008b, S. 217).

Diese Besonderheit der Beratung als Konsultation wird demzufolge als triadische Struktur beschrieben und dargestellt (▶ Abb. 3.3.1).

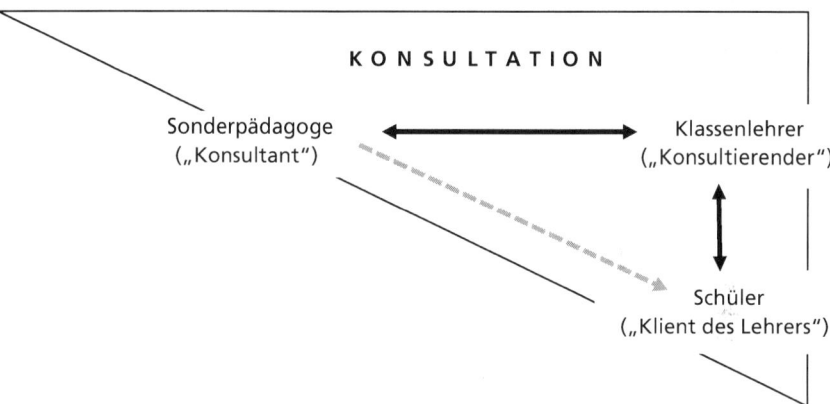

Abb. 3.3.1: Triadische Struktur von Konsultation (aus: Willmann, M. (2008b). Sonderpädagogische Beratung und Kooperation als Konsultation: theoretische Modelle und professionelle Konzepte der indirekten Unterstützung zur schulischen Integration von Schülern mit Verhaltensproblemen in Deutschland und den USA. Hamburg: Kovač, S. 218)

In der amerikanischen Debatte zur Kooperation verschiedener Professioneller im Rahmen inklusiv orientierter schulischer Angebote hat sich gezeigt, dass die Konsultation eine eigene Form der Kooperation ist, die frühzeitig wissenschaftlich aufgegriffen und untersucht wurde. Es wird deutlich, dass in diesem Zusammenhang die Zielgruppe zunächst von den ratsuchenden Lehrkräften definiert wird, die einen Umgang damit sucht. Während es in den USA dabei häufig um die ›bessere‹ Umsetzung (sonder-)pädagogischer Ansätze und Maßnahmen durch die ratsuchende Lehrkraft geht, so weisen die Mobilen Dienste in Deutschland, insbesondere mit ihrer Hinwendung zu systemischen Beratungsansätzen, auf eine allgemeine Stärkung der Handlungsmöglichkeiten der Lehrkräfte. Damit tritt die konkrete Zielgruppe in den Hintergrund und die Wahrnehmung und die Handlungsstrategien der Lehrkräfte in den Vordergrund. Über diese Besonderheit in der Beratungsstruktur und den damit möglichen Handlungsformen sollte dennoch nicht vergessen werden, dass die sonderpädagogische Expertise bzgl. der Zielgruppe ebenso von Bedeutung für die konkrete Beratung eines ›Falles‹ ist. Dieses betrifft v. a. Hintergrundinformationen, das Wissen um Handlungsmöglichkeiten und Techniken sowie die Entwicklung einer verstehenden Perspektive.

3.3.3 Handlungsformen und Strukturen Mobiler Dienste

Die Arbeitsweise vieler Mobiler Dienste ähnelt sich in ihren Grundzügen. Nach einer Meldung durch die Klassenleitung, i. d. R. mittels eines Formblatts mit ersten Informationen, kommt es zur Kontaktaufnahme durch den Mobilen Dienst. Bei dieser wird, je nach Ausrichtung des Mobilen Dienstes, erst eine Hospitation mit anschließender Beratung oder direkt ein Beratungsgespräch mit Klärung des Auftrags (durch-)geführt (Ockenga, 2019; Hillenbrand, 2008). Die weitere Zusammenarbeit mündet in einen individuellen Förderplan (bzw. Erziehungsplan), der die wesentlichen Risiken und Chancen beim Kind bzw. Jugendlichen benennt, erreichbare Ziele formuliert und abgesprochene Maßnahmen enthält. Die Umsetzung der Maßnahmen obliegt v. a. der Klassenleitung. Weitere Beteiligte können einbezogen werden, insbesondere Professionelle an der Schule (Schulsozialarbeiterinnen und Sozialarbeiter, Beratungslehrkräfte, Kolleginnen und Kollegen, Schulleitung), Erziehungsberechtigte sowie die Kinder und Jugendlichen. Zusätzlich kann die Initiierung außerschulischer Maßnahmen abgesprochen und auch dort eine enge Kooperation mit den Professionellen aufgebaut werden. Nach einem definierten Zeitraum (meist von mehreren Wochen, aber auch kürzer) wird der Förderplan evaluiert und die Maßnahmen werden, sofern notwendig, angepasst. In der Zwischenzeit findet i. d. R. kein weiterer Austausch statt.

Mobile Dienste sind zusätzliche externe Angebote und können ebenso von integrierten sonderpädagogischen Angeboten an der Regelschule angefordert und als externe Beratungsinstanz genutzt werden. Damit wird auch deutlich, dass externe Ressourcen dann eingesetzt werden, wenn ein komplexes Fallmanagement gefordert ist, die konkrete Thematik häufig emotionale und soziale Belastungen aller Beteiligten aufweist, und wenn eine vertiefte Expertise zu Verhaltensstörungen notwendig ist. Dabei werden unterschiedliche Zusatzqualifikationen genutzt, die einen herausragenden Stellenwert erhalten, wie vielerorts die systemische Beratung, Methoden der Fallbesprechung und Methoden der Förderung. Eine gute Übersicht über Verfahrensweisen und Materialien wurde z. B. in Bayern ausgearbeitet (Arbeitsgruppe Mobiler Sonderpädagogischer Dienst, 2016). Sie verdeutlichen zugleich den Wandel von direkter Unterstützung zur Hilfe zur Selbsthilfe und lösungsorientierten Beratung. Da wo Angebote der Beratung und Bildungs-, Förder- und Unterrichtsangebote in einer Institution zusammengefasst sind, wie bei den ReBBZ in Hamburg oder bei Mobilen Diensten an den Förderschulen mit dem Schwerpunkt ESE in Niedersachsen, gibt es die Möglichkeit einer weiteren Austauschebene und weiterer Synergieeffekte insbesondere bei der Gestaltung von Übergängen in die Förderschule und wieder hinaus. Dabei ist es wichtig, intern die inhaltlichen und organisatorischen Kerne von Beratung und mobiler Unterstützung einerseits und (temporärem) Unterricht bzw. Förderung anderseits deutlich herauszuarbeiten und Prozeduren der Zusammenarbeit oder für Tätigkeiten im gemeinsamen Feld zu klären.

In den Zentren der Stadtstaaten arbeiten Sonderpädagoginnen und Sonderpädagogen, Schulpsychologinnen und Schulpsychologen, Sozialarbeiterinnen und Sozialarbeiter sowie Therapeutinnen und Therapeuten zusammen. Dabei wird im Kern Beratung im Sinne der Mobilen Dienste angeboten. Dazu gibt es jedoch weitere mannigfaltige Angebote und Themenfelder wie Lese-Rechtschreibförderung, Multi-Familien-Klassen, Suchtberatung, Diagnostik, Sprachtherapie, Schulvermeidung, besondere Begabungen usw. Es besteht somit unter einem Dach eine Mixtur von Fach- und Fallberatung und allgemeiner oder individueller, direkter Unterstützung. Die Zentren nutzen Synergien aus der Kooperation und Nähe der Professionen (z. B. REBUZ Bremen, 2018; Köbberling et al., 2007).

3.3.4 Aufgabenfelder und Rahmenkonzepte von Mobilen Diensten

Mobile Dienste sind in einem System gestufter Hilfen (▶ Kap. 3.1) ein Unterstützungsformat im Rahmen der Prävention von Verhaltensstörungen. Ihre Zielgruppe und ihre Aufgabenfelder werden dabei v. a. der universellen und selektiven Prävention zugeordnet. In diesem Sinne ist es Kernaufgabe Mobiler Dienste, die inklusive Schule darin zu unterstützen, Schülerinnen und Schüler allgemein und in Risikolagen in ihrer emotionalen und sozialen Entwicklung zu fördern. Dabei verbleiben diese weitestgehend in ihrem regulärem Schul- und Klassenkontext und im Sinne des allgemeinen Bildungs- und Erziehungsauftrags im Verantwortungsbereich der Schule. Damit drückt sich auch ein Paradigmenwechsel aus, der die Logik des »Wait-to-Fail«, also der Einsetzung von Unterstützung, nachdem eine Auffälligkeit festgestellt wurde, zumindest abmildert (Hennemann, Ricking & Huber, 2017). Die Ausrichtung als ein präventives Angebot sonderpädagogischer Unterstützung ist u. a. daran erkennbar, dass die Beauftragung eines Mobilen Dienstes recht formlos und ohne ein umfassendes diagnostisches Verfahren möglich ist. Wenngleich die niedrigschwellige Kontaktaufnahme und der präventive Ansatz gewünscht sind, stellt sie für die Mobilen Dienste auch eine Herausforderung dar. Das Aufgabenfeld kann nicht klar umrissen werden, sondern besteht in einer gegenseitigen Diffusion von allgemeinen professionell-pädagogischem Erziehungshandeln in Schule und der Hinzunahme sonderpädagogischer Expertise bzgl. Vorgehensweisen und Case- bzw. Prozessmanagement. Insofern reichen die Aufgabenfelder bereits auf einer Achse (sonder-)pädagogisch professionellen Handelns in Schule von erzieherischen und unterrichtlichen Notwendigkeiten wie altersangemessene Sprache oder Classroom Management bis hin zu individuellen Förderungen mit verschiedenen und koordinierten Interventionen innerhalb und außerhalb von Schule.

Eine weitere Achse mit erheblichem Einfluss auf den Erfolg erzieherischen Handelns in Schule ist die der Haltung der jeweiligen Lehrkräfte. Eine Beratung und

Unterstützung durch Mobile Dienste, die ausschließlich auf die Vermittlung von Kompetenzen und die Steigerung der fachlichen Professionalität setzt, ist sträflich eindimensional. Erst der Umgang mit der zugrundeliegenden Haltung der ratsuchenden Lehrkräfte kann hilfreiche Motivationen stärken, Widerstände benennen, Grenzen schulischer Einflussnahme aufzeigen oder Verantwortlichkeiten stärken. Unter Berücksichtigung dieser Faktoren, kann es gelingen grundlegende Beziehungsaspekte zu Schülerinnen und Schüler, die v. a. aufgrund störenden Verhaltens gemeldet wurden, einzuordnen und dann belastbar und zieldienlich für die notwendige pädagogisch-professionelle Erziehungsarbeit einzusetzen. Es ist das Aufgabenfeld der Mobilen Dienste auf beiden Achsen, die ratsuchende Lehrkraft derart zu unterstützen, dass diese die bestmögliche Förderung umsetzen kann. Dadurch können sich problematische Konstellationen potenzieren, wenn bspw. eine ratsuchende Lehrkraft innerlich bereits die Beziehung zu dem Kind abgebrochen hat und gleichzeitig einen erzieherischen Stil wählt, der emotionale und soziale Entwicklung hemmt. Das Gleiche gilt, wenn das pädagogische Repertoire unzureichend ist oder Umsetzungsschwierigkeiten bestehen. Andererseits kann die einseitige Betonung des Beziehungsaspektes dazu führen, dass bspw. entwicklungshemmende Situationen erhalten werden oder dass es zu Überforderungssituationen und u. U. zu plötzlichen Beziehungsabbrüchen kommt.

Ein wichtiger Aspekt, der zudem in einem direkten Zusammenhang mit der externen Position (s. o.) steht, ist die Möglichkeit zur professionellen Reflexion: »Die Erfahrung, in der Beratung mit Sonderpädagogen auch heikle Themen kommunizieren zu können, kann für den einzelnen Lehrer ebenfalls bedeutungsvoll sein: sie stellt eine Tür zu einer anderen Qualitätsstufe von Reflexivität dar« (Reiser & Willmann, 2004, S. 165). Daher benötigen Sonderpädagogen und -pädagoginnen in Mobilen Diensten ausgeprägte Qualitäten in der Gesprächsführung und Beratung. Da diese nur in Teilen in der Ausbildung thematisiert und vertieft wird, ist festzustellen, dass bspw. in Niedersachsen viele Sonderpädagogen und -pädagoginnen eine Zusatzqualifikation in Beratung im Rahmen von Weiterbildungen erworben haben, nicht selten in privat bezahlten Kursen mit anerkannten Zertifikaten (Ockenga, 2019). Zusätzlich können die Mobilen Dienste in ihrer weiteren Arbeitsstruktur mit Fallbesprechungen, Kollegialer Beratung und Supervision, aber auch in ihrer Vernetzung mit weiteren v. a. sonder- oder sozialpädagogischen Kooperationspartnern die Beratung vor Ort methodisch und inhaltlich qualitativ deutlich aufwerten.

Die Rahmenbedingungen der Aufgabenfelder sind durch die inhaltliche, zeitliche und räumliche Mobilität der Mobilen Dienste geprägt. Eine andauernde Förderung oder ein dauerhaftes Coaching vor Ort sprengt die inhaltliche Ausrichtung ebenso wie die zur Verfügung gestellten Ressourcen. Bereits in der Zusammenschau der unterschiedlichen Beratungsaufgaben an der Schule, wird deutlich, dass eine externe Unterstützung mit dem Fokus auf Beratung nicht solitär stehen kann:

> »Deutlich wird aber auch, dass mit dem Konsultationskonzept nur ein Teilbereich der Beratungsaufgaben in der Schule angesprochen ist und z. B. die Beratung des Schülers (als psychosoziale Einzelfallhilfe oder als Schullaufbahnberatung) oder der Eltern (als Elternarbeit oder ›Kollaboration‹ mit den Eltern) hiermit nicht hinreichend abgebildet werden« (Willmann, 2008b, S. 356).

Gerade der Aspekt, dass die inklusive Schule in ihrem Verantwortungs- und Handlungsbereich subsidiär unterstützt wird, trägt dazu bei, dass die Mobilen Dienste sich nicht in Einzelmaßnahmen verlieren, sondern dass sie das allgemeine Handlungsrepertoire erweitern – sei es durch fachliche Professionalisierung, durch die Stärkung entsprechender Haltungen oder einer Kombination aus beidem.

3.3.5 Aufgabenredefinition – Professionelle definieren ihre Aufgaben in Mobilen Diensten

Eine vertiefende Analyse zu Aufgaben in einem veränderten Handlungskontext kommt nicht umhin, grundlegende Merkmale und Prozesse aufzuarbeiten. Im Folgenden sei der Fokus auf Merkmale von Aufgaben gelegt, um dann auf Aspekte des Prozesses der Aufgabenübernahme einzugehen. Letzterer wird geprägt von der Aufgabenredefiniton, dem Übergang einer objektiven Aufgabe zu einer subjektiven Aufgabe (Hackman, 1969). Sehr grundlegend im Bereich der Arbeitspsychologie definiert Hacker die Aufgabe so: »Die Aufgabe entsteht beim Übernehmen des objektiven Arbeitsauftrags. Dabei muss das geforderte Ergebnis als Ziel antizipiert und die Ausführungsbestimmungen der erforderlichen Handlungen müssen berücksichtigt werden« (Hacker, 2005, S. 63). Die Handlungsoptionen, die eine Aufgabe impliziert, werden im Kontext ihrer Ausführung betrachtet. So sind Aufgabenstellung, Ziel und Ausführung miteinander in einer engen Wechselbeziehung zu betrachten. Dasselbe gilt für jeden Bereich einzeln sowie für den Prozess der Aufgabenübernahme. Auf Grundlage der Definition von Hacker können weitere Merkmale von Aufgaben ergänzt werden zu einem Konzept, das »vollständige Aufgaben als eine Einheit von Planen, Ausführen und Kontrollieren beschreibt und auf das Erfordernis von Rückmeldungen in allen Phasen der Aufgabenbewältigung verweist. Ergänzt durch den Hinweis, jede wirkliche Aufgabe setze ›einen stattlichen Rest persönlicher Auswirkungen in der Ausführung voraus‹« (Ulich, 2011, S. 24).

Insofern berücksichtigen Konzepte von Aufgaben und Aufgabenübernahme zwingend personale Aspekte. Dabei sei der Fokus auf das Prozesshafte gerichtet. Zudem kann nicht von einem oder mehreren konkurrierenden, linearen Abläufen ausgegangen werden, sondern von komplexen Wechselbeziehungen unter Rücksichtnahme auf persönliche Auswirkungen. »Die Einstellung zum Ziel und den Verwirklichungsbedingungen bildet den Sinn der Aufgabe und des Handelns, das diese Aufgabe löst. Der Sinn ist am Aufbau des Handelns entscheidend beteiligt. Selbst einzelne Willkürbewegungen sind von ihm abhängig, wie psychopathologische Untersuchungen (z. B. der Apraxie) erwiesen« (Hacker, 2005, S. 64). Damit wird hervorgehoben, dass persönliche Einstellungen, als Oberbegriff für diverse personale Faktoren, einen wesentlichen Einfluss auf die Aufgabe haben. Weinert stellt fest, dass die Interdependenz viel stärker zu beachten ist als die bisher vorwiegende Analyse von festgelegter Aufgabe und ihrer Umsetzung (Weinert, 2004). Letztendlich ist anzuführen, dass personale Faktoren sehr viel deutlicher herausgearbeitet werden: »Die Erkenntnis, dass Arbeitende ihre Arbeitsaufgaben redefinieren und damit das Aufgabenverständnis von Arbeitenden idiosynkratisch und individuell ist, hat in der Arbeitspsychologie breite Anerkennung erhalten« (Dettmers, 2009, S. 6). Auch

Hacker (2005) definiert die Aufgabe als einen übernommenen Arbeitsauftrag, der eine individuelle Interpretation bzw. Re-Definition der objektiven Aufgabe darstellt (Ulich, 2011). Das Konzept des Job Crafting nach Wrzesnewski & Dutton (2001) geht ebenfalls von einem nennenswerten gestaltenden Einfluss des Organisationsmitgliedes auf die eigene Arbeitstätigkeit aus (Dettmers, 2009; Sonntag, 2016). Als »Job Crafter« gestalten diese ihre Aufgaben selbst in stark regulierten Tätigkeitsbereichen, entwickeln bspw. unterschiedliche Verständnisse bezogen auf die Interaktion mit Kundinnen und Kunden.

Eine entwicklungsförderliche Aufgabengestaltung betrachtet den Zusammenhang zwischen Arbeitsstrukturen und Kompetenzentwicklung. Dieser Zusammenhang hat wesentliche Aussagekraft zur Aufgabenbewältigung und kann Hinweise geben, inwiefern Aufgaben inhaltlich und strukturell zu gestalten sind, um positive Auswirkungen in der Übernahme und Ausführung der Aufgaben zu erreichen (Weishart, 2008; Dettmers, 2009; Sonntag, 2016). Weishart (2008) betont dazu, dass personenbedingte Faktoren einen sehr großen Einfluss darauf haben, ob Innovationen umgesetzt werden. Die Betrachtung der Aufgaben von Sonderpädagogen und -pädagoginnen in Mobilen Diensten schließt ein differenziertes Verständnis von Aufgabe und Tätigkeit und der verschiedenen (situativen) Interdependenzen ein. Es wird deutlich, dass Stellenbeschreibungen und Aufgabenbündel sehr viel mehr umfassen, als die Ansammlung konkreter Handlungen und Verantwortlichkeiten, sondern dass darüber eine ganze Reihe von personalen Faktoren und Abhängigkeiten mitverhandelt werden.

In einer umfassenden Studie zur Aufgabenredefinition von Sonderpädagoginnen und Sonderpädagogen in Mobilen Diensten in Niedersachsen wurden diese nach ihren Aufgaben, sowie nach personalen Bedingungsfaktoren gefragt. Ergänzt um eine Feldanalyse, die u. a. aufzeigt, dass externe Unterstützungsangebote eine Entwicklung hin zu mehr Beratung durchlaufen, kann das prozesshafte und vielfältig bedingte der Aufgabenübernahme aufgezeigt werden (Ockenga, 2019). So spielen übergeordnete Werte und Haltungen selbst in alltäglichen Handlungen eine herausragende Rolle. Das Aufgabenverständnis wird dabei geprägt von einer differenzierten und gleichzeitig positiv konnotierten Sicht auf eine inklusive Schule und die bestmögliche Unterstützung für Kinder und Jugendliche. Insofern wird v. a. die Umsetzung von wirksamen Maßnahmen thematisiert und sobald jedwede angesprochene Umsetzungsproblematik bearbeitet wurde, ist das Auffinden möglicher Maßnahmen häufig das geringere Problem. Daher ist es für die Professionalität im Mobilen Dienst einerseits wichtig den eigenen Prozess der Aufgabenübernahme zu reflektieren, um dies, wie eine Art Selbsterfahrung, dafür zu nutzen, die Aufgaben und die Aufgabenübernahme der ratsuchenden Lehrkräfte zu reflektieren. Dabei bleibt das Ziel einer bestmöglichen Förderung, das v. a. beziehungsrelevante Maßnahmen und den Erhalt und die Stärkung von Kommunikation und Kooperation beinhaltet. Die Listen an Aufgaben, die Zuordnung zu Kern- und Randaufgaben und die Verdeutlichung der Bedingungsfaktoren weisen auf der Grundlage der skizzierten Aufgabenredefinition darauf hin, dass Professionelle in Mobilen Diensten zuvorderst eine Verantwortung für einen gelingenden Prozess übernehmen und darin Engagement und Kompetenzen einbringen (ebd.). Dazu ist ein umfängliches Fachwissen ebenso vonnöten wie auch grundlegend akzeptierende Haltungen und

Einstellungen zu den ratsuchenden Lehrkräften. Hinzu kommen Kompetenzen Beratungsprozesse zu gestalten und Gesprächstechniken so einzubringen, dass insbesondere Widerstände und Umsetzungsproblematiken – möglichst offen – angesprochen werden können. Dies ist von herausragender Bedeutung, da die Anfragen häufig von Grenzverletzungen oder einer eigenen Hilfslosigkeit mitbestimmt sind.

3.3.6 Fortwährende Weiterentwicklung: Der Mobile Dienste der Stadt Emden (MESEO)

2005 wurde mit der Zuweisung von 44 Anrechnungsstunden für Förderschullehrkräfte durch das Land Niedersachsen und 20 Zeitstunden für Schulsozialarbeit durch die Stadt Emden der Mobile Dienst im Förderschwerpunkt ESE in Emden gegründet. Dies geschah im Rahmen einer gemeinsamen regionalen Vorbereitungs- und Implementierungsphase des Modellvorhabens emotionale und soziale Entwicklung Ostfriesland (MESEO). So startete der Mobile Dienst der Stadt Emden zwar mit entsprechenden Stundenzuweisungen und einem grundlegenden Konzept, jedoch mit Kolleginnen und Kollegen, die nicht speziell für Beratung ausgebildet waren und selbst der Förderschwerpunkt ESE war nicht von allen studiert worden. Zugleich wurden die Anrechnungsstunden auf sieben Förderschullehrkräfte verteilt. Die wissenschaftliche Begleitung übernahm das Institut für Sonder- und Rehabilitationspädagogik der Universität Oldenburg. Die erste Phase der Professionalisierung bestand im Kennenlernen des Arbeitsfeldes und in der Besprechung der Arbeitsweise in wöchentlichen Teamsitzungen. Zusätzlich wurden gemeinsam Fortbildungen zu thematischen Fragestellungen, z. B. zu ADHS, besucht und Netzwerke vor Ort geknüpft.

Nach eineinhalb Jahren wurde dann eine erste grundlegende eintägige Fortbildung zu Beratung angesetzt, nachdem deutlich wurde, dass dies nicht über die Begleitforschung mit abgedeckt würde. Im Rahmen dieser Fortbildung mit weiteren Folgeterminen, wurde die Auseinandersetzung mit dem hypnosystemischen Beratungsansatz prägend für die weitere Arbeit, die zudem in einer ersten Konzeptüberarbeitung mündete. Fortbildung und neues Konzept stehen dabei für den Übergang in eine zweite Phase. Die grundlegenden Parameter der externen Verortung des Mobilen Dienstes wurden gefestigt und die Arbeitsweise noch stärker auf die ratsuchenden Lehrkräfte ausgerichtet. Im Rahmen dieser Professionalisierung im Sinne einer stärkeren Konturierung und ›Ausübcfähigkcit‹ veränderte sich bereits erstmals auch die Teamstruktur, da nun eine Identifizierung mit dem Mobilen Dienst und seiner Arbeitsweise möglich war. Dadurch wandten sich Kolleginnen und Kollegen einerseits ab – um wieder verstärkt im unterrichtlichen Kontext zu arbeiten – und andere wandten sich dem Mobilen Dienst zu. Diese zweite Phase war dabei geprägt von äußerst kleinen Stundenkontingenten auf Seiten der Förderschullehrkräfte.

Eine Reduzierung auf drei bis vier Förderschullehrkräfte ging in einer dritten Phase einher mit einer erweiterten Professionalisierung. Die Fallberatung im Team erhielt eine deutliche Aufwertung, indem zunächst verschiedene Leitfäden probiert wurden, dann jedoch eine eigene Anfrage- und Beratungsmatrix erstellt wurde. Dabei wurden drei Formate für Anfragen festgelegt:

1. Information
2. Sonderpädagogische Fachberatung
3. Support

Insgesamt ist die dritte Phase geprägt von einer deutlichen Steigerung der Intensität der Abstimmung im Team. Neben der angesprochenen umfangreichen Fortbildung wurde nun eine jährliche Fortsetzung mit dem Referenten vereinbart. Das bedeutete, dass damit auch eine unablässige Weiterentwicklung eingeläutet wurde, v. a. im Sinne der Ausschärfung etablierter Strategien und der Hinwendung zu unterschiedlichsten Einzelfragen. Neben der Entwicklung im Team bzw. des Teams ist der gleichzeitige Ausbau der eigenen Qualifikation ein prägendes Merkmal geworden. Dabei bildeten sich unterschiedliche Profile heraus, sodass besondere Fachlichkeiten direkt mit Personen verbunden werden können, die dann ins Team eingebracht werden und die gemeinsame Qualität steigern. Entscheidend dabei ist, dass das Team zusätzlich in einer gewissen Diversität aufgestellt ist und diese entsprechend nutzt, d. h. in einem akzeptierenden Klima unterschiedliche Sichtweisen diskutiert und so die gemeinsame Arbeitsweise infrage stellt bzw. vorantreibt. Ein gutes Beispiel dafür ist, dass es keine gemeinsame Festlegung für die jeweiligen Beratungen bestehen (über die Dokumentation hinaus) und dass das Gemeinsame des Mobilen Dienstes lediglich über Maximen definiert ist. So wird einerseits eine große Flexibilität in der Beratung erreicht, dazu eine gemeinsame Identität geschaffen und ein Freiraum für Weiterentwicklung ermöglicht. Die Maximen des MESEO lauten:

1. Wir gehen davon aus, dass das Potenzial für ›die Lösung‹ bereits im System enthalten ist.
2. Die Lösungsverantwortung liegt
   - bei den Kolleginnen und Kollegen
   - bei der Schule
   - beim Heimatsystem des Kindes.
3. Wir streben nach Erhöhung der Beziehungsqualität zwischen den Akteuren zur Ermöglichung der wohltuenden Veränderung.
4. Wir streben nach Aktivierung, Nutzung, Förderung von Netzwerken und Kooperationen.
5. Wir übernehmen Verantwortung für die Gestaltung eines zieldienlich hilfreichen Prozesses und dessen Rahmung im Sinne der ersten Maxime.
6. Wir mühen uns stetig um Profilschärfe in der Rolle als MESEO-Beratenden und sind uns der Rollenvielfalt bewusst.
7. Wir nutzen durch Intervision und regelmäßige Teamtreffen/Fallbesprechungen die Expertisen aller MESEOs zur Entwicklung der Kompetenzen im Sinne dieser Maximen.
8. Wir MESEOs fühlen uns der größtmöglichen Einhaltung der Maximen verpflichtet!

Die Maximen wurden 2017 verfasst und beschreiben einen wichtigen – immer noch gültigen – Zwischenstand. Im Gesamtbestehen seit 2005, wurde das Konzept insgesamt viermal überarbeitet, d. h. v. a. nachgeschärft. Seit 2011 geschieht dies in einer andauernden Phase der dauerhaften Weiterentwicklung, Reflexion und Selbstvergewisserung. Mit dieser dritten Phase sind die Veränderungen damit Bestandteil der Tätigkeit geworden und nicht mehr als eine grundlegend neue Phase zu beschreiben.

Die sich verändernden Rahmenbedingungen in den Beratungssettings sowie in der Teamstruktur und in erster Linie die Erfahrungen und Evaluationen der Beratungen führten und führen zu den entsprechenden Diskussionen der Weiterentwicklung. Es zeigt sich, dass dieser Prozess prinzipiell nicht abgeschlossen sein kann und dass bereits im beruflichen Alltag eine hohe Flexibilität sicherzustellen ist. Eine Diskussion um die Vor- und Nachteile von Beratungstandems, d. h., die Beratungen der ratsuchenden Lehrkräfte finden immer zu zweit statt, führte schlussendlich zu einer Ausweitung des Support-Gedankens und Supervision in den Teamsitzungen und dazu, dass anlassbezogen ein Beratungstandem zusammengestellt werden kann. Dies wurde besonders erfolgreich in Kombination mit der Schulsozialarbeiterin weiterentwickelt, wo in komplexen und verfestigten Situationen mit unterschiedlichen Rollen agiert werden konnte. Ähnliches gilt für den Bereich, wo es um eine deutlichere Differenzierung von Prozessbegleitung und fachlicher Expertise im Beratungssetting ging.

3.3.7   Die Beratung der Lotte-Lemke-Schule Braunschweig

Die Abteilung Beratung der Lotte-Lemke-Schule mit Standorten in Braunschweig, Wolfsburg und Helmstedt geht darauf zurück, dass das Förderzentrum Lotte Lemke Braunschweig seine Arbeit seit 1995 intensiv auf den systemischen Ansatz ausrichtet. Es forcierte diesen Ansatz im Schulkontext und erweiterte ihn umgehend um ein Beratungsmodell, sodass einer der ersten Mobilen Dienste im Land Niedersachsen eingerichtet werden könnte. Als Schulversuch wurde die Beratungstätigkeit der Lotte-Lemke-Schule 2002 bis 2004 wissenschaftlich begleitet und evaluiert. Diese abschließende Studie führte zu klaren Empfehlungen für die Beratungstätigkeit in diesem Feld (Urban, 2007b). Viele weitere Mobile Dienste in Niedersachsen orientierten sich an diesem Modell und übernahmen deren Ansätze. Im Beratungskonzept der Lotte-Lemke-Schule ist »der Blick und die Sorge der Lehrerin und der Eltern« (Kerk, Kreth & Neumann, 2018, S. 34) der wesentliche Ausgangspunkt. Die beteiligten Erwachsenen sind in ihrem Handeln zu stärken und mit ihnen sollen Handlungsmöglichkeiten eröffnet werden. Die Verantwortungsfrage ist im Dialog zu beruhigen und es soll eine Verantwortungsgemeinschaft entwickelt werden. Eine besondere Rolle wird dabei der extern organisierten, lösungsfokussierten und systemischen Beratung zugesprochen. Unabhängig davon, welche Intensität der Förderung und Unterstützung schulisch oder außerschulisch genutzt wird, steht die individuelle Förderplanung im Fokus. Diese entsteht in einem zirkulären Prozess, aus Beratung, kollegialem Austausch, Unterricht und Ganztag sowie Kooperation und Diagnostik. Wenngleich der Umgang mit der Schülerin oder dem Schüler so nicht ›per se gelöst‹ wird, so bietet das Konzept doch eine gemeinsame Basis an, die über Dialog und Vernetzung hergestellt wird. Dabei gilt das Prinzip: Je höher die Notwendigkeit und Intensität der Förderung, desto höher die Verbindlichkeit im Rahmen der Zusammenarbeit.

»Auf diesem Wege kann ein verlässliches, wenngleich nicht starres Handlungskonzept [...] gedacht werden, das [...] über die Parameter Dialog, Beratung, Kooperation und Vernetzung flexible, aber nicht beliebige Grenzen des schulischen Rahmens gewähren kann« (Kerk et al., 2018, S. 37).

Ähnlich verschiedenen Stufenmodellen gibt es vier Bereiche der Förderung und Unterstützung:

»A Bordmittel der Regelschule
 B mögliche schulinterne Interventionen und Kooperationen
 C schulübergreifendes Clearing
 D stationäre und teilstationäre Maßnahmen« (ebd., S. 36).

Für jede dieser »Stufen der Intensität« wurde je eine detaillierte Tabelle als Handreichung erstellt. Diese erleichtert den Lehrkräften, das Entdecken von Handlungsmöglichkeiten sowie die Dokumentation der Förderung. Für die Stufe A bedeutet dies:

»Die Auflistung [...] umfasst so auch mögliche ›Selbstverständlichkeiten‹ (wie z. B. Gespräche mit Schülerinnen und Schülern, Klassenrat oder der kollegiale Austausch), die aber möglicherweise in belastenden Situationen oftmals nicht (mehr) als erste Handlungsschritte gesehen werden. Andere Maßnahmen [...] möchten hingegen dazu ermutigen [...] als Lehrkraft ungewöhnlich auf ungewöhnliches Schülerverhalten zu reagieren und damit die Chancen erhöhen, aus einem Konfliktmuster aus- und in Beziehung einzusteigen« (ebd., S. 38).

In Stufe B geht es verstärkt darum, eine passgenaue Unterstützung zu finden und anzufordern, sowie diese anschließend wirkungsvoll zu koordinieren und Fallstricke der Kooperation zu vermeiden. Außerdem spielt hier die externe Beratung eine entscheidende Rolle als Garant dafür, inklusive Möglichkeiten trotz der erschwerten Bedingungen zu finden.

Die Bereiche C und D beinhalten weitreichendere Maßnahmen innerhalb und außerhalb der bisherigen Schule. Diese sind möglichst reibungsarm zu organisieren. Der Mobile Dienst spielt dabei eine wesentliche Rolle im Dialog, v. a. mit dem Ziel die ›pädagogische Beziehung‹ nicht abreißen zu lassen. Dabei werden zunächst zeitlich begrenzte Maßnahmen bevorzugt, wie die aktive und präsente (d. h. interne) Suspendierung, bei der die Schülerinnen und Schüler mit gemeinsam erarbeiteten Zielen in die Schule gehen, bis die Ziele erreicht wurden und die Suspendierung aufgehoben wird. Scheitern die Schülerinnen und Schüler an ihren eigenen, aber abgesprochenen Zielen, erfolgen eine sofortige Suspendierung aus der Schule und ein Reflexionsgespräch. Diese Art der Suspendierung kann häufiger ausgesprochen und wiederholt werden, bis dieser Impuls Wirkung zeigt. Wichtig ist, dass eine ernsthafte Problemlösung und eine leistbare Verantwortungsübernahme vom Kind oder Jugendlichen angestrebt werden.

Wesentliche strukturelle Merkmale verleihen diesem Stufenmodell eine hohe Professionalität. In den jeweiligen Teamverbünden der Standorte sowie standortübergreifend finden regelmäßig Fallberatungen und Supervisionen statt. Hinzu kommt, dass die Beratung vor Ort immer im Team, bestehend aus einer Förderschullehrkraft und einer Sozialpädagogin oder Sozialpädagogen durchgeführt wird. Fester Bestandteil der Beratung ist die – meist direkte – Reflexion des Beratungsgesprächs. Ein weiterer Faktor ist die Bereitstellung eigener Räumlichkeiten, hier sogar außerhalb des Förderzentrums, die den Aufgaben entsprechen, d. h. Büroarbeitsplätze und verschiedene Beratungsräume vorhalten. Durch die Bereitstellung eigener Räumlichkeiten entsteht für die Mitarbeiterinnen und Mitarbeiter ein identitätsstiftender Ort der beruflichen Tätigkeit. Außerdem kann dieser deutlich als ›neutraler Boden‹ deklariert werden, der ratsuchenden Lehrkräften, Erziehungsberechtigten und Kindern einen größeren Spielraum gibt, Möglichkeiten zu entdecken bzw. anzunehmen. Des Weiteren können dadurch in komplexen und erschwerten Beratungssituationen ebenfalls eher Beziehung und Handlungsmöglichkeiten fokussiert werden. Weitere ausführliche Beschreibungen von einzelnen Mobilen Diensten und ihrer Konzeption lassen sich in der Literatur finden (u. a. Ockenga, 2019; Hennemann, Ricking & Huber, 2017; Rieß & Bolz, 2015; Ricking & Ockenga, 2011; Reiser & Loeken, 1993).

3.3.8   Fazit und Perspektiven

In Zeiten des Ressourcen- und Personalmangels leisten Mobile Dienste einen effektiven Beitrag zur Bewältigung neuer und bekannter Herausforderungen der inklusiven Schule. Umso mehr führt die Mangelsituation dazu, dass die zur Verfügung stehenden Zeitkontingente für Beratungen gleichgeblieben sind oder gar geringer werden und gleichzeitig der Bedarf an Beratung und Abstimmung gestiegen ist. Immer mehr unterschiedliche Professionen sind im Klassenraum bzw. in der Schule und in Kooperation tätig. Dieser Umstand und die verstärkte Berücksichtigung der Heterogenität der Schülerschaft führt zu einem massiven Anstieg der Abstimmung der beteiligten Professionellen. Strukturell ist zu beachten, dass ein heterogenes Team die fachliche Expertise stark erhöhen kann. Daher ist es für das Team des Mobilen Dienstes wichtig, sonderpädagogische Expertisen für Unterricht, Einzel- und Kleingruppenförderung, Zielgruppen, Rechtliches, Diagnostik usw. vorzuhalten. Es spricht daher vieles für ein breites Vorhandensein von Unterrichtserfahrung, für eine sonderpädagogische Grundausbildung mit einem Schwerpunkt in der Pädagogik bei Verhaltensstörungen und für die Kombination dieses Fachwissens mit einer beraterischen Grundqualifikation. Im Rahmen der Kooperation mit den Kommunen sind multiprofessionelle Teams anzustreben, insbesondere die feste Implementierung von sozialpädagogischer Expertise ist für die Teams der Mobilen Dienste essenziell. Da Mobile Dienste keine zusätzliche Förderung oder kompensatorischen Möglichkeiten anbieten, sondern das vorhandene Schulsystem beraten, ist dieses im Rahmen gestufter Fördersysteme zu stärken. Dazu zählt eine deutlich verbesserte Ausstattung der Schule, eine fortschreitende Qualifikation der Lehrkräfte für mehr inklusive Handlungsmöglichkeiten und die Anerkennung und Wertschätzung von Beratung und pädagogischer Reflexion.

3.4 Kurzzeitinterventionen

Tijs Bolz & Heinrich Ricking

3.4.1 Einleitung und Begriffsklärung

Im Rahmen der inklusiven Ausgestaltung schulischer Systeme etablieren sich in Deutschland zunehmend unterschiedliche regionale Förder- und Unterstützungssettings, die über die klassische Beschulung an der allgemeinen Schule oder an einer Förderschule hinausgehen. Kann den Bedarfen der Schülerinnen und Schüler sowie des schulischen Systems durch Organisationsformen wie Beratungs- und Unterstützungssysteme (▶ Kap. 3.3) oder weiteren integrierten Strukturen auf *universellerer Ebene* wie bspw. der sonderpädagogischen Grundversorgung (▶ Kap. 3.2) nicht ausreichend begegnet werden, so sollten ergänzende Förder- und Unterstützungsmaßnahmen etabliert und genutzt werden. Der Begriff »Kurzzeitinterventionsmaßnahme« stellt in diesem Kontext einen Sammelbegriff für eine Vielzahl unterschiedlicher Organisationsformen und Konzeptionen dar, bei denen grundsätzlich eine zeitliche Begrenzung von einigen Wochen oder Monaten besteht. In den Maßnahmen sollen zumeist bis zu zehn Schülerinnen und Schüler mit Verhaltensproblemen und/oder in akuten Krisensituationen interdisziplinär innerhalb eines pädagogisch-therapeutischen Fördersettings für einen Zeitraum bis zu zwölf Wochen unter spezifischen räumlichen Bedingungen möglichst in der allgemeinen Schule unterstützt und unterrichtet werden, um daraufhin wieder in die Stammklasse zurückzukehren. Zielsetzung ist die psychosoziale Stabilisierung des Schülers bzw. der Schülerin, Belastungsmomente zu mindern, Stressoren abzubauen und wieder eine positive Erlebensqualität in Schule zu ermöglichen. Im Zentrum steht die angemessene Förderung der oft ausschlussgefährdeten Schülerinnen und Schüler (weiter) zu entwickeln, so ihren Verbleib in der Stammschule zu begünstigen und die aktive Teilhabe am Unterricht und Schulleben zu erreichen, was in den Begriffen Partizipation oder Teilhabe zum Ausdruck kommt (Ricking, 2014).

Mit Blick in die schulische Praxis sowie der Hinzuziehung einschlägiger Fachliteratur sind es Formen temporärer Bildungs- und Unterstützungsangebote, die auch als »*Insel- bzw. Time-Out-Klassen*« (Basis, 2019; 2015), »*Auszeitklassen*« (Popp, 2014), »*Sonderpädagogische Kleinklasse*«, »*Schulkur*« (Ricking, 2006), »*Resource Room*« (Eisert, 1976), »*Quiet-Places*« (Spalding & Kastirke, 2002) oder *temporäre Lerngruppen* (ReBBZ; Hamburg, Bremen und Berlin) bezeichnet werden. Ausgehend von der jeweiligen pädagogischen und organisatorischen Ausgestaltung lassen sich grundlegend zwei verschiedene Formen von Kurzzeitinterventionsmaßnahmen ableiten, die sich in erster Linie durch den Förderort unterscheiden. Zum einen existieren pädagogische Maßnahmen, die in das alltägliche Unterrichtsgeschehen einer Regelklasse integriert sind und unter Berücksichtigung bestimmter Förderziele oder Kompetenzbereiche eine individuelle Fördermaßnahme bspw. in Form der Durchführung eines Trainingsverfahrens darstellen. Hierbei handelt es sich v. a. um

Maßnahmen, die im Rahmen dieses Buches in Kapitel 4.5 dargestellt sind
(► Kap. 4.5). Zum anderen haben sich in den letzten Jahrzehnten zunehmend und in
unterschiedlicher Art und Weise der konzeptionellen Ausgestaltung Unterstützungsstrukturen entwickelt, deren Format sich v. a. durch eine separierte Beschulung
über einen kurzen und klar festgelegten Zeitraum charakterisieren lässt. Je nach
Umsetzung lassen sich die Kurzzeitinterventionsmaßnahmen unter Berücksichtigung von Reiser (2007) als integrierte oder ambulante schulische Erziehungshilfe
verorten. Die institutionellen Wurzeln dieser Unterstützungsformen gehen bereits
auf die 1920er Jahre zurück. So existierten bspw. in Berlin Kleinklassenformate wie
Beobachtungsklassen (Beo-Klassen) (Myschker & Stein, 2018).

3.4.2 Zielgruppe

Aufgrund der Heterogenität der konzeptionellen Ausgestaltung, die im Praxisfeld zu
beobachten ist, können sich Kurzzeitinterventionsmaßnahmen an unterschiedliche
(Teil-)Zielgruppen des Förderschwerpunktes ESE richten. Schülerinnen und Schüler, bei denen kein diagnostizierter Bedarf an sonderpädagogischer Unterstützung in
der emotionalen und sozialen Entwicklung festgestellt wurde, aber das allgemeine
Schulsystem dennoch an Grenzen kommt, stellen im schulischen und explizit unterrichtlichen Prozess zunehmend eine Herausforderung dar. Hier können Kurzzeitinterventionen einen Beitrag zu präventiven Zielsetzungen leisten, indem ein
frühzeitiges Agieren bei drohender Beeinträchtigung ermöglicht und ggf. eine
Feststellung eines Bedarfs an sonderpädagogischer Unterstützung entbehrlich wird.
Daneben bestehen Konzepte, bei denen ein festgestellter Förderbedarf in der emotionalen und sozialen Entwicklung die Voraussetzung für eine temporäre Beschulung in einer Kurzzeitintervention der Schülerin bzw. des Schülers bildet.

3.4.3 Rahmung und Strukturen

Die Schülerinnen und Schüler verlassen im Rahmen der Kurzzeitintervention für
einen festgelegten, begrenzten Zeitraum ihre ursprüngliche Lerngruppe und werden
primär in der neuen Lerngruppe gefördert. Diese zeichnet sich durch spezifische
Rahmenbedingungen hinsichtlich der *Gruppengröße*, der *personellen Ausstattung* sowie einer *verstärkten pädagogisch-therapeutischen Ausrichtung* aus (Rieß, 2017). Im
Fokus steht dabei die temporäre und gezielte Förderung der emotionalen und sozialen Entwicklung und gleichzeitig die Minderung der sozial-emotionalen Beeinträchtigungen. Übergeordnetes Ziel ist es Schülerinnen und Schülern, die vielen
schulischen und familiären Belastungsfaktoren ausgesetzt sind und Schule oft als
stressgeladen und negativ erleben, für einen festgelegten Zeitraum ein Setting der
Entspannung, gezielten Anregung und *Neuausrichtung* zu bieten und dies mit präventiven pädagogischen Handlungsansätzen zu verknüpfen (Ricking, 2006; Rieß, 2017).
Mit dieser Rahmung kann einer drohenden Ausgliederung aus der allgemeinen
Schule in Form einer Krisenintervention entgegengewirkt werden (Hennemann,
Ricking & Huber, 2017). Nach der Umsetzung der Kurzzeitintervention muss somit
auch eine begleitete Rückführung in die Stammklasse erfolgen. Somit stellen

Kurzzeitinterventionen eine *Brückenfunktion* in der institutionellen Förderstruktur zwischen allgemeiner Schule und Förderschule dar. Unter Berücksichtigung des bereits im Rahmen dieses Buches dargestellten Systems sonderpädagogischer Förderung ist diese Organisationsform der selektiven und indizierten Prävention zuzuordnen. Die Maßnahmen orientieren sich an der bestmöglichen Förderung des jungen Menschen und bieten einen spezifischen schulischen Gestaltungsrahmen, der eine langfristige Stabilisierung vorsieht und auf aktuelle Herausforderungen und Problemlagen kurzfristig reagiert (KMK, 2000; 2011).

Trotz der Vielfalt an unterschiedlichen Konzepten von Kurzzeitinterventionen lassen sich nachfolgend grundlegende Gemeinsamkeiten zusammenfassen, die als Prinzipien von Kurzzeitinterventionen verstanden werden können und auf die im weiteren Verlauf gezielter eingegangen wird (Ricking, 2006):

- Temporäre und räumliche Separierung
- Kooperatives Setting
- Ressourcenorientierte Förder- und Verlaufsdiagnostik
- Pädagogisch-therapeutische Präventions- und Interventionsmaßnahmen
- Stärkere Flexibilität

Temporäre und räumliche Separierung

Temporäre Lerngruppen stellen eine besondere Organisationsform von Unterricht und Fördersetting dar, die bedingt durch den Förderort ganz unterschiedlich ausgestalten kann. Je nach regionaler Konzeption kann die Kleingruppenförderung an einem Förderzentrum (bzw. sonderpädagogisches Kompetenzzentrum) als auch an der jeweiligen allgemeinen Schule verortet sein. Es soll ein Raum für ›geschütztes‹ Lernen geboten werde, in dem sich der Schüler bzw. die Schülerin entlastet, entspannt und wohlfühlen kann (s. insbes. *Quiet-Places*; Spalding & Kastirke, 2002). Die temporäre Beschulung an einem anderen Ort und in einem anderen Raum mit der Möglichkeit für Einzel- und Kleingruppenarbeit kann einen Beitrag zur pädagogisch-therapeutischen Ausrichtung der Maßnahme leisten. Des Weiteren können kleinere Gruppen eine engere und zielgerichtete Förderung ermöglichen. Die Räumlichkeiten der Lerngruppe sollten sich in der allgemeinen Schule befinden. Wenn die räumliche Auslagerung der Maßnahme an ein Förderzentrum vorgesehen ist, sollten Vor- und Nachteile kritisch hinterfragt werden.

Kooperatives Setting

Besonders bedeutsam für die zielgerichtete und differenzierte Förderung ist ein *kooperatives Setting* zwischen allgemeiner Schule und weiteren schulischen sowie außerschulischen Unterstützungsformen wie bspw. der Förderschule bzw. des Förderzentrums und der Kinder- und Jugendhilfe. Schülerinnen und Schüler, die temporär die schulische Kleingruppe besuchen, behalten bei den vielen bereits bestehenden Konzepten den ›Status‹ und die Zugehörigkeit zur allgemeinen Schule, werden jedoch interdisziplinär im Rahmen eines pädagogisch-therapeutischen Fördersettings mit spezifischen räumlichen Bedingungen separiert beschult. Neben der übergeordneten kooperativen Ausrichtung zwischen den schulischen Institutionen sind temporäre Beschulungsmaßnahmen häufig mit einem »*Zwei-Pädagogen-System*« bestehend aus einer Förderschullehrkraft und einer sozialpädagogischen Fachkraft ausgestattet, um den individuellen Bedarfen der Schülerinnen und Schüler gerecht zu werden und eine individuelle und einzelfallorientiertere Förderung zu ermöglichen. Diese Tandems können eine erweiterte Sichtweise auf unterschiedliche Bedarfe der Schülerinnen und Schüler ermöglichen sowie die Lösungsorientierung und das pädagogische Handlungsrepertoire erweitern. Psychologische und/oder therapeutische Fachkräfte werden bei bestimmten Konzeptionen ebenfalls in die Förderung und Unterstützung einbezogen, sind aber selten permanenter Bestandteil der schulischen Maßnahme.

Ressourcenorientierte Förder- und Verlaufsdiagnostik

Neben der *kooperativen Ausrichtung* bietet eine umfassende und möglichst ganzheitliche *ressourcenorientierte Förderdiagnostik* die Grundlage einer *pädagogisch-therapeutisch* ausgerichteten *Förderung* und *Unterstützung*. Im Rahmen einer ressourcenorientierten Ausrichtung des förderdiagnostischen Vorgehens liegt neben der Problembeschreibung ein besonderer Fokus auf der Analyse von Stärken, Ressourcen und Kompetenzen der Schülerin bzw. des Schülers sowie eine enge Verzahnung zwischen Diagnostik und Förderung (Mutzeck, 2000; Bundschuh & Winkler, 2014; Breitenbach, 2013; ▶ Kap. 4.3). Darüber hinaus betont Fingerle (2010) die Bedeutsamkeit der Beteiligung aller relevanten Akteure an diesem Prozess. Insbesondere die Berücksichtigung außerschulischer Wirkungsräume der Schülerinnen bzw. Schüler und deren Einfluss auf die schulische Situation im Sinne einer Kind-Umfeld-Analyse (bzw. Person-Umfeld-Analyse; Alber, Kaiser & Schulze, 2018) werden betont. Auch Ansätze und Methoden eines diagnostischen Fallverstehens (Baumann, 2009) können hier zunehmend an Bedeutung gewinnen.

Im wissenschaftlichen Diskurs wie auch im Praxisfeld wird die Ausrichtung einer Verlaufsdiagnostik im Bereich Lernen und Verhalten diskutiert (▶ Kap. 4.3). Mit dem Ziel, den Fördererfolg einer Maßnahme im Bereich Lernen und/oder Verhalten im Einzelfall zu prüfen und den Entwicklungsverlauf über die Zeit auf der Grundlage einer individuellen Bezugsnorm abzubilden, werden zuvor operationalisierte Kompetenzbereiche von Schülerinnen und Schüler in kurzen Zeitabständen mit gleichen oder parallelen Aufgaben überprüft (Casale, Hennemann & Grosche, 2015). Besonders für kurze und klar festgelegte Interventionsmaßnahmen kann sich diese Ausrichtung der Diagnostik bewähren, da zum einen die Entwicklungsverläufe der Schülerinnen und Schüler abgebildet werden und zum anderen die Wirkung einer Maßnahme gezielt beobachtet werden kann. Dies bietet die Möglichkeit einer verstärkten Anpassung der Fördermaßnahme an die individuellen Lern- und Entwicklungsbedarfe des Schülers bzw. der Schülerin (Grosche, 2014; Huber & Grosche, 2012).

In manchen Staaten, in denen die inklusive Bildungslandschaft weiter ausgebaut ist, stellt der Ansatz der Verlaufsdiagnostik eine bedeutsame Basis einer zielgerichteten und individualisierten Förderung und Unterstützung dar (Fuchs & Fuchs,

2004; Johnson, Fuchs & McKnight, 2006; Deno, 2003). Die Implementation und Evaluation von Methoden und Instrumenten der Verlaufsdiagnostik in den (sonder-) pädagogischen Handlungsfeldern im deutschsprachigen Raum steht insbesondere für den Schwerpunkt der emotionalen und sozialen Beeinträchtigungsformen jedoch noch am Anfang. Für den Bereich des akademischen Lernens wurden bereits einige Verfahren entwickelt und evaluiert (z. B. Voß & Gebhardt, 2017; Wilbert, 2014). Für den Bereich des Unterrichtsverhaltens von Schülerinnen und Schülern fehlen noch vergleichbare Verfahren, die für eine engmaschige Erfassung des Verhaltens geeignet sind. Erste Beiträge leistet Casale (2017) durch Methoden der direkten Verhaltensbeobachtung (Direct Behavior Rating; DBR) um Schülerverhalten systematisch zu erfassen. Die Anwendbarkeit und Integrierbarkeit in das aktuelle pädagogische Handeln im Praxisfeld muss sich jedoch noch herausstellen.

Pädagogisch-therapeutische Ausrichtung

Die pädagogisch-therapeutische Ausrichtung von Kurzzeitinterventionsmaßnahmen äußert sich v. a. im *pädagogisch-therapeutischen Handeln* und *Verhalten* der *Lehrkräfte* und *Pädagoginnen bzw. Pädagogen*, der *spezifischen Strukturen* der *Maßnahme* sowie der Verwendung von *pädagogisch-therapeutischen Maßnahmen*. Wie bereits im Rahmen dieses Beitrags beschrieben, kann allein eine temporäre Beschulung in einer Kleingruppe schon durch die Veränderung des Settings einen Schonraum darstellen (vgl. den Aspekt des »therapeutischen Milieus« bei Stein & Stein, 2014). Darüber hinaus existiert eine Vielzahl an therapeutischen Ansätzen aus den verschiedenen »therapeutischen Schulen«, deren einzelne Elemente oder ganze Konzepte bereits Einzug in das (sonder-)pädagogische Wissenschafts- und Handlungsfeld erhalten haben (Willmann, 2006). Auf der Grundlage eines humanistischen Menschenbildes finden dabei – je nach Konzeption – verhaltenstherapeutische Methoden wie z. B. Techniken pädagogischer Verhaltensmodifikation (z. B. Goetze, 2010a; Linderkamp, 2008), kognitionspsychologisch orientierte Ansätze wie Techniken der Selbstkontrolle oder reflektiertes Gespräch (Hofer, 1986; Hartke & Vrban, 2015), verschiedene systemische Interventionen (Molnar & Lindqvist, 2013; Palmowski, 2007) oder psychodynamisch orientierte Verfahren der Gesprächsführungstechniken (z. B. Life-Space-Interview; Redl, 1987) besondere Berücksichtigung.

Auf didaktischer Ebene werden verstärkt spielerisches Lernen, lebensraumorientierte oder erlebnispädagogische Elemente in das pädagogische Handeln integriert – schulisches Lernen soll durch eine alltagsorientierte Gestaltung, Umfeldarbeit und soziale Lernformate angemessener und interessanter gestaltet werden (Ricking & Schulze, 2010; Wittrock & Ricking, 2017). Allen gemeinsam ist eine deutlich individuellere und gezieltere Förderung und Unterstützung, als es im Rahmen der allgemeinen Schule möglich ist. Zu betonen ist an dieser Stelle v. a. die Methodenvielfalt bzw. Kombination verschiedener Fördermaßnahmen sowie deren flexible Umsetzung. Insgesamt sollte dabei immer auf die Passung zwischen der Auswahl und Kombination verschiedener Methoden und den Bedarfen der jungen Menschen geachtet und somit ein »holistischer Anspruch« der Integration verschiedener Ansätze verfolgt werden (Myschker & Stein, 2014, S. 208). Je mannigfaltiger die Erscheinungsformen von Verhaltensstörungen sind und je komplexer sich die Wechselwirkungen zwischen psychosozialen Faktoren ausgestalten, desto vielfältiger sollten auch die Möglichkeiten der Förder- und Unterstützungsmaßnahmen sein (Kuschel, Heinrichs & Halhweg, 2008).

Starke Flexibilität

Im Gegensatz zum Stammschulunterricht bietet das Setting einer temporären Lerngruppe die Möglichkeit, die Unterrichtseinheiten und Förderstrukturen flexibler an die Bedarfe und Situationen der Schülerinnen und Schüler anzupassen und so einen tragfähigen Rahmen zu gestalten und auf ein breites Spektrum der Problemlagen einzugehen. Insgesamt zeichnet sich die Kurzzeitintervention durch ein hohes Maß an Kontinuität und Transparenz in der Planung, Durchführung und dem Abschluss der Maßnahme für alle Beteiligten aus. Am Ende der Kurzzeitintervention erfolgt die (häufig begleitete) Rückführung in die allgemeine Schule. Die nachfolgende Abbildung konkretisiert die Prozessgestaltung und stellt ein idealtypisches Bild eines Phasenmodells dar (▶ Abb. 3.4.1).

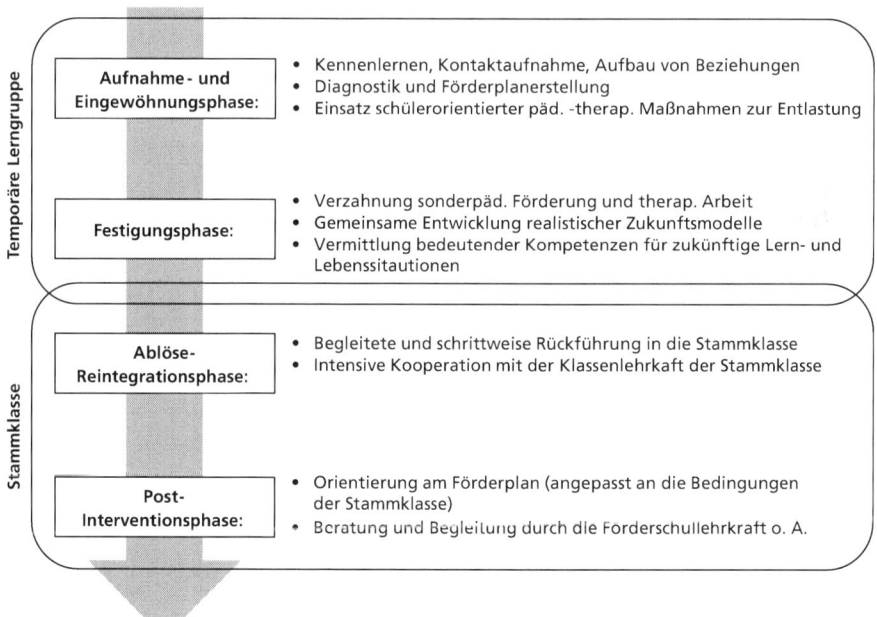

Abb. 3.4.1: Mögliche (idealtypische) Prozessgestaltung einer Kurzzeitinterventionsmaßnahme

Deutlich wird an diesem Phasenmodell, dass die Rückführung in die Klasse einen Teil der Interventionsmaßnahme darstellt und durch eine Sonder- oder Sozialpädagogin bzw. einem Sonder- oder Sozialpädagogen begleitet wird. Die im Folgenden beschriebenen Praxisbeispiele lassen sich in ihrem konzeptionellen Ablauf so oder so ähnlich einordnen. Bei der Betrachtung internationaler Inklusionskonzeptionen und schulischer Organisationsformen wird auch hier deutlich, dass »*special classes*« bzw. temporäre Lerngruppenkonzepte einen bedeutsamen Bestandteil eines inklusiven Fördersettings bilden (Hennemann, Ricking & Huber, 2017). Metaanalysen internationaler Forschungsergebnisse zur inklusiven Beschulung von Lindsay (2007) verdeutlichen, dass die zeitweise Unterrichtung und Förderung in Form von »*special classes*« ein wesentlicher Bestandteil in Inklusionskonzeptionen von Ländern mit höheren Inklusionsquoten ist. Des Weiteren können temporäre Lerngruppen im Sinne einer Brückenfunktion zwischen Regel- und Förderschule zur Erhöhung der Durchlässigkeit eines gestuften Schul- und Fördersystems beitragen (▶ Kap. 3.1).

3.4.4 Beispiel und Praxiskonzeptionen

Im Zuge der Umsetzung inklusiver Bildungsstrukturen entstanden in den letzten zehn Jahren diverse Konzepte temporärer Lerngruppen bzw. Kurzzeitinterventionen in Deutschland. Dabei gehen die einzelnen Bundesländer bzw. Regionen sehr unterschiedlich vor. Es haben sich unterschiedliche regionale mobile Systeme der Förderung und Unterstützung etabliert, die der Leitvorstellung eines inklusiven Ansatzes im Kooperationsfeld allgemeiner Schule und Förderschule entsprechen. Im Weiteren sollen die Konzepte von zwei Kurzzeitinterventionsmaßnahmen sowie die Ergebnisse aus der wissenschaftlichen Begleitungsforschung vorgestellt werden.

Beispielprojekt – Konzept Lerninsel im Beratungs- und Unterstützungssystem BASIS[1]

Nachfolgend wird ein Beispielprojekt einer Kurzzeitintervention vorgestellt, das ausgehend von einem Beratungssystem im Landkreis Verden entwickelt und als Lerninsel eines Förderzentrums im Landkreis Verden implementiert wurde. Dieses Projekt bietet Schülerinnen und Schülern, »die an ihren Schulen eine deutliche soziale und emotionale Beeinträchtigung aufzeigen und bzw. oder sich in einem Beziehungsgeflecht befinden, das sich kurz- oder mittelfristig nicht verändern lässt und somit eine positive Entwicklung verhindert« (Basis, 2013, S. 12), die Möglichkeit einer zeitlich begrenzten, besonders intensiven pädagogischen Förderung und Unterstützung an einem anderen Ort.

Wenn also die Beratungs-, Unterstützungs- und Förderangebote vor Ort ausgeschöpft sind und die erfolgreiche Teilhabe am Schulleben nicht mehr gewährleistet

---

1 Beratungsangebot der Niedersächsischen Landesschulbehörde und des Landkreises Verden zur Stärkung der inklusiven Schule.

ist, sollen die Schülerinnen und Schüler temporär in der Lerninsel intensive pädagogische Unterstützung erhalten.

Diese temporäre Auszeit soll dafür sorgen, dass die schülerspezifischen Förderbedingungen weiterentwickelt und modifiziert, neue Fördermaßnahmen sowohl innerhalb als auch außerhalb der Schule installiert und der Förderrahmen an der zuständigen Schule vorbereitet werden kann. Das vorrangige Ziel der Lerninsel ist es, den Verbleib der Schülerinnen und Schüler am eigentlichen Lernort (wieder) zu ermöglichen und somit die »Teilhabechancen von GrundschülerInnen deren erfolgreicher Besuch von Schule und Unterricht aufgrund ihres Verhaltens gefährdet ist, deutlich [zu] erweitern« (Basis, 2019, S. 9). Die Teilnahme an der Lerninsel ist entsprechend der rechtlichen Vorgaben des Schulgesetzes an die Zustimmung der Landesschulbehörde und der Eltern bzw. Erziehungsberechtigten geknüpft (Basis, 2013; 2019). Ausgehend von diesem übergeordneten Ziel wurden folgende Teilziele der Lerninsel formuliert (Basis, 2019, S. 9):

- Wohlbefinden im Schulerleben
- Stärkung des Selbstwertgefühls des Kindes
- Wiedererwecken der Lernmotivation
- Zuversicht in die eigene Leistungsfähigkeit entwickeln
- Stärkung der individuellen emotional-sozialen Kompetenzen und Gruppenfähigkeit
- Clearing in Bezug auf die zukünftige Schullaufbahn
- Stärkung der Eltern

Die Arbeit in der Lerninsel gliedert sich in die drei Phasen »Ankommen/Kennenlernen, Stabilisierung und Rückführung« auf (BASIS, 2013, S. 3). Der folgende Zeitplan gibt einen Überblick des zeitlichen Rahmens der Kurzzeitinterventionsmaßnahme (BASIS, 2013; Rieß & Wittrock, 2015, S. 13, die auf eine Dauer von sechs Monaten begrenzt ist, wobei die tageweise Rückschulung der Schülerinnen bereits im Verlauf dieser Phase beginnt (ebd.). Bei Bedarf ist allerdings auch eine frühere »Rückschulung« möglich. Das Team der Lerninsel begleitet die »Rückschulung« an die Grundschule.

Neben der Zustimmung der Eltern bzw. Erziehungsberechtigten als Grundvoraussetzung für die Beschulung der Kinder in der Lerninsel muss darüber hinaus eine Bereitschaft der Eltern bzw. Erziehungsberechtigten und Grundschullehrkräfte zur Aufnahme und Mitarbeit gegeben sein (z. B. Teilnahme an Förderplangesprächen, Kooperation mit Lehrkräften) (BASIS, 2013; 2019). Damit diese Ziele erreicht werden, erfolgt unter Einbezug der Eltern bzw. Erziehungsberechtigten und Lehrkräfte eine individuelle Förderplanung für die Kinder. Schwerpunkte der Arbeit bilden u. a. die Entwicklung grundlegender Fähigkeiten im sozialen Kontext, das *Erlernen unterrichtsbezogener Verhaltensweisen* und *ein systematisches Arbeitsverhalten* sowie die *Vermittlung curricularer Inhalte*. Auf Seiten der Eltern bzw. Erziehungsberechtigten sollen die Erziehungskompetenzen gestärkt und erweitert werden. In Bezug auf die Grundschullehrkräfte sollen vorhandene Strukturen überprüft und modifiziert sowie die Bereitschaft zur Unterstützung der Schülerinnen und Schüler in der Grundschule erreicht werden (Basis, 2013, S. 3).

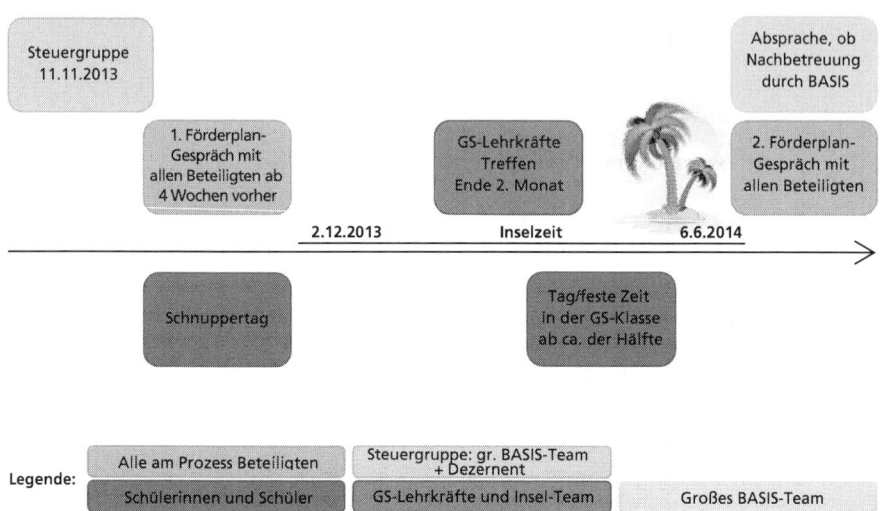

Abb. 3.4.2: Zeitplanung der Lerninsel

Vor diesem Hintergrund arbeitet die Lerninsel laut Konzeption (ebd.) mit einer Vielzahl an Methoden wie bspw. Trainings zur Emotionsregulation, motorische Aktivitäten, Konzentrationstrainings sowie Ruhe- und Entspannungsübungen. Der Unterricht in der Lerninsel wird insgesamt handlungsorientiert und schülermotivierend gestaltet. Die Schülerinnen und Schüler sollen u. a. eigene (Teil-)Ziele finden, formulieren und erarbeiten, Verantwortung für das eigene Handeln übernehmen, Fremd- und Selbstakzeptanz als auch Empathie entwickeln und den Umgang mit Wut und Aggressionen sowie Misserfolgen, Ängsten und Unsicherheiten erlernen. Zudem wird ein Abbau impulsiver Arbeits- und Verhaltensmuster zugunsten geplanter Handlungen angestrebt. Darüber hinaus sollen sie unterrichtsbezogene Verhaltensweisen trainieren und verstehen (Regeln einhalten), Konzentration und Merkstrategien aufbauen und für die Reaktionen des eigenen Körpers sensibel werden.

Zur Erreichung der genannten Ziele müssen gewisse Anforderungen an die Räumlichkeiten und Rahmenbedingungen gestellt werden. Dazu zählt z. B. ein gleichbleibender, ansprechender und zugleich reizarm ausgestatteter Raum mit einer angemessenen Größe zur Umsetzung der o. g. Verfahren. Es muss eine flexible Zeitplanung der Förderung möglich sein, sodass nach Reflexion und Austausch organisatorische Aspekte verändert und angepasst werden können. Zudem soll der Standort die Möglichkeit bieten, eigene Projekte zum Aufbau der Teamfähigkeit (z. B. Garten) durchzuführen – er soll zentral erreichbar und an einen Schulbetrieb angeschlossen sein. Darüber hinaus wird eine durchgehende Doppelbesetzung mit einer Lehrkraft und einer Sozialpädagogin bzw. einem Sozialpädagogen vorausgesetzt, wobei auch eine Vertretungsregelung im Krankheitsfall gewährleistet sein muss (ebd., S. 4). Laut Konzeption erfüllen die Räumlichkeiten einer ausgewählten Förderschule im Landkreis äußere und sächliche Bedingungen und verknüpfen die

Lerninsel sinnvoll mit dem Standort des Mobilen Beratungsdienstes BASIS, der an dem Standort ebenfalls Büros hat.

Im Zeitraum von Mai 2013 bis Dezember 2014 wurde das Projekt Lerninsel durch die Fachgruppe ›Pädagogik bei Verhaltensstörungen des Instituts für Sonder- und Rehabilitationspädagogik der Carl von Ossietzky Universität Oldenburg‹ unter der Leitung von Prof. Dr. Manfred Wittrock und Bastian Rieß wissenschaftlich in Form einer Einzelfallstudie begleitet und evaluiert. Die Ergebnisse werden nachfolgend in ausgewählter und zusammengefasster Form dargestellt. Im Rahmen der wissenschaftlichen Begleitforschung ließen sich positive Tendenzen insbesondere in Bezug auf die Arbeit mit den Eltern/Erziehungsberechtigten und in Bezug auf die ersten erfolgreichen Rückführungen an die zuständigen Grundschulen feststellen (Rieß & Wittrock, 2015). Die Kurzzeitintervention zeichnet sich durch eine intensive Zusammenarbeit mit Eltern bzw. Erziehungsberechtigten aus. Aus Interviewstudien lässt sich zusammenfassen, dass Eltern/Erziehungsberechtigte die temporäre Beschulung ihrer Kinder als positiv wahrnehmen und beschreiben. Besonders eindrücklich zeigt sich dies in der Rückmeldung, dass alle befragten Eltern/Erziehungsberechtigten wieder an dieser Maßnahme teilnehmen und diese weiterempfehlen würden (ebd.). Die Befragten begründeten dies v. a. mit einem hohen Maß an Transparenz, das sich v. a. in den vorhandenen Kommunikationsstrukturen (z. B. über das Inseltagebuch) und einer kontinuierlichen Begleitung der Schülerinnen und Schüler und Eltern/Erziehungsberechtigten auszeichnet (ebd.).

Neben der Befragung wurden fünf Schülerinnen und Schüler von Beginn der Maßnahme bis zur Rückführung und somit über den gesamten Prozess begleitet. Bei drei der fünf Schülerinnen und Schüler verlief die Rückführung an die Grundschule und der Verbleib an dieser erfolgreich. In einem dieser Fälle waren zusätzliche Unterstützungsmaßnahmen notwendig. Bei den anderen beiden Schülern konnte zum geplanten Zeitpunkt keine Rückführung erfolgen. Hier ist jedoch darauf hinzuweisen, dass bei ihnen nach der Aufnahme in der Lerninsel ein zusätzlicher Unterstützungsbedarf im Förderschwerpunkt der geistigen Entwicklung festgestellt wurde (ebd.). Sowohl Eltern/Erziehungsberechtigte als auch Mitarbeiterinnen der Lerninsel beschrieben Lern- und Leistungsfortschritte hinsichtlich des Verhaltens und der emotionalen Entwicklung der Schülerinnen und Schüler.

Diagnostisch-therapeutische Kleingruppe in Delmenhorst

Die nachfolgenden Darstellungen beziehen sich auf die Ausführungen im Abschlussbericht zu den Delmenhorster Präventionsbausteinen von Spies et al. (2010) sowie Erkenntnissen aus weiteren Veröffentlichungen von Team MoDiEDel & Ricking (2011).

Die diagnostisch-therapeutische Kleingruppe in Delmenhorst ist eine Kurzzeitintervention für Grundschülerinnen und Grundschüler mit einem temporären Förderbedarf in der emotionalen und sozialen Entwicklung. Seit dem Schuljahr 2008/2009 ist sie Teil des gestuften Systems der sonderpädagogischen Hilfen in Delmenhorst und dem Mobilen Dienst emotionale und soziale Entwicklung Delmenhorst (MoDiEDel) (▶ Kap. 3.1). Die Räumlichkeiten der diagnostisch-therapeutischen Kleingruppe befinden sich in einer Hauptschule in Delmenhorst. Durch die Einbindung in ein gestuftes Fördersystem und die Zusammenarbeit mit unterschiedlichen Institutionen (Grundschule der Schülerin/des Schülers, Familie, MoDiEDel, außerschulische Institutionen wie bspw. Jugendamt) sollen eine systemisch orientierte Fallarbeit ermöglicht werden. Neben der Kooperation mit den Grundschullehrkräften ist die enge Zusammenarbeit mit den Eltern von besonderer Bedeutung. Sie nehmen regelmäßig an Elternschulungen und an Lern- und Entwicklungsgesprächen teil. Diese intensive Zusammenarbeit ist die Basis für eine abgestimmte und nachhaltige Erziehungsarbeit.

Das Ziel der diagnostisch-therapeutischen Kleingruppe ist es, den Schülerinnen und Schülern mit einem temporären Förderbedarf durch eine individualisierte, bedarfsorientierte Förderung und die kurzfristige Intensivbeschulung von maximal sechs Monaten Unterstützung zu bieten, die die Entstehung eines Förderbedarfs in der emotionalen und sozialen Entwicklung verhindern soll. Es können maximal sechs Kinder zur selben Zeit beschult werden. Währenddessen bleiben sie schulorganisatorisch der Grundschule zugeordnet. Das Team setzt sich aus zwei Sonderpädagoginnen und einer Sozialpädagogin zusammen. Die Sozialpädagogin ist an allen fünf Schultagen der Woche als kontinuierliche Bezugsperson für die Kinder anwesend. Zusätzlich wird die Gruppe von jeweils einer der beiden Förderschullehrkräfte im Schultag begleitet. Die Kernaufgaben der Förderschullehrkräfte liegen in der Vorbereitung und Durchführung des Unterrichts, dem Einsatz von Verstärkerplänen, der Kooperation mit der Grundschullehrkraft sowie der Teilnahme an Elterngesprächen. Die Arbeitsschwerpunkte der Sozialpädagogin liegen in den Bereichen der Elternarbeit, dem Beziehungsaufbau und -gestaltung sowie der Durchführung von Sozialtrainings in der Lerngruppe. Darüber hinaus unterstützt sie die Lehrpersonen in den Unterrichtsphasen.

Die Arbeit in der diagnostisch-therapeutischen Kleingruppe orientiert sich an dem entwicklungspädagogischen und entwicklungstherapeutischen Konzept ETEP (Entwicklungspädagogik/Entwicklungstherapie), das vier Basisannahmen beinhaltet (Erich, 2008):

1. Blick auf die Stärken richten,
2. der Entwicklungslogik folgen,
3. Freude und Erfolg gewährleisten,
4. für bedeutsame Erfahrungen sorgen.

Der Grundgedanke des Konzepts lässt sich wie folgt zusammenfassen: »Abkehr von Defizitgedanken [und] eine an der Entwicklung und Entfaltung individueller Fähigkeiten orientierte Sichtweise« einnehmen (Erich, 2008, S. 623 f.). Nach der diagnostischen Klärung der primären Förderbereiche und der Förderplanung erfolgt die Umsetzung der Fördermaßnahmen im schulischen Kontext. Ziel der Arbeit ist es hierbei stets die notwendigen schulischen Kompetenzen für eine schrittweise und begleitete Rückkehr in die Grundschule aufzubauen. Dieser Prozess verläuft in einem regelmäßigen Austausch mit dem Mobilen Dienst Delmenhorst, der bereits im Vorfeld mit den Schülerinnen und Schülern sowie den Eltern und Grundschullehrkräften zusammengearbeitet hat.

Der Tagesablauf in der Kleingruppe ist grundlegend durch zwei Unterrichtsblöcke mit unterschiedlichen Unterrichtsfächern (u. a. Mathematik, Deutsch, Sachunterricht, Kunst) strukturiert, sodass ein mit der Grundschule vergleichbarer Stundenplan entsteht. Die Schülerinnen und Schüler arbeiten i. d. R. mit individuellen Tagesplänen an Unterrichtsinhalten der jeweiligen Klassenstufe und werden dabei von der Lehrkraft und der Sozialpädagogin unterstützt. Der Sportunterricht findet in Form von Psychomotorikstunden statt. Einmal pro Woche wird in der diagnostisch-therapeutischen Kleingruppe ein Sozial- und Konzentrationstraining für die Schülerinnen und Schüler angeboten, bei dem die notwendigen sozialen Kompetenzen für ein soziales Miteinander (u. a. in der Schule) erlernt werden sollen. Ziel der unterrichtlichen Angebote ist es eine positive Haltung zum schulischen Lernen aufzubauen, um eine gelingende Rückführung in die Regelschule anzubahnen. Um eine positive gemeinschaftliche Unterrichtsgestaltung zu ermöglichen, bestehen in der diagnostisch-therapeutischen Kleingruppe klare Regeln und ein konsequenter Umgang mit den Schülerinnen und Schülern (bspw. »Mehrfache Missachtung der Regeln« hat die Konsequenz »drei Minuten Auszeit«). Alle Schülerinnen und Schüler haben gemeinsam vereinbarte, individuelle Verhaltensziele, deren Erreichung nach jedem Unterrichtsblock dokumentiert und rückgemeldet wird.

Die beiden dargestellten Projekte sind konzeptionell ähnlich aufgebaut. Sie bieten Schülerinnen und Schülern, deren Unterstützungsbedarf im Bereich der emotionalen und sozialen Entwicklung an ihrer aktuellen Schule nicht entsprochen werden kann, für einen begrenzten Zeitraum intensive (sonder-)pädagogische Förderung und Unterstützung. Das primäre Ziel ist es, den Verbleib der Schülerinnen und Schüler am eigentlichen Lernort (wieder) zu ermöglichen. Sie unterscheiden sich jedoch v. a. durch den Förderort. Während die Lerninsel in den Räumlichkeiten der Förderschule bzw. des Förderzentrums stattfindet, erfolgt die Unterstützung der diagnostischen Kleingruppe in den Räumlichkeiten der allgemeinen Schule.

3.4.5 Fazit und Ausblick

Aktuell stehen nur vereinzelte Angebote dieser Unterstützungsform im deutschen Bildungssystem zur Verfügung. Mit dem übergeordneten Ziel, Maßnahmen der Separierung zu umgehen, die stigmatisierende Effekte haben können, werden in aktuellen schulischen Settings mehr denn je alternative Formen gesucht, die eine gezielte Förderung ermöglichen. Die grundlegende Ausrichtung temporärer Lerngruppen knüpft an dem bereits in Kapitel 3.1 dargestellten präventiven Grundgedanken an (▶ Kap. 3.1) und kann einen Beitrag zur Lösung des »Wait-to-Fail-Problems« leisten. Unterstützungsleistungen für Schülerinnen und Schüler sollen nicht erst dann ermöglicht werden, wenn die Problementwicklung schon sehr stark vorangeschritten und die Wahrnehmungsschwelle oder Belastungsgrenze der verantwortlichen Pädagoginnen und Pädagogen überschritten ist. Die zeitliche Limitierung und die Rückführung in die Herkunftsklasse unterstreichen diese präventive Ausrichtung. Sind Kurzzeitinterventionsmaßnahmen als Teil eines gestuften Systems der Förderung und Unterstützung in die bisherigen Unterstützungsstrukturen der jeweiligen Region integriert und können unabhängig von diagnostizierten, festgestellten Bedarfen an sonderpädagogischer Unterstützung aktiviert werden, vermögen sie auch dem »*Etikettierung-Ressourcen-Dilemma*« entgegenzuwirken. Ob sie wirklich einen umfassenden Beitrag zu einer inklusionspädagogischen Ausrichtung des Bildungssystems leisten können, hängt jedoch sehr stark von der bildungspolitischen Unterstützung/Anerkennung sowie den zur Verfügung gestellten Ressourcen ab. Temporäre Lerngruppen bzw. Kurzzeitinterventionen sollten somit beim Aufbau von Präventionsstrukturen Berücksichtigung finden und als Teil eines gestuften Systems der Förderung und Unterstützung betrachtet werden, auch um inklusive Bildungsprozesse zu unterstützen (Popp, 2014; Hennemann, Ricking & Huber, 2017).

Kritisch hinterfragt werden muss dieser Ansatz der präventiven Förderung und Unterstützung unter Berücksichtigung der Bestrebung einer inklusiven Beschulung dennoch. Die Gefahr, dass die temporären Lerngruppen als Brücke in das Förderschulsystem fungieren, ist nicht auszuschließen. Es könnte sogar dazu führen, dass dieser organisatorische Rahmen als reine Clearing- oder Diagnostikklasse verstanden wird. So bedarf es einer kontinuierlichen Überprüfung der Passung zwischen den individuellen Lern- und Entwicklungsbedarfen des jungen Menschen und den darauf abgestimmten Maßnahmen sowie einer engen Verzahnung und Abstimmung zwischen den verschiedenen Akteuren des Hilfesystems (bspw. zwischen Regel- und Förderschulsetting). Die meisten temporären Lerngruppen stellen Angebote für Schülerinnen und Schüler des Primarbereichs dar. Die Ausweitung der Unterstützungsmaßnahme auf den Sekundarbereich sollte erwogen werden. Unter Berücksichtigung der besonderen Herausforderungen mit Verhaltensproblemen im Sekundarbereich sowie den aktuellen Ressourcen im Praxisfeld können Kurzzeitinterventionsmaßnahmen auch hier eine gewinnbringende Ergänzung zu aktuellen Unterstützungsmaßnahmen darstellen.

3.5 Förderschule als Durchgangsschule

Heinrich Ricking

3.5.1 Einleitung

Die Sonderpädagogik sieht sich als Profession, die Menschen mit individuellen und/ oder sozialen Entwicklungs- oder Lernbeeinträchtigungen erzieherische, therapeutische oder unterrichtliche Förderung bedarfsgerecht bietet. Dabei bildet die Arbeit mit Kindern und Jugendlichen sowie die schulische und vorschulische Förderung nach wie vor einen Arbeitsschwerpunkt. In diesem Kontext hat sich das Sonder- bzw. Förderschulsystem in Deutschland zunächst Anfang des 20. Jahrhunderts und später seit den 1960er Jahren mit beachtlicher Intensität entwickelt und ausgeweitet (Vernooij, 2007). Es kann als eine der bedeutsamen Errungenschaften der jüngeren Bildungsgeschichte betrachtet werden, dass die Schulpflicht für alle Kinder und Jugendliche gilt und so ein Bildungsrecht besteht, unabhängig von Leistungsfähigkeit, einer Behinderung oder dem Umfang eines Förderbedarfs (Ellger-Rüttgardt, 2007). Einschneidende Veränderungen für die institutionelle Förderorganisation der Sonderpädagogik ergeben sich derzeit aus den Entwicklungen hin zu einem inklusiven Schulsystem (Kriwet, 2005). Dabei geht es auch um die wirksame gemeinsame Beschulung von Schülerinnen und Schülern mit unterschiedlichen Voraussetzungen in einer Klasse und Schule, also um den pädagogisch-didaktischen Umgang mit relativ hoher Heterogenität unter ihnen (Ellinger & Stein, 2012).

Von einem inklusiven Schulsystem ist zu erwarten, dass möglichst viele Schülerinnen und Schüler mit Beeinträchtigungen in der allgemeinen Schule unterrichtet werden und Förderschulen auf Elternwunsch nur subsidiär und vorzugsweise temporär in Anspruch genommen werden (Ricking, 2017c). Der Weg zur Inklusion wird konzeptionell dahin führen, bestehende Systeme weiterzuentwickeln und inkludierende Förderformate auszuweiten, wobei die Bundesländer unterschiedliche Wege gehen (Wachtel, 2010; Speck, 2011). Die aktuellen Prozesse zwischen Inklusion und Intensivpädagogik (Stein, 2011) weisen deutlich aus, dass sich die Zielgruppen im Förderschwerpunkt ESE ebenso ausweiten wie die Aufgabenfelder und Handlungsformate. Es ist eine Polarisierung des schulischen Feldes erkennbar mit den noch relativ neuen Problemstellungen, die aus der Entwicklung zur inklusiven Schule erwachsen, und den eher traditionellen Formaten, die sich mit der Erziehung und Bildung spezifischer Zielgruppen oft in separierenden bzw. intensivpädagogischen Einrichtungen befassen. Es stellt sich die Frage, ob die Förderschule mit dem Schwerpunkt ESE innerhalb eines sich inklusiv entwickelnden Schulsystems eine Zukunft hat. Ist sie entbehrlich, da die steigende Zahl der Schülerinnen und Schüler in diesem Bereich inklusiv unterrichtet werden (können) oder benötigt ein Teil der Zielgruppe, v. a. mit komplexen Förderbedarfen, temporär oder langfristig ein Fördersetting, das in der allgemeinen Schule unter den gegenwärtigen Bedingungen nicht realisierbar ist? Trifft die letztgenannte These zu, stellt sich die Frage, welche Rolle die Förderschule als ein Bildungs- und Erziehungselement im inklusiven Schulsystem einnehmen wird.

3.5.2 Förderschulen

Die Förderschulen repräsentieren eine Schulart des allgemeinbildenden Schulsystems und bilden somit neben Grund- und weiterführenden Schulen im Sekundarbereich I eine eigene Säule im System. Sie orientieren sich überwiegend curricular an den Bildungszielen der allgemeinen Schulen, bieten oft die Jahrgänge 1 bis 10 an und nutzen didaktisch-methodische Adaptionen für die jeweiligen Zielgruppen (Ellinger, 2006). Oft sind Förderschulen auch sonderpädagogische Förderzentren. Diese sind dadurch gekennzeichnet, dass sie sich regional vernetzen, in intensiver Kooperation mit umliegenden Schulen stehen und in diesen Einrichtungen mobile sonderpädagogische Unterstützung anbieten (Schor, 2002). Förderschulen sind zumeist staatliche Einrichtungen in Trägerschaft der Städte oder Kreise. Daneben gibt es einen relativ hohen Anteil staatlich anerkannter privater Ersatzschulen. Seit 2002 spricht man von Förderschulen (zuvor Sonderschulen), die sonderpädagogische

Schwerpunkte bedienen: Lernen, Sprache, emotionale und soziale Entwicklung, geistige Entwicklung, körperliche und motorische Entwicklung, Hören, Sehen sowie chronische Erkrankungen. Die Entwicklung hin zu Förderschulen geht auf frühe Weichenstellungen in den 1950er Jahren zurück, bei denen die Art der Behinderung bzw. heute der Schwerpunkt mit einer Förderschulform als Institution gekoppelt wurde (Möckel, 1988). Die Ausdifferenzierung der Sonderpädagogik hat sich somit analog der sonderpädagogischen Schulformen etabliert, die wiederum in der historischen Entwicklung als Produkte eines konstruktiven institutionellen Umgangs mit individuellen und sozialen Notlagen verstanden werden können (Speck, 1989). Die Fachrichtungen entfalteten sich auf der universitären Ausbildungsebene, konturierten ihr Profil, wobei Abgrenzung und Spezialisierung durch eine starke Eigendynamik vorangetrieben wurden (Möckel, 1988; Heimlich, 1998).

3.5.3 Förderschule mit dem Schwerpunkt der emotionalen und sozialen Entwicklung

Die traditionelle Förderschule im Schwerpunkt ESE, die seit den 1960er Jahren in den Bundesländern oft als Sonderschulen für ›Verhaltensgestörte‹ errichtet, dann als Schulen für Erziehungshilfe geführt wurden, bildet ein Format der Beschulung von Kindern und Jugendlichen mit Förderbedarf in diesem Schwerpunkt (die Benennungen unterscheiden sich in den Bundesländern). Neben den Klinikschulen im Bereich der Kinder- und Jugendpsychiatrie, den Sonderberufsschulen sowie den Bildungseinrichtungen im Rahmen des Jugendstrafvollzugs wird das institutionelle Gesamtbild des Schwerpunktes ESE durch staatliche oder private Förderschulen, viele auch mit Heimanschluss, geprägt (Reiser et al., 2007). Hinzu kommen Sonderpädagogische Förderzentren (Verbundschulen), die zwei oder drei Förderschwerpunkte an einem Standort integrieren. Dieses geschieht insbesondere dann, wenn die Beeinträchtigungen häufig gemeinsam auftreten (z. B. Lernen und emotionale und soziale Entwicklung) (Willmann, 2007b; Ricking, 2005).

Die Förderschulen weisen relativ kleine Schülerzahlen auf (oft zwischen 50 und 200 Schülerinnen und Schülern), die nach dem Lehrplan der allgemeinen Schule unterrichtet werden. Um ihre Schülerinnen und Schüler pädagogisch-didaktisch zu erreichen, findet Unterricht nach dem Klassenlehrerprinzip in kleinen Gruppen vorwiegend unter zehn Schülerinnen und Schülern mit räumlichen Differenzierungsmöglichkeiten durch zumeist speziell ausgebildete Lehrkräfte und oftmals im Rahmen adaptierter didaktischer Konzepte statt (Stein & Stein, 2014; Ricking & Hennemann, 2008). Förderung und Unterricht werden auf die Zielgruppe mit ihren spezifischen Bedarfen ausgerichtet, was eine Orientierung an der Lebenswelt der Schülerinnen und Schüler bedingt. Die Lebensweltorientierung geht dabei von den alltäglichen Erfahrungen der Personen in ihrer konkreten gesellschaftlichen Situation aus, und wie sich diese Situationen im Alltag der Menschen repräsentieren (Wittrock, 2007). Vor diesem Hintergrund ist für die Heranwachsenden der Unterricht so zu gestalten, dass sie ihre Fähigkeiten zur Selbstbestimmung, zur Selbstfindung und zur Persönlichkeitsentwicklung entfalten können und sie auf die gesellschaftliche Eingliederung sowie auf eine berufliche bzw. Tätigkeit orientierende

Anforderung vorbereitet werden (Ricking, 2016). Kritisch betrachtet werden muss dabei grundsätzlich die schulörtliche Zusammenführung von vielen Kindern und Jugendlichen mit erheblichen Beeinträchtigungen im Sozialverhalten in einer Einrichtung, die regelhaft problemverschärfende Prozesse mit sich bringt. Um die daraus erwachsenden Erschwernisse zu mildern, ist einerseits von Pädagoginnen und Pädagogen eine beachtliche Personal-, Sozial- und Fachkompetenz einzufordern, andererseits wird empfohlen die Schulen klein zu halten und Teilgruppen räumlich und zeitlich zu entzerren (z. B. getrennte Pausenzeiten, Schulhäuser und Pausenhöfe für Primar- und Sekundarstufe).

Die Förderschulform im Schwerpunkt ESE steht vor besonderen Herausforderungen – viele Schulen befinden sich in einem dynamischen Wandlungsprozess, der deutliche konzeptionelle Anpassungen an aktuelle Anforderungen mit sich bringt. Es ist eine Daueraufgabe (nicht nur) von Förderschulen, sich dabei immer wieder neu zu orientieren und im Rahmen von Schulentwicklung auf viele gesellschaftliche Veränderungen konzeptionelle und praktische Erziehungs- und Bildungsantworten zu finden. Die einzelne Schule sollte dabei als lernende Organisation die pädagogische Handlungseinheit und der Motor der Entwicklung sein (Fend, 2008). Diese Aufgabe ist Teil der Schulentwicklung, die auf eine dauerhafte Verbesserung der pädagogischen Qualität von Unterricht und Schule zielt (Rolff, 2016). Dabei steht das Erziehungskonzept einer Schule im Schwerpunkt ESE eindeutig im Mittelpunkt. Es bezieht sich u. a. auf die Beziehungsqualitäten in der Schule, die präventiven Bedingungen (z. B. gegenüber Gewalt) und Verfahren zur gezielten Förderung (z. B. der Handlungsregulation), die Handlungskompetenz im Kollegium (z. B. in Konfliktlagen) sowie auf interne und externe Unterstützung (Melzer et al., 2004).

Das Erziehungskonzept im Schulprogramm ist ein Steuerungsinstrument der Qualitätsentwicklung. Die Schule nutzt dabei ihren Gestaltungsspielraum und fördert ihre eigene Profilbildung. Dafür gab es in der jüngeren Vergangenheit diverse Optionen. Um der zunehmenden Nachfrage an Schulplätzen zu begegnen sowie auf die hohe Variabilität der Störungsformen und Intensitäten der Beeinträchtigungen angemessene konzeptionelle Antworten zu finden, ist vielerorts begonnen worden, eine erhebliche Zahl neuer Förderschulen in diesem Schwerpunkt zu gründen, die bestehenden zu vergrößern und das pädagogische Angebot, z. B. durch Mobile Dienste, auszuweiten (Urban et al., 2008; Ricking & Ockenga, 2011). Daneben wurden Außenstandorte, Intensivgruppen, Schulstationen etc. gebildet, wo Schülerinnen und Schüler nach bestimmten Kriterien in kleinen Einheiten zusammengefasst und häufig interdisziplinär gefördert werden. An dieser Entwicklung zeigen sich zum einen die zunehmende Diversifikation und zum anderen eine weiter fortschreitende fachliche Spezialisierung im Feld der schulischen Erziehungshilfe (Ricking & Wittrock, 2012).

Die Bundesländer finden allerdings sehr unterschiedliche Lösungen für die institutionelle Förderung. In einigen Bundesländern sind die Förderschulen aufgegangen und integrativer Teil komplexerer Förderstrukturen. In Hamburg erhalten Eltern von Kindern mit Förderbedarf Informationen und Unterstützung durch die Regionalen Bildungs- und Beratungszentren (ReBBZ), die aus den früheren Förder- und Sprachheilschulen sowie den Regionalen Beratungs- und Unterstützungsstellen (REBUS) entstanden sind und jeweils Beratungs- und Bildungsabteilungen umfassen. Die 13 Standorte der ReBBZ in Hamburg bieten so neben der Beratung und Hilfestellung für Lehrkräfte, Eltern sowie Schülerinnen und Schüler in schulischen, (sonder-)pädagogischen oder schulpsychologischen Themenbereichen auch die Beschulung und Unterrichtung von Kindern und Jugendlichen mit den Förderbedarfen Sprache und Lernen, auch in Kombination mit emotionaler-sozialer Entwicklung, in ihren Bildungsabteilungen an, die als förderschulische Einheiten verstanden werden können.

Eine Förderschule im Schwerpunkt ESE als Ort spezieller schulischer Erziehungshilfe ist nur dann zu legitimieren, wenn eine gezielte, bedarfsgerechte Förderung vorgehalten und umgesetzt wird. Von ihr ist zu erwarten, dass sie ihren Schülerinnen und Schülern ermöglicht, jene Selbst-, Sozial- und Fachkompetenz auszubilden, die sie für ein selbstbestimmtes Leben sowie eine aktive und partizipierende Daseinsentfaltung benötigen. Dazu muss sie ihren Erziehungsauftrag in besonderer Weise ausformen und profilieren (Hillenbrand, 2008). So sollte bspw. die frühzeitige Förderung von Lebenskompetenzen, v. a. in den Entwicklungsbereichen Emotionalität, Sozialität, Sprache und Kognition, Ernährung und Bewegung, im schulischen Handlungsplan abgesichert sein, um die Kinder und Jugendlichen bei der erfolgreichen Bewältigung der jeweiligen Entwicklungsaufgaben gezielt durch Fördermaßnahmen oder schülerorientierte Beratung zu unterstützen (Hennemann et al., 2017a). Beratung als Hilfe zur Selbsthilfe beruht auf der Notwendigkeit Orientierung zu schaffen in einem differenzierten Bildungssystem, Übergänge zwischen Schulformen und Bildungsabschnitten (Schulwechsel, Schule – Beruf …) zu erleichtern und individuelle Krisen (Sexualität, Freundschaft, Schulangst …) oder Problemlagen bei Lern- und Verhaltensstörungen (Drogen, Delinquenz, Leistungsversagen …) zu mindern (Diouani-Streek & Ellinger, 2014; Ricking, 2010). Neben einer intensiven familienorientierten Arbeit (Elternberatung und Elterntraining, Kooperation mit den Eltern) sind Verfahren im Wirkungsbereich der Peergroup zu betonen, die sowohl Ansätze der positiven Peerkultur (Opp & Teichmann, 2008) als auch die Vermittlung und Unterstützung von Gruppenaktivitäten in der Freizeit (z. B. Sportverein) umfassen können. Therapie- und Trainingsprogramme stehen bei speziellen Störungsformen oder zur Unterstützung der allgemeinen psychosozialen Entwicklung zu Verfügung (Goetze, 2010b; Petermann et al., 2013).

Vor diesem Hintergrund ist ein schulischer Rahmen wichtig, der durch eine positive Atmosphäre, eine wertschätzende Kommunikation und eine unterstützende Pädagogik geprägt ist, die in diesem Kontext sozial-integrative Wirkungen freisetzt (Opp & Puhr, 2003). In einem Klima der Achtung und Anerkennung lernen die Heranwachsenden ebenso einen respektvollen Umgang miteinander, indem sie sich auf sprachlich angemessener Weise Formen konstruktiver Konfliktlösung aneignen. Solch eine Schule bedarf einer Kultur mit solidarischen Werten und Leitvorstellungen, die in Strukturen (räumlich, zeitlich, personell, konzeptionell …) Ausdruck finden und in einer Praxis mit viel gemeinsamen Aktivitäten und Unterricht gelebt wird (Schomaker & Ricking, 2012). Dieser Förderansatz ist über das fachliche Lernen hinaus in Bezug auf Werte und Normen sensibel und unterstützt beim Aufbau prosozialen Verhaltens und moralischer Einstellungen (Standop, 2016). Die Förderschule darf dabei keine abgeschlossene Institution sein, sondern muss sich der Wirklichkeit und v. a. der Lebenswelt der Schülerinnen und Schüler öffnen. Sie ist nicht mehr nur Lernort, sondern auch Lebensort, an dem sich Kinder und Jugendliche wohlfühlen können, wichtige positive Erfahrungen machen und eine pädagogisch gestaltete Umwelt vorfinden, die die emotional-soziale Entwicklung fördert (Stein, 2019; Kastirke & Ricking, 2004).

Dazu sollte die Förderschule im Schwerpunkt ESE ein Arbeitsort verschiedener Disziplinen sein, die die Ganzheitlichkeit der Förderung repräsentiert und auf die Lernbedürfnisse (z. B. Lehrkraft), die psychosozialen Bedarfe (z. B. Sozialarbeiterin bzw. Sozialarbeiter, Psychologin bzw. Psychologe) und die Erfordernisse der körperlichen Gesundheit(-spflege) (z. B. Krankenschwester, -pfleger) einzugehen vermag. Unterschiedliche Berufsgruppen sorgen für ein interdisziplinäres Fördersetting, in dem spezifische pädagogisch-therapeutische Angebote, Erlebnispädagogik oder Werkstattkonzepte integriert sind (Myschker & Stein, 2018; Ricking & Tabeling, 2008). Die jeweiligen Kompetenzen ergänzen sich sinntragend zu einem breiten schulischen Handlungsrepertoire. Die Kooperation gelingt dann besonders gut, wenn sich alle Akteure über das grundlegende berufliche Verständnis und die Handlungsformen der jeweils anderen Professionen gut informieren, die Unterschiede in der beruflichen Kultur respektiert werden, die eigene Rolle und die der Kooperationspartnerin bzw. des Kooperationspartners mit ihren Optionen und Grenzen reflektiert wird, Vorurteile abgebaut bzw. am Entstehen gehindert werden und eine partnerschaftliche Kooperation ohne Hierarchien die Arbeit prägt (Speck, 2009). Sonder- und Sozialpädagogik sind verwandte Disziplinen, verfolgen vergleichbare Ziele und agieren regelhaft in gleichen Arbeitsfeldern (Ricking, 2017b). In der Kooperation von Lehrkräften und Sozialarbeiterinnen und Sozialarbeitern bieten sich im Kontext des Schwerpunkts ESE viele Schnittmengen und Förderoptionen: z. B. die Vernetzung der Schule mit unterstützenden Diensten und kulturellen Einrichtungen (z. B. der offenen Jugendarbeit), die Beratung von Schülerinnen und Schülern, Lehrkräften und Eltern (Sprechstunden, niedrigschwellige Gesprächsangebote …), die Unterstützung der aktiven Pausengestaltung durch Spielangebote, Pausencafé etc. sowie die Mitwirkung bei der Hilfeplanung.

Hinsichtlich der Zeitstruktur finden sich unterschiedliche Muster. So bieten viele Förderschulen, v. a. mit dem Schwerpunkt Lernen und emotionale und soziale Entwicklung, einen traditionellen Halbtag mit vier bis sechs Stunden Unterricht (Reiser et al., 2007). Im Rahmen der allgemeinen Entwicklung der Transition von der Halbtags- zur Ganztagsschule sind auch Förderschulen auf dem Weg, den Nachmittag konzeptionell zu füllen. Das sollte nicht nur eine zeitliche Ausdehnung der Unterrichtszeit bedeuten, sondern eine qualitative Veränderung von Schule mit sich bringen. Einerseits ergibt sich so die Option, die Wirksamkeit schulischer Lernprozesse und damit das Leistungsniveau insgesamt zu steigern, andererseits das Potenzial zu stärken und Schülerinnen und Schüler individuell zu fördern (Schomaker & Ricking, 2012). Notwendig ist somit ein abwechslungsreiches, gut strukturiertes Ganztagsprogramm, das neben Unterricht, Mittagessen und Hausaufgabenbetreuung eine spezifische Lernförderung vorhält, die um sportliche, entspannende und erlebnispädagogische Aktivitäten in Arbeitsgemeinschaften oder Interessengruppen ergänzt wird. Die Ganztagsschule impliziert die realistische Chance, schulische Förderung mit einem ganzheitlichen Bildungsverständnis zu verbinden, aus dem sich eine zeitgemäße Lernkultur mit breit

89

angelegten Partizipationsmöglichkeiten für Schülerinnen und Schüler entwickeln (Groeben, 2008; Ricking et al., 2009).

Ist eine adäquate Schule für ein förderbedürftiges Kind nicht erreichbar und integrative Ressourcen fehlen in der Region, dann kommt der Besuch einer Internats- oder Heimschule in Betracht (Ellinger, 2006). Heimschulen arbeiten im Schnittbereich von Schule und Sozialpädagogik, deren Kooperation erst die notwendige Fachlichkeit schafft. Separate Verantwortlichkeit kann dem Ziel individueller Förderung nicht gerecht werden. Grundlegende Aspekte für eine gelungene Zusammenarbeit sind: Das Personal orientiert sich an den individuellen Voraussetzungen und Bedürfnissen der Kinder und Jugendlichen und die Zusammenarbeit der Professionen zeichnet sich durch klare Aufgabenverteilung und Strukturen der Informationen und des Austausches aus (Ricking, 2017a). Die interdisziplinäre Zusammenarbeit unterschiedlicher Professionen erzeugt auch in Heimschulen positive Effekte, wenn eine große Bandbreite und Flexibilität hinsichtlich der Kompetenzen und der Handlungsspielräume gegeben ist (Deinet, 2001).

3.5.4 Das Prinzip des Durchgangs

Förderschulen im Schwerpunkt ESE sollen auf das Ziel hinarbeiten, die Schülerin oder den Schüler nach der Phase der Förderbeschulung (z.B. von zwei bis drei Jahren) wieder in das allgemeine Schulsystem zurückzuführen. Obwohl somit die Förderschule im Schwerpunkt ESE grundsätzlich eine Durchgangsschule ist, legen die geringen Rückschulungsquoten offen, dass dieses Ziel bisher nur sporadisch erreicht wird (Voigt, 1998; Mays, 2014). Nicht erst seit der Umstellung des Schulsystems auf Inklusion ist diese Förderschule als Durchgangsschule angelegt. D. h., sie soll nur nach Bedarf und somit temporär besucht werden (Niedersächsisches Kultusministerium, 2005). Diese Ausrichtung entspricht dem subsidiären Charakter sonderpädagogischer Förderung. Sie folgt der Maxime, die die Selbstbestimmung und Eigenverantwortlichkeit von Individuen und Systemen anstrebt. D. h., die sich stellenden Aufgaben, auch mit schwierigen Schülerinnen und Schülern, sollen in den allgemeinen Schulen möglichst eigenständig angenommen und mit eigenen Ressourcen gelöst werden. Erst wenn das nicht möglich ist, unterstützen sonderpädagogische Dienste subsidiär (nachrangig helfend).

> »Sonderpädagogische Förderung soll das Recht der behinderten und von Behinderung bedrohten Kinder und Jugendlichen auf eine ihren persönlichen Möglichkeiten entsprechende schulische Bildung und Erziehung verwirklichen. Sie unterstützt und begleitet diese Kinder und Jugendlichen durch individuelle Hilfen, um für diese ein möglichst hohes Maß an schulischer und beruflicher Eingliederung, gesellschaftlicher Teilhabe und selbstständiger Lebensgestaltung zu erlangen« (KMK, 2000, S. 27).

Das Prinzip des Durchgangs bezeichnet die Wiedereingliederung in die Regelschule nach einer zumeist mehrjährigen Phase der Beschulung in einer Förderschule. Reintegration meint einen systematisch angelegten Prozess der Rückführung, der oft mehrere Monate umfasst. Trotz des Status einer Durchgangsschule ist das Ausmaß der Zielerreichung diesbzgl. eher gering. Ein nach wie vor zu großer Teil der Schülerinnen und Schüler bleibt bis zum Auslaufen der Schulpflicht in der Förderschule.

Die Gründe dafür sind vielfältig und auch durch regionale und institutionelle Besonderheiten weit gestreut (Ricking, 2015). Bemerkenswert ist dabei:

- Für viele Schülerinnen und Schüler setzen nach mehreren Jahren Förderbeschulung Gewöhnungs- und Institutionalisierungsprozesse ein, die eine Rückschulung zunehmend unwahrscheinlich werden lassen. Sie wollen die Einrichtung vielfach nicht verlassen.
- Aus Perspektive der Lehrkraft der Förderschule kann die Motivation einen Schulwechsel zu betreiben, der (auch durch viel eigene harte Arbeit und in anstrengenden Jahren) an das Förderziel gebracht worden und eventuell mittlerweile ein stabilisierender Faktor in der Klasse geworden ist, gering ausfallen.
- Auch aus schulorganisatorischem Blickwinkel ist eine hohe Fluktuation innerhalb der Schülerschaft, die eine intensive Rückschulungspraxis bedingen würde, oft wenig erstrebenswert.
- Einige Förderschulen haben Probleme, aufnehmende Einrichtungen zu finden. Die Bereitschaft allgemeiner Schulen, Schülerinnen und Schüler aus diesem Förderbereich aufzunehmen, ist nicht durchweg hoch ausgeprägt.
- Etwa die Hälfte der Förderschulen im Schwerpunkt ESE in Deutschland befindet sich in privater Trägerschaft, in der eine Schülerin bzw. ein Schüler eine wirtschaftliche Größe bildet.

Als Strukturproblem erweist sich daneben die oft geringe Durchlässigkeit zwischen Förder- und Regelschule. Durchlässigkeit entspricht einem leichten Übergang, der barrierearm und professionell begleitet ist. Er entsteht durch gelebte Kooperation zwischen den Schulen auf der Basis von klaren und verbindlichen Absprachen und Regelungen. Vor diesem Hintergrund ist das Ziel der Rückschulung und damit die Vorbereitung auf die Beschulung in der Regelschule nur mit einer klaren programmatischen Ausrichtung zu realisieren. Insofern ist zu fordern, dass jede Schule dieser Art ein gelebtes kooperatives Konzept zur Rückführung aufweist und in diesem Rahmen eine stabile Vernetzung mit den Zielschulen im Umfeld realisiert. Dafür sind nach Neukäter (1989, S. 263 ff.) folgende Bausteine zur Konzeptualisierung zu berücksichtigen.

1. *Zeitpunkt der möglichen Rückschulung*: Größere Chancen der Rückschulung bestehen nach kürzerer Förderschulzeit von bis zu zwei Jahren. Zeiten anstehender Schulwechsel werden genutzt, z. B. nach der Primarstufe in Klasse fünf.
2. *Auswahl der aufnehmenden Schule*: Günstige Bedingungen schafft eine konzeptionell abgesicherte Bereitschaft der Zielschule, die Schülerinnen und Schüler integrieren zu wollen und mit der Förderschule zu kooperieren. Oft werden kleine Schulen in Wohnortnähe favorisiert. Dabei sollte vermieden werden, Häufungen von schwierigen Schülerinnen und Schülern in einer Klasse zu erzeugen. Die Kompetenz der Lehrkräfte in der Regelschule, mit den Rückschülerinnen und Rückschülern pädagogisch angemessen umzugehen, sollte ausgeprägt sein.
3. *Auswahl der rück zu schulenden Kinder*: Entscheidend ist, dass die Schülerin bzw. der Schüler diesen Schritt selbst gehen will, seine Kompetenzen in emotional-

sozialen Bereichen stabil und hinlänglich ausgeprägt sind und sie oder er den Leistungsanforderungen in den zentralen Fächern entsprechen kann.

4. *Psychische Situation von Lehrerkräften sowie* Schülerinnen und *Schülern*: Die neue Situation kann auf Schüler- wie auf Lehrkraftseite Ängste und Unsicherheiten erzeugen. Die Schülerin bzw. der Schüler soll an den Ort zurückkehren, an dem sie bzw. er früher gescheitert ist. Der Verlust der gewohnten Umgebung kann als psychische Belastung empfunden werden, zu der Versagensängste kommen können.

5. *Systemspezifische Merkmale*: Förderschule und Regelschule haben unterschiedliche Aufgaben, arbeiten nach unterschiedlichen Programmen und unterliegen unterschiedlichen Eigengesetzlichkeiten. Ziel ist es, im Vorfeld des Rückschulungsprozesses ausreichende Passung zwischen den Voraussetzungen, Möglichkeiten und Intentionen der Schülerin bzw. des Schülers und den Anforderungen und Zielen der Schule anzustreben. Korrektive Handlungsstrategien weisen aus diesem Blickwinkel auf Veränderungen hin, die zu störungsärmeren Relationen führen. Ansatzpunkte dafür können sowohl in der Schule, bei der Schülerin oder dem Schüler selbst, bei den Erziehungsberechtigten oder bei der politisch-institutionellen Rahmensetzungen für schulische Bildung gefunden werden.

6. *Phasen der Rückschulung*: Es gibt drei Phasen der Rückschulung – die Vorbereitungsphase, die Hauptphase und die Betreuungsphase.

Die Vorbereitungsphase

In der *Vorbereitungsphase* geht es bei der Schülerin bzw. dem Schüler um die Absicherung der emotionalen Stabilität, der Selbstkontrolle des Verhaltens und des Stoffanschlusses an der Förderschule. Dort verschwindet langsam der Schonraumcharakter und die Anforderungen steigen sukzessive. Die Phase wird konkret eingeleitet durch ein Hilfeplangespräch, in dem die Perspektive, die Aufgaben und die Zeitstruktur für alle Beteiligten mindestens ein halbes Jahr vor der geplanten Rückschulung transparent gemacht und über das Vorhaben Konsens erreicht werden sollte. Das Ziel der Rückschulung sollte bei der Schülerin bzw. dem Schüler sehr präsent sein und regelmäßig thematisiert werden. Auf sie bzw. ihn kommen u. a. eine größere Klasse, viele Fachlehrkräfte und hohe Erwartungen an Arbeits- und Sozialverhalten bei weniger Strukturvorgaben zu. Daneben muss sie bzw. er sich in eine neue soziale Gemeinschaft einfügen und den Anforderungen in den Fächern genügen. Eine unabdingbare Voraussetzung ist schließlich, dass die Schülerin oder der Schüler entschlossen ist, diesen Weg zu gehen und auch bereit ist, die Anstrengungen auf sich zu nehmen. Parallel läuft die Vorbereitung der Lehrkräfte und der zukünftigen Mitschülerinnen und Mitschüler in der aufnehmenden Schule durch eine frühzeitige Kontaktaufnahme mit einem Vorstellungsgespräch (ca. drei Monate vor dem geplanten Termin der Rückschulung). Um den unterrichtlichen Anschluss zu begünstigen, wird die Schülerin bzw. der Schüler in der Zielschule nicht selten so eingestuft, dass er den letzten Jahrgang wiederholt (Mays, 2014; Neukäter, 1989).

Die Hauptphase

In der Hauptphase intensiviert sich der Kontakt zwischen Rückschülerin bzw. Rückschüler und Zielschule, v. a. in Form von Praktika, die eine enge Begleitung durch die Klassenlehrkraft bedingt. Die zeitlichen Muster (Dauer und Anzahl der Praktika) und damit auch Belastungsintensitäten variieren und sollten fallbezogenen angepasst werden. Möglich sind Schnupperstunden und -tage, Praktikumstage (z. B. ein Tag pro Woche) und -wochen sowie Mischformen. Dabei ist auch zu klären, in welchem zeitlichen Umfang und innerhalb welcher Zeitspanne Belastungspraktika umgesetzt werden. Im Rückschulungskonzept »In Steps« von Mays (2014) beginnt diese Phase mit einem Stundenpraktikum (2 Std. + Pause pro Woche), an das sich ein dreiwöchiges anschließt und in einem halbjährigen mündet. Die Rückschülerin bzw. der Rückschüler soll sich an die neue Klasse mit ihrer Dynamik gewöhnen, die Leistungsanforderungen erleben und sich selbst in dieser herausfordernden Zeit reflektieren. Um den massiven Misserfolg einer gescheiterten Rückschulung nach Monaten zu vermeiden, kann bei geringen Erfolgsaussichten der Transitionsprozess zu diesem noch relativ frühen Zeitpunkt ohne große Kollateralschäden eingestellt werden. Zeigen die Praktika hingegen wie erwartet positive Resultate, kann die halbjährige Probezeit in die Planung gehen, die durch die Platzierung der Schülerin oder des Schülers in die bereits bekannte Klasse an der Regelschule zumeist nach den Sommerferien umgesetzt wird (Ricking, 2015).

Betreuungsphase

Die Betreuungsphase setzt unmittelbar an die Hauptphase an und hat die Funktion der fachlichen Begleitung des Reintegrationsprozesses, der stets fragile Situationen der neuen Schülerin bzw. des neuen Schülers in der Klasse auslösen kann. In den meisten Schulen übernimmt diese Aufgabe nicht mehr die Klassenlehrkraft, sondern eine Sonderpädagogin oder ein Sonderpädagoge bzw. eine Rückschulhelferin oder ein Rückschulungshelfer, die oder der sich auf diese Aufgabe spezialisiert hat. Regelmäßige Besuche der Sonderpädagogin bzw. des Sonderpädagogen in der Schule stehen an: Beratung der Schülerin bzw. des Schülers (Zielperspektive) und der Eltern, Förderung der sozialen Integration, Unterstützung bei Lernproblemen, Hilfe in Krisenphasen. Es werden mit der Schülerin bzw. dem Schüler, den Eltern und Lehrekräften Zeiten für Gespräche und Rückmeldungen zum Stand der Entwicklung der Reintegration vereinbart, sodass auftretende Schwierigkeiten unmittelbar bearbeitet werden können. Eine enge Kooperation mit regelmäßigen Rücksprachen zwischen Förderschul- und Regelschullehrkraft ist für den Erfolg der Rückschulung ausschlaggebend. Dieses erste Halbjahr mit regulärem Unterricht wird in den meisten Fällen als Probezeit verstanden. Daher bleibt der sonderpädagogische Förderbedarf bestehen und wird erst am Ende aufgehoben (Ricking, 2015).

3.5.5 Fazit

Die Förderschule kann für Kinder, die in bildungsfernen und anregungsarmen Lebenslagen aufwachsen und angesichts beträchtlicher Entwicklungsrückstande oft mit sehr ungünstigen Startchancen in ihr weiteres Leben gehen, ein Rettungsanker und Entwicklungskatalysator sein. Die Erziehung überforderte Eltern, degenerierte Lebenswelten, Vernachlässigung und Missbrauch bringen die psychosoziale Gesundheit von Kindern und Jugendlichen in massive Gefahr (Galm et al., 2010). Die zumeist schon früh entstehenden Probleme wirken sich in der noch jungen Biografie sehr häufig negativ auf den nächsten großen Schritt in die Schule aus (Myschker & Stein, 2018). An vielen allgemeinen Schulen sind Kinder und Jugendliche mit geringer Selbststeuerung und Beeinträchtigungen im Sozialverhalten einem beträchtlichen Risiko schulischer Desintegration ausgesetzt, sowohl durch institutionelle Maßnahmen (z. B. Suspendierung) als auch durch aversive Bedingungen bzw. eigene Initiative (Schulabsentismus, Dropout) (Ricking, 2014; Opp et al., 2006; Ricking & Schulze, 2012). Schad & Stein (2005) stellen die speziellen, individualisierten Rahmenbedingungen in den Vordergrund, um stark verhaltensauffälligen Schülerinnen und Schülern erneute Lern- und Entwicklungsprozesse zu ermöglichen. Durch eine schülerorientierte, pädagogisch-didaktische Ausrichtung, durch das produktive Verzahnen von sonderpädagogischen und sozialpädagogischen Kompetenzen sowie großem Engagement bei den Mitarbeiterinnen und Mitarbeitern kann es gelingen, zuvor entkoppelte, haltlose Kinder und Jugendliche an sich zu binden, sie wieder pädagogisch zugänglich zu machen und auch schulisch zu fördern (Hellmann, 2007).

Bei der Betrachtung der Separierung schwieriger und chronisch schulabsenter Kinder und Jugendlicher geben Schad & Stein (2005) zu bedenken, dass diese nur zu legitimieren ist, wenn alle Beteiligten so stark belastet sind, dass die herkömmliche pädagogische Arbeit nicht mehr zu gewährleisten ist. Der oft erhebliche Förderbedarf der Kinder und Jugendlichen, insbesondere in den Schwerpunkten ESE und Lernen, bedingt eine beziehungs- und bindungsintensive Rahmung, alternative didaktische Ansätze, eine ausgeprägte Kooperation mit Erziehungsberechtigten und die Einbindung in funktionierende Netzwerke unterstützender Dienste. Von Freyberg & Wolff (2005) weisen in diesem Sinne darauf hin, dass institutionelle und organisatorische Bedingungen an den allgemeinen Schulen auch eine zumindest temporär notwendige Einzelfallorientierung nicht oder kaum zulassen, sodass sich die betroffenen Schülerinnen und Schüler aus dem System herausziehen oder exkludiert werden. Die konsequente Umsetzung des Durchgangsprinzips innerhalb eines inklusiven Schulsystems bedeutet auch, dass möglichst viele Schülerinnen und Schüler mit sonderpädagogischem Unterstützungsbedarf im Schwerpunkt ESE eine allgemeine Schule besuchen und die Aufenthaltsdauer an der Förderschule begrenzt ist. Positive Beispiele von Schulen mit hohen Reintegrationsquoten sind bekannt (Albers & Voß, 2010), eine breite basale Bewegung steht noch aus. Es ist zu hoffen, dass alle Förderschulen die Zeichen der Zeit erkennen und die aktuellen Veränderungsprozesse auch dafür nutzen, für sehr viele Schülerinnen und Schüler wirkliche Durchgangsschulen zu werden. Weitere Anstrengungen in Forschung und schulischer Praxis sind nötig, um den Anspruch der Schülerinnen und Schüler auf Rückschulung besser zu entsprechen als bisher.

3.6 Intensivpädagogische Betreuungsformen zur Schulpflichterfüllung

Menno Baumann

> *»Ach was muss man doch von bösen*
> *Buben hören oder lesen…«*
> Aber auch:
> *»Und also lautet ein Beschluss,*
> *dass der Mensch was lernen muss…«*
> (Wilhelm Busch: Max und Moritz)

3.6.1 Einleitung

In einem Beitrag, der die Bedeutung sog. »Intensivpädagogischer Settings« für das Schulsystem reflektieren soll, wird einleitend ein konsequent systemischer Blick auf die Logik, aus welcher der Ruf nach »immer intensiveren Maßnahmen« entspringt, unerlässlich sein. Immer wieder ist zu hören und zu lesen, »Inklusion« sei bei Kindern mit massiven Verhaltensstörungen »eben nicht machbar«. Meist wird dann – um die Tragweite zu verdeutlichen, von »psychisch kranken Kindern« gesprochen oder geschrieben (vgl. Diskussion bei Baumann, 2015). Bei solchen Formulierungen muss sich *die* Inklusionsdebatte – was auch immer das sein mag – die Frage gefallen lassen, welchen Inklusionsbegriff wir verwenden, und noch entscheidender, ob und ab wann denn »Inklusion« als »erreicht« angesehen werden kann. Aus meiner Sicht lässt sich das Problem in Bezug auf Kinder, die einen vermeintlich »intensivpädagogischen Bedarf« haben (als wenn sich dieser je präzise beschreiben ließe…) in einem Dreischritt skizzieren:

1. ein Inklusionsbegriff, der einfach alle Phänomene des menschlichen Verhaltens zu verallgemeinern scheint,
2. die Verkürzung und Banalisierung pädagogischer Arbeit in der Umsetzung auf aus Machbarkeitsfantasien entspringenden »messbaren Zielen«,
3. die (Wieder-)Legitimierung von Machtmitteln, um extern definierte Ziele durchzusetzen, bis hin zur finalen Exklusion aus der Schulpädagogik heraus.

Andreas Hinz (2006) hat für die Sonderpädagogik den wohl gängigsten Inklusionsbegriff formuliert, in welchem er betont, dass jeder Mensch »als selbstverständliches Mitglied der Gemeinschaft anerkannt« (S. 97) werden muss und die pädagogischen Systeme vor der Herausforderung stehen, allen Menschen »das gleiche volle Recht auf individuelle Entwicklung und soziale Teilhabe ungeachtet ihrer persönlichen Unterstützungsbedarfe« (ebd.) zuzusichern. Dieser Anspruch – darauf hat Helmut Reiser bereits 1999 verwiesen – ist in Bezug auf Menschen mit einem Förderbedarf im Bereich des emotionalen und sozialen Erlebens und Verhaltens nicht ohne weiteres anzuwenden (Reiser, 1999). Bei z. B. gewalttätigen Menschen oder Jugendlichen, die sexuell übergriffig agieren, ist es nicht so einfach, diese Phänomene als mögliche menschliche Daseinsform, die keinen Grund zur Ausgrenzung bietet, zu werten (Baumann, 2015; Reiser, 1999).

95

So verkündete bspw. die Berliner Bildungssenatorin einige Tage, nach dem Vorfälle sexueller Gewalt auf einer Klassenfahrt durch einen erst zehnjährigen Jungen bekannt wurden, in aller Deutlichkeit: »Keiner der Täter geht mehr in die Schule. Dafür haben wir alle rechtlichen Mittel ausgeschöpft« (Bruns, 2018). Weiter heißt es im Artikel, dass die Behörden davon ausgingen, der Haupttäter könne nie wieder eine Regelschule besuchen. Und so wird die »Unteilbarkeit von Inklusion«, wie sie zwangsweise im sonderpädagogischen Diskurs immer wieder beschworen wurde und wird, für eine gewisse Gruppe doch wieder infrage gestellt. Wir nennen das dann heute nicht mehr »sonderpädagogischen Förderbedarf«, sondern delegieren dies ins System der Psychiatrie oder der Kinder- und Jugendhilfe, die dies wiederum unter § 35a SGB VIII zu fassen versucht, der mit »seelischer Behinderung« überschrieben ist. Damit dieser allerdings wirksam und ein Schulbegleiter bzw. eine Schulbegleiterin herbeigeschafft werden kann, muss zuvor i. d. R. eine psychiatrische Stellungnahme eingeholt werden, womit fast automatisch auch eine psychiatrische Diagnose nach ICD-10 einhergeht. Erstaunlich: Anders als noch in der »exkludierenden« Sonderpädagogik der 1980er und 1990er Jahre, scheint es im Kontext der »inklusiven« Sonderpädagogik niemanden aufzuregen. Vielmehr wird der Prozess nicht nur stillschweigend hingenommen, sondern aktiv befeuert – womit die von Seiten der Psychiatrie massiv beklagte Exklusion pädagogischer Probleme in den medizinischen Bereichen massiv voranschreitet.

> Schule wird als ›Problemdefinierer‹ zu einem eigenständigen Risikofaktor kindlicher Entwicklung, und somit gerät die »Inklusion« in den Verdacht, für eine (glücklicherweise nur sehr kleine) Gruppe von Schülerinnen und Schülern genau zu dem Problem zu werden, dessen Lösung sie ursprünglich mal sein wollte.

Um das klar zu benennen: Ich kritisiere nicht, dass einige Kinder und Jugendliche im Rahmen intensivpädagogischer, oft auch exkludierter Settings gefördert werden – dies ist unbestreitbar notwendig und entwicklungsfördernd. Ich kritisiere, wie mit dieser Tatsache im Diskurs der Inklusion und im Rausche des wieder aufgekommenen »Machbarkeitswahns« von Pädagogik umgegangen wird, wie Probleme in Nachbardisziplinen verschoben werden und versucht wird, die Inklusion als Widerspruch zur Intensivpädagogik zu konstruieren (Baumann, 2015). Ich werde an dieser Stelle für ein von der Haltung her radikal inklusives Verständnis der Intensivpädagogik eintreten. Denn die Hilflosigkeit, die aus dem skizzierten Dilemma heraus entsteht, führt dabei aktuell zu teilweise noch viel heftigeren Ausgrenzungstendenzen, als sie zuvor bestanden. So sei z. B. auf die ernstlich diskutierte Forderung verwiesen, bei Schulabsentismus eine Heimunterbringung zwangsweise durchzusetzen (Ricking, Schulze & Wittrock, 2002), oder auf die Tatsache, dass es ebenfalls junge Menschen gibt, die im Rahmen stationärer Jugendhilfe in weit entfernten Einrichtungen z. T. in anderen Bundesländern untergebracht werden, um dort in (noch) bestehenden Förderschulen oder Spezialprojekten der Schulpflicht Genüge zu tun (Willmann, 2007b).

    An dieser Stelle scheitert nun die Inklusion, wenn sie sich auf verkürzte Ziele beschränkt. Analysiert man den Diskurs sowie die vermeintliche Umsetzung der

Inklusion genauer (z. B. die Unterscheidung zwischen »inklusiv/integrativ beschulten« und »an Förderschulen beschulten« Kindern; z. B. Vernooij, 2010), so kommt man zu dem Ergebnis, »Inklusion« sei letztlich dann erreicht, wenn alle Kinder zur gleichen Zeit im gleichen Klassenraum sitzen. Dies kann aber offensichtlich kein für alle möglicher Zustand sein. Denn einerseits gibt es, wie erwähnt, Kinder und Jugendliche, die den Rahmen des ›Aushaltbaren‹ überstrapazieren. Und andererseits muss man im Kontext der aktuellen Diskussion um die sog. Traumapädagogik wohl festhalten, dass eine Schule mit über 2000 Schülerinnen und Schülern, die erstens alle gleichzeitig ankommen, Pause haben und wieder gehen, die zweitens entwicklungsunabhängig in nach Alter sortierten Klassenverbänden von ca. 28 Schülern und Schülerinnen gruppiert werden und die drittens alle 45 bzw. 90 Minuten einen Lehrer- und Fachwechsel durchlaufen, nicht für jedes Kind oder jeden Jugendlichen ein »sicherer Ort« (Schmid, 2014) sein wird.

Die Konsequenz: Obwohl alle von Inklusion in obiger Definition reden, meint die in Bezug auf Schülerinnen und Schüler mit massiv (ver-)störenden Verhaltensweisen inhaltliche Füllung doch eher einen impliziten Auftrag, der sich mit: »*Mach den mal anders …*« überschreiben ließe (Baumann, Bolz & Albers, 2017). Wie dieses ›anders‹ aussehen soll, wird in festgelegten, wissenschaftlich validierten Manualen präzise beschrieben und mit einer gewissen Wahrscheinlichkeit bei genauer Einhaltung des Manuals – und natürlich einer guten Lehrkraftkompetenz, sicherem Classroom Management und einer zuvor aufgebauten Beziehung – auch erreicht. Und wenn nicht? Dann wächst der Druck auf Pädagoginnen und Pädagogen, die vermeintlichen Ziele doch noch zu erreichen – um jeden Preis. Aus der Kinder- und Jugendhilfe wissen wir aber leider, dass eine so konstruierte Pädagogik die Gefahr des Machtmissbrauchs und der strukturellen Gewalt enorm steigert (Kessl, Lorenz & Wittfeld, 2018). Hier stoßen wir auf das Spannungsfeld, auf das die Intensivpädagogik die vermeintliche Antwort sein soll und auf das ich durch die Betrachtung zweier Projekte und ihrer Ambivalenzen eine mögliche »inklusive« Antwort skizzieren möchte. Als Leitsatz halte ich dabei mit dem Theologen und Vorsteher der Stiftung des Rauhen Hauses in Hamburg, Dietrich Sattler (2016), der sinngemäß formulierte, fest: *Das Gegenteil von Scheitern ist nicht der Erfolg, sondern die Handlungsfähigkeit!*

3.6.2 Versuch einer Begriffsklärung und Zielgruppenfassung

Schon der Begriff »Intensivpädagogik« ist ein kaum fassbares Phänomen in der Praxis. Verschiedene Versuche, ihn zu fassen, bleiben inhaltlich mehr oder weniger unbestimmt (Schwabe, 2014). Schwabe weist zurecht darauf hin, dass dieser Begriff einer für viele gesellschaftliche Bereiche typischen »Steigerungsrhetorik« (ebd., S. 280) folgt, die inhaltlich unbestimmt darauf verweist, dass das bisherige defizitär und unzureichend erscheine und nun ›etwas‹ Intensiveres, was auch immer das sein mag, hermüsse. Der Verweis zur Werbeindustrie scheint dabei pointiert zutreffend. Zum Teil bildet sich in diesem Gedanken aber leider auch die Praxis ab – denn in der sog. »Intensivpädagogik« landen i. d. R. diejenigen Kinder und Jugendlichen, die im bisherigen System nicht ausreichend betreut werden konnten. Und für diese Zielgruppe, so schlussfolgert Schwabe treffend, gibt es im Grunde zwei Möglichkeiten:

Die radikale Intensivierung dessen, was an ›klassischer‹ Erziehung, an Beziehungs-angeboten und Betreuungsintensität, an Regeln und an Strukturierung nicht hilf-reich schien, bis an den Punkt, wo es dann doch zu Veränderung führt. Oder aber die radikale Abwendung bisher erfolgloser Strategien hin zu mehr Selbstbestimmung und Partizipation und weniger pädagogischer Betreuung (bis an den Rand der Verwahrlosung), um den jungen Menschen entweder durch finales Scheitern in die Kooperation zu zwingen oder ihn eigene Wege und Lösungen ausprobieren zu las-sen. Diese Logik werde ich anhand der zwei Praxisbeispiele am Ende dieses Kapitels versuchen deutlich zu machen.

Beide Ansätze folgen letztlich der Logik, ein bestimmter Ausschnitt der Klientel im Förderschwerpunkt ESE benötige ein methodisches Vorgehen, das bei anderen Kindern nicht notwendig oder sogar schädlich sein könne und somit einer »exklu-siven Förderung« bedürfe (ebd., S. 282) – eine These, die mit Reiser (1999) auch begründet angezweifelt werden kann, letztlich aber die Praxis intensivpädagogischer Arbeit treffend widerspiegelt. Natürlich begründet niemand den (konzeptionellen) Ausschluss eines jungen Menschen aus dem Bildungssystem mit der Nicht-Aush-altbarkeit seines Daseins. Schwabes (2014) Versuch der »Operationalisierung« des pädagogischen Präfixes »Intensiv« beschreibt dann mehr oder weniger klar, dass es letztlich immer um eine größere Bemühung um »Passung« zwischen jungem Menschen und Hilfesystem gehen könne, bei dem der Veränderungsdruck in we-sentlichen Teilen auf Seiten des Hilfesystems liegt, da eine Veränderung des jungen Menschen nicht ohne weiteres herstellbar erscheint. Diese Forderung nach Anpas-sung des Hilfesystems an die Ausgangslage des jungen Menschen in seiner prekären Lebenssituation scheint in Bezug auf ein der Schulpflicht unterliegendem Beam-tensystem schon ein erster Widerspruch zu sein (vgl. Abschnitt »Professionalität« unten).

Am Lehrstuhl für Intensivpädagogik an der Fliedner-Fachhochschule Düsseldorf setzten wir uns im letzten Jahr ›intensiv‹ mit der Frage auseinander, was im Ge-tümmel der Praxisangebote mit dem Etikett »Intensivpädagogik« bezeichnet wird und welche Zuweisungsmechanismen hier bestehen (Koß, Wagner & Baumann, 2018). Im Wesentlichen arbeiteten wir dabei drei Aspekte heraus, die in der Praxis mit der Bezeichnung »Intensiv« (in Kombination mit unterschiedlichen weiteren Präfixen) verbunden werden:

- Intensiv bedeutet die Bereitschaft zur Aufnahme schwieriger Klientel.
- Intensiv bedeutet eine verringerte Platzzahl und einen bestimmten Betreuungs-schlüssel (abhängig davon, was als ›Regel‹ angesehen wird).
- Intensiv bedeutet ein hohes Maß an Spezialisierung (entweder in der Zielgruppe oder in bestimmten Qualifikationsmerkmalen der Mitarbeitenden) (ebd., S. 286 f.).

Diese drei Aspekte könnten durchaus v. a. in Verbindung mit dem Versuch der Operationalisierung bei Schwabe (2014) ein eigenständiges Praxisfeld markieren, das sich dann zwischen Sonder- und Sozialpädagogik bewegt. Wäre da nicht noch die Frage, wer von diesen Angeboten überhaupt betroffen ist. Der zweite Teil unserer Untersuchung beschäftigte sich mit der Frage, wie Kinder und Jugendliche den Weg in sog. Intensivpädagogische Angebote finden. Das Ergebnis stellte sich leider als äußerst ernüchternd dar: Von Seiten der Anbieter wurde benannt, man verlasse sich bei einer Anfrage darauf, dass die oder der Anfragende (Jugendamt, Landschaftsverband, Schulbehörde) dies gründlich geprüft, den Bedarf benannt und nun das Angebot gezielt ausgesucht habe. Die verantwortlichen Entscheidungsrepräsentanten dagegen schilderten ihren hohen Druck, Angebote für diese Kinder und Jugendlichen zu finden, und griffen so zu dem ersten ›Strohhalm‹, der verfügbar erscheine und nicht schon beim ersten Telefonat dankend ablehne; oder man aktiviere persönliche Bekanntheit aus früheren Fallverläufen, um so hoffentlich schneller zu einem Angebot zu kommen (Koß, Wagner & Baumann, 2018). Das bedeutet, dass die Frage, wer in den Einflussbereich der Intensivpädagogik fällt, einen hohen fallunabhängigen Faktor enthält, der mehr durch die regionale (manchmal auch bundesweite; vgl. Willmann, 2007b) Verfügbarkeit und die persönliche Vorerfahrung (sowie einige subjektive Werturteile z. B. bezgl. der hinter dem jungen Menschen stehenden Familie, dem Einsatz von Zwang, der Interpretation des Begriffes »Kindeswohlgefährdung« etc.) der beteiligten Fachkräfte beeinflusst erscheint als aus sachlogischen Argumenten der von Schwabe geforderten »Passung« (Koß, Wagner & Baumann, 2018). Die Zielgruppe von als solchen bezeichneten Intensivpädagogischen Angeboten zur Schulpflichterfüllung ließe sich also gemäß dieser Analyse am besten beschreiben als: Kinder und Jugendliche, die aufgrund ihres Verhaltens im Regelsystem nicht beschulbar erscheinen und deshalb offenbar sehr spezielle Angebote brauchen, die bereit und in der Lage scheinen, dieses Verhalten zu verändern oder auszuhalten. Wer allerdings als ›nicht beschulbar‹, und das meint i. d. R. ›nicht aushaltbar‹, beschrieben wird, lässt sich weder theoretisch noch in der Praxis befriedigend fassen.

3.6.3 Rahmung und Strukturen

Dieser Logik folgend sind die sog. Intensivpädagogischen Angebote zur Schulpflichterfüllung meist im Schnittfeld zwischen Jugendhilfe und Schulsystem angesiedelt (Baumann, 2012). Dabei dominieren folgende Organisationsformen:

- Projekte unter Leitung eines Förderzentrums und i. d. R. mit Beteiligung der Jugendhilfe über Mittel der allgemeinen, sozialraumorientierten Jugendarbeit (z. B. § 11 SGB VIII; z. B. die Lerngruppen an Förderzentren, die ansonsten keine eigenen Klassen mehr haben; in Verbindung mit den RBBZ in Hamburg, die Werkstattklassen in Frankfurt a. M. oder die Kleingruppen in Nordfriesland – SHL)
- in Kombination mit vollstationären Angeboten der Jugendhilfe (i. d. R. nach § 34 SGB VIII; also (Intensiv-)Wohngruppen mit integrierter Beschulung; z. B. das L.U.W. Projekt des Waisenstifts in Varel oder die Reisende Werkschule Scholen, beides Nds.)
- oder als Schulersatzmaßnahmen, die komplett durch die Kommunen im Rahmen der (Jugend-)Hilfeplanung finanziert werden (z. B. Werkschulen, Flex-Fernschule, Projekte an Kreis-Volkshochschulen als Alternative zur Berufsschule).

I. d. R. ist es aber so, dass diese Projekte einem der beiden Systeme (Schule oder Jugendhilfe) eindeutig zugeordnet sind und das andere System als Kooperationspartner assoziiert wird, aber nicht auf Augenhöhe inkludiert ist. Schnittstellenprojekte mit einer kompletten Mischfinanzierung und geteilter Zuständigkeit, die sowohl über die Hilfeplanung der Jugendhilfe wie auch über den Förderplan der Schule gesteuert werden, wie es bei der unten beschriebenen AktiF-Gruppe des Leinerstift evangelische Kinder-, Jugend- und Familienhilfe e. V. Großefehn/Ostfriesland der Fall ist, sind in der Praxis (noch) die Ausnahme.

Heckner (2007) versucht, die Rahmenbedingungen schulischer Alternativprojekte mit folgender Auflistung zu beschreiben:

- »Kleine Gruppen
- Multiprofessionelle Teams mit Sozialarbeitern, Lehrern und teilweise Werkanleitern
- Vorrang der sozialen Gruppenarbeit und der Klärung aktueller Fragen Einzelner oder der Gruppe vor der Durchsetzung von Unterricht
- Vernetzung mit weiteren Hilfsangeboten
- Fürsorglichkeit gegenüber den jungen Leuten (teilweise mit Abholung von zu Hause, Frühstück zum Tagesauftakt usw.)
- Hoher Grad an Beteiligungsmöglichkeiten für die jungen Leute
- Zeit für Einzelgespräche und konkrete Unterstützungsmöglichkeiten für persönliche Themen und Probleme Jugendlicher
- Anregende, motivierende, handlungsbezogene Alltagsgestaltung
- Individualisierung der schulischen Förderung – dabei teil- beziehungsweise zeitweiser Verzicht auf Leistungsvergleiche durch Notenvergebung
- Schulische Förderung in Abhängigkeit vom Gelingen des Alltags« (S. 171).

So präzise diese Auflistung die Praxis intensivpädagogischer Projekte zur Schulzeiterfüllung auch beschreibt, muss doch ernüchternd festgestellt werden, dass diese nichts enthält, was die schulische Erziehungshilfe schon seit Jahrzehnten fordert, in der inklusiven Praxis der Schule aber kaum anzukommen scheint (Baumann, Bolz & Albers, 2017; Baumann, 2012).

3.6.4 Professionalität

Die Arbeit in intensivpädagogischen Kontexten stellt zweifelsfrei eine besondere Herausforderung für die Professionalität der beteiligten Pädagoginnen und Pädagogen dar. Ausgehend von dem Professionalisierungsbegriff Helmut Reisers, der Professionalität im Förderschwerpunkt ESE über den Begriff der Handlungsfähigkeit definiert, die sich gerade über die Widersprüchlichkeit des erzieherischen Auftrages definieren ließe (Reiser, 1998), ergeben sich eine Reihe von Spannungen, innerhalb derer sich diese Handlungsfähigkeit beweisen muss. Dabei schließe ich an die eingangs zitierte Grundprämisse Sattlers (2016) an, derer folgend das Gegenteil von Scheitern eben diese Handlungsfähigkeit darstellt – hier trotz und in der Widersprüchlichkeit des alltäglichen Handlungsdrucks –, und nicht die normorientierte Erreichung fiktiver (smarter) Ziele.

Die Widersprüchlichkeiten, die sich aus dem Spannungsfeld intensivpädagogischer schulischer oder schulersetzender Projekte ergeben, lassen sich wie folgt skizzieren (Baumann, 2012; Baumann, Bolz & Albers, 2017):

- Findung einer Rolle und eines Sinns der eigenen Arbeit in einem System, in dem es die eigene Rolle eigentlich gar nicht geben dürfte (Inklusions-Exklusions-Debatte) und die immer wieder politisch (seltener pädagogisch) infrage gestellt wird.
- Findung von Perspektiven und Eröffnung neuer Wege unter den Bedingungen, dass dem jungen Menschen und seiner Familie das Projekt oft über Jahre als »Worst-Case-Szenario« oder als »Ultima-Ratio-Drohung« angekündigt wurde.
- Aushalten oft massiv destruktiver Verhaltensweisen bis hin zu körperlichen Aggressionen bei gleichzeitig vollständigem Verzicht auf jegliche Bestrafungs-, Bedrohungs- oder Ausgrenzungsrhetorik und einer erforderlichen Parteilichkeit für den jungen Menschen.
- Arbeit mit der Klientel, die vom Schulsystem ausgesondert wurde – meist unter den Bedingungen geringerer Bezahlung und niedrigerer sozialer Anerkennung des Berufsstands.
- Unerfüllbarkeit des Auftrags, die Kinder und Jugendlichen möglichst in kürzester Zeit wieder ›schulfit‹ (also reif für die ›richtige‹ Schule) und gesellschaftsfähig zu machen, ohne hierfür die erforderlichen Ressourcen, geschweige denn das Methodenwissen (Technologiedefizit der Pädagogik) zu haben und gleichzeitig auch auf wenig Begeisterung der allgemeinen Schule und der Klientensysteme zu stoßen, wenn tatsächlich über Re-Integration nachgedacht wird. Im Grund müsste die Arbeit so gestaltet werden, dass die jungen Menschen so schnell wie möglich wieder wegwollen – dies stellt aber keine Basis für die notwendige Beziehungskooperation dar.
- Konfrontation mit existenziellen Themen wie sexuellem Missbrauch (als Täter und Opfer), Gewalt, Suizidalität, Suchtverhalten und völligem Drop-Out, ohne dass sich hieraus das Gefühl einer eigenen Perspektivlosigkeit entwickelt.

Um diese Widersprüche lösen zu können, benötigen intensivpädagogische Settings und ihre Fachkräfte für eine professionelle Handlungssicherheit insbesondere:

- Eine hohe situative Krisen- und Deeskalationskompetenz,
- Möglichkeiten, Strategien und Rahmenbedingungen für Beziehungsreflexion,
- Methoden und strukturell verankerte Verfahren der (verstehenden) Diagnostik und des pädagogischen Fallverstehens sowie
- Konzepte der Mitarbeitersicherung und der emotionalen Stabilisierung und Motivation der professionell Tätigen.

3.6.5 Praxisbeispiele

Abschließend möchte ich die dargestellten Bedingungen und Ambivalenzen intensivpädagogischer Settings anhand zweier Praxisbeispiele verdeutlichen, die sich in der hier aufgezeigten Systematisierung scheinbar diametral entgegenstehen: Die AktiF[1]-Gruppe des Leinerstifts in Ostfriesland sowie die Flex-Fernschule.

---

1 Alle können an der Frieden-Gruppe teilnehmen.

Die AktiF-Gruppe ist ein Projekt, das ich 2010 an der Johann-Heinrich-Leiner-Schule Großefehn (Leinerstift e. V.) entwickelt, aufgebaut und einige Jahre lang geleitet habe, um offenbar »unbeschulbare« Kinder und Jugendliche im Schulsystem zu halten (Baumann, 2011; Kruse & Sacher, 2015). Die AktiF-Gruppe ist ein sehr enges, strukturierendes und auf Beziehung setzendes Projekt, in dem bis zu vier Kinder von durchgehend zwei Pädagoginnen betreut werden – der Personalschlüssel ist also sehr hoch. Dabei ist jeweils eine Kraft durch die Schulsozialarbeit des Förderzentrums finanziert, die jeweils andere über das für die Kinder zuständige Jugendamt. Die Gruppe ist inhaltlich eindeutig als soziale Gruppenarbeit, weniger als Unterricht angelegt. Sie findet schultäglich für drei Stunden statt, beginnend in der dritten Unterrichtsstunde, was bedeutet, dass die Kinder, wenn irgendwie möglich (notfalls eng begleitet), ihre Stammklasse besuchen und erst danach in die Gruppe wechseln. Ein wesentlicher Steuerungsfaktor ist der Personaleinsatz. In der Konzeption ist vorgesehen, dass insgesamt sechs Pädagoginnen bzw. Pädagogen in der Gruppe arbeiten (nicht immer ist dies in der Realität so haltbar). Dies bedeutet erstens, dass alle Mitarbeitenden der Gruppe auch andere Aufgaben innerhalb des Trägers haben (z. B. Schulsozialarbeit, Sozialpädagogische Familienhilfe, Soziale Gruppenarbeit am Nachmittag). Somit ist gewährleistet, dass niemand ausschließlich diese sehr herausfordernde Arbeit in der Intensivgruppe tätigt. Die Mitarbeitenden sind in drei Teams aufgeteilt. Ein Team arbeitet den ganzen Montag über sowie an jeden Tag in der ersten Projektstunde – dieses Team fungiert für die Kinder als Hauptansprechpartner und ›sichere Basis‹. Die anderen beiden Teams arbeiten jeweils dienstags/donnerstags sowie mittwochs/freitags, also im Tageswechsel.

Diese hohe Zahl an Mitarbeitenden schützt vor Überforderung und voraussehbaren Krisen in Krankheitsfällen. Gleichzeitig entsteht für die Kinder eine inhaltliche Struktur über den Tagesablauf, der sich an dem Erwerb gruppenbezogener Kompetenzen orientiert: Erste Phase ist die Phase des Ankommens, wobei die Kinder mit Betreten der Gruppe sofort in Spiel-Aktivitäten eingebunden werden sollen. Mit offiziellem Beginn der dritten Unterrichtsstunde wird der offizielle Projektstart ritualisiert, indem ein gemeinsames »zweites Frühstück« mit Warmgetränk vorbereitet und eingenommen wird. In dieser Runde folgt ein durch die Mitarbeitenden strukturiertes Gespräch über die Hier-und-Jetzt-Situation (Befindlichkeit der Kinder, aktuelle Geschehnisse, Sorgen) oder Reflexion der ersten beiden Stunden in der Klasse. Gesprächsregeln sowie Essensegeln werden eingeübt. Danach folgt das gemeinsame Aufräumen und eine erste, durch die Pädagoginnen und Pädagogen vorgegebene Spielaktivität. Diese Phase ist stark strukturiert. In einer kurzen Phase der ›Pause‹ dürfen die Kinder dann frei spielen, bevor zu Beginn der vierten Unterrichtsstunde eine 20-minütige Lernphase mit Arbeitsblättern der Klassenlehrkraft folgt. Nach dieser Phase beginnt dann eine längere Aktivitätsphase, die spezifisch je nach Mitarbeiterteam strukturiert ist. Ein Tandem arbeitet eher erlebnispädagogisch und »draußen-orientiert«, das andere Team eher kreativ in den Räumlichkeiten der Gruppe. Am Ende des Tages folgt eine kurze Reflexion, die dokumentiert wird.

Wenn eine Schülerin oder ein Schüler wieder stärker an die Stammklasse angebunden werden kann, geschieht dies immer von der letzten Stunde des Projektes aus – die dritte Stunde als ›sichere Basis‹ und Unterbrechung des tendenziell überfordernden Schulvormittages bleibt so lange wie möglich und nötig erhalten. Mit

Aufnahme eines Kindes in die AktiF-Gruppe soll parallel ein Beratungsprozess der Klassenlehrkraft der Stammklasse sowie ein Sozialtraining zur Steigerung des prosozialen Verhaltens innerhalb der Bezugsgruppe stattfinden, damit sich die strukturellen Bedingungen innerhalb der Klasse so verändern, dass eine Rückführung leichter wird. Denn nur auf die Veränderung des betroffenen Kindes zu hoffen, scheint schwierig – sehr viel wichtiger scheint es zu sein, an den Strukturen so zu arbeiten, dass hinterher ein haltfähigerer Rahmen vorgefunden wird!

Die wesentlichen konzeptionellen Eckpfeiler lassen sich wie folgt zusammenfassen (Baumann, 2011):

- Gemeinsame Finanzierung über Schulsozialarbeit und Jugendamt
- Gemeinsame Steuerung über Förderplanung und Hilfeplanung
- Enge, Sicherheit bietende Tagesstruktur
- Enge Beziehungsarbeit durch das Bezugsbetreuenden-Tandem
- Ressourcenschonender und durch regelmäßige Beratung und Supervision abgesicherter Personaleinsatz
- Enge Kooperation, Beratung und Sozialtraining sowie gemeinsame Aktivitäten mit den Stammklassen der Kinder
- Festes Konzept der Krisenintervention
- Fokus auf gruppenbezogene Kompetenzen

Ist die AktiF-Gruppe ein Beispiel für ein personalintensives, eng strukturiertes und beziehungsorientiertes »Intensiv-Angebot«, so kann das Konzept Flex-Fernschule (Heckner, 2007) als ein Beispiel für ein niedrigschwelliges Projekt gesehen werden, um schulaversive Kinder und v. a. Jugendliche wieder an Lernprozesse heranzuführen. Die Flex-Fernschule ist, wie der Name schon sagt, weniger eine Präsenzschule als eher ein kommunikatives Gegenüber zur Strukturierung. Es handelt sich um ein rein im Kontext der Jugendhilfe angesiedeltes Projekt. Die Landesschulbehörde muss zustimmen, dass ein Schulbesuch in dieser Zeit nicht stattfindet, und das zuständige Jugendamt muss ein tägliches Entgelt zur Kostendeckung entrichten. Somit liegt die Steuerung rein auf Seiten der Hilfeplanung. Dennoch ist die Flex-Fernschule im Vergleich zur beschriebenen AktiF-Gruppe sehr viel zentrierter auf schulisches Lernen gerichtet, im Fokus steht der angestrebte Schulabschluss. Aushalten und Ermöglichen sind dabei die zentralen Arbeitsprinzipien (Heckner, 2007). Einerseits können viele Konflikte und Stolpersteine umgangen werden, da es weder eine Präsenzpflicht noch eine Notwendigkeit, ein bestimmtes Pensum in einer bestimmten Zeit zu schaffen, gibt. Andererseits sieht Heckner hierin die größte Herausforderung: »Die Freiheit, zu lernen wann, wo und wie schnell man will, erfordert die Notwendigkeit, dies immer wieder neu zu entscheiden und auch umzusetzen« (Heckner, 2007, S. 178). Dennoch weist das Projekt eine beeindruckend niedrige Abbrecherquote von unter 20 % (ebd., S. 178). Im Mittelpunkt der Arbeit steht die Kooperation mit einem Menschen des unmittelbaren Umfeldes des Kindes oder Jugendlichen. Sei es ein Familienmitglied oder auch eine andere, vor Ort befindliche mitarbeitende Person des Hilfesystems, die Zusammenarbeit fußt auf der engen Kooperation der Lehrkraft der Flex-Fernschule mit dem jungen Menschen und einer Kontaktperson vor Ort. Somit kann die Flex-Fernschule sogar eine Alternative für junge Menschen sein, die in pädagogischen Auslandsmaßnahmen untergebracht sind, und dennoch einen Schulabschluss in Deutschland erwerben wollen.

Dabei ist situatives Misslingen kein Grund zum Scheitern, und die regelmäßige Kontaktaufnahme, auch wenn ein junger Mensch lange keine Aktivität mehr gezeigt hat, scheint ein entscheidender Wirkfaktor zu sein. Die Kolleginnen und Kollegen der Flex-Fernschule bleiben dran, ermutigen, nehmen immer wieder Kontakt auf und zeigen positive Präsenz, wodurch die Jugendlichen nahezu unendlich viele Möglichkeiten haben, wieder einzusteigen.

Zusammenfassend ließen sich folgenden konzeptionellen Aspekte beschreiben (Heckner, 2007):

- Keine räumlichen und zeitlichen Zwänge
- Lernen im eigenen Tempo und im eigenen sozialen Umfeld
- Regelmäßige Kontaktaufnahmen, Ermutigungen und Motivationen
- Nahezu unendlich viele Fehlversuche und Zeiten des Aussetzens
- Enge Kooperation mit einer Kontaktperson vor Ort
- Klare Zentrierung auf den Schulabschluss und somit schulische Inhalte
- Hohe Strukturierung der Lerninhalte und Anpassung an den Lernstand des jungen Menschen durch individuelle Erarbeitung der »Tour de Flex«
- Einbindung von lebensweltlichen Themen in den Lehrplan

3.6.6 Ausblick

Was ich in diesem Kapitel zu zeigen versucht habe, ist die starke Ambivalenz sonder- und sozialpädagogischer Arbeit dort, wo Kinder und Jugendliche durch massiv (ver-) störende Verhaltensweisen das Schulsystem trotz aller inklusiven Bemühungen an die Grenzen bringen und somit als ›unbeschulbar‹ gelten. Einerseits ist dies ein Faktum, das innerhalb der Inklusionsdebatte eine eigene, für die Betroffenen sehr weitreichende Exklusionsdynamik auslöst, die im Spannungsfeld der Sonderpäd-agogik eine noch nie dagewesene Akzeptanz von Pathologisierungsprozessen und Prominenz von Machbarkeitsversprechen auslöst. Andererseits führt die Arbeit an diverse Widersprüchlichkeiten, die die Forderung nach Professionalität und Hand-lungsfähigkeit noch einmal neu stellt. Diese Ambivalenz zeigt sich auch in der enormen Spannweite der inhaltlichen Ausgestaltung von Projekten, die – wie in den beiden skizzierten Projekten – von eng-strukturiert und personalintensiv bis ab-wartend-begleitend und eher die Eigendynamik des jungen Menschen aushaltend reichen. An wesentlichen Punkten gibt es aber inhaltlich auch enorme Überein-stimmungen, die sich unter den Prämissen einer inklusiven Intensivpädagogik be-schreiben lassen.

Klar ist: Die Teilung von Inklusion in Menschen, für die diese möglich ist, und Menschen, bei denen das nicht geht (und diese landen dann eben in »Intensivpro-jekten«), kann und darf kein Weg sein. Das würde die Intensivpädagogik in eine Machtlogik hineindrücken, die nicht erstrebenswert ist! Das Kriterium kann auch nicht nur am gemeinsamen Unterricht gemessen werden – jede Alternative muss sich dennoch als inklusiv, also die Teilhabe des Menschen insgesamt ins Auge fassend, begreifen. Lässt die Sonderpädagogik zu (oder treibt aktiv voran), dass alles, was nicht im sog. gemeinsamen Unterricht realisierbar und verantwortbar erscheint, aus dem Bildungssystem heraus delegiert wird, dann verwirkt sie sich selbst.

3.7 Schulische Bildung in in der Kinder- und Jugendpsychiatrie und im Jugendstrafvollzug

Viviane Albers & Manfred Wittrock

Im Rahmen dieses Beitrags werden zunächst die Personengruppen in der Kinder- und Jugendpsychiatrie und der Justizvollzugsanstalt eingeführt, die in der Sonderpädagogik innerhalb des Systems gestufter Hilfen nur wenig beachtet werden. Daraufhin erfolgt die Beschreibung der jeweiligen Rahmungen und Strukturen und der daraus resultierenden Konsequenzen für die Professionalität. Das Kapitel schließt mit der Vorstellung von zwei kurzen Fallvignetten, die die Reflexion des pädagogischen Handelns anstoßen wollen. In einem Fazit werden gegenwärtige und zukünftige pädagogische Herausforderungen in Bezug auf die Zielgruppen und ihren jeweiligen Institutionen vor dem Hintergrund sonderpädagogischen Handelns innerhalb eines Systems gestufter Hilfen thematisiert. Die beiden Institutionen mit ihren Schülerinnen und Schülern werden aufgrund der schulrechtlichen Vorgabe der *Schulpflicht in besonderen Fällen* (NSchG, §69), die sowohl im Falle einer Krankheit als auch im Falle eines Aufenthaltes in einer Justizvollzugsanstalt zählt, gemeinsam vorgestellt . Die Kinder- und Jugendpsychiatrie und die Justizvollzugsanstalt sind zudem nach Goffman (1973, S. 15) als »totale Institution« gekennzeichnet, da sie beide durch Beschränkungen des sozialen Verkehrs mit der Außenwelt und des vorstrukturierten Tagesablaufs einen allumfassenden, totalen Charakter annehmen können.

3.7.1 Einleitung

Entwicklungswege von Kindern und Jugendlichen, die sowohl familiär als auch schulisch von Risiken geprägt sind, stellen die Pädagogik bei Verhaltensstörungen schon immer vor Herausforderungen. Den bereits in Kapitel 2 skizzierten biopsychosozialen Einflussgrößen konnte bislang im Rahmen des Förderschwerpunktes ESE pädagogisch begegnet werden (Beelmann & Raabe, 2007; Stein, 2011). In schwierigeren Einzelfällen, die ein höheres Ausmaß an Unterstützung verlangen, werden weiterführende Fachkräfte aus benachbarten Arbeitsfeldern wie z.B. die Kinder- und Jugendhilfe, Kinder- und Jugendpsychiatrie oder auch der Jugendstrafvollzug zur Kooperation hinzugezogen (Baumann, 2019; Gudel, 2013; Herz, 2008; 2013a; Walkenhorst & Bihs, 2011; Wertgen, 2014a; Willmann, 2008a). Dies betrifft insbesondere junge Menschen, deren Hilfefallverlauf intensivpädagogische

Hilfen im Sinne eines Netzwerks von Hilfen (Baumann, Bolz & Albers, 2017) einfordert. Seit der Ratifizierung der Konvention über die Rechte von Menschen mit Behinderung im Jahr 2009 und der damit einhergehenden Forderung nach schulischer Inklusion lässt sich in der Pädagogik bei Verhaltensstörungen und somit im Förderschwerpunkt ESE ein starker Anstieg der Zielgruppe beobachten (▸ Kap. 2). Analog zur Expansion der Zielgruppe im Förderschwerpunkt ESE lassen sich auf Basis der Ergebnisse der KiGGS Basiserhebung (2003–2006) rund ein Fünftel aller Kinder und Jugendlichen im Alter von 3 bis 17 Jahren in Deutschland identifizieren, die von psychischen oder Verhaltensproblemen (gemäß elterlicher Einschätzung im SDQ) betroffen sind (Klipker et al., 2018). Ausgehend von 10.837.182 schulpflichtigen Kindern und Jugendlichen an allgemeinbildenden und berufsbildenden Schulen im Jahr 2017 wären demnach 2.167.436 Schülerinnen und Schüler von psychischen oder Verhaltensproblemen betroffen (KMK, 2019). Trotz leichtem Rückgang dieser Tendenz in der KiGGS Welle 2 (2014–2017) (Klipker et al., 2018) erhalten ca. 50 % der abklärungs- und behandlungsbedürftigen Kinder und Jugendlichen jedoch keine psychiatrisch-psychotherapeutische Behandlung (Harsch & Hoffmann, 2018). Dies sei v. a. mit der unzureichenden Versorgung an den »Schnittstellen in der Versorgung von psychisch kranken Kindern und Jugendlichen« (Harsch & Hoffmann, 2018, S. 269) zwischen Gesundheitssystem, Kinder- und Jugendhilfe sowie Schule zu begründen. Sowohl die KiGGS Basiserhebung als auch die KiGGS Welle 2 geben an, dass insbesondere Kinder und Jugendliche aus Familien mit niedrigem sozioökonomischen Status häufiger psychisch auffällig erfasst werden (Klipker et al., 2018). Diese Prävalenzangaben sollten jedoch hinsichtlich der multiplen Erscheinungsformen psychischer Störungen als auch der vielfältigen Symptome sowie sich stetig verändernder gesellschaftlicher Einflüsse reflektiert werden. Die Versorgung psychisch erkrankter Kinder und Jugendliche kann sowohl ambulant, teilstationär oder stationär erfolgen (Fegert, Kölch & Krüger, 2018; Warnke & Lehmkuhl, 2011; Warnke, 2015).

> »In Klinikambulanzen (Institutsambulanzen) und niedergelassenen Praxen [Kinder- und Jugendlichenpsychotherapeutinnen sowie -therapeuten und Psychologische Psychotherapeutinnen und -therapeuten für Kinder und Jugendliche, Anm. V. A./M. W.] wird im Vergleich zur stationären Zahl mehr als das Fünffache an Patienten versorgt« (Warnke, 2015, S. 243).

Fegert et al. (2018) haben die Daten der Gesundheitsministerkonferenz (GMK) durch eigene Erhebungen zur differenzierten Darstellung der Versorgungslage psychisch kranker Kinder und Jugendlicher in Deutschland von 1991 bis 2014 ergänzt. Die Autoren verweisen auf eine erhebliche Verkürzung der durchschnittlichen vollstationären Verweildauer von ca. 126 Tagen auf ca. 36 Tage und gleichzeitig auf die notwendige Sicherstellung der Behandlungskontinuität über Kooperationen gemäß des SGB V (z. B. Fachärzte) oder SGB VIII, der Kinder- und Jugendhilfe. Gemäß der Deutschen Psychotherapeuten Vereinigung (2019) ist der Umfang einer Behandlung sowohl von der Schwere und Dauer als auch von der Wahl des Behandlungsverfahrens abhängig. Bislang liegen noch keine verlässlichen Prävalenzen vor, wie viele dieser sowohl in der KiGGS-Erhebung als auch der GMK erfassten jungen Menschen im bildungspolitischen System einen Bedarf an sonderpädagogischer Unterstützung in der emotionalen und sozialen Entwicklung zugewiesen bekommen haben. Erste Tendenzen lassen sich von Thiel, Buchleither & Pfänder (2019) dahingehend ableiten, dass in der von den Autorinnen durchgeführten Studie zur Konstituierung der Klientel in der Erziehungshilfe Schülerinnen- und Schülerakten (N=253) »überwiegend deutsche männliche Schüler mit Mehrfachdiagnosen, Trennungserfahrungen und kontinuierlichen Beziehungsabbrüchen (familiär und schulisch) vertreten sind« (S. 43 f.). Infolgedessen ist es unerlässlich, dass junge Menschen mit psychischen Beeinträchtigungen oder sogar psychischen Störungen nicht nur als sog. Erziehungshilfeklientel wahrgenommen werden, sondern als Schülerschaft der allgemeinbildenden Schulen.

Zur Schülerschaft der allgemeinbildenden Schulen zählen auch Schülerinnen und Schüler, die delinquente und straffällige Verhaltensweisen zeigen. Diese Schülerschaft bewegt sich ebenso in den Schnittstellen des Bildungs- und Gesundheitssystems, der Kinder- und Jugendhilfe sowie der Jugendstrafrechtspflege. Walkenhorst & Bihs (2011, S. 255) mahnen vor einer Parallelität der Unterstützungsmaßnahmen, da diese »keine bindungstheoretisch fundierte Beziehungskontinuität [...] aufweisen« und somit resozialisierende Bemühungen ins Leere liefen. Reinheckel (2006) verweist in ihrer qualitativen Interviewstudie zu schulbiografischen Erfahrungen inhaftierter Jugendlicher sowohl auf die Bedeutsamkeit individueller sozialisiert-delinquenter Verhaltensweisen, wie z. B. Gewaltanwendungen, Schulabsentismus, von Jugendlichen zur Entstehung von Delinquenz als auch auf schuladministrative Faktoren, wie z. B. die Wiederholung von Klassen oder die Überweisung an andere Schulen. So ist im Forschungsdiskurs Schulabsentismus unbestritten, dass gelegentliche Schulversäumnisse ohne Monitoring von Fehlzeiten (Albers, Bolz & Wittrock, 2018) und ohne frühzeitiges pädagogisches Intervenieren (Kearney, 2016; Ricking & Hagen, 2016) zu chronifizieren drohen. Schulabbrüche sind nicht selten die logische Konsequenz (Baier, 2012; Hillenbrand & Ricking, 2011; Ricking, Schulze & Wittrock, 2009).

Entgegen der o. g. Expansion der Zielgruppe im Förderschwerpunkt ESE zeigt sich ein deutlicher Rückgang der Jugendgewalt (Pfeiffer, Baier & Kliem, 2018). Jugendgewalt zählt als Form delinquent-kriminellen Verhaltens. Die Autoren werteten Daten der Polizeilichen Kriminalstatistik (PKS) sowie Ergebnisse aus Dunkelfeldbefragungen zur Entwicklung der Jugendgewalt und anderer Gewaltformen aus, insbesondere vor dem Hintergrund der Jugend- und Flüchtlingspolitik. Als zentrale Befunde gelten, dass sich die Jugendgewalt (14- bis unter 18-Jährige) im Rahmen der PKS um knapp die Hälfte reduziert hat. Schwere Gewaltvorfälle in der Schule, d. h. aggressionsbedingte Raufunfälle, die von der Deutschen Gesetzlichen Unfallversicherung statistisch erfasst werden, sind pro 1.000 Schülerinnen und Schüler von 1,3 auf 0,6 gesunken. Gleiches gilt für schulformübergreifende, genderunabhängige und multiethnische Selbstauskünfte Jugendlicher hinsichtlich begangener Körperverletzungen oder Raubtaten. Lediglich lässt sich im Bereich der Gewaltkriminalität in den Jahren 2015/16 ein Anstieg erfassen, der sich u. a. durch die Anzahl der registrierten Geflüchteten erklären lässt, die u. a. bzgl. ihres unklaren Aufenthaltsstatus und der höheren Akzeptanz der Anwendung von Gewalt als Männlichkeitsnorm im Vergleich zu nicht-geflüchteten Täterinnen und Tätern gewalttätiger zu sein scheinen. Zudem soll auch ein höheres Anzeigeverhalten von Gewaltopfern gegenüber dieser Zielgruppe vorliegen (Pfeiffer et al., 2018). Diese positiven Entwicklungen der Gewalt in Deutschland begründen die Autoren insbesondere mit den zahlreichen Präventionsaktivitäten, die interdisziplinär durchgeführt werden (ebd.). Ergänzend dazu lassen sich gemäß des Statistischen Bundesamtes im Jahr 2017 insgesamt 716 000 strafrechtlich verfolgte Menschen erfassen von denen 4 % (N=28.479) Jugendliche im Alter von 14 bis unter 18 Jahren sind, die nach dem Jugendstrafrecht verurteilt wurden. Zudem gab es im Jahr 2018 insgesamt 50.391 Strafgefangene, von denen 440 Jugendliche im Alter von 14 bis unter 18 Jahren sind (Destatis, 2019).

Die Darstellung dieser epidemiologischen Entwicklungen zeigt, dass junge Menschen sowohl mit psychischen Störungen als auch delinquent-kriminellen Entwicklungsverläufen zwar durchaus spezialisierten Institutionen temporär zugewiesen werden und dennoch in breiten pädagogischen Handlungsfeldern, insbesondere der allgemeinbildenden Schule, anzutreffen sind. Im Folgenden sollen Spezifika der Personengruppe bzw. der Klinikschule in der Kinder- und Jugendpsychiatrie sowie der Bildungsabteilung in der Justizvollzugsanstalt vor dem Hintergrund der Relevanz für allgemeinbildende Schulen erläutert werden.

3.7.2   Personengruppe(n)

Junge Menschen, die eine kinder- und jugendpsychiatrische Behandlung in Anspruch nehmen (müssen), erfüllen nach Einschätzung der medizinisch-psychotherapeutischen Fachkräfte im Rahmen des diagnostischen Prozesses Kriterien einer psychischen Störung. Demgegenüber erfüllen Jugendliche, die in eine Justizvollzugsanstalt eingewiesen werden, gemäß des Jugendgerichtsgesetzes (JGG) (2019) den strafrechtlich geprüften Tatbestand des kriminellen Handelns.

Kinder und Jugendliche mit einer psychischen Erkrankung

Aus der Perspektive der Kinder- und Jugendpsychiatrie und -psychotherapie werden psychische Störungen in den international anerkannten Klassifikationssystemen ICD-10 der WHO und DSM-V der APA kriterien- und symptomorientiert beschrieben und klassifiziert. Diese Definitionen der Störung gelten als eine Art *Kommunikationsformel* zwischen Kinder- und Jugendpsychiaterinnen sowie -psychiatern, Kinder- und Jugendlichenpsychotherapeutinnen sowie -therapeuten und allen weiteren Beteiligten zur Diagnoseerstellung und Versorgung der Patientinnen und Patienten. Gemäß der WHO wurde der Begriff der *Krankheit* durch den Begriff der *Störung* ersetzt. Eine Störung »soll einen klinisch erkennbaren Komplex von Symptomen oder Verhaltensauffälligkeiten anzeigen, die immer auf der individuellen und oft auch auf der Gruppen- oder sozialen Ebene mit Belastung und mit Beeinträchtigung von Funktionen verbunden sind« (Dilling, Mombour & Schmidt, 2000, S. 23). Psychische Störungen betreffen demnach nicht nur intraindividuelle Merkmale, sondern insbesondere auch interindividuell-interaktionistische Prozesse. Demnach stellen psychische Störungen Konstrukte dar (Wittchen, 2011). Orientiert an der DSM der APA weisen Wittchen & Hoyer (2011, S. 9) auf folgende Definition psychischer Störungen hin:

»Psychische Störungen sind ein klinisch bedeutsames Verhaltens- oder psychisches Syndrom oder Muster, das bei einer Person auftritt und damit momentanem Leiden (z. B. einem schmerzhaften Symptom) oder einer Beeinträchtigung (z. B. Einschränkungen in einem oder in mehreren wichtigen sozialen oder Leistungsbereichen) oder mit einem stark erhöhten Risiko einhergeht, zu sterben, Schmerz, Beeinträchtigung oder einen tiefgreifenden Verlust an Freiheit zu erleiden. Das Syndrom oder Muster darf nicht nur eine verständliche und kulturell sanktionierte Reaktion auf ein Ereignis sein, wie z. B. eine normale Trauerreaktion bei Verlust eines geliebten Menschen. Unabhängig vom ursprünglichen Auslöser muss bei der betroffenen Person eine verhaltensmäßige, psychische oder biologische Funktionsstörung zu beobachten sein. Weder normabweichendes Verhalten (z. B. politischer, religiöser oder sexueller Art) noch Konflikte des Einzelnen mit der Gesellschaft sind psychische Störungen, solange die Abweichung oder der Konflikt kein Symptom einer oben beschriebenen Funktionsstörung bei der betroffenen Person darstellt.«

Eine sonderpädagogische Auseinandersetzung mit dieser Definition scheint aufgrund der Unterstützungsmaßnahmen innerhalb eines Systems gestufter Hilfen zwingend erforderlich, denn sie fördert die Dialogfähigkeit zwischen zwei kooperierenden Professionen.

Aus sonderpädagogischer Perspektive kritisiert Stein (2011), dass Klassifikationssysteme dem Kontinuum von eher »psychischer Gesundheit« hin zu »psychischer Krankheit« nicht Rechnung tragen. Von zentraler Bedeutung sei demnach für das sonderpädagogisch-schulische Arbeitsfeld eine interaktionistische Sichtweise zwischen der Person und der Umwelt (Stein, 2011). Die Zielgruppe der Kinder und Jugendlichen, die psychiatrische Diagnosen erhalten, werden teilweise nach fachwissenschaftlich-sonderpädagogischer Perspektive gemäß Myschker & Stein (2018) phänomenologisch dem Bereich der »Verhaltensstörungen« zugeordnet. Herz (2013a, S. 12 f.) unterstreicht, dass *Verhaltensstörungen* eine Annäherung an »Multiproblemkonstellationen in der psychischen, physischen und kognitiven Entwicklung von heranwachsenden Kindern und Jugendlichen in Abhängigkeit von ihren sozioökonomischen und kulturellen Sozialisationsbedingungen« ist. Vor dem Hintergrund der aufgezeigten Prävalenzen und dieser fachwissenschaftlichen Definitionszugänge steht mit Blick auf pädagogische Prozesse innerhalb eines gestuften Systems der Hilfen (Rieß & Bolz, 2015), an deren Spitze die schulische Bildung in der Kinder- und Jugendpsychiatrie verortet ist, die Frage nach der Pathologisierung schulischer Lern- und Integrationsprozesse (Willmann, 2012; Stein & Müller, 2014).

Kinder und Jugendliche, die stationär in einer Kinder- und Jugendpsychiatrie aufgenommen werden, sind von der in Deutschland geltenden Schulpflicht während ihre Klinikaufenthaltes i. d. R. nicht befreit. Die Fachrichtung der Kinder- und Jugendpsychiatrie verfolgt sowohl medizinisch-therapeutische Ziele als auch pädagogische. Diese zeigen sich insbesondere in der pädagogisch-pflegerischen Praxis als auch in der Zusammenarbeit der *Schule für Kranke* und der Kinder- und Jugendpsychiatrie, sowohl bei stationären als auch teilstationären Behandlungen (Wertgen, 2014a; Schmitt, 1999). Diese Klinikschulen in staatlicher Trägerschaft sind für die Beschulung schulpflichtiger Kinder und Jugendlicher aller Schulformen und Altersstufen während der Behandlungszeit zuständig. Eine Zusammenarbeit mit der Stammschule des Kindes oder Jugendlichen ist sowohl bildungspolitisch als auch fachlich notwendig. »Durch die Stabilisierung kindlicher Entwicklungen tragen Aktivitäten der Schule für Kranke auch zur Weiterentwicklung eines Bildungssystems bei, das Exklusion verhindert, die Teilhabe und Partizipation für mehr Schüler ermöglicht und dadurch den Prozess der Inklusion weiter führt« (Hillenbrand, 2012, S. 24). Auf Antrag kann infolge längerer Erkrankungen ebenfalls Hausunterricht (ergänzend zum Klinikunterricht) erteilt werden (Schmitt, 1999). Der Unterricht in der Klinik ist trotz des Bildungs- und Erziehungsauftrages aber in erster Linie Teil des (psycho-)therapeutischen Settings und demnach den psychiatrisch-psychotherapeutischen Zielen der Kinder- und Jugendpsychiatrie nachgeordnet.

Kinder und Jugendliche, die stationär in der Kinder- und Jugendpsychiatrie aufgenommen werden, kommen zum Großteil aus höheren Bildungsgängen, insbesondere Gymnasien (Hoanzl et al., 2009). Die Autoren verweisen auf Forschungsprojekte von Oelsner (2006) und Beekmann-Knörr (2006), die bei der Schülerschaft der Klinikschulen mannigfache Probleme im Bereich der Schulleistungen und auch der sozialen Integration erfasst haben. Auch Herz (2013a) betont folgenschwere schulische Probleme bei dieser Zielgruppe, die sich u. a. in Form von Schulabsentismus zeigen (Knollmann et al., 2010; Kearney, 2016). Kinder und Jugendliche, die häufig Schulversäumnisse aufweisen, haben ein deutlich höheres Risiko für psychische Störungen (Knollmann et al., 2010; Koppe & Ranke, 2012). Kinder und Jugendliche, die über 20 % des Schuljahres gefehlt haben, zeigen ebenso eine deutliche Häufung von psychiatrischen Diagnosen und psychischen Problemen (Jones et al., 2009). Zudem leiden klinisch auffällige Jugendliche deutlich häufiger an schulbezogenen Stressoren, die aus der deutlichen Zunahme des Leistungs- und Konkurrenzdrucks entspringen. Diese Jugendlichen zeigen nicht nur Selbstwert-, sondern auch Motivationsproblematiken. Nicht zu vernachlässigen ist der Einfluss des familiären Umfeldes auf die erlebte Stressbelastung und die Stressbewältigung. Nicht selten leben diese Kinder und Jugendlichen in belasteten Familiendynamiken (Seiffge-Krenke, 2008). Krüger & Romer (2003) beschreiben sog. Schülerpatienten und -patientinnen der Schule in der Kinder- und Jugendpsychiatrie mit Beeinträchtigungen in ihrer Entwicklung anhand von drei Aspekten:

1. Diese Kinder und Jugendlichen haben aversive oder traumatische Beziehungserfahrungen gemacht, die dazu führen, dass negative Erwartungen an das soziale Umfeld internalisiert wurden, die sich u. a. in starken Ängsten und/oder massiver Rückzügigkeit zeigen können. Auch können diese als entmachtend wahrgenommenen Beziehungsmuster aktiv reinszeniert werden, sodass konsequenterweise eine wiederholte unmittelbare Retraumatisierung stattfinden kann. Die Autoren benennen die deutliche Notwendigkeit eines längerfristigen therapeutischen Milieus, das Schutz vor der als überwältigend wahrgenommen Umwelt bietet.
2. Kinder und Jugendliche, die klinisch angebunden sind, zeigen zudem deutliche Autonomiebeeinträchtigungen, die sich sowohl bei der Alltagsbewältigung als auch im Kontakt mit der Umwelt bemerkbar machen. Infolgedessen sollten trotz des schützenden therapeutischen Milieus pädagogische Bemühungen auf die Unterstützung der Autonomieentwicklung abzielen.
3. Außerdem seien die betroffenen Kinder und Jugendlichen in der Regulation von Nähe und Distanz beeinträchtigt, sodass die von den Kindern und Jugendlichen ausgehenden Beziehungsbedürfnisse im Rahmen des Beziehungsgestaltungsprozesses beim Gegenüber als negativ wahrgenommen werden (ebd.). »Die psych-

iatrische Klinikschule ist jedenfalls in besonderer Weise mit kindlichen und jugendlichen Schulbiographien konfrontiert, die Schule als einen Ort kennen gelernt haben, den sie wieder verlieren und der sie nicht selten im Erleben zu Verlierern macht« (Hoanzl et al., 2009, S. 405). Diese drei Aspekte haben eine hohe Relevanz für sonderpädagogisches Handeln.

Jugendliche und junge Heranwachsende mit delinquent-kriminellen Verhaltensweisen

Nach Siegel & Welsh (2013) gelten Jugendliche mit delinquent-kriminellen Handlungen auch als Zielgruppe gescheiterter bzw. scheiternder Schulbiografien. Jugenddelinquenz ist ein ubiquitäres und episodisches Phänomen, das mannigfachen Einflüssen zur Entstehung, Festigung sowie zum Abbruch delinquenter Verhaltensweisen unterliegt (Dölling, 2008; Dollinger & Schabdach, 2013). Plewig (2001) argumentiert, dass der Begriff ›Delinquenz‹ die Bemühung impliziert, das Ausmaß der Verantwortung der Jugendlichen und jungen Erwachsenen aufgrund der toleranten Billigung des Normverstoßes differenzierter zu bewerten. Myschker & Stein (2018, S. 63) bezeichnen Delinquenz als »ein gegen geltende Gesetze verstoßendes Verhalten, das differenzierter benannt werden kann: Pflichtverletzung, Missetat, Vergehen und Verbrechen«. Steiner et al. (2008, S. 13) zufolge gilt Jugenddelinquenz als ein »fehlangepasster Pfad der Entwicklung [...], der in antisozialem und kriminellem Verhalten bei Kindern münden kann«. Folglich wird der Begriff der Delinquenz häufig verwendet, um eine Stigmatisierung Jugendlicher und junger Erwachsener nach Normverstößen zu vermeiden und jugendliches Problemverhalten pragmatischer zu betrachten (Plewig, 2001).

Als kriminelles Verhalten werden hingegen vorsätzlich begangene und folgenschwerere Straftaten und Delikte (häufig auch Wiederholungstaten), die die Strafrechtsprinzipien des Strafgesetzbuches (StGB) verletzen, definiert. Unbedachte, impulsive Straftaten, die die Entwicklung krimineller Verhaltensweisen im Sinne einer »›kriminellen Karriere‹« (Walkenhorst, 2006, S. 210) begünstigen, werden somit als Delinquenz definiert (Walkenhorst, 2006). Gesetzliche Grundlagen legen das Ausmaß der Strafbarkeitsfolgen fest, die im Erwachsenen- und Jugendstrafrecht reglementiert sind. Jedoch gelten in beiden Fällen die im StGB verankerten Straftatbestände und Strafbarkeitsfolgen. Begeht eine oder ein Jugendlicher im Alter von 14 bis 17 Jahren eine Straftat, wird ein Jugendstrafverfahren eröffnet, dessen Rechtsgrundlage das JGG darstellt, d. h., Jugendkriminalität wird über das Alter der Jugendlichen definiert. Kinder, die das 14. Lebensjahr noch nicht vollendet haben, gelten als strafunmündig (Hillenbrand, 2008; Myschker & Stein, 2018). Im JGG ist darüber hinaus verankert, dass das Strafmaß für junge Erwachsene, d. h. Heranwachsende, abhängig vom Reifezustand, der Strafmündigkeit und dem Straftatbestand ist (Laubenthal & Nestler, 2010). Delinquente Verhaltensweisen beziehen sich überwiegend auf Kinder im Alter von acht bis dreizehn Jahren, auf Jugendliche im Alter von 14 bis 18 Jahren sowie auf junge Erwachsene im Alter von 18 bis 21 Jahren (Walkenhorst, 2006). Bernzen (2010) betont, dass das JGG stets die Schwierigkeiten in der Entwicklung der Lebensphase Jugend beachtet, sodass Sanktionen und Gerichtsverfahren am Erziehungsgedanken ausgerichtet sind. Delinquenz meint also ein temporäres, passageres Phänomen, das normverletzendes, jedoch nicht ein an den Strafrechtsprinzipien bestimmtes Verhalten impliziert.

Der Großteil vieler inhaftierter Jugendlichen und jungen Heranwachsenden weisen keinen Schul- oder Berufsabschluss auf. Die Bedingungen des Aufwachsens kennzeichnen schulische Misserfolge, insbesondere eine hohe Diskrepanz zwischen den Schulleistungen und dem Intelligenzniveau. Die Biografien der inhaftierten Jugendlichen und jungen Heranwachsenden sind von Feindseligkeiten gegenüber Lernprozessen, durch Zuschreibungsprozesse als Außenseiterinnen und Außenseiter und emotional-soziale Drucksituationen innerhalb devianter Peergroups geprägt (Borchert, 2016; Herz, 2013b; Bereswill, Koesling & Neuber, 2008; Stelly & Thomas, 2005). Zudem ist die sozioökonomische Situation schlecht, da viele inhaftierte Heranwachsende erwerbslos oder obdachlos waren und von vielfältigen Problemlagen (Sucht- und Schuldenprobleme) betroffen sind.

> »Entscheidend dafür, ob sich ein Individuum in einem Lebensabschnitt delinquent verhält oder nicht, ist die Stärke der Bindungen zu den in diesem Lebensabschnitt zentralen Institutionen der informellen sozialen Kontrolle. Sind diese Bindungen schwach, so ist delinquentes Verhalten wahrscheinlich. Sind sie stark, so ist eher konformes Verhalten zu erwarten« (Stelly & Thomas, 2005, S. 85).

Infolgedessen kann Schule als sog. informelle soziale Kontrolle in diesem Zusammenhang durch die multiprofessionelle Vernetzung in benachbarte Fachrichtungen einen entscheidenden Beitrag leisten, um sowohl die Ursachen zu ergründen und zu prophylaktischen sowie korrigierenden Maßnahmen mehr Erkenntnisse zu gewinnen und in der Praxis zu adaptieren. Im Sinne eines Systems gestufter Hilfen kann nicht nur durch multiprofessionelle Vernetzung präventiv der Delinquenzentstehung und -manifestation junger Menschen entgegengewirkt werden, sondern auch durch eine kontinuierliche Begleitung bereits delinquenter Jugendlicher innerhalb der verschiedenen Institutionen des Hilfe- und Unterstützungssystems, denn delinquente Lebensverläufe sind abhängig von lebenslaufbezogenen Sozialisationsinstanzen.

3.7.3   Rahmung und Strukturen

Kinder und Jugendliche, die aufgrund einer psychischen Erkrankung in eine Kinder- und Jugendpsychiatrie eingewiesen werden, besuchen je nach Behandlungsintensität die sog. Klinikschule. Wie bereits beschrieben, stellt ein stationärer Aufenthalt nur eine zeitlich begrenzte Intervention innerhalb des Hilfe- und Unterstützungssystems der Kinder und Jugendlichen dar. Diese zeitliche Befristung unterstreicht nicht nur die Notwendigkeit eines multiprofessionellen Austausches, sondern auch die enorme Bedeutung gelingender und (unter-)stützender Reintegrationsprozesse in das allgemeinbildende Schulsystem. Jugendliche und junge Heranwachsende mit delinquent-kriminellen Lebensverläufen sind häufig von scheiternden Bildungsbiografien betroffen, sodass die Resozialisierung nach einer strafrechtlichen Verfolgung, z. B. durch eine gerichtlich verhängte Freiheitsstrafe, vielmehr eine Vermittlung in eine Erwerbstätigkeit mit dem Ziel der eigenständigen Unterhaltssicherung als eine Reintegration in das allgemeinbildende Schulsystem vorsieht.

Klinikschule

Die Klinikschule stellt mit ihrem Unterricht eine ›Brückenfunktion‹ zwischen der Herkunfts- und Zielschule, der (psycho-)therapeutischen Erfordernissen und der Elternarbeit dar. Diese sog. Schule für Kranke (Sekretariat der Ständigen Konferenz der Kultusminister der Länder in der Bundesrepublik Deutschland, 1998) ist zwar eine schulische Institution mit einem Bildungs- und Erziehungsauftrag, sie ist dennoch eingebettet in das therapeutische Setting der Kinder- und Jugendpsychiatrie. Die Schule für Kranke ist für die Bereitstellung der unterrichtlichen Ressourcen für Schülerinnen und Schüler aller Schulformen in einer längerfristigen Erkrankungsphase zuständig, die ihre Herkunftsschule nicht besuchen können. Der Rechtsanspruch auf die Schule für Kranke ist jeweils landesrechtlich geregelt. Ziel ist im Wesentlichen die Sicherstellung der Anschlussfähigkeit an die Inhalte der Herkunftsschule (ebd.; Will, 2008). Von bildungspolitischer Relevanz ist in diesem Zusammenhang die Berücksichtigung sonderpädagogischer Förderung. Die Zielgruppe psychisch erkrankter Schülerinnen und Schüler findet unter dem Förderschwerpunkt »Unterricht und Erziehung unter den Bedingungen von Krankheit« (Niedersächsisches Kultusministerium, 2005, S. 74) Berücksichtigung und betrifft Schülerinnen und Schüler,

- »die langfristig und wiederkehrend erkrankt sind und
- die lernen müssen, auf Dauer mit der Erkrankung zu leben und
- im Unterricht ohne sonderpädagogische Hilfen nicht hinreichend gefördert werden können« (ebd.).

Ist demnach die Bildungspartizipation und die Lern- und Leistungsfähigkeit der Schülerinnen und Schüler ausschließlich temporär beeinträchtigt, sollte im Sinne eines Systems gestufter Hilfen über niedrigschwellige Unterstützungsangebote und deren Implementation nachgedacht werden. Ein Bedarf an sonderpädagogischer Unterstützung sollte infolgedessen nicht von einem Klinikaufenthalt der Schülerinnen und Schüler abhängig gemacht werden. Die Beschulung in einer Klinikschule geschieht also unabhängig von der Zuweisung eines besonderen pädagogischen Förderbedarfs unter den Bedingungen von Krankheit. Relevant ist ebenfalls, dass die Schülerinnen und Schüler statistisch von ihrer Herkunftsschule weiter erfasst werden (Will, 2008; Niedersächsisches Kultusministerium, 2005).

Die schulische Bildung in der Klinikschule muss den meist stark divergierenden Lernausgangslagen und Kompetenzstufen der Schülerinnen und Schüler Rechnung tragen, um individuelle Lernprozesse fördern zu können. Die starke Heterogenität ist der Unterrichtung inhärent. Da ein enger Zusammenhang zwischen der kognitiven Leistungsfähigkeit und dem emotionalen Erleben (Greenspan & Benderly, 2001) besteht, wird der schulischen Bildung vor dem Hintergrund eines hohen Individualisierungsgrades bei gleichzeitiger Zielgerichtetheit in der Inhaltsvermittlung eine hohe Bedeutung zuteil (Warzecha, 2003). Krüger & Romer (2003) betonen, dass die Probleme der Schülerinnen und Schüler in der Klinikschule zwar in kumulierter Form im Vergleich zur Schülergruppe der allgemeinbildenden Schulen aufträten, das pädagogisch-unterrichtliche Handeln jedoch von der allgemeinbildenden Schule übertragbar sei. Die Unterrichtsgestaltung unterliegt also zahlreichen

Einflussfaktoren. Es kann zu einem engen Einzelunterricht, je nach Belastbarkeit der Schülerin bzw. des Schülers und den strukturellen Gegebenheiten, und Gruppenunterricht unter Berücksichtigung des üblichen Fächerkanons über mehrere Schulstunden am Tag kommen (Will, 2008). Über die Tagesstruktur und das Einnehmen der lebensweltnahen Schülerrolle erleben die Schülerinnen und Schüler Ablenkung, soziale Beziehungsgestaltungen mit Mitschülerinnen und Mitschülern als auch die Vermittlung von Lerninhalten auf inhalts- und prozessbezogener Ebene (Wertgen, 2014b). Die Unterrichtszeiten orientieren sich an der Belastbarkeit der Schülerinnen und Schüler und werden mit dem medizinisch-psychiatrischen Klinikpersonal hinsichtlich der übergeordneten Tagesstruktur abgestimmt. Ziel sollte eine Trennung von Unterrichtszeiten, Therapiestunden und Untersuchungen sein. Ebenfalls werden die Unterrichtszeiten graduell für viele Schülerinnen und Schüler von einer Unterrichtsstunde auf bis zu sechs für Jugendliche ausgedehnt. Ein zentrales Merkmal sollte zudem auch eine schrittweise Öffnung des Unterrichts durch das Klassenlehrkraftprinzip zum Fachlehrkrafteinbezug umgesetzt werden (Kollmar-Masuch & Oelsner, 2006). Auch, wenn der Unterricht »ein Bewährungs- und Trainingsfeld« (Wertgen, 2014a, S. 208) für viele Schülerinnen und Schüler darstellt, werden durch ihn zusätzliche diagnostische Informationen hinsichtlich des Gesundheitszustandes sowie des Behandlungsverlaufes gewonnen.

Weitere Charakteristika einer Klinikschule stellen Hoanzl et al. (2009) zufolge eine am Kind und dessen Umfeld orientierte Perspektive auf die Schullaufbahn. Ein regelmäßiger Austausch mit den Bezugspersonen des Kindes, der Herkunftsschule als auch einer möglichen neuen Schule nach der Entlassung aus der Klinik sind vonnöten. Es ist vielmals davon auszugehen, dass eine Rückkehr an die Herkunftsschule für viele der Schülerinnen und Schüler einer Klinikschule aufgrund der im Erleben dieser Schülerinnen und Schüler abgespeicherten Negativerfahrungen keine Option darstellt. Außerdem verlangt die Beschulung in einer Klinikschule eine enge Verzahnung der verschiedenen Berufsgruppen sowohl im (teil-)stationären als auch schulischen Bereich, denn ein Klinikaufenthalt folgt dem Primat der psychiatrisch/ (psycho-)therapeutischen Behandlung. Trotz der in der Fachwissenschaft diskutierten Verhältnismäßigkeit von Pädagogik und Therapie (Harter-Meyer, 1999; Schulte-Markwort & Riedesser, 1999) ist eine Abgrenzung von Unterricht und Therapie für die schulische Bildung dieser Zielgruppe absolut erforderlich. Laut Harter-Meyer (1999) sei der Umgang mit psychisch belasteten und erkrankten Kindern und Jugendlichen für Lehrkräfte schwierig und der Zugang ängstigender und weniger wahrnehmbar. Demgegenüber betonen Schulte-Markwort & Riedesser (1999), dass eine Bündelung kinderpsychiatrisch-psychotherapeutischer und schulpädagogischer Beiträge kooperationsförderlich sei. Dies beginne bereits in der Kenntnisnahme der jeweiligen Forschungsstände und individueller konzeptioneller Arbeit.

Die Schnittmenge der Pädagogik und der (Psycho-)Therapie liegt zwar in dem Herstellen von Sinnzusammenhängen zwischen dem Verhalten der Schülerin bzw. des Schülers und dem Erleben (Baumann, 2019; Herz, 2013a), jedoch zielt die Pädagogik auf Zukunftsgerichtetheit ab, indem es nach dem *aber* fragt und nicht nach dem *weil*. Dies obliegt der (Psycho-)Therapie zur Bewusstwerdung und Deutung. »Ich verstehe Dich, weil – aus Sicht des Pädagogen bedeutet dies: Ich verstehe Dich, aber…« (Hoanzl, 2002, S. 47). Diese Zukunftsgerichtetheit ist vor dem Hintergrund einer pädagogisch-getragenen Ressourcenorientierung für die Schülerschaft eine besondere Chance, denn in den institutionell verankerten Rollendefinitionen ist die Schülerin bzw. der Schüler vor den Augen des medizinisch-therapeutischen Personals zunächst *krank*. Außerdem kann eine Klinikschule nicht nur als eine feste örtliche Institution betrachtet werden, denn durch den Aspekt der starken Flexibilität, die von Klinikschulen gefordert ist, sollte sie eher als Rahmung in vielerlei Orten verstanden werden. Alternativ kann in Einzelfällen, je nach Bundesland, über die Erziehungsberechtigten mit einer ärztlichen Bescheinigung Hausunterricht beantragt werden. Hierfür ist eine formelle Zuordnung zur Schule für Kranke notwendig, um mögliche Ressourcen entwicklungsfördernd für die Schülerin bzw. den Schüler einzusetzen (Will, 2008).

Des Weiteren ist die Zusammenarbeit mit den Eltern bzw. Erziehungsberechtigten unerlässlich, denn ein wechselseitiger Informationsaustausch über Wünsche und Ziele unterstützt die Gestaltung von Zukunftsperspektiven, die häufig neu definiert und geordnet werden müssen. Es gilt, Eltern bzw. Erziehungsberechtigte über die Entwicklungsschritte und -optionen zu beraten, um Akzeptanz für mögliche Schullaufbahnwechsel ihrer Kinder entstehen zu lassen (Kollmar-Masuch & Oelsner, 2006). Diese Rahmung und Strukturen einer Klinikschule setzen die Notwendigkeit einer Kooperation mit den Herkunftsschulen der Schülerinnen und Schüler voraus. Die weitere Öffnung von bisher gescheiterten bzw. festgefahrenen Bildungsperspektiven kann nach der Entlassung aus der Kinder- und Jugendpsychiatrie nur in der Herkunftsschule bzw. einer neuen Schule fortgesetzt werden, denn es ist Teil der allgemein- bzw. sonderpädagogischen Handlungskompetenz. Die Integration der während der Behandlung gewonnenen Erkenntnisse in den Unterricht ist Teil der kollegialen Kooperation zwischen dem Kliniklehrpersonal und den Lehrkräften in allgemeinbildenden Schulen (Oelsner, 2014). Darüber hinaus konstatieren Fesch & Müller (2014) die Notwendigkeit pädagogisch und erzieherischer Antworten, die u. a. auch durch Vernetzungsprozesse zwischen der Schule für Kranke und anderen pädagogischen Institutionen wie z. B. der Schule für Erziehungshilfe initiiert werden können.

Bildungsabteilung in einer Justizvollzugsanstalt

Die Zielgruppe delinquent-krimineller Jugendlicher zeigt sowohl vor dem Hintergrund der von vielen Risikofaktoren geprägten Biografien als auch hinsichtlich institutionsbedingter spezialisierter Rahmenbedingungen Gemeinsamkeiten mit der Zielgruppe psychisch kranker Schülerinnen und Schüler. »Rahmen« wird gemäß Goffman (1980) als erlernte Erfahrungsschemata verstanden, die den Menschen helfen, (soziale) Situationen sinnhaft wahrzunehmen. Goffman fokussiert danach die Frage, wie Individuen ihr Handeln in sozialen Situationen organisieren und durch ihr Handeln Sinn stiften. Öhler (2018) bestätigt die Bedeutsamkeit von Rahmenelementen in der unterrichtlichen Kommunikation zwischen Lehrkraft und Schülerinnen sowie Schülern. In allgemeinbildenden Schulen sind die Ausgestaltung des pädagogischen Alltags sowie schulqualitative Merkmale primär für die Prävention von Delinquenz bzw. Kriminalität relevant (Melzer, Schubarth & Ehninger, 2011; Siegel & Welsh, 2013). Der Strafvollzug definiert das Strafvollzugsziel. Hoffmann (1989, S. 464) betont die »Wandlung vom Verwahrvollzug hin zum Behandlungsvollzug«, wodurch Bildungs- und Sozialaspekte sowie Kommunikation einen höheren Stellenwert beigemessen bekommen haben. Die gesetzliche Regelung der Resozialisierung wird im Strafvollzugsgesetz (StVollzG) folgendermaßen festgelegt: »Im Vollzug der Freiheitsstrafe soll der Gefangene fähig werden, künftig in sozialer Verantwortung ein Leben ohne Straftaten zu führen (Vollzugsziel). Der Vollzug der Freiheitsstrafe dient auch dem Schutz der Allgemeinheit vor weiteren Straftaten« (§ 2 StVollzG). Demnach zählen hierzu auch schulische Qualifikationen (Hoffmann, 1989; Walkenhorst, 2008). In § 2 StVollzG werden dem Vollzugsziel zwei Komponenten gesetzlich vorgeschrieben, an denen sich laut Laubenthal & Baier (2006, S. 74) die Gestaltung der Behandlungsprozesse durch die Vollzugsorganisation sowie deren Personalstruktur orientieren soll. Die erste Komponente unterstreicht explizit das Vollzugsziel der Resozialisierung des Inhaftierten durch den Vollzug der Freiheitsstrafe. Die zweite Komponente betont hingegen den Stellenwert der Sicherungsfunktion während der Strafhaft, folglich »der freiheitsentziehenden Maßregeln der Besserung und Sicherung (Vollzugsziel)« (§ 1 StVollzG). Dadurch wird zunächst deutlich, dass der Zielsetzung der Resozialisierung durch »die Realisierung der Sozialisation« (Laubenthal & Baier, 2006, S. 80) Priorität beigemessen wird.

Die Befähigung der Inhaftierten, in sozialer Verantwortung ein straffreies Leben zu führen, betont den Stellenwert des verantworteten Umgangs mit bestehenden Normen und Werten (ebd., S. 82). Diese Zielsetzung ist vor dem Hintergrund der häufig vorhandenen Bildungs- und Lerndefizite bei der Zielgruppe von besonderer Relevanz (Eberle, 2001; Reinheckel, 2007; 2013; Walkenhorst, 2006). Die Förderung des Vollzugszieles sollte sich gemäß Walkenhorst (2010) an drei Hauptkomponenten orientieren, die die Zielumsetzung der Befähigung zu einem straffreien Leben positiv beeinflussen können:

- die vorinstitutionelle und diagnostische Komponente durch die Berücksichtigung eines kooperativen Austausches mit den abgebenden Einrichtungen, z. B. Schulen oder Jugend- und Sozialhilfeeinrichtungen,
- die institutionelle Komponente im Sinne eines ressourcenorientierten und förderlichen Anstaltsalltages, u. a. durch qualifiziertes Personal,
- die nachinstitutionelle Komponente, die insbesondere die Entlassung und Nachbegleitung ins Auge fasst, z. B. hinsichtlich des Erwerbes eines Schulabschlusses.

Cornel et al. (2009) konstatieren, dass die Resozialisierung »eine Zielvorgabe für alle Bereiche und für alle Disziplinen, Professionen und Berufsgruppen im Strafvollzug« ist (S. 292). Bzgl. der Resozialisierung durch schulische Bildungsmaßnahmen wird durch das Angebot von Unterricht, Schule und Ausbildung im Strafvollzug ein wichtiges Fundament zur Erreichung des Vollzugszieles geschaffen. Durch den Zugang zur Bildung werden allgemeine Lebensverhältnisse aufgegriffen und Haftschäden vermieden, die wiederum eine gelingende Integration in den Arbeitsmarkt fördern. Dies setzt allerdings eine interdisziplinäre Zusammenarbeit verschiedener professioneller Vollzugsfachkräfte voraus (Cornel et al., 2009). Die Bildungsmaßnahmen in einer Justizvollzugsanstalt zielen auf die Förderung von Fähigkeiten ab, die der oder dem Inhaftierten nach seiner Haftentlassung eine Erwerbstätigkeit und somit die Aussicht auf selbstständige Unterhaltssicherung ermöglichen. Dadurch soll die Rückfallquote vermindert werden (Walkenhorst, 2008). Gemäß § 91 Abs. 2 JGG zählt Unterricht an dritter Stelle zu den notwendigen Erziehungsmaßnahmen, damit die Vollzugsziele erreicht werden können. Die Bildungsabteilung in der Justizvollzugsanstalt ist im Gegensatz zur Klinikschule überwiegend den Justizministerien und nicht den Kultusministerien unterstellt, sodass der rechtlich verankerte Status die deutliche Abgrenzung zum öffentlichen allgemeinbildenden Schulsystem unterstreicht. Wesentliche Bestimmungsmerkmale, z. B. Jahrgangsklassen oder das Prinzip der Versetzung, fehlen im Strafvollzug. Der Unterrichtsstoff orientiert sich an den Lehrplänen und Richtlinien der allgemeinbildenden Schulen, sodass die Abschlussprüfungen inkl. Zeugnisausstellung über externe Prüfungskommissionen der Schulbehörden abgenommen werden (Hoffmann, 1989; Reinheckel, 2013; Walkenhorst, 2002; Schweder, 2014). In den Bildungsabteilungen werden die inhaftierten Jugendlichen und jungen Heranwachsenden nach dem Prinzip der äußeren Differenzierung in leistungsbezogene Kurse eingeteilt, z. B. nach dem angestrebten Schulabschluss. Es werden folgende Bildungsangebote gemäß dem Bildungsangebot für Gefangene (BAG, 1995) unterschieden (Willmann, 2007b):

- abschlussbezogene schulische Bildungsmaßnahmen (von der Förderschule bis zur Fern-Universität) bzw. abschlussbezogene berufliche Bildungsmaßnahmen (u. a. Berufsvorbereitungsjahr, Ausbildung)
- nicht abschlussbezogene Bildungsmaßnahmen (z. B. Alphabetisierungskurse, lebenspraktischer Unterricht, soziale Trainingskurse)

Es besteht eine große Differenz zwischen dem Bildungsstand der Inhaftierten bei Haftantritt und den Anforderungen des Bildungssystems und der Arbeitswelt. Demnach müssen schulische und berufliche Defizite beseitigt und berufliche Handlungskompetenz aufgebaut werden. Der institutionelle Rahmen des geschlossenen Strafvollzugs stellt eine an den gegenwärtigen Anforderungen des Arbeitsmarktes orientierte Schul- und Berufsausbildung vor besondere Herausforderungen. So ist »die Vereinbarkeit zwischen dem Vollzug der Freiheitsstrafe und den Bemühungen der Fachdienste, insbesondere auch der pädagogischen Anstrengungen, […] vielfach nicht gegeben, da die Sicherheits- und Ordnungserwägungen als dominanter erachtet werden« (Schubert, 2002, S. 297). Um die Lernbedingungen und -anforderungen möglichst an den Anforderungen der Außenwelt zu orientieren, arbeiten Justizvollzugsanstalten mit einer Vielzahl externer Kooperationspartnerinnen und -partner wie bspw. der Landesschulbehörde, regionalen Haupt-, Real- und Förderschulen, den Handwerkskammern, der Agentur für Arbeit und regionalen Betrieben und Zeitarbeitsfirmen zusammen. Hinsichtlich der Verortung der Bildungsabteilung im System gestufter Hilfen ist, auch gemäß Willmann (2007b) zu konstatieren, dass die Bildungsabteilung einer Justizvollzugsanstalt nicht explizit in den KMK-Empfehlungen zum Förderschwerpunkt ESE erwähnt wird, die Nennung reduziert sich auf die Position eines Kooperationspartners, sodass die Entwicklungs- und Förderwege dieser Zielgruppe von der institutionsübergreifenden Bereitschaft zur und rechtlichen Machbarkeit der Zusammenarbeit abhängig ist.

3.7.4 Professionalität

Die Frage der Professionalität in Bezug auf die Unterrichtung von Kindern und Jugendlichen mit psychischen Erkrankungen oder von Jugendlichen und jungen Heranwachsenden mit delinquent-kriminellen Verhaltensweisen unterstreicht die Frage erstens nach dem Verhältnis von der (Sonder-)Pädagogik zur Medizin, Psychologie, Psychotherapie und Psychiatrie (Willmann, 2012) und zweitens dem Verhältnis von (Sonder-)Pädagogik, Psychologie, Kriminologie und Justiz (Myschker & Hofmann, 1984; Myschker & Stein, 2018).

Professionalität im Kontext psychisch kranker Schülerinnen und Schüler

Die Arbeit mit Schülerinnen und Schülern mit psychischen Erkrankungen setzt die Dialektik zwischen (psycho-)therapeutischem Verstehen und (sonder-)pädagogischem Handeln voraus. Warzecha (2003), orientiert an Hilff (1997), betont, dass Lehrkräfte an Klinikschulen starken Belastungen in der Begegnung mit der Zielgruppe ausgesetzt sind. Über die bereits oben beschriebenen Charakteristika der Zielgruppe kommen die Notwendigkeit eines hohen Ausmaßes an Flexibilität, Koordinierungsprozesse innerhalb und außerhalb der Klinik als auch die Beziehungsarbeit auf dreifacher Ebene hinzu (Hoanzl et al., 2009) (► Kap. 3.7.2). Das Ausmaß an Flexibilität zeichnet sich durch didaktisch-methodische Prozesse aus, die sowohl curriculare Unterrichtsinhalte der Schülergruppe unterschiedlicher Schulformen berücksichtigt als auch personenorientierte und (psycho-)therapeutische Elemente integrieren (Warzecha, 2003; Oelsner, 2014).

> »Pädagogische und didaktische Parameter wie Ermutigung, Wertschätzung, individuelle Lernrhythmisierung, Anschauung, Übung, Medien- und Methodenvielfalt, Verbalisierung und Visualisierung von Emotionen seien, weil selbstverständlich, hier nur am Rande erwähnt. Näher beleuchtet sei die Erwartung an ein ›curriculares Generalistentum‹« (Oelsner, 2014, S. 125).

Trotz dieser Forderung der Bandbreite schulischer Inhalte schulformübergreifend Rechnung tragen zu können, betont der Autor, dass vor Beginn jeden Lernprozesses die Voraussetzungen auf Beziehungsebene geschaffen werden sollten. Eine wesentliche Prämisse dieser Forderung liegt in der Sicherstellung personaler Kontinuität und Präsenz (Oelsner, 2014). Der Beziehungsaspekt betrifft sowohl die Schülerinnen-/Schüler-Lehrkraft-Beziehung, die Beziehung zu schulischen Inhalten als auch die Beziehung zu sich selbst (Hoanzl, 2009; Warzecha, 2003). Die Beziehung zwischen Schülerinnen, Schülern und ihrer Lehrkraft gilt als unverzichtbare Basis für Lernprozesse, denn Lehrkräfte haben den Auftrag, Schülerinnen und Schüler zu bilden. Wenngleich schulische Bildungsprozesse (psycho-)therapieunterstützend und nicht therapeutisch sein sollten, kann eine »Didaktik auf Basis von Empathie« (Oelsner, 2014, S. 126) helfen zu verstehen und pädagogisch handeln zu können. Je nach psychotherapeutischer Ausrichtung können psychotherapieschulspezifische Merkmale in die Unterrichtsorganisation eingebunden werden (in Anlehnung an Oelsner, 2014):

- Systemische Perspektiven unterstützen, gesamtfamiliale Wechselwirkungen zwischen dem Kind, den elterlichen Bezugspersonen und dem Lerngegenstand aufzudecken und in der Lehrplanung zu berücksichtigen. In der Kommunikation mit den Bezugspersonen sind gesprächs- bzw. klientenzentrierte Variablen (s. Rogers, 1972) hilfreich.
- Verhaltenstherapeutische Merkmale sind im Sinne einer unmittelbaren Rückmeldung auf Ergebnisse/Fortschritte im Lernen als auch Sozial-/Arbeitsverhalten unerlässlich, z. B. in Form von Token-Systemen und eines übergeordneten Kontingenzmanagements.
- Tiefenpsychologisch-psychodynamische Sichtweisen sind hinsichtlich der Phänomene von Übertragung, Projektion und Identifikation nützlich, um individuelle biografische Reinszenierung zu erkennen und angemessen beantworten zu können. Kenntnisse über Übertragungsprozesse schützen die Lehrkraft vor Fehldeutungen von Verhaltensweisen von Schülerinnen und Schülern. Unterrichtsinhalte bieten dahingehend gute Projektionsflächen für Schülerinnen und Schüler, um Impulse für die eigene individuelle Konfliktsituation zu erkennen, z. B. Literatur- oder Filmarbeit.

Eine zu enge Orientierung an einer (psycho-)therapeutischen Ausrichtung ist im Sinne einer umfassenden pädagogischen Professionalität nicht anzuraten und kann auf der Ebene der Zusammenarbeit mit sowohl medizinisch-therapeutischem Klinikpersonal als auch kooperierenden Lehrkräften an (Regel-) Schulen zu Irritationen und Abstimmungserschwernissen beitragen (Oelsner, 2014). »Günstig ist es, wenn pädagogischem Handeln ein an therapeutischen Ansätzen orientiertes Verstehen der individuellen Krisensituation und der Bedürfnislage eines Schülers zugrunde liegt« (Wertgen, 2014a, S. 209). Die Beziehung zum Lerngegenstand ist insbesondere dadurch gekennzeichnet, dass sich an ihr Emotionen spiegeln und diese frühere (unbewusste) Affekte und Konflikte aktualisieren könnten. Demnach ist die bewusste Auseinandersetzung mit den Lerninhalten durch die Lehrkraft sowohl auf fachlicher Ebene relevant als auch auf subjektiver Ebene der Schülerin bzw. des Schülers. Über das Erfahren von Sinnhaftigkeit bzw. subjektiver Bedeutung werden Lernprozesse und Lernbereitschaften bei dieser Zielgruppe insbesondere beeinflusst (Hoanzl et al., 2009; Warzecha, 2003). Ergänzend führend Krüger & Romer (2003) an, dass Unterrichtsinhalte und -methoden zielgruppenadäquat ausgewählt und deren Passung wissenschaftlich erforscht werden sollten. Offene Forschungsfragen zielen auf die Eignung von Lerninhalten, auf die Auseinandersetzung mit psychischen Erkrankungen und die Eignung von Unterrichtsmethoden und Mediennutzung hinsichtlich der Lernmotivation und des Lernverhaltens (Krüger & Romer, 2003). Schließlich ist in der Beziehungsarbeit auch die sog. Selbstbeziehung bedeutsam, denn Schülerinnen und Schüler, die geringe Selbstwirksamkeitsüberzeugungen verinnerlicht haben, gelingen Lernprozesse kaum bis gar nicht. Meist reicht die Vorstellung darüber, wie das Ziel erreicht werden kann aus, um gelingende Lernprozesse zu initiieren und zu stützen (Hoanzl et al., 2009). Weitere über die Beziehungsarbeit hinausgehende Leitlinien, in Anlehnung an Warzecha (2003) sind:

- Subjektorientierung umfasst eine enge Orientierung an den individuellen (Lern-) Biografien der Schülerinnen und Schüler.
- Lebensnähe kennzeichnet insbesondere, ergänzend zur Beziehung zum Lerngegenstand, eine Ausrichtung an der gegenwärtigen Lebensrealität der Schülerin bzw. des Schülers.
- Prozesslernen bezieht sich primär auf Erfahrungslernen mit der Lehrkraft, um aktive Teilnahme am Unterricht positiv erlebbar zu machen. Nachrangig sollten messbare schulische Inhalte in Form von Leistungsbeurteilung sein.
- Projektunterricht im Sinne von Gudjons (1986) trägt maßgeblich zu Selbstwirksamkeitserlebnissen bei, denn der handelnde Aspekt fokussiert die Selbstverantwortung der Schülerinnen und Schüler und trägt somit der Entwicklungsförderung Rechnung.
- Individualisierung/Differenzierung ist nicht nur vor dem Hintergrund der schulformübergreifenden Ausrichtung eine pädagogische Voraussetzung, sondern auch hinsichtlich der Wechselwirkungen von Lerngegenstand-Lehrkraft-Schülerin/Schüler, die den Lehr- und Lernprozess bei der Schülerschaft als auch der Lehrkraft lenkt.
- Strukturbildung meint eine Berücksichtigung der Interdependenzen von innerer Ordnung bei der Schülerin oder dem Schüler und äußerer Ordnung bei der bzw. durch die Unterrichtsgestaltung.

Um diese Empfehlungen berücksichtigen zu können und auf schulische Prozesse außerhalb der Klinikschule im begrenzten und höchst reflektiertem Maße übertragen zu können, ist es unerlässlich sich den Qualifikationserfordernissen von Lehrkräften, die überwiegend mit der Zielgruppe psychisch erkrankter Schülerinnen und Schülern arbeiten, zu widmen und somit Lehrkräfte in Regelschulen für diese Zielgruppe adäquat zu sensibilisieren und Handlungsimpulse zu vermitteln. Aufgrund der mannigfachen Belastungsmomente, denen die Lehrkräfte ausgesetzt sind, und der Notwendigkeit eines »haltenden Rahmen[s]« (Oelsner, 2014, S. 129) kommt dem erforderlichen Containment nach Winnicott (1973) eine Schlüsselrolle zu. Hierbei gilt es, die intensiven und destruktiven Affekte der Schülerinnen und Schüler auszuhalten, nicht vorschnell zu interpretieren und angemessene pädagogische Handlungsalternativen anzubieten. Schule sollte sich als verlässlich auf Ebene der Lehrkräfte als auch auf Stundenplangestaltungsebene zeigen. Zudem sollte der Umgang von Nähe und Distanz zwischen Lehrkraft und Schülerin bzw. Schüler stets reflektiert als auch durch besondere Qualifizierungen unterstützt werden. Ein weiterer Aspekt ist die Auseinandersetzung mit der eigenen Person, um einen blinden Aktionismus zu vermeiden und eine von Reflexion und professioneller Distanz getragene Beziehungsarbeit mit der Schülerin bzw. dem Schüler leisten zu können. Dies umfasst kritisch-konstruktive Auseinandersetzungen mit der eigenen Empathie, insbesondere bei Grenzüberschreitungen, und der eigenen Konfliktfähigkeit. Zu guter Letzt ist ein selbstfürsorglicher Umgang und dem Wissen darüber ein wesentlicheres Entlastungsmoment, um Entwertungs- und Ohnmachtsgefühle verarbeiten zu können (Warzecha, 2003; Krüger & Romer, 2003; Oelsner, 2014).

Professionalität im Kontext von Schülerinnen und Schülern mit delinquent-kriminellen Verhaltensweisen

Auf Grundlage des StVollzG wird allgemein von Pädagoginnen und Pädagogen gesprochen und nicht von Lehrkräften. Gemäß einer Studie von Reinheckel (2013) reichen die Abschlüsse der hauptamtlich beschäftigten Lehrkräfte im Strafvollzug vom Grundschullehramt über das Haupt-, Real- und Gymnasiallehramt bis zum Berufsschullehramt. Wenige Lehrkräfte weisen sonderpädagogische Studienabschlüsse vor. Darüber hinaus verweist Schweder (2014) darauf, dass die Lehrkräfte im Vergleich zum Vollzugsbediensteten auch nicht vollzugspädagogisch, und teilweise geringe didaktische Kenntnisse für diese Zielgruppe aufweisen. »Lehrer im Vollzug sind Organisatoren von Bildungsprozessen. […] Die Vollzugslehrer_innen nehmen dabei auch administrative und verwaltende Aufgaben wahr« (Borchert, 2016, S. 64). Wesentliches Kennzeichen stellt Reinheckel (2013) nach der Relevanz der (Berufs-) Erfahrung dar, die die Professionalität der Lehrkräfte kennzeichnet. Der Mangel an institutions- und adressatengerechten Qualifikationen wird sowohl in Forschung als auch Praxis als problematisch betrachtet (Hoffmann, 1989; Walkenhorst, 2016; Walkenhorst & Bihs, 2011; Schweder, 2014). Der Mangel an zielgruppenadäquater Unterrichtsgestaltung zielt insbesondere auf die Diskussion einer strafvollzugsorientierten Didaktik ab. »Dem Unterricht im Strafvollzug geht es um die Reduzierung oder Kompensation schulischer Defizite und um die soziale Eingliederung der Strafgefangenen« (Hoffmann, 1989, S. 470). Auch Myschker & Stein (2018) verweisen auf den Umstand, dass sowohl die inhaftierten Schülerinnen und Schüler als auch die beschäftigten Lehrkräfte Leidtragende der Ambivalenz zwischen sicherheitspolitischer Priorisierung aufgrund der Meinungsunterschiede zwischen Behörden und Öffentlichkeit und stark rückständiger Entwicklungsprozesse im schulischen Bereich innerhalb einer Justizvollzugsanstalt sind.

Schulische Bildung im Strafvollzug sollte vielmehr Beziehungs- und Begegnungsmomente zwischen Lehrkräften und inhaftierten Schülerinnen und Schülern fördern, den bisherigen ohnmächtigenden, entwertenden und beschämenden Schulbesuchserfahrungen der Jugendlichen und jungen Heranwachsenden entgegentreten, um »Weltbeziehungs-Bildung« (Müller, 2018c, S. 4) zu erfahren. Die Bereitstellung von Auswahlmöglichkeiten hinsichtlich des Lernmaterials sowie die Schaffung von (Ablauf-)Strukturen bieten Orientierung und stellen ein wesentliches Unterrichtskriterium dar (Müller, 2018). Walkenhorst & Bihs (2011) erarbeiteten den Stellenwert sonderpädagogischer Förderung vor, während und nach einer strafrechtlichen Verurteilung, denn »korrigierende und orientierende Interventionen in solcherart ›natürlichen‹ Sozialkontexten [erscheinen] am ehesten Erfolg versprechend« (ebd., S. 254). Mit Bezug zu dem Kriterium der (Berufs-)Erfahrung kann auf pädagogische Haltungsaspekte als wesentliches Kennzeichen einer Professionalität verwiesen werden. Eine entsprechende Haltung als »pädagogische Bewältigungshilfe« (Enke, 2003, S. 167) kann auf emotionaler Ebene im Lehr- und Lernprozess wirken. Die pädagogische Beziehung sollte »nicht nur unterstützend, sondern anteilig auch grenzsetzend und fordernd« (ebd., S. 167) gestaltet sein, um eine interaktive Lernatmosphäre fokussieren zu können. Dabei gilt es, eine Trennung zwischen individueller Person und begangenem Delikt anzustreben. »Die

Kriminalität des Jugendlichen in der Vergangenheit soll durch eine Zeit der erziehenden und bildenden Prisionierung in eine zukünftige Resozialisierung überführt werden« (Eberle, 2001, S. 32). Hieraus wird deutlich, dass eine Orientierung an den Lebensverläufen und Lebenswelten der inhaftierten Jugendlichen und jungen Heranwachsenden Bestandteil des professionellen Handelns sein sollte. Schließlich betont Walkenhorst (2016), orientiert an Stelly & Thomas (2004), dass eine Resozialisierung der Jugendlichen und jungen Heranwachsenden vielmehr an sozialen Integrationsbedingungen als an Täterpersönlichkeiten und zurückliegenden Verhaltensauffälligkeiten orientiert sein sollte.

3.7.5   Beispiel und Praxiskonzeptionen

Die dargelegten Bedingungen, Rahmungen und professionellen Erfordernisse in der schulischen Bildung von psychisch erkrankten Kindern und Jugendlichen sollen im Folgenden anhand von zwei kurzen Fallvignetten erläutert werden. Aufgrund der marginalen Verortung der schulischen Bildung von inhaftierten Jugendlichen und jungen Heranwachsenden innerhalb des gestuften Systems der Hilfen wird auf die Vorstellung einer Praxiskonzeption an dieser Stelle bewusst verzichtet.

Die Fallvignetten psychisch erkrankter Kinder und Jugendlicher zielen auf eine Verknüpfung der individuellen, familiären und schulischen Belastungsmomente. Trotz (schul-)biografischer Individualität sollen Überforderungsmomente innerhalb des Hilfe- und Unterstützungssystems das Überforderungserleben dieser Zielgruppe spiegeln.

Markus ist ein 14-jähriger Junge, der unter starken Ängsten leidet. Diese Ängste überfluten ihn, wenn er morgens zur Schule gehen soll (innerhalb eines Schuljahres über 30 Fehltage). Er habe Angst, dass ihm dort etwas Schreckliches passieren könne und leide an starken Kopfschmerzen. Zudem habe er insbesondere im Kontakt zu seiner Mutter, bei der lebt, heftige Wutausbrüche und ziehe sich sehr stark zurück. Die Mutter zeigt kaum Mitgefühl und reagiert mit Ärger und erzieherischen Strafen. Die Eltern leben getrennt und ihr Verhältnis zueinander ist eher als disharmonisch einzuordnen. Die Mutter bespricht in unangemessener Art und Weise ihre Probleme mit ihrem Sohn. Erst durch einen längeren stationären Aufenthalt konnten die Zusammenhänge von Markus' Verhaltensweisen näher verstanden werden. Im Fokus standen Loyalitätskonflikte von Markus zu seiner Mutter, da er eine starke Sehnsucht zu seinem Vater habe. Durch die Klärung der familiären Situation innerhalb des stationären Aufenthaltes konnte eine Verbesserung von Markus' Belastungen unter besonderer Berücksichtigung seiner Bedürfnisse erzielt werden.

Bevor Markus stationär aufgenommen wurde, erhielt er Unterstützung durch die Schulsozialarbeit und die Lehrkräfte des Mobilen Dienstes, um den Schulbesuch immer wieder anzubahnen und zu begleiten. Eine Überprüfung auf einen Bedarf an sonderpädagogischer Unterstützung im Bereich ESE wurde nicht initiiert, da Markus während des Schulbesuches zwar rückzügig, jedoch als nicht so stark beeinträchtigt in seinen Bildungs-, Lern- und Entwicklungsmöglichkeiten eingeschätzt wurde (Erlass sonderpädagogischer Förderung). In einem Gespräch mit Markus und seiner Mutter über die schulrechtlichen Konsequenzen seiner Fehltage konnte herausgestellt werden, dass die Mutter selbst stark belastet sei und sich nicht mehr zu helfen wisse, wie sie ihren Sohn zum Schulbesuch motivieren solle. Die Lehrkräfte konnten die Notwendigkeit einer familiären Unterstützung sehen und empfahlen den Besuch bei einer Erziehungsberatungsstelle, um ggf. familienunterstützende Hilfen (§§ 27–40 SGB VIII) über das Jugendamt in die Wege leiten zu können. Dort konnten sowohl Markus als auch seine Mutter zu einem Erstgespräch in einer Kinder- und Jugendpsychiatrie bewogen werden. Markus besuchte die Schule für Kranke und nach einigen Anläufen konnte eine stundenweise Reintegration in seine Heimatschule in enger Abstimmung zwischen der Lehrkraft der Schule für Kranke und der Klassenlehrkraft von Markus umgesetzt werden.

Während die Fallvignette von Markus deutlich macht, dass die psychische Erkrankung bei Markus kein genuin schulisches Problem darstellt, soll die Fallvignette von Anna verdeutlichen, dass eine noch engere Abstimmung der beteiligten Fachkräfte unerlässlich für einen erfolgreichen schulischen Bildungsverlauf ist.

Anna ist ein 7-jähriges Mädchen, das sehr introvertiert und schüchtern ist. In der Schule hingegen fällt Anna durch starke körperliche Unruhe und ständiges Involviertsein in Streitereien, auch mit körperlichen Übergriffigkeiten, auf. Es ist bereits zu schulrechtlichen Konsequenzen im Rahmen einer Klassenkonferenz gekommen, die zu einem einwöchigen Ausschluss vom Unterricht geführt haben. In der Schule wird die Forderung nach einer Schulbegleitung laut, da der Einsatz der sonderpädagogischen Lehrkraft im Rahmen der sonderpädagogischen Grundversorgung nicht ausreiche. Das Verfahren zur Feststellung eines Bedarfs an sonderpädagogischer Unterstützung wurde in Rücksprache mit der Mutter, die das alleinige Sorgerecht hat, über den Mobilen Dienst eingeleitet. Trotz der Zuweisung eines Bedarfs an Unterstützung in der emotional-sozialen Entwicklung verlangt Annas Mutter die Beschulung an der Grundschule, da eine Beschulung an einem Förderzentrum für ESE aufgrund der langen Anfahrtszeit nicht umgesetzt werden soll. Zuhause falle Anna ebenfalls durch häufiges Streiten mit ihrem kleinen Bruder (4 Jahre) auf, denn Spielsituationen müssen nach Annas Regeln gestaltet werden. Die Hausaufgabensituationen kennzeichnen sich durch eine starke Arbeitsverweigerung und massive verbale Auseinandersetzung mit der Mutter. Anna hat ihre Mutter eigentlich sehr gerne und kann sich ihr Verhalten nicht erklären.

In Elterngesprächen zwischen der Klassenlehrkraft und der Mutter werden auf beiden Seiten Gefühle von Hilflosigkeit deutlich. Die Lehrkraft erläutert die Notwendigkeit der Schulbegleitung und erklärt die notwendigen Schritte, u. a. die Erstellung eines ärztlichen Gutachtens im Rahmen des § 35a SGB VIII. Auf die Vorstellung in der psychiatrischen Praxis folgt die Empfehlung für einen stationären Aufenthalt von Anna, da Annas Symptomatik weit über oppositionelle Verhaltensweisen hinausgehe. Anna zeigt sowohl Symptome einer Enuresis nocturna (F 98.0 nach ICD-10; Einnässen im Schlaf) sowie einer emotionalen

Störung mit Geschwisterrivalität (F 93.3 nach ICD-10). Zudem leide die Paarbeziehung zwischen der Mutter und ihrem neuen Lebensgefährten an den zahlreichen Auseinandersetzungen zwischen Anna und ihrer Mutter. Eine enge psychiatrisch-psychotherapeutische Begleitung von Anna und ihrer Mutter haben nach einem mehrwöchigen stationären Aufenthalt mit anschließender teilstationärer Behandlung zu einer langsamen Verbesserung von Annas Symptomatik geführt. Während des Klinikaufenthaltes hat Anna die Klinikschule mit Freude besucht. Der hohe Grad der Individualisierung und die stetige Rückmeldung positiver Lernerfolge unterstützen Annas Lern- und Leistungsvermögen. Eine enge Rückkopplung mit der Herkunftsschule bzgl. wünschenswerter Adaptionen im Unterricht und die Entscheidung der Mutter, auf eine Schulbegleitung zugunsten eines Schulwechsels zu verzichten, verdeutlichen, dass Annas Bedürfnissen bislang nur unzureichend Rechnung getragen werden konnte.

3.7.6   Fazit

Schulische Bildung für Kinder und Jugendliche mit psychischen Erkrankungen oder Jugendliche und junge Heranwachsende mit delinquent-kriminellen Verhaltensweisen charakterisieren sich durch Erfahrungen von Unsicherheit, Unverstanden-Sein und Unzuverlässigkeit. Die Schulbiografien beider Zielgruppen spiegeln die biopsychosozialen Risikofaktoren auf Entwicklungsprozesse von Kindern und Jugendlichen in einem starken Ausmaß wider, das alle pädagogisch Handelnden (und in einer Institution mit eindeutigem Erziehungsauftrag sind alle Fachkräfte gemeint) sich aufgefordert fühlen sollten, die Lebenssituationen ihrer Schülerinnen und Schüler wahrzunehmen, zu kennen und anzuerkennen. Eine lebensweltorientierte Auseinandersetzung ist und schafft die Voraussetzung für alle individuell notwendigen (Bildungs-, Erziehungs-,) Hilfe- und Unterstützungsangebote, die diese jungen Menschen für eine sorgenfreiere Zukunft benötigen.

Kinder und Jugendliche mit psychischen Erkrankungen benötigen Begegnungs- und Beziehungsmomente, in denen sie Zuwendung und Verständnis erfahren. Die biografischen Belastungen sind mitunter so verletzend, dass der Fokus auf beziehungspädagogischen Interventionen liegen sollte und curriculare Anforderungen trotz der strikten bildungspolitischen Orientierung an Rahmenlehrplänen nachrangig behandelt werden sollten. Die Bereitschaft aller (pädagogischen) Fachkräfte innerhalb eines gestuften Systems der Hilfen sollten hinsichtlich der eigenen emotionalen Beteiligung gut reflektiert werden, um den Kindern und Jugendlichen alternative Lösungswege für ihre Problemlagen aufzuzeigen. In diesem Kontext ist ein fach- und institutionsübergreifender Austausch, von einer Beratungssituation über die temporäre Beteiligung externer Kooperationsinstitutionen bis hin zu der gemeinsamen Planung der Reintegration der Schülerinnen und Schüler nach einem stationären Aufenthalt in einer Kinder- und Jugendpsychiatrie, notwendig. Diesen Kindern und Jugendlichen fehlt häufig ein haltender familiärer Rahmen, der die emotionale Instabilität und damit Schwierigkeiten im Lern- und Leistungsvermögen zur Folge hat.

Jugendliche und junge Heranwachsende in Haft befinden sich in einer mit dem Freiheitsentzug konfrontierenden Lebenssituation. Diese jungen Menschen zeigen biografische Belastungen, die insbesondere durch beeinträchtigende Sozialisationserfahrungen sowie deprivierter Lebensumstände gekennzeichnet sind. Die Rahmenbedingungen der Strafvollzugsgestaltung, insbesondere der Bildungsabteilungen, stehen stark in der Kritik. Diese Kritik bezieht sich nicht nur auf die Personal- und Betreuungsqualität, sondern vielmehr auf die Schwierigkeit der Umsetzung des Erziehungsgedankens im § 91 JGG VIII. Die schulische Bildung inhaftierter Jugendlicher und junger Heranwachsender soll im Idealfall auf ein Leben ohne Straftaten vorbereiten, lässt jedoch jegliche Konkurrenz- und Leistungssituation außerhalb des Strafvollzuges außer Acht. Zudem erschweren die enorme Vielzahl der Regelungen und Zeitstrukturen einen gelingenden Transfer in ein Leben außerhalb der Haftanstalt. Dadurch, dass Jugendliche und junge Heranwachsende mit delinquent-kriminellen Handlungen vor einer Haftstrafe eher als sog. Schulabbrecher im Schulsystem gelten und selten nach einer Haftstrafe in das Schulsystem zurückkehren, wird dem gestuften System der Hilfen eine eher untergeordnete Rolle bei dieser Zielgruppe zuteil.

Für beide Zielgruppen gilt jedoch, unabhängig von der Betrachtung eines gestuften Systems der Hilfen, dass pädagogische Fachkräfte stets junge Menschen mit psychischen Erkrankungen oder delinquent-kriminellen Verhaltensweisen als Expertinnen und Experten ihres Selbst wahr- und ernstgenommen werden müssen – insbesondere, wenn pädagogische Interventionen dort ansetzen, wo sie benötigt werden. Die Berücksichtigung eines Verstehensprozesses der subjektiven Problemlösung der Schülerinnen und Schüler unterstützt die Entwicklung eines zielgruppenadäquaten Unterrichtsangebotes und kann der Entwicklung von Sicherheit, Orientierung, Halt, Austausch und Probehandeln (Wittrock, 2008) Rechnung tragen.

4   Aufgabenfelder und Konzepte

Sonderpädagogische Arbeitsplätze, die sich deutlich von dem bisherigen Berufsbild einer Sonderpädagogin bzw. eines Sonderpädagogen an einer Förderschule unterscheiden, sind nicht mehr die Ausnahme, sondern der Regelfall. Das Bedingungsgefüge für die Ausübung des Berufs verändert sich, Aufgaben und Tätigkeiten erhalten eine gänzlich neue Gewichtung und Bedeutung.

> »Sonderpädagogische Lehrkräfte sind [...] zunehmend an allgemeinen Schulen als Kooperationslehrkräfte und als sonderpädagogisch qualifizierte Lehrkräfte tätig, ebenso für sonderpädagogische (mobile) Dienste, an Sonderpädagogischen Kompetenzzentren und als externe Beratungslehrkräfte. Im Unterricht der allgemeinen Schulen übernehmen sonderpädagogische Lehrkräfte zudem erweiterte Rollen (z. B. Beratung und Unterstützung von Lehrkräften ohne sonderpädagogische Qualifikation sowie des nicht-pädagogischen Personals, Organisation von inklusiven Lehr- und Lernprozessen, Beteiligung an Diagnoseverfahren, Mitwirkung an der Schulentwicklung)« (Autorengruppe Bildungsberichterstattung, 2014, S. 189).

Werden Aufgaben der Sonderpädagogik thematisiert, insbesondere in Bezug auf den gemeinsamen Unterricht (Reiser, 2007; Melzer & Hillenbrand, 2013; 2015; Werner & Quindt, 2015), fällt der Blick auf die quantitativen Veränderungen in den Aufgabenbündeln, (Teil-)Aufgaben und Tätigkeiten. Melzer & Hillenbrand (2013, S. 194 f.) argumentieren für detaillierte Aufgabenbeschreibungen als eine Grundlage für die weitere Professionalisierung sonderpädagogischer Tätigkeit in der inklusiven Schule. Sie verweisen auf zahlreiche Erfahrungsberichte und die Diskussion »auf theoretischer Basis« und dem Mangel an empirischen Studien. Besonders herausfordernd ist »die begrenzte Forschungslage: Es fehlt an empirischen Untersuchungen zu Aufgaben sonderpädagogischer Lehrkräfte in inklusiven Bildungssystemen im deutschsprachigen Raum« (Melzer & Hillenbrand, 2015, S. 231).

Melzer & Hillenbrand (2013) erarbeiteten zunächst, aus einem internationalen Literaturreview auf der Basis von 14 Studien 57 Aufgaben für Sonderpädagogen in inklusiven schulischen Settings, die sich in elf Aufgabenbereiche zusammenfassen lassen. Zu den »erwarteten« Ergebnissen wurden gezählt:

- »Diagnostik
- Förderplanung
- Trainings (bzw. der Aufgabenbereich Vermittlung spezifischer Inhalte)
- Lernunterstützung
- konkrete Hilfestellung für das Kind
- Zusammenarbeit
- Beratung verschiedener Zielgruppen« (ebd., S. 197 ff.).

Eher »unerwartet« für die Autoren waren:

- »Koordination von sonderpädagogischen Unterstützungsangeboten
- Führen von Dokumenten
- Anleitung von Lehrkräften und Assistenzen
- Professionalisierung weiterer Mitarbeiter der Schule« (ebd.).

Bei differenzierter Betrachtung tritt der Aufgabenbereich der Diagnostik, als am häufigsten beschriebener Bereich, an die Spitze. Hinzu kommen »die Beratung von und mit anderen Lehrkräften, die Zusammenarbeit mit Eltern und mit außerschulischen Partnern sowie Büroarbeit in diesem Kontext (Dokumente schreiben, Akten aktualisieren)« (ebd., S. 200) Entsprechend dazu stellen Werner & Quindt aus ihrer Untersuchung fest, dass »die Förderschullehrkraft in einem zeitlich größerem Umfang Kooperation mit verschiedenen Institutionen, der Beratung von und mit Kolleginnen und der Elternarbeit tätig war« (Werner & Quindt, 2014, S. 470). Auch in der Vielfalt bestätigten Werner & Quindt die Ergebnisse von Melzer und Hillenbrand. Sie identifizieren 27 Aufgaben in sieben Bereichen im ersten Schuljahr auf Basis einer Einzelerhebung zu der eine Inklusionsklasse vom Schuljahr 2012/13 bis 2016/17, d. h. 1. bis 4. Schuljahr, begleitet wurde (ebd., S. 464).

Im Vergleich zu deutschen Entwicklungen wurde international bereits früh die Bedeutung der Beratung und Koordination deutlich hervorgehoben. Es besteht ein hoher Bedarf an Koordination und Kooperation, der in ein etabliertes Bildungssystem, mit einer zuvor räumlich davon getrennten sonderpädagogischen Förderstruktur, neu implementiert werden muss.

»Das die einzelnen Bildungsbereiche prägende unterschiedliche Verständnis von Behinderung bildet sich auch in der professionellen Sozialisation und dem gewachsenen Selbstverständnis des pädagogischen Fachpersonals ab. Daraus ergibt sich die weitere Herausforderung zu klären, welcher Veränderungsbedarf entsteht, um den professionellen Anforderungsprofilen eines inklusiven Bildungssystems Rechnung tragen zu können. Ein qualifiziertes und zum Umgang mit Heterogenität motiviertes Personal auf allen Ebenen des Bildungssystems wird neben der Klärung des Einsatzes unterschiedlicher pädagogischer Spezialisierungen und der Finanzierung des einbezogenen Personals für das Gelingen des anstehenden Umgestaltungsprozesses eine notwendige Voraussetzung darstellen« (Autorengruppe Bildungsberichterstattung, 2014, S. 199).

4.1 Beziehung als Grundlage der Pädagogik bei Verhaltensstörungen?!

Tijs Bolz

> »Am Anfang ist die Beziehung«
> (Buber, 1962, S. 90)

4.1.1 Einleitung

Die Gestaltung von Beziehungen stellt einen essenziellen Bestandteil der kindlichen Entwicklungsaufgaben dar. Insbesondere im Verlauf der mittleren Kindheit und der Adoleszenz sind schulische Institutionen langfristig Lebensorte, die einen bedeutsamen Einfluss auf die Gestaltung und Bewältigung von Entwicklungsaufgaben und weiterer vielfältigen Herausforderungen im Leben nehmen (Hoffmann & Castello, 2014). Dabei gewinnen soziale Beziehungen mit Peers sowie Lehrkräften und weiteren pädagogischen Fachkräften zunehmend an Bedeutung und intensivieren sich mit der Zeit. Im schulischen Setting (des Förderschwerpunkts ESE) ist eine tragfähige Schüler-Lehrer-Beziehung eine grundlegende »Voraussetzung für wirkungsvolles pädagogisches Handeln« (KMK, 2000, S. 56). Einen wesentlichen Aufgabenbereich sonderpädagogischer Förderung bzw. Auftrag pädagogischen Handelns im schulischen Setting des Förderschwerpunkts ESE stellt darüber hinaus die Weiterentwicklung der Fähigkeiten emotionalen Erlebens sowie sozialen Handelns und explizit die Stärkung der Beziehungsfähigkeit der Schülerinnen und Schüler dar (KMK, 2000). Auch eine Vielzahl an empirischen Studien aus dem englischen Sprachraum unterstreicht, dass die Gestaltung der Schüler-Lehrer-Beziehung (bspw. geprägt von Nähe, emotionaler Wärme, Feinfühligkeit und Verlässlichkeit) einen wichtigen Einfluss auf das akademische Lernen (z. B. Pianta & Hamre, 2001; Howes et al., 2008), die schulischen Leistungen (z. B. Baker, 2006; Hughes, 2012) sowie die sozial-emotionale Entwicklung (z. B. Hamre & Pianta, 2001; Roorda et al., 2011; Curby, Brock & Hamre, 2013; Obsuth et al., 2017) hat. Aus Perspektive der Lehrkraft nimmt die Qualität der Beziehung zu Schülerinnen und Schülern einen bedeutsamen Einfluss auf die Berufszufriedenheit, das Stressempfinden im Beruf und somit ihre psychosoziale Gesundheit ein (Aldrup, Klusmann & Ludkte, 2017; Spilt, Koomen & Thijs, 2011). Pädagogisches Handeln erfordert von pädagogisch Tätigen ein hohes Maß an Reflexionsfähigkeit und Frustrationstoleranz. Die Beziehung kann in unterschiedlichen Unterrichtssituationen in Form von (ver-)störenden Verhaltensweisen auf die Probe gestellt werden und eine Folge der bisherigen Beziehungs- und Bindungserfahrungen der jungen Menschen sein. Dabei benötigen junge Menschen mit emotionalen und sozialen Beeinträchtigungen in besonderem Maße unterstützende Beziehungen. Die Gestaltung einer positiven und unterstützenden Beziehung zu Schülerinnen und Schülern mit emotional-sozialen Beeinträchtigungen bietet somit eine besondere Chance und Herausforderung.

Schwerpunkt des Beitrags stellt die Betrachtung der Gestaltung förderlicher und unterstützender Beziehungen im Förderschwerpunkt ESE dar. Zunächst erfolgt eine kurze, allgemeine Beschreibung und Einordnung der Gestaltung von sozialen Beziehungen in pädagogischen Handlungsfeldern aus wissenschaftstheoretischer Perspektive. Darauf aufbauend sollen besondere Chancen und Herausforderungen der Beziehungsgestaltung in schulischen Settings im Rahmen der Förderung und Unterstützung von Schülerinnen und Schülern mit emotional-sozialen Beeinträchtigungen beschrieben und diskutiert werden. Dies erfolgt unter besonderer Berücksichtigung bindungstheoretischer Grundlagen. Es werden ausgewählte bindungs- und beziehungsorientierte Förder- und Unterstützungsmaßnahmen dargestellt und Schlussfolgerungen für die sonderpädagogische Praxis und Forschung abgeleitet.

Die wissenschaftliche Auseinandersetzung mit Beziehungen in pädagogischen Kontexten wirkt zunächst mannigfaltig und unterliegt den klassischen wissenschaftlichen Strömungen und Teildisziplinen, die Einfluss auf die Bildungs- und Erziehungswissenschaft nehmen. Während bereits Rousseau, Trapp, Pestalozzi, Herbart und Fröbel auf das spezifische personale Verhältnis zwischen Erwachsenen und Heranwachsenden hingewiesen haben, sind es v. a. Nohl (aus reformpädagogischer Perspektive), Dilthey, Buber, Simmel (aus soziologischer Perspektive) sowie Oevermann (aus sozialisationstheoretischer Perspektive), die den Phänomenbereich pädagogischer Beziehungen explizit betrachten. Auch Beiträge der Bezugswissenschaften und Nachbardisziplinen der Pädagogik – insbesondere der Psychologie – wie bspw. von Tausch & Tausch (1998; Entwicklungspsychologie), Nickel (1976; transaktionales Modell; kognitionspsychologische Perspektive) und Bowlby (1969; Bindungstheorie) liefern gewinnbringende Ansätze für die Betrachtung der Gestaltung von Beziehungen in pädagogischen Kontexten. Im Verlauf des Kapitels werden einzelne Kernaspekte dieser unterschiedlichen theoretischen Ausführungen berücksichtigt.

4.1.2 (Soziale) Beziehung in pädagogischen Kontexten

Der Mensch ist auf zwischenmenschliche Beziehungen angewiesen. Wie bedeutsam verschiedene Konstellationen sozialer Beziehungen für unser alltägliches Leben sind, konnten breite Teile der Gesellschaft bspw. besonders im Verlauf der Covid-19-Pandemie und den daraus resultierenden Kontaktbeschränkungen (und somit auch Beschränkung sozialer Interaktion und Beziehung) auf unterschiedlichste Art und Weise erfahren. Um Beziehungsdimensionen und -prozesse in pädagogischen Handlungsfeldern differenziert betrachten, einordnen und verstehen zu können, muss vorab kurz auf das – eng verknüpfte und häufig damit verschwimmende – Konstrukt der sozialen Interaktion eingegangen werden. Soziale Interaktion ist eine besondere Art sozialen Handelns und zunächst als wechselseitiges und aufeinander bezogenes Handeln von verschiedenen Akteuren oder Gruppen zu beschreiben (Simmel, 1968; Hoefert, 1982; Hinde, 1993). Entscheidend ist, dass diese Akteure ihr Handeln gegenseitig aufeinander beziehen, unabhängig davon, ob dies eine Wirkung hervorbringt (Perrez, Huber & Geißler, 2006). Dabei ist die soziale Interaktion geprägt von gegenseitigen Erwartungen und abhängig von den jeweiligen sozialen Rollen, die wir in unterschiedlichen sozialen Rahmungen einnehmen. Insbesondere Goffman (1969) weist im Rahmen seines Werks »Wir alle spielen Theater« darauf hin, dass Interaktionsprozesse von unterschiedlichen Rollen, die jeder und jede einzelne in unterschiedlichen Kontexten

(Teilrollen für unterschiedliche Gelegenheiten) annimmt, geprägt sind. Soziale Beziehungen sind das Ergebnis einer Reihe vielschichtiger (stabiler) sozialer Interaktionen, die von einer gewissen Regelmäßigkeit und Konstanz geprägt sind (Argyle & Henderson, 1990; Hinde, 1993; Asendorpf & Banse, 2000). Auch wenn die Unterschiede zwischen langandauernden Interaktionen und Beziehungen fließend sind (Hinde, 1993), grenzen sich soziale Beziehungen aufgrund ihrer Kontinuität und gemeinsam bestehender Beziehungserfahrungen, sozusagen einer gemeinsamen »Beziehungsgeschichte«, von sozialen Interaktionen ab. Im privaten Alltag können wir selbst Einfluss auf die Gestaltung sozialer Beziehung nehmen und diese i. d. R. freiwillig eingehen. Beziehungsgestaltung in pädagogischen Kontexten hingegen ist sowohl aus der Perspektive der pädagogischen Fachkräfte als auch aus der Perspektive des jungen Menschen zunächst nicht freiwillig.

Beziehungen lassen sich durch bestimmte subjektive Bewertungen wie eng, nah, distanziert, kompliziert, gut oder schlecht näher bestimmen und sind somit als dynamisches Konstrukt zu verstehen. Abhängig von der Art der professionellen Beziehung und der Situation variiert der Grad an Nähe, Offenheit, Dauer, emotionaler Bindung und »Machtverteilung« und somit auch die Qualität erheblich (Heidbrink, Lück & Schmidtmann, 2009). »In Beziehung gehen« ist jedoch zunächst unabhängig von der Beziehungsqualität zu betrachten. Viele berufliche Tätigkeiten erfolgen in einem festgelegten Rahmen mit klar definierter Dienstleistung und daran angeknüpfte gesellschaftliche Erwartungen der einen Person (z. B. Patientin oder Kunde) an die Leistung einer anderen Person (z. B. Ärztin oder Verkäufer). Regeln, Routinen o. Ä. müssen in diesen Beziehungsdyaden nicht explizit ausgehandelt werden. Diese Beziehungsformen sind grundlegend als komplementär zu beschreiben. Hilfreich für die differenzierte Betrachtung verschiedener Beziehungsrollen bzw. -formen und insbesondere zur Reflexion von Beziehungsdynamiken in pädagogischen Handlungsfeldern ist die, von Oevermann (1996) heuristisch hergeleitete, Unterscheidung zwischen den zwei Beziehungsformen »diffuse Sozialbeziehungen« und »rollenförmige Sozialbeziehungen«.

Unter **diffuse Sozialbeziehungen** fasst Oevermann (1996) Beziehungsformen zusammen, bei denen die Kommunikation von einem hohen Maß an Dichte, Emotionalität und Offenheit geprägt sein kann und somit primär durch Gefühle bestimmt wird. Diese Beziehungsmuster spiegeln sich i. d. R. in unterschiedlichen Beziehungskonstellationen der Kernfamilie (z. B. Mutter-Kind-Dyade, Vater-Kind-Dyade, Geschwister-Dyaden, Polyaden in der Familie) aber auch Paarbeziehungen oder Freundschaften wider. Diffuse Beziehungen haben keine zeitliche Terminierung und sind somit nicht durch eine bestimmte Dauer festgelegt. Trennung oder Unterbrechung innerhalb diffuser Beziehungsformen erfolgen meist durch die Entwicklung des Lebenszyklus oder durch Scheitern der Beziehung. Da es sich um generalisierte Wechselbeziehungen handelt, die eine hohe Belastbarkeit affektiver Bindungen aufweisen und von Verlässlichkeit sowie Vertrauensbildung und -sicherung geprägt sind, sind Beziehungspartner bzw. -partnerinnen dieser Beziehungen nicht ersetzbar (Bimschas & Schröder, 2003). **Rollenförmige Sozialbeziehungen** sind nach Oevermann (1996) hingegen durch normativ, idealisierte oder aufeinander bezogene Rollendefinition (z. B. Beruf) gekennzeichnet. Die möglichen Themen der Kommunikation sind i. d. R. bindend festgelegt und eng mit der Rollendefinition verknüpft. Durch ein klar festgelegtes und formuliertes Rollenhandeln sind sie spezifisch und lassen sich bspw. in der Interaktion zwischen Verkäuferin und Kunde oder Ärztin und Patient beobachten. Rollenförmige Beziehung sind nicht primär bzw. gezielt durch Gefühle bestimmt. Während bei diffusen Sozialbeziehungen begründet werden muss, warum ein Thema von der Kommunikation ausgeschlossen wird, bedarf es dies im Rahmen rollenförmiger Beziehungen nicht. Der berufliche Rahmen gibt die Kommunikation vor.

Die dargestellte Unterscheidung dieser zwei unterschiedlichen Beziehungsformen kann einen gewinnbringenden Beitrag zur Reflexion von pädagogischen Situationen und somit zur professionellen Gestaltung von Beziehungen leisten. Die Beziehungsdynamik in unterschiedlichen pädagogischen Situationen und insbesondere im Handlungsfeld der Pädagogik bei Verhaltensstörungen, stellt häufig eine »Mischform« diffuser und rollenförmiger Beziehung dar (Baumann, Bolz & Albers, 2017). Auf der einen Seite werden pädagogische Fachkräfte im Rahmen pädagogischer Situationen häufig in Form diffuser Anteile mit Beziehungserwartungen und -mustern von jungen Menschen konfrontiert, die von familialen und biografischen Beziehungserfahrungen geprägt sind (s. dazu auch Ausführungen zur Bindungstheorie in Bolz, Wittrock & Koglin, 2019 sowie Langer, 2019). Auf der anderen Seite wägen pädagogische Fachkräfte ihr pädagogisches Handeln häufig vor dem Hintergrund ihres beruflichen Rollenbildes sowie institutionell gesetzter Regeln, Normen und Werte (z. B. Schul- und Klassenregeln, Regeln einer Jugendhilfeeinrichtung etc.) ab.

Junge Menschen, die in den unterschiedlichen Institutionen und Organisationsformen des gestuften Systems der Hilfen (▶ Kap. 3) unterstützt werden, gehen nicht selten auf sehr persönlich-emotionaler (diffuser) Ebene in die soziale Interaktion oder stellen das Rollenbild der pädagogischen Fachkraft infrage und beeinträchtigen oder verhindern in der Folge rollenförmige Beziehungs- und Kommunikationsstrukturen (Baumann, 2012a). In den unterschiedlichen Situationen dieser pädagogischen Handlungsfelder gelingt es nur schwer oder gar nicht, eine Balance zwischen rollenförmigen und diffusen Beziehungsformen in der Begegnung mit dem jungen Menschen herzustellen bzw. aufrecht zu erhalten. Die nachfolgenden Leitfragen können einen Beitrag zur Selbstreflexion pädagogischer Beziehungsdynamiken leisten und für zukünftige Situationen nutzbar sein.

Übergeordnete Reflexionsfragen:

- In welchen Situationen ist mein pädagogisches Handeln von diffusen Beziehungsformen geprägt?
- In welchen Situationen ist mein pädagogisches Handeln von rollenförmigen Beziehungsformen geprägt?
- Wie äußern sich diese diffusen Anteile der Beziehungsform auf der Verhaltensebene?
- Was lösen diese Verhaltensweisen in der Beziehungsdynamik bei meinem Gegenüber in der konkreten Situation und im Nachgang aus?
- Was lösen diese Verhaltensweisen in der Beziehungsdynamik in der konkreten Situation und im Nachgang bei mir aus?
- In welchen Situationen überschneiden sich diese Beziehungsformen?

Pädagogische Beziehungen bilden somit eine widersprüchliche Einheit, die sich je nach Situation und individuellen Eigenschaften, zwischen den Polen diffuser Beziehung und rollenförmiger Beziehung bewegt. Professionelle Beziehung in pädagogischen Handlungsfeldern kann unter Berücksichtigung von Oevermann (1996) als »Arbeitsbündnis« verstanden werden. Lehrkräfte können als Lernbegleiter in diesem »Arbeitsbündnis« fungieren. Neben dieser Unterscheidung zwischen diffusen und rollenförmigen Beziehungsformen sind pädagogische Beziehungen in Abgrenzung zu anderen Beziehungskonstellationen zeitlich begrenzte Interaktionen, die in spezifischen situativen und institutionellen Rahmungen erfolgen (Brozio, 1995; Jungmann & Reichenbach, 2016). Beziehungen sind stets vor dem Hintergrund der jeweiligen Kontexte und Rahmungen zu betrachten. So bilden pädagogische Settings spezifische Rahmungen mit (mehr oder weniger) feststehenden und v. a. gesellschaftlich und institutionell bedingten Normen, Werten, Regeln, Ritualen etc., die direkten Einfluss auf die Gestaltung von Beziehungen nehmen. Des Weiteren sollte die pädagogische Beziehung von Empathie, unbedingter Wertschätzung und Echtheit geprägt sein (Rogers, 1972). Sie ist darüber hinaus – und das scheint gerade in der Pädagogik bei Verhaltensstörung besonders zu betonen zu sein – von einer therapeutischen Beziehung abzugrenzen.

Exkurs: Zum Verhältnis von Beziehung und Erziehung in aller Kürze

Insbesondere Diltheys (1934, zit. n. Brozio, 1995) Darlegungen zum Verhältnis des »Zöglings zum Erzieher« sowie der bereits 1926 von Nohl (1949) verwendete Terminus des »pädagogischen Bezugs«, legen – für die damalige Zeit – alternative Perspektiven für das erzieherische Verhältnis vor und unterstreichen die Bedeutsamkeit und Funktionen von Beziehungsgestaltung in pädagogischen Settings. Das Verhältnis von Erziehung und Beziehung steht dabei immer im Fokus. Allein aus etymologischer Perspektive besteht zwischen den Begriffen Beziehung und Erziehung ein enger Zusammenhang. So stammen »erziehen«, »Erzieher«, »Erziehung« sowie »aufziehen, heranziehen, verziehen wie beziehen und somit auch Beziehung« vom mittelhochdeutschen Zeitwort »ziehen, ahd. ziohan, got. tiuhan« ab (Brozio, 1995). Unter Berücksichtigung der Darlegungen von Müller (2018a) kann für die Einordnung des Verhältnisses von Erziehung und Beziehung der Erziehungsbegriff von Kobi (2004) angeführt werden. Kobi (2004, S. 92) beschreibt, dass Erziehung sich in der »intersubjektiven Beziehung« begründet und Erziehung als »psychosoziales Arrangement« zu verstehen ist. Er verortet Erziehung somit in zwischenmenschlicher Beziehung und weiteren psychosozialen Prozessen. Jede Art und Form von Erziehung ist somit auf zwischenmenschliche Beziehung besonderer Art angewiesen. Auf der einen Seite ist Erziehung ohne zwischenmenschliche Beziehung nicht möglich. Auf der anderen Seite wird in allen pädagogischen Beziehungsformen Erziehung geleistet, denn Erziehung findet ihren »Ausdruck in interpersonal gestalteten Beziehungs-, Lebens- und Daseinsformen« (ebd., S. 72).

4.1.3 Beziehung und unterrichtliches Handeln im Förderschwerpunkt der emotionalen und sozialen Entwicklung

Unterricht lässt sich als Interaktionssystem beschreiben, in dem sich Lehrpersonen und Schülerinnen sowie Schüler zunächst begegnen und darüber hinaus wechselseitig beeinflussen (Hofer, 1997; Pianta, 1999). Unterrichtprozesse zeichnen sich u. a. durch eine hohe Dichte an Lehr-Lernprozessen aus (Helmke, 2017), die mal mehr mal weniger von anerkennenden und verlässlichen Interaktionen geprägt sind (Wentzel, 2010). Des Weiteren kann Unterricht als »System gegenseitiger Beobachtungen« (Herzog, 2006, S. 397) und »System reziproker Beziehung« (Wettstein & Scherzing, 2019, S. 116) beschrieben werden (► Kap. 4.6). Die Gestaltung verlässlicher und anerkennender Beziehung unterstützt sowohl den Schüler bzw. die Schülerin als auch die Lehrkraft dabei, positive Lern- und Lehrsituationen zu ermöglichen (Leidig & Hennemann, 2017). Die Beziehung zwischen Schülerin bzw. Schüler und Lehrkraft bildet die Infrastruktur schulischer Bildungsprozesse, auf deren Basis die Kinder und Jugendlichen akademische, kognitive und sozial-emotionale Kompetenzen erwerben und entwickeln (Pianta, 1999; Bolz, Wittrock & Koglin, 2019). Schule ist ein Ort sozialen Austausches (Ricking & Wittrock, 2017), der einen bedeutsamen Einfluss auf unterschiedliche Facetten sozial-emotionalen Lernens (SEL) nehmen kann.

Eine positive Schüler-Lehrer-Beziehung stellt eine zentrale Quelle der Unterstützung dar und fungiert als protektiver Faktor bei der Entstehung und/oder Verfestigung von Verhaltensproblemen und -störungen (z. B. Hamre & Pianta, 2001; Baker, 2006; Graziano et al., 2007; Buyse et al., 2008). Positive Beziehungen können darüber hinaus Konflikte zwischen Schülerinnen und Schülern mit stark ausgeprägten und tiefgreifenden Verhaltensstörungen und ihren Lehrkräften reduzieren (Hamre & Pianta, 2005). Auch einschlägige Resilienzkonzepte sowie empirische Erkenntnisse der Resilienzforschung unterstreichen die Bedeutsamkeit des Pädagogen bzw. der Pädagogin als Beziehungspartner für Kinder und Jugendliche, die sich in schwierigen Lebenslagen befinden. Hier kann die Beziehung einen bedeutsamen Schutzfaktor für deren Entwicklung darstellen (Fingerle, Freytag & Julius, 1999; Lösel & Bender, 2007). Die Gestaltung unterstützender und tragfähiger Beziehungen scheint in der Arbeit mit der Zielgruppe im Förderschwerpunkt ESE besonders herausfordernd. Dabei nehmen die (ver-)störenden Verhaltensweisen von Schülerinnen und Schülern Einfluss auf die Qualität der Beziehungsgestaltung (z. B. Baker, Grant & Morlock, 2008; Jerome, Hamre & Pianta, 2009; Nurmi, 2012). Budnik, Unger & Fingerle (2003, S. 165) verdeutlichen darüber hinaus, dass der Unterricht im Förderschwerpunkt ESE ohne die Berücksichtigung emotionaler und sozialer Dimensionen »inhaltsleer« und »hochgradig riskant« bleibt.

Im Rahmen einer Vielzahl an Publikationen in der Fachdisziplin der »Pädagogik bei Verhaltensstörungen« wird die Bedeutsamkeit des Beitrags bindungstheoretischer Konzepte sowie empirischer Befunde aus der Bindungsforschung für das professionelle Handeln von Pädagoginnen und Pädagogen in schulischen sowie außerschulischen Arbeitsfeldern zur Förderung von Kindern und Jugendlichen mit emotionalen und sozialen Beeinträchtigungen betont (z. B. Julius, 2009; Dlugosch, 2010; Stein, 2015; Bleher & Hoanzl, 2018) und in verschiedenen praxisorientierten Handbüchern für das Handlungsfeld berücksichtigt (z. B. Jungmann & Reichenbach, 2016; Müller, 2018b; Mays & Roos, 2018). Grundlegend kann die Einnahme einer bindungstheoretischen Perspektive einen Beitrag dazu leisten, Prozesse pädagogischer Beziehungsgestaltung zu beleuchten, einzuordnen und zu reflektieren (Bolz et al., 2019). Die bindungstheoretischen Grundannahmen stellen dabei ein grundlegendes Raster dar, deren Erkenntnisse punktuell auf die Beziehungsdyade in pädagogischen Kontexten übertragen werden können. Neben der Analyse der Prozesse von Beziehungsgestaltung können bindungstheoretische Erkenntnisse ebenfalls dazu beitragen, Verhaltensweisen vor dem Hintergrund bindungs- und beziehungsrelevanter Erfahrungen zu verstehen. Die Grundannahmen der Bindungstheorie sowie die Ergebnisse der empirischen Bindungsforschung erlauben ein Verständnis über intrapsychische Reaktionen des Kindes auf Bindungs- und Beziehungserfahrungen und können eine Erklärung für Verhaltensprobleme von Schülerinnen und Schülern im Unterricht bieten (Gloger-Tippelt, 2001).

Ausgehend von den Aufgaben schulischer Förderung im Förderschwerpunkt ESE (KMK, 2000) können die Grundannahmen der Bindungstheorie (Bowlby, 1969; Ainsworth, 1969) sowie Erkenntnisse der Bindungsforschung einen Beitrag dazu leisten,

- Bedingungen für das *Entstehen* einer Störung der emotionalen und sozialen Entwicklung, ihrer *Eigendynamik* und *innerer Logik* zu *verstehen*,
- unterschiedliche *Ausprägungen* von Verhaltensweisen zu *beleuchten* und
- *bindungsrelevante Aspekte* in der *zielgerichteten Förderung* und *Unterstützung* zu berücksichtigen (Gloger-Tippelt, 2001; Bolz et al., 2019).

Auf dieser Grundlage lassen sich bindungs- und beziehungsorientierte Handlungsziele und -formen für die Prävention und Intervention zur Förderung sozial-emotionaler Kompetenzen ableiten und dem Entstehen bzw. Verfestigen von (ver-) störenden Verhaltensweisen im Unterricht entgegenwirken. Um jedoch eine individuelle Passung zwischen den Bedarfen des jungen Menschen und einer zielgerichteten und abgestimmten Förderung und Unterstützung zu gewähren, bedarf es zunächst möglichst differenzierter und fundierter wissenschaftlicher Forschungserkenntnisse im Handlungsfeld der Pädagogik bei Verhaltensstörungen. Auf eine ausführliche Darstellung bindungstheoretischer Grundlagen wird im Rahmen dieses Beitrags verzichtet. Es bestehen bereits einschlägige Publikationen zu den bindungstheoretischen Grundannahmen innerhalb der Fachdisziplin der Pädagogik bei Verhaltensstörungen (z. B. Julius, 2009; Langer, 2019; Bolz et al., 2019). Bei den nachfolgenden Ausführungen zur Gestaltung von Beziehung im schulischen Setting des Förderschwerpunkts ESE finden diese Erkenntnisse vereinzelt Berücksichtigung.

Die Gestaltung von Beziehung in der Schule zwischen Schüler bzw. Schülerin und Lehrkraft sowie zwischen der Schüler- sowie Lehrerschaft untereinander kann als vielschichtiges und komplexes Geflecht verstanden werden. Unter Berücksichtigung bindungstheoretischer Erkenntnisse, dem ökologischen Kontextmodell nach Bronfenbrenner (1989) sowie dem konzeptionellen Schüler-Lehrer-Beziehungsmodell von Pianta (1999) sind dabei die individuellen Erfahrungen und Eigenschaften des Schülers bzw. der Schülerin und der Lehrkraft, die aktuellen Situationen, unmittelbare Gesellschaftsgruppen (z. B. Peers, Familie), kulturelle Wertvorstellungen, soziale Prozesse (z. B. Wahrnehmungen, Erwartungen, Überzeugungen), die Klassenstruktur bzw. das Schulsystem (z. B. schulische Rahmenbedingungen), übergeordnete Gesellschaftssysteme und deren Systemzusammenhänge zu berücksichtigen. Für das professionelle, pädagogische Handeln bedeutet dies, dass die individuellen Erfahrungen und Eigenschaften des jungen Menschen, die individuellen Erfahrungen und Eigenschaften der Lehrkraft sowie die jeweiligen Umwelteinflüsse (z. B. schulische Rahmenbedingungen) bei der Reflexion und Gestaltung von Beziehungen berücksichtigt werden müssen.

Individuelle Erfahrungen und Eigenschaften von Schülerinnen und Schülern

Besonders junge Menschen mit emotionalen und sozialen Beeinträchtigungen können von tiefgreifenden negativen Bindungs- und Beziehungserfahrungen wie Unzuverlässigkeit, familiäre Gewalt-, Verlust- oder Vernachlässigungserfahrungen sowie Bindungs- und Beziehungsabbrüchen betroffen sein (Julius, 2009; Gasteiger-Klicpera, 2009). Diese Erfahrungen stellen einen Risikofaktor für die emotionale und soziale Entwicklung dar (Kißgen, 2010; Spangler & Zimmermann, 2015). Herz & Zimmermann (2015) stellen dabei v. a. Aspekte wie »gestörte familiäre Interaktionsmodi«, »Gewalt und sexualisierte Gewalt« sowie »Trennung und Verlust« als übergeordnete Kennzeichen häufiger Beziehungserfahrungen dieser Zielgruppe heraus. Sie nehmen Einfluss auf die aktuellen Bewältigungsstrategien und können sich auch durch (ver-)störende Verhaltensweisen in pädagogischen Settings äußern. Beeinträchtigungen im emotionalen Erleben und sozialen Handeln können somit u. a. durch problematische Beziehungserfahrungen bedingt sein. Die biografischen Muster der Beziehungsgestaltung zwischen Kindern und ihren Eltern bzw. Erziehungsberechtigten sind bei jungen Menschen mit Beeinträchtigungen in der emotionalen und sozialen Entwicklung häufig bereits von stark belasteten Lebenssituationen gekennzeichnet.

Aus bindungstheoretischer Perspektive kann davon ausgegangen werden, dass die individuellen und somit auch beeinträchtigten Bindungserfahrungen und daraus gebildeten Bindungsrepräsentationen in pädagogischen Settings sowie konkreten Beziehungsdyaden übertragen werden (Sroufe, 2005; Julius, 2009; Langer, 2019). Es kommt zu einer Transmission der Bindungserfahrungen und -repräsentationen in schulischen Handlungsfeldern (Sroufe, 2005; Julius, 2009; Langer, 2019). Schülerinnen und Schüler übertragen ihre Bindungskonzepte auf ihre Interaktion mit Lehrkräften und weiteren Pädagoginnen und Pädagogen. Gingelmaier (2018, S. 184) konstatiert darüber hinaus, dass insbesondere Kinder und Jugendliche mit Verhaltensstörungen aufgrund ihrer erfahrenen Beziehungstraumata »zwischen kontinuierlicher Reinszenierung der aversiven Erfahrungen und der Hoffnung, dass das Eingehen auf neue Beziehung einen Ausweg bietet« agieren. Dabei gestaltet sich das Eingehen auf neue Beziehungen und somit die Beziehungsfähigkeit mitunter sehr unterschiedlich und kann je nach Kontext, Regeln, Bezugsnormen und Wertvorstellungen von (ver-)störenden Verhaltensweisen gekennzeichnet sein. Im schulischen Handlungsfeld lassen sich zum einen bspw. ambivalente Verhaltensweisen wie Ablehnung bei gleichzeitiger Suche nach Bestätigung und Hilfe beobachten. Auf der anderen Seite können schulische Interaktionen von der Suche nach Nähe bei gleichzeitiger Wahrung von Distanz geprägt sein. Dies sind Verhaltensweisen, die eng mit den individuellen Bindungs- und Beziehungserfahrungen verknüpft sind.

Insbesondere aus psychodynamischer sowie systemischer Perspektive steht die Betrachtung und Analyse der biografischen Erfahrungen und deren Re-Inszenierung in institutionelle pädagogische Systeme für das pädagogische Handeln im Fokus (z. B. Baumann, 2012; 2015; Herz & Zimmerman, 2015; Gingelmaier, 2018; Trost, 2018). Für die Gestaltung (sonder-)pädagogischer Förder- und Unterstützungsmöglichkeiten ergeben sich daraus Herausforderungsmomente. Spiegeln sich die bereits aus der eigenen Biografie erlebten Diskontinuitätserfahrungen und Ambivalenzen der Bezugsperson-Kind-Beziehung und somit die Beziehungserfahrungen des jungen Menschen in der Ausgestaltung der pädagogischen Unterstützungsmaßnahmen wider, können Problemdynamiken gefördert werden und sich emotionale und soziale Beeinträchtigungen chronifizieren (Herz & Zimmermann, 2015; Bolz, Albers & Baumann, 2019). Kinder und Jugendliche erleben in diesem Fall auch die Förderung und Unterstützung nicht als verlässlichen Bezugsrahmen und somit nicht als Hilfe. Die Bewältigung dieser Situation kann sich – aus der Sicht des Pädagogen bzw. der Pädagogin – in (ver-)störenden Verhaltensweisen äußern. Dabei kann die Ausgestaltung der Beziehung, wie beschrieben, sehr unterschiedlich sein. Baumann (2012) stellt im Rahmen der Ergebnisse seiner Interviewstudie verschiedene Beziehungsdynamiken von jungen Menschen aus schwer belasteten Lebenslagen dar, die in pädagogischen Settings des Handlungsfeldes zu beobachten sind. Insbesondere im Förderschwerpunkt ESE befinden sich Schülerinnen und Schüler mit unsicheren und/oder desorganisierten Bindungsrepräsentationen (z. B. Julius, 2001). In einer Vielzahl englischsprachiger Studien konnten signifikante Zusammenhänge zwischen unsicherer Bindung und externalisierenden sowie internalisierenden Verhaltensproblemen nachgewiesen werden (z. B. Fearon et al., 2010; Groh et al., 2012; Madigan et al., 2016).

Individuelle Erfahrungen und Eigenschaften von Lehrkräften und weiteren pädagogischen Fachkräften

Auch Pädagoginnen und Pädagogen bringen biografische Bindungs- und Beziehungserfahrungen mit, die Einfluss auf die Gestaltung von Beziehungen im pädagogische Handlungsfeld nehmen. Insbesondere in Krisensituationen bzw. in Situationen, in denen Stress aktiviert wird, kann das pädagogische Handeln davon geprägt und beeinflusst sein. Für die Gestaltung verlässlicher und haltgebender Beziehungen müssen die eigenen Beziehungserfahrungen von Pädagoginnen und Pädagogen insbesondere im Handlungsfeld des Förderschwerpunkts ESE berücksichtigt und reflektiert werden, da sie im Zusammenhang mit der Gestaltung professioneller Beziehungen stehen (► Kap. 4.1.5). Unter Berücksichtigung einer entwicklungspsychologischen und insbesondere bindungstheoretischen Perspektive kann die Lehrkraft als temporäre Bezugsperson fungieren (Verschueren & Koomen,

2012; Bolz et al., 2019). Ausgehend von kleineren Klassenstrukturen, einer deutlich stärkeren Berücksichtigung emotionaler und sozialer Aspekte schulischen Lernens (s. insbes. Prinzipien sonderpädagogischer Förderung von Stein & Stein, 2014) sowie den individuellen Bedürfnissen der jungen Menschen agieren Lehrkräfte häufig als »Beziehungspartner« und als zentraler Begleiter und Unterstützer für den Schüler bzw. die Schülerin.

Ausgehend von der Unterstützung einer sekundären Beziehungsperson und einem »sicheren Hafen« in unterschiedlicher Hinsicht können Schülerinnen und Schüler explorieren (Verschueren & Koomen, 2012). Schule muss insbesondere für Schülerinnen und Schüler mit emotionalen und sozialen Beeinträchtigungen einen sicheren Ort darstellen. Mit Angst kann nicht gelernt werden. Durch die Gestaltung einer feinfühligen und sicheren Beziehung können Angst und negative Emotionen und deren Regulation beeinflusst werden. Lehrkräfte können mit ihrem Verhalten dazu beitragen. Dabei können sie eine Art »Emotionsregulationsfunktion« einnehmen, die Schülerinnen und Schüler bei der Exploration in Schule unterstützen kann (ebd.). Dies birgt jedoch die Gefahr, die Balance zwischen Nähe und Distanz zu verlieren. Übergeordnet lassen sich insbesondere im Praxisfeld des Förderschwerpunkts der emotionalen und sozialen Entwicklung auch sog. »exklusive Beziehungen« (Baumann, 2015, S. 21) beobachten. Aus Perspektive des Pädagogen bzw. der Pädagogin können diese »exklusiven« und häufig »intensiveren« Beziehungsdynamiken sehr belastend werden. Pädagoginnen und Pädagogen beschreiben dieses häufig mit einem Gefühl des ›emotional Ausgesaugt-Seins‹. Die eigenen Bindungs- und Beziehungserfahrungen von professionell tätigen Pädagoginnen und Pädagogen sind in diesem Zusammenhang zu berücksichtigen.

Schulische Kontextbedingungen

Allgemeine Schulstrukturen wie Schul- und Klassengröße, curriculare Vorgaben sowie pädagogische Konzepte der Schule nehmen Einfluss auf das pädagogische Geschehen. Besonders in Förderschulen mit dem Schwerpunkt der emotionalen und sozialen Entwicklung finden sich häufig Schulstrukturen mit kleineren Schulen, kleineren Schulzweigen (z. B. dezentrale Schulstandorte) und individuelleren Tagesstrukturen (z. B. Stundenpläne mit integrierten Block- und Projektunterricht). Gleichzeitig kann die Beziehung zwischen Schülerin bzw. Schüler und Lehrkraft besonders im Handlungsfeld der Pädagogik bei Verhaltensstörung durch Störungen (z. B. von der Lehrkraft verursacht, vom jungen Menschen verursacht oder durch Umweltbedingungen verursacht) beeinträchtigt werden und somit Prozesse der Förderung, Unterstützung und Begleitung herausfordernd gestalten lassen. So sind neben Vermittlungsaspekten, Inhaltsaspekten und störfaktoriellen Aspekten ebenfalls Beziehungsdimensionen (z. B. durch Form, Richtung und Elemente der Interaktion) im Rahmen der didaktischen und methodischen Planung, Umsetzung und Reflexion bei Unterrichts- und Verhaltensstörungen besonders zu berücksichtigen (Winkel, 1988; Hillenbrand, 2011).

Zusammenfassend sind Beziehungen in der Schule mehrdimensionale, multifaktorielle, komplexe Systeme, in denen mindestens zwei Individuen involviert sind.

Sie sind kontextgebunden und bilden zwischen Schüler bzw. Schülerin und Lehrkraft die Infrastruktur für die Entwicklung des jungen Menschen und dessen Erwerb von Kompetenzen und Schulerfahrungen. Neben dieser primär fachwissenschaftlichen Betrachtung bestehen verschiedene praxisorientierte Handbücher und »Ratgeberliteratur«, die entweder primär oder am Rande den Themenbereich Beziehung (-sgestaltung) im Förderschwerpunkt ESE aus unterschiedlichen Perspektiven berücksichtigen. Die nachfolgende Auflistung zeigt eine aktuelle Auswahl an Praxisliteratur für den deutschen Sprachraum, die insbesondere für die Arbeit im Handlungsfeld des Förderschwerpunkts ESE hilfreich sein kann.

Baumann, M. Bolz, T. & Albers, V. (2017; 2020). »Systemsprenger« in der Schule. Auf massiv störende Verhaltensweisen reagieren. Weinheim, Basel: Beltz.

Jungmann, T. & Reichenbach, C. (2016). Bindungstheorie und pädagogisches Handeln. Ein Praxisleidfaden. Dortmund: Borgmann Media.

Kühn, A. (2018). Lehrer-Schüler-Beziehung konstruktiv gestalten. Erfolgreicher Umgang mit Verhaltensauffälligkeiten. München: Reinhardt.

Mays, D. & Roos, S. (2018). Prima Klima in der inklusiven Schule. Wie man auch schwierige Beziehungen positiv gestalten kann.

Miller, R. (2011). Beziehungsdidaktik. Weinheim, Basel: Beltz.

Müller, T. (2018). Kinder mit auffälligem Verhalten unterrichten. Fundierte Praxis in der inklusiven Grundschule. München: Reinhardt.

Trotz dieses Bestandes an Praxishandbüchern und »Ratgeberliteratur« stehen nur vereinzelt Ergebnisse aus empirischen Studien aus dem deutschsprachigen Raum zur Verfügung, die den »Phänomenbereich« Beziehungsgestaltung in der Pädagogik bei Verhaltensstörungen bzw. bestimmten Facetten des »Phänomenbereichs« explizit berücksichtigen (z. B. Prengel, 2012; 2013; Müller, 2017; Langer, 2019; Bolz & Wittrock, 2020; Bolz & Koglin, i. Vorb.). Insbesondere die empirische Analyse des Zusammenhangs zwischen der Qualität bzw. dem Ausmaß der Beziehungsgestaltung und der Reduktion von Verhaltensstörungen oder Förderung sozial-emotionaler Kompetenzen bleibt im deutschen Sprachraum weitestgehend aus. Auf dieser empirischen Grundlage könnten weiterführende Implikationen für die (sonder-)pädagogische Praxis generiert und zur individuellen Passung zwischen den Bedarfen des jungen Menschen und der konkreten Unterstützungsmaßnahme beigetragen werden.

4.1.4 Bindungs- und beziehungsorientierte Förderung und Unterstützung

Die Wahrnehmung und Analyse der Beziehungsdynamiken in pädagogischen Situationen und institutionellen Prozessen sowie die Berücksichtigung biografischer Aspekte aus theoretischer bzw. fachwissenschaftlicher Perspektive können besonders im Förderschwerpunkt ESE gewinnbringende Impulse für die Beziehungsgestaltung sowie weitere Förderung und Unterstützung bieten. Eine tragfähige Schüler-Lehrer-Beziehung zeichnet sich durch ein hohes Maß an Vertrauen, Verständnis, Akzeptanz und besondere Zuwendung aus. Dem empathischen Verstehen kommt dabei eine ganz grundlegende Bedeutung zu. Tragfähige Beziehungen bieten Sicherheit, Halt und Orientierung und ermöglichen somit verlässliche und berechenbare Erfahrungen für den jungen Menschen sowie den Pädagogen bzw. die Pädagogin. Grundlegend sollte die Gestaltung positiver Beziehungen durch ein hohes Maß an Unterstützung geprägt sein und verlässliche Strukturen und Orientierung für Schülerinnen und Schüler ermöglichen (Raczynski & Horne, 2014). Darüber hinaus kann die Lehrkraft ein positives Identifikationsmodell darstellen, die motiviert und insbesondere bei Herausforderungen emotional unterstützend wirkt (Mutzeck, 1997).

Die pädagogische Arbeit im Handlungsfeld des Förderschwerpunkt ESE setzt eine gelingende Balance zwischen Nähe und Distanz, ein hohes Maß an Reflexionsleistung und Frustrationstoleranz und die unerschütterliche Bereitschaft, den jungen Menschen als Person anzuerkennen, voraus. Die Beziehungsgestaltung muss von Transparenz, Berechenbarkeit und Verlässlichkeit geprägt sein (auch oder gerade im Rahmen der Einhaltung von Konsequenzen auf Verhaltensweisen). Ohne Respekt und Wertschätzung, Fürsorge und Verlässlichkeit gestaltet sich der Unterricht sehr herausfordernd (Hattie, 2013). Insbesondere bei (hoch-)unsicher gebundenen Kindern und Jugendlichen sollte der pädagogische Rahmen von Vorhersagbarkeit, Klarheit, eindeutig formulierten und transparenten Regeln sowie verlässlichen Konsequenzen geprägt sein und eine vertrauensvolle, sichere und haltegebende Beziehung ermöglichen (Fida-Taumer & Julius, 2006).

Für das pädagogische Handlungsfeld existieren verschiedene Konzepte und Ansätze zur Bindungs- und Beziehungsförderung. Die bindungsgeleiteten Interventionen von Julius (2009; 2014) stellen bspw. eine Maßnahme dar, die v. a. durch die Herstellung von Diskontinuitätserfahrungen unsichere Bindungsmuster verändern und neue Beziehungserlebnisse und -erfahrungen ermöglichen, die zum Aufbau einer sicheren Beziehung führen. Aus bindungstheoretischer Perspektive geht es v. a. darum, durch komplementäres Verhalten keine Zementierung unsicherer Bindungsmuster zu unterstützen. Darüber hinaus stellt Geddes (2006) verschiedene Lerndreiecke zu einzelnen Bindungstypen sowie daraus abgeleitete Konsequenzen für die Planung und Durchführung von Unterricht dar. Zur Vertiefung für die Arbeit im Handlungsfeld des Förderschwerpunkts ESE bieten Jungmann & Reichenbach (2016) sowie Müller (2018b) wichtige Impulse. Auch tiergestützte Interventionen können hilfreiche Unterstützungsrahmungen für die Beziehungsgestaltung ermöglichen (s. Julius, 2015; Vernooij & Schneider, 2018).

Nachfolgend soll zunächst einmal grundlegend das *Konzept der Feinfühligkeit* im schulischen Setting kurz beschrieben werden, da es die Grundlage vieler bindungs- und beziehungsorientier Maßnahmen, Methoden und Ansätzen zur Förderung einer unterstützenden und tragfähigen Beziehung darstellt. Des Weiteren wird das US-amerikanische beziehungsorientierte Konzept *Banking Time* (Pianta & Hamre, 2001) vorgestellt, das besonders bei jungen Menschen mit emotionalen und sozialen Beeinträchtigungen Berücksichtigung finden kann.

Das Konzept der Feinfühligkeit im schulischen Setting

Ausgehend von bindungstheoretischen Grundlagen ist feinfühliges Verhalten einer Bezugsperson eine wesentliche Grundlage für die Qualität von Bindung (Ainsworth,

1969: Ainsworth, Bell & Stayton, 1974). Feinfühligkeit liegt im schulischen Kontext vor, wenn eine Lehrkraft bindungsrelevante Signale des jungen Menschen wahrnimmt, vor diesem Hintergrund interpretiert und einfühlsam, angemessen und prompt auf das Verhalten des jungen Menschen reagiert. Wie bereits dargestellt, können Lehrkräfte und weitere Pädagoginnen und Pädagogen im Klassenraum als professionelle Fürsorge- bzw. Bezugspersonen fungieren und von Schülerinnen und Schülern als ›sichere Basis‹ und ›sicherer Hafen‹ wahrgenommen bzw. genutzt werden und Beziehungssicherheit ermöglichen. Feinfühliges Lehrkräfteverhalten stellt dabei eine wesentliche Grundlage dar. In einer von Nähe, Sicherheit und Wohlfühlen geprägten Beziehung, liest die Bezugspersonen (in diesem Fall die Lehrkraft bzw. pädagogische Fachkraft) die emotionalen Ziele des Gegenübers und reagiert so, dass Disstress miniert und somit die Regulation von Emotionen gefördert wird (Calkins & Hill, 2007). Ausgehend von einer sicherheitsgebenden und stressreduzierenden Beziehung zwischen Schülerin bzw. Schüler und Lehrkraft können Explorations- und Lernprozesse unterstützt werden. Lehrkräfte können sich somit in diesem Zusammenhang als Lern- und Explorationsunterstützer verstehen (Booth et al., 2003; Ahnert & Harwardt, 2008).

Im Einzelfall bedeutet dies, immer wieder sensibel abzuschätzen, wie viel emotionale Wärme, Nähe, Unterstützung und Zuwendung entgegengebracht oder viel Autonomiebestrebungen zugelassen und dem Schüler bzw. der Schülerin im schulischen Alltag ermöglicht werden können. Kenntnisse über die individuellen bindungs- und beziehungsrelevanten Erfahrungen von Schülerinnen und Schülern können dazu beitragen, die feinfühligen Verhaltensweisen auf die jeweiligen Bedarfe und Bedürfnisse abzustimmen. Pädagogisches Handeln, das bei dem einen jungen Menschen Stress reduziert, kann bei einem anderen jungen Menschen zu Aktivierung von Stress führen. Professionalisierungsformate, wie z. B. das Ausbildungsprogramm »Feinfühlig unterrichten« (Hechler, 2018) können mithilfe der Vermittlung von bedeutsamen Theorien, bindungs- und beziehungsorientierten didaktischen Fragestellungen und Konzeptionen sowie Fall- und Selbstreflexion diesen Prozess im Handlungsfeld unterstützen. Erkenntnisse aus englischsprachigen Studien deuten darauf hin, dass ein hohes Maß an Feinfühligkeit und Responsivität schützende und protektive Auswirkungen auf Schülerinnen und Schüler mit internalisierenden und externalisierenden Verhaltensproblemen hat bzw. diese sogar reduziert (z. B. Meehan, Hughes & Cavell, 2003; Buyse, Verschueren & Doumen, 2011; Spilt et al., 2016). Um Beziehungen mit Schülerinnen und Schüler feinfühlig zu gestalten, bildet die Selbst-Betrachtung der eigenen Person eine bedeutsame Grundlage. Die Reflexion von Selbstwahrnehmung und Selbstbewusstsein, Empfindungen und Gefühlen, Belastungen und Entlastungen und das damit im Zusammenhang stehende pädagogische Handeln leistet dabei einen entscheidenden Beitrag für die Gestaltung von Beziehungen und kann ebenfalls als beziehungsorientierte Präventions- und Interventionsmaßnahme verstanden werden. Miller (2011; 2015) bietet in seinem Praxiswerken »Beziehungsdidaktik« und »Beziehungstraining« hilfreiche Reflexionsimpulse für die pädagogische Arbeit.

Banking Time Intervention

Das Konzept *Banking Time* basiert auf bindungstheoretischen Grundannahmen und stammt ursprünglich aus der Familienberatung. Für den schulischen Kontext wurde es vom US-amerikanischen Sonderpädagogen und Psychologen Robert C. Pianta mit dem übergeordneten Ziel adaptiert, die Beziehung zwischen Lehrkraft und Schülerin bzw. Schüler bewusster und nachhaltiger zu gestalten (Pianta & Hamre, 2001). Unter *Banking Time* lassen sich zunächst allgemein eine Reihe von Techniken und Methoden zum Aufbau positiver, feinfühliger und unterstützender Beziehung zwischen Schülerin bzw. Schüler und Lehrkraft zusammenfassen (ebd.; Williford & Pianta, 2020). Ausgangslage für das Konzept ist die Annahme, dass Kinder mit sozial-emotionalen Beeinträchtigungen oft keine verlässlichen bzw. negativen Bindungs- und Beziehungserfahrungen gemacht haben. Die Beziehung zwischen Schülerin bzw. Schüler und Lehrkraft wird permanent auf die Probe gestellt und bietet wenig Raum für positive Beziehungserfahrungen. Die *Banking-Time*-Intervention wurde als eine Komponente des Klassenraum-Interventionsprogrammes »*Students, Teachers and Relationship Support*« (STARS) entwickelt, dessen Ziel es ist, die Beziehung zwischen Lehrkraft und Schülerinnen bzw. Schülern mit Verhaltensstörungen zu verbessern und Stress bei den Lehrkräften zu reduzieren (Pianta & Hamre, 2001). Das Konzept sieht vor, dass die *Banking-Time*-Interventionen mehrmals (zwei- bis dreimal) pro Woche in einem klar festgelegten Zeitraum von 5- bis 15-Minuten-Sequenzen mit jeweils einem Schüler bzw. einer Schülerin stattfinden. Die gesamte Maßnahme sollte dabei ca. acht bis zwölf Wochen lang regelmäßig umgesetzt werden. Die Sequenzen sollten in einem separaten Raum mit geeignetem »Freizeit-Material« (z. B. Spiele) stattfinden.

In diesem Zeitraum gibt der Schüler bzw. die Schülerin den Inhalt bzw. die Aktivität in der *Banking-Time*-Sitzung vor, wodurch ein Rollenwechsel angestrebt wird. Die Lehrkraft beobachtet und verhält sich dabei zugewandt, aufmerksam, unterstützend und kommentierend. Es werden keine Wertungen vorgenommen, und die Lehrkraft verbalisiert die Aktivität des Kindes neutral. Auf eigene Vorschläge, Lob oder Bestrafung wird verzichtet. Die Steuerung der Interaktion liegt, soweit dies gelingt, beim Schüler bzw. bei der Schülerin und der Fokus auf der Kommunikation beziehungsorientierter Themen. Im Verlauf der Maßnahme sollen die Erfahrung in *Banking Time* dazu führen, dass die Beziehungsrepräsentationen der Schülerinnen bzw. Schüler, und in der Folge ihre Verhaltensweisen, beeinflusst werden (Williford & Pianta, 2020). Mithilfe von *Banking-Time*-Sequenzen sollen besondere Räume geschaffen werden, in denen andere Regeln und Rituale als im schulischen Alltag gelten, um den Fokus auf beziehungsrelevante Aspekte legen zu können. Zielsetzung der *Banking Time* ist der bewusste Aufbau einer nachhaltigen positiven, sicheren und stärkenden Beziehung zwischen Lehrkraft und Schülerin bzw. Schüler (Pianta & Hamre, 2001). Das Kind soll Beziehungserfahrungen machen, die von Verlässlichkeit und Sicherheit geprägt sind, und »Beziehungskapital« – *Banking Time* – ansparen. Beziehung wird als Ressource betrachtet, die Schüler bzw. Schülerin und Lehrkräfte im Rahmen ihrer Alltagsinteraktionen nutzen können. Die Beziehung bietet Unterstützung oder ein »Kapitel«, auf das v. a. in konflikthaften und stressigen Situationen zurückgegriffen werden kann (Hamre & Pianta, 2006; Willford & Pianta, 2020).

Entscheidend ist, dass *Banking-Time*-Zeiten für einen längeren Zeitraum verbindlich festgelegt und nie als Belohnung eingesetzt oder als Sanktion gestrichen werden. Das regelmäßige und verbindliche Stattfinden der Maßnahme ist insbesondere in den Momenten bedeutsam, in denen zuvor Konflikte im Schul- bzw. Unterrichtsalltag aufgetreten sind. Aus Sicht des Kindes findet *Banking Time* somit unabhängig etwaiger Probleme im Unterrichtsalltag statt, wodurch positive und verlässliche Erfahrungen mit einer Bezugsperson gemacht werden. Negative Bindungs- und Beziehungserfahrungen können dadurch aufgebrochen und Schülerinnen und Schüler unabhängig von ihrem Unterrichtsverhalten und Schulleistungen angenommen werden. Regelverstöße o. Ä. werden erst nach *Banking Time* thematisiert. Schüler bzw. Schülerin und Lehrkraft begegnen sich in einem ›unbelasteten‹ Rahmen und können sich auf den Umgang miteinander fokussieren. Das ursprüngliche Konzept richtet sich an Kinder zwischen drei und sechs Jahren. Es liegen jedoch bereits Erfahrungen mit einer Version im deutschen Sprachraum vor, die bei älteren Schülerinnen und Schülern eingesetzt werden kann (s. Mohr & Neuhauser, 2015; Vogel, 2019). Die Chancen und Grenzen sowie die Implementation dieses Konzeptes im deutschen Bildungssystem müssen noch diskutiert und reflektiert werden.

4.1.5 Schlussfolgerungen und Ausblick

Auf der einen Seite ist die Gestaltung einer positiven Beziehung insbesondere bei Kindern und Jugendlichen mit Beeinträchtigungen in der emotionalen und sozialen Entwicklung eine bedeutsame Grundlage für die Förderung und Unterstützung. Auf der anderen Seite bietet diese jedoch aufgrund unterschiedlicher und meist multifaktorieller Problemlagen eine besondere Herausforderung im Rahmen der pädagogischen Arbeit. Wenn die Klasse sowie Schule als ›sicherer Ort‹ und Unterstützungssystem, geprägt von einer grundlegenden Kultur der gegenseitigen Akzeptanz, des gegenseitigen Verständnisses, Verlässlichkeit, Respekt, Fürsorglichkeit und Kooperation, wahrgenommen wird, bietet dies insbesondere Schülerinnen und Schülern mit emotionalen und sozialen Beeinträchtigungen die Möglichkeit, sich auf Unterricht und Schule einzulassen und diesen (mit) zu gestalten. Dies beinhaltet ebenfalls Situationen des ›Sich-aneinander-Reibens‹ und des ›Aushandelns‹. Eine gemeinsam getragene, unterstützende und wertschätzende Beziehungskultur bildet die Basis pädagogischen und unterrichtlichen Handelns, von der besonders in Krisensituationen profitiert wird. Um die im Rahmen des Beitrags angedeuteten Erkenntnisse in professionellen, pädagogischen Handlungsfeldern gezielt und differenziert nutzen zu können und insbesondere negative Beziehungsdynamiken zu reduzieren, muss das Thema Beziehungsarbeit bzw. Beziehungsgestaltung deutlicher als bisher in die *Professionalisierung* von Lehrkräften und weiteren pädagogischen Fachkräften implementiert werden. Die nachfolgende Abbildung verdeutlich zunächst auf der Grundlage des Dreischritts *wahrnehmen*, *verstehen* und *handeln* Schwerpunkte für die Professionalisierung, die zum beziehungsorientierten Handeln beitragen können (▶ Abb. 4.1.1).

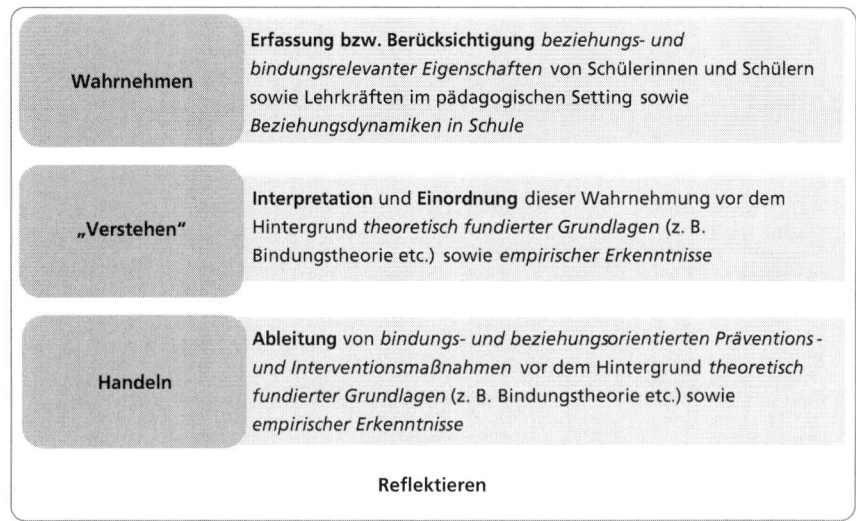

Abb. 4.1.1: Bindungs- und beziehungsorientierte Schwerpunkte für die Professionalisierung sowie das pädagogische Handeln

Professionell tätige Pädagoginnen und Pädagogen benötigen im Praxisfeld ›Beziehungs-Know-how‹, um Beziehung aktiv gestalten und verbessern zu können. Demnach stellt sich im Sinne der Professionalisierung von Lehrkräften die Frage, wie z. B. im Rahmen der Ausbildung, ›pädagogische Beziehungsskills‹ vermittelt werden können. Insbesondere aus bindungstheoretischer Perspektive sowie vor dem Hintergrund aktueller empirischer Erkenntnisse kann die Reflexion der eigenen Bindungs- und Beziehungserfahrung von pädagogischen Fachkräften und deren Anteil an der aktuellen Ausgestaltung professioneller Beziehung und weiterer Aspekten des pädagogischen Handelns dabei einen essenziellen Teil der Professionalisierung darstellen (Bolz et al., 2019; Pianta, 1999). In vielen therapeutischen Settings ist dies ein grundlegender Bestandteil der Ausbildung. In pädagogischen Settings könnte dies ebenfalls zur Stärkung professioneller Selbstreflexionsfähigkeit beitragen. Auch im ›Spannungsfeld‹ der Gestaltung von Nähe und Distanz könnte die Reflexion eigener Beziehungsrepräsentationen und deren Auswirkungen auf das eigene pädagogische Handeln einen gewinnbringenden Beitrag leisten. Fragen wie: »Wie emotional nah kann, muss und möchte ich dem jungen Menschen kommen?, Wo sind meine Grenzen in der pädagogischen Beziehungsgestaltung?, Was bringe ich in die Beziehungsgestaltung mit ein?« können dabei entscheidend sein. Auch der zunehmend in der Fachdisziplin berücksichtigte Ansatz der mentalisierungsbasierten Pädagogik (z. B. Bateman & Fonagy, 2019; Gingelmaier & Schwarzer, 2019) könnte in diesem Zusammenhang hilfreiche Impulse für das Wahrnehmen sowie Verstehen und somit das professionelle, beziehungsorientierte Handeln bieten.

Die Berücksichtigung von Beziehungsdimensionen im schulischen Alltag ist demzufolge neben »Klassen- bzw. Verhaltens-Management« (z. B. in Form von Regeln, Routinen, Ritualen etc.) und konkreten unterrichtlichen Strategien (z. B. didaktischer Reduktion, Methodenwechsel, Sozialform etc.) eine zentrale, wenn nicht sogar die zentralste Dimension und Ressource im Rahme einer schülerzentrierten und schülerorientierten Förderung und Unterstützung von jungen Menschen mit Beeinträchtigungen in der emotionalen und sozialen Entwicklung. Dabei bleibt die Einnahme der Perspektive des Schülers bzw. der Schülerin die Grundlage der Beziehungsarbeit des pädagogisch Tätigen.

4.2 Erziehung und Förderung

Heinrich Ricking

4.2.1 Ausgangspunkte

Methoden und Maßnahmen, die Ziele von Prävention und Intervention im Umgang mit Verhaltensbeeinträchtigungen in der Schule verfolgen, decken notwendigerweise ein breites Spektrum ab. Sowohl inklusive wie auch spezielle Settings sind zu berücksichtigen, auch unterschiedliche Störungsformen, Schweregrade der Beeinträchtigung oder das Alter der Schüler. Auch die Frage, ob es sich um eine individuelle Förderung eines Kindes handelt, die Eltern beraten werden oder andere Systemelemente Gegenstand der Unterstützung werden, ist zu beantworten (Schuck, 2001). Daneben sollte das Augenmerk darauf gerichtet werden, dass es in diesem Kontext nicht nur um Maßnahmen oder Verfahren geht, die von Seiten der Pädagogik in Ansatz gebracht werden, sondern vielfach sind institutionelle Bedingungen, die Ausstattung der Räume, spezifisch ausgebildetes Personal oder auch organisatorische Abläufe in Einrichtungen der schulischen Erziehungshilfe so gestaltet, dass ihnen Adaptivität und eine förderliche Wirkung zugeschrieben werden kann (Opp & Puhr, 2003). In diesem Beitrag können angesichts dieser Komplexität nur ausgewählte Aspekte Erwähnung finden.

In der allgemeinen Schulpädagogik sollte grundlegend das Ziel verfolgt werden einen Lebens- und Lernraum zu schaffen, in dem sich die anvertrauten Kinder und Jugendlichen mit unterschiedlichen emotionalen und sozialen Entwicklungsvoraussetzungen wohlfühlen und gut lernen können (▶ Kap. 3.2). Die Schüler sind der Ausgangspunkt jeglicher pädagogischen Aktivität in der Schule. Jeder und jede Einzelne wird angenommen, so wie er oder sie ist, und die Akteure in der Schule arbeiten engagiert an einem bildungswirksamen Arrangement, das den Dispositionen und Handlungsmöglichkeiten der Schülerinnen und Schüler entspricht. Dabei ist generell zu erwarten, dass sich Lern- und Verhaltensprobleme zeigen, Unterrichtsstörungen mitunter den gewünschten Fortschritt bremsen und auch die Lernmotivation nicht immer in vollem Ausmaß gegeben ist. Jede Schule hat für diese alltäglichen Begleiterscheinungen institutioneller Bildung Lösungen zu finden (Lohmann, 2011; Nolting, 2008). Wenn Verhaltensprobleme größeren Ausmaßes auftreten, für die die gegebenen Förderressourcen nicht ausreichen und Beeinträchtigungen der emotionalen und sozialen Entwicklung erkennbar sind, tritt die schulische Erziehungshilfe auf den Plan.

Am Schülerverhalten ist oft erkennbar, dass die individuellen Bedürfnisse den gegebenen pädagogischen Rahmenbedingungen nicht oder nicht zureichend entsprechen. Daher hat der sonderpädagogische Ansatz sowohl strukturelle Vorkehrungen in speziellen Einrichtung wie auch in inklusiven Settings zu bieten, Unterricht und weitere sonderpädagogische Förderkonzeptionen umzusetzen als auch im Einzelfall zu versuchen, eine Passung herzustellen zwischen den pädagogischen Bedarfen des Kindes, welcher Art und welchen Umfangs diese auch sein mögen, und der pädagogischen Haltung sowie den Handlungen von Fachleuten (Schomaker & Ricking, 2012). In diesem Kontext ist nicht nur von einer stärkeren Individualisierung der Förderung auszugehen, von einer Intensivierung des erzieherischen Bezugs, sondern auch von einer diagnostischen Annäherung an die Sinnstrukturen des Kindes in seiner Alltags- und Weltsicht (Wittrock, 2008). Darüber hinaus zeigen sich vielfältige Tendenzen im Fach therapeutische Elemente vorwiegend psychologischer Herkunft in erzieherische Handlungsprozesse zu integrieren, um die Förderung gezielter und problemspezifischer zu gestalten (Müller, 2009; Schad, 2008; Willmann, 2010b; Popp, 2018). Die fachlichen Bestrebungen der Pädagogik bei Verhaltensstörungen bilden somit auf eine langfristige Wirkung angelegte subsidiäre Ansätze zur Förderung der personalen Integration wie auch der Bekämpfung sozialer Desintegration von Kindern und Jugendlichen (Speck, 1991).

4.2.2 Pädagogische Professionalität

Der Begriff ›Professionalität‹ (lateinisch ›Professio‹ ›also ›Bekenntnis‹) steht in Bezug zu Professionen, worunter solche Berufe verstanden werden, die u. a. durch einen hohen Anspruch an das wissenschaftliche Niveau und die vertretene Ethik gekennzeichnet sind (Stein, 2006, S. 331). Die Aufgabenfelder sonder- bzw. heilpädagogischen Handelns und die damit zu erwerbenden Kompetenzen und Qualifikationen der dort Tätigen wurden im Zuge sonderpädagogischer Theorieentwicklung aus verschiedenen Perspektiven zu erfassen versucht (Moser, 2004). Speck benennt neben übergreifenden Aufgaben wie dem Vollzug der Erziehung an sich und die Reduzierung einer Behinderung eine Reihe von Teilaufgaben, die sich an der Entwicklung und dem Lebenslauf des Individuums, den Methoden pädagogischen Handelns, dem Klientel und dessen sozialem Kontext sowie bestimmten Lebensorten und Behinderungsformen orientieren (Speck, 1986). In der Pädagogik bei Verhaltensstörungen ist Professionalität untrennbar mit einer ausgeprägten pädagogischen Reflexivität verbunden (Kobi, 2004). Mit dem Begriff der ›Heilpädagogischen Haltung‹ wird dabei das Anliegen verbunden, »die ethisch begründete Haltung des Heilpädagogen zu seinem Tun« (Häußler, 2000, S. 327) fassbar zu machen. Dabei ist Haeberlin der Ansicht, dass »mit dem Begriff der ›Haltung‹ [...] i. d. R. die Vorstellung einer Tiefenstruktur in der Persönlichkeit verbunden [ist], deren Entstehung schwer erklärbar und durch Ausbildung wenig beeinflussbar ist« (Haeberlin, 1988, S. 117). Was bedeutet das für herausfordernde Situationen in der schulischen Erziehungshilfe? Es ist ein leicht vernehmbares Kennzeichen der hier diskutierten Ziel-

145

gruppe sich in der Interaktion unter normativen Gesichtspunkten erwartungswidrig zu verhalten. In alltäglichen Situationen führen verbale Entgleisungen, direkte Beleidigungen oder aggressives Konfliktverhalten oft dazu, dass deren Urheber abgelehnt, aus Gruppenbezügen verbannt oder bestenfalls ignoriert werden. Professionalität heißt in diesem Kontext eine Haltung an den Tag zu legen, die das Kind als Menschen trotz der Beeinträchtigung im Verhalten akzeptiert und im pädagogischen Handeln das Verhalten des Zu-Erziehenden empathisch dekodiert, die Kommunikation positiv-konstruktiv gestaltet und ggf. entstehenden Rachegefühlen oder aufkommender Straflust Einhalt gebietet (Gingelmaier, 2018). Insofern sind die dort tätigen Akteure mit hohen Erwartungen konfrontiert. Der oder die Professionelle repräsentiert den intensiven Subjektbezug und hat beziehungs- und konfliktsicher, deeskalierend und präsent zu sein, reflektierend bzgl. pädagogischer Antinomien (Helsper, 2010), gleichzeitig dranbleibend, haltend sowie Kontinuität, Struktur und Stabilität vermittelnd (Ricking, 2018; Baumann, Bolz & Albers, 2017). Gefordert ist ein theoriereflektierter Praktiker, der in der Lage ist, eine Vielzahl an Handlungsmustern und Verfahren diagnostisch abgesichert, systematisch und flexibel umzusetzen (Vernooij & Wittrock, 2008). V. a. ist die Reflexion der eigenen Rolle im Prozess in einem kooperativen Gefüge zu erwarten, die selbstkritische Evaluation der eigenen Unterrichts- und Förderqualität wie auch Management und Steuerung der Unterrichtsentwicklung im Team (Ricking, 2013). Voraussetzung ist die Erkenntnis, pädagogisches Handeln als etwas Prozesshaftes und Vorläufiges zu verstehen.

4.2.3 Erfahrungs-, theorie- und evidenzorientierte Förderung

Beim Einsatz von hilfreichen Verfahren und Methoden ist es generell ein Kennzeichen guter Erziehungswissenschaft wie auch pädagogischer Praxis eine evidenzorientierte Perspektive einzunehmen. Darunter kann verstanden werden, dass sich pädagogisch Handelnde in Bezug auf einzusetzende Verfahren bzw. Maßnahmen an wissenschaftlichen Erkenntnissen und Wissensbeständen hinsichtlich der Angemessenheit und Wirksamkeit orientieren und dabei die unterschiedlichen Ebenen und Ansprüche der Evidenz berücksichtigen (Stark, 2017, S. 100). Auch in alltagspraktischen Situationen sollte der Blick immer wieder gerichtet werden auf die theoretischen und empirischen Grundlagen des eigenen Handelns. Deutliche Fortschritte in der Förderung eines Kindes, die sich in einem pädagogischen Prozess zeigen und sich als dauerhaft erweisen, bilden ein anspruchsvolles Ziel, das eine theoretisch reflektierte und auf die praktischen Erfordernisse abgestimmte Handlungskonzeption voraussetzt. Pädagoginnen und Pädagogen sollten die Kompetenz herausbilden, ihre Beziehungen zu den Mitmenschen (z. B. Schülerinnen und Schüler, Kolleginnen und Kollegen, Eltern), zu sich selbst und zu den schulischen Aufgaben (erziehen, unterrichten, beraten, kooperieren) angemessen wahrzunehmen und so zu gestalten, dass sie sich in entwicklungsfördernder Weise mit dem Educandus, seiner Lebenswelt und Lebensproblemen auseinandersetzen können. Diese Fähigkeiten für das sonderpädagogische Aufgabenfeld sollten sich in einer prozessgeleiteten Kind-Umfeld-Analyse widerspiegeln und sind ohne ein fundiertes theoretisches Grundlagenwissen nicht realisierbar (Wittrock, 2008). Der Kern des Wirkungszusammenhangs ist die logische und fachliche Explikation der Ziel-Mittel-Ratio. Die Frage ist somit, was zu tun ist, um das gesetzte Ziel zu erreichen; kurzum die Frage nach der begründeten Methode oder dem Verfahren, das aus dem theoretischen Entwurf erwächst und dem Handelnden Orientierung und Sicherheit bietet.

Eine geplante Maßnahme sollte sich immer einer rationalen Bewertung und Begründung unterziehen, um eine abgesicherte Handlungslegitimation zu ermöglichen, was eine Orientierung sowohl an einschlägigen Theorien, Erfahrungswissen wie auch empirischen Erkenntnissen erlaubt (Stark, 2017). Grundsätzlich wird der Praktiker in der pädagogischen Arbeit von seinem Menschenbild geleitet, das als anthropologische Grundannahme Grenzen und Optionen eigener Aktivitäten definiert (Gröschke, 2008). Darauf aufbauend ist es eine kohärente und widerspruchsfreie Theorie, die als Interpretationsfolie Aussagen und Erklärungen über Phänomene in logischer Konsistenz wie auch Ableitungen für fachlich angemessenes Handeln ermöglicht. Das Modell des Theorie-Praxis-Transfers nach Baumann et al. (2017) stellt eine Form der Reflexionsbasis dar und vermag Passungsschwierigkeiten zwischen Theorie und Praxis zu reduzieren:

- Theoretisches Fundament = Wissen über Elemente und Zusammenhänge
- Konzept = Leitideen, Handlungsprinzipien, -strukturen, Verfahren
- Setting = Handlungsfeld, Strukturen (Raum, Zeit, Norm), Personen (Haltungen, Gewohnheiten, Rituale …)
- Methoden = Verfahren, Prozesse, Strategien, Interaktionsformen
- Konkrete pädagogische Interaktion = situatives Verhalten, Umsetzung(-squalität), direkte Kooperation.

V. a. im Feld von manualisierten Handlungskonzepten und ausgearbeiteten Förderprogrammen ist es möglich die Wirkungen der Interventionen genauer zu bestimmen, was durch den Begriff der Evidenzbasierung zum Ausdruck kommt. Sie ist dann gewährleistet, wenn positive Wirkungen in Form von Verhaltensänderungen eintreten und auf die Intervention zurückgeführt werden können, was durch wissenschaftliche Methoden zu bestätigen ist. Diese Bestätigung evidenzbasierter Vorgehensweisen ist nur unter Einsatz elaborierter wissenschaftlicher Verfahren umsetzbar und benötigt in diesem Rahmen eine weitgehende Standardisierung des Fördersettings. Dazu unterziehen sich die Programme Evaluationen, z. B. im Kontext von randomisierten Kontrollgruppenstudien, die statistisch abgesichert Rückschlüsse auf die Effektivität zulassen (Hillenbrand, 2018; Stockmann & Meyer, 2010). Auch Metaanalysen sind gefordert. Diese Standards der Evidenzbasierung sind in der pädagogischen (Unterrichts-)Praxis oft nicht abbildbar und viabel. Die erfolgreiche Bewältigung pädagogischer Situationen ist auch abhängig von der professionellen Expertise der Handelnden, von den Kenntnissen über den Lernenden wie auch von den oft komplexen situativen und institutionellen Gegebenheiten. Eine intensive Bezugnahme auf den Einzelfall ist mit normierten Regeln des Vorgehens mitunter schwer zu vereinbaren und im Grunde nicht allgemein prüf- und generalisierbar (Stark, 2017). Daher ist es angemessen und realistisch nicht für alle Formen pädagogischen Handelns die höchsten Standards der

Evidenzbasierung zu fordern, sondern unter Berücksichtung des gesamten Förderkontextes die sinnvollen und höchstmöglichen wissenschaftlichen Bezüge im Sinne einer Evidenzorientierung zu nutzen. Dieses kann auch bedeuten Heuristiken in Bezug auf einen Einzelfall heranzuziehen oder sich auf die eigene Kompetenz im Feld pädagogischer Reflexivität zu verlassen.

4.2.4 Zentrale Grundlagen der Förderung

Primat der Erziehung

Pädagogische Förderung bedeutet – insbesondere im Förderschwerpunkt ESE – in erster Linie die Umsetzung von Erziehung. Diese ist einerseits eine anthropologische Notwendigkeit, die alle betrifft: Der Mensch ist erziehbar und erziehungsbedürftig. »Wir sind als Lebewesen geboren, Menschen müssen wir erst werden« (Kant, 1983, S. 702). Kant war sich neben der Bedeutung der Erziehung offensichtlich auch der Schwierigkeiten bewusst, die Erziehungsaufgaben mit sich bringen. Es ist anzunehmen, dass er noch nicht an die Erziehungshilfe dachte als er formulierte: »Daher ist die Erziehung das größte Problem, und das schwerste, was dem Menschen kann aufgegeben werden« (ebd., S. 699). Andererseits bedingen die ausgeprägten Erziehungsbedarfe der Zielgruppe in diesem Förderschwerpunkt kompensatorische oder remediative pädagogische Arbeit in hoher Intensität, was dem Erziehungsbegriff in diesem Zusammenhang einen besonderen Charakter verleiht. Dieser wird fachlich unterschiedlich interpretiert und so ist es notwendig ihn in den passenden Kontext zu rücken (▶ Kap. 4.1). Die Pädagogik bei Verhaltensstörungen setzt eine Förderung durch eine gezielte, dauerhafte Einflussnahme auf das Kind an, die unter Berücksichtigung einer Bindungsproblematik, einer labilen Emotionalität und möglicherweise schwierigem Sozialverhalten auf einem dialogischen Prozess und stabilen Beziehung zwischen Erzieher und Zu-Erziehendem basiert, stets in den Zielen und Mitteln wert- und normgebunden ist und in besonderer Weise den Entwicklungsstand und die Persönlichkeitsstruktur des jungen Menschen berücksichtigt (Müller & Stein, 2015; Benner, 2015; Ricking, 2018). Die Zielperspektive erzieherischen Handelns ist mit Böhm näher zu fassen: Es handelt sich bei Erziehung um »jene Maßnahmen und Prozesse […], die den Menschen zu Autonomie und Mündigkeit hinleiten und ihm helfen, alle seine Kräfte und Möglichkeiten zu aktuieren und in seine Menschlichkeit hineinzufinden« (Böhm, 2005, S. 186). Mit Verweis auf Speck argumentieren Müller & Stein (2017), dass ergänzend zu den relativ häufig genannten Erziehungszielen Autonomie und Mündigkeit die personale und soziale Integration der unter erschwerten Lebensbedingungen heranwachsenden Kinder und Jugendlichen unter sonderpädagogischer Perspektive besondere Beachtung verdient. Dennoch ist generell zu vermerken, dass auch in diesem thematischen Kontext generische pädagogische Zielstellungen angestrebt werden. Der Unterschied zu den Gegebenheiten allgemeiner Pädagogik besteht darin, dass sich die Ausgangspunkte unterscheiden, weniger die Ziele.

Die subjektive Realität von Schülerinnen und Schülern mit Verhaltensstörungen impliziert oft nur schwer oder gar nicht passende Lösungen situativer Verhaltensaufgaben. Daher sollte eine Intervention im Zuge einer Person-Umwelt-Diagnose, in der Passungsprobleme ausgemacht wurden, solche Gestaltungsoptionen suchen und in Kooperation mit den Beteiligten realisieren, die anschlussfähig und zielführend sind (► Kap. 4.3). Im Sinne dieser metatheoretischen Logik (Helmke, 2006) betreibt dieser sonderpädagogische Förderschwerpunkt in den unterschiedlichen Handlungsfeldern oft eine Intensivierung der pädagogischen Einflussnahme (als quantitative und qualitative Verdichtung) unter der Berücksichtigung der Spezifik des Einzelfalls (die Adaptivität erfordert) in interdisziplinären Settings (sodass kooperative Rahmenbedingungen entstehen) (Ricking, 2018). So kann sich ein pädagogischer Prozess im Rahmen einer professionellen Haltung entwickeln, in dem der oder die Heranwachsende in seinen oder ihren Umweltbezügen verstanden und erreicht wird. Dabei sollte ihm oder ihr ermöglicht werden ein gezielt gestaltetes Setting anzunehmen und für sich zu nutzen, in dem positive soziale und selbstbezogene Erfahrungen möglich sind, die im Gegensatz zu vielen früheren Erlebnissen stehen. (Im Sinne pädagogischer Wertsetzungen) positive Erfahrungen führen zu Erkenntnissen und helfen dabei kognitiv-emotionale Schemata aufzubauen, die einen Raum öffnen für alternatives Verhalten. Gefordert sind Sensitivität und Flexibilität in der erzieherischen Interaktion, der bewusst reflektierte Umgang mit körperlicher und emotionaler Nähe und Distanz in der pädagogischen Beziehung wie auch eine Kommunikation der Annahme, die ggf. trotz aversiven Signalen des Gegenübers, die Beziehung zu tragen vermag (Willmann, 2010b). Grundsätzlich strebt die Erziehungshilfe eine qualitativ hochwertige und kontinuierliche Erziehungspraxis an, die auf entsprechend validen Beziehungen basiert, die als starke Bindung zu einem signifikanten Anderen erlebt werden (► Kap. 4.1). Dahinter scheint ein zentrales pädagogisches Merkmal unmittelbar auf: ein hohes Maß an Subjektbezug (Wittrock, 2008). Wie deutlich wird, obliegt es ihr, mit gescheiterten erzieherischen Versuchen umzugehen und alternative Problemlösungen an den Grenzen der Pädagogik zu realisieren.

Kategorien und Formate der Förderung

Auch bei einer gut entwickelten Prävention benötigt eine Schule effektive Strategien im konkreten Umgang mit auftretenden Verhaltensschwierigkeiten (Hillenbrand, 2008). Dabei ist es hilfreich konzeptionell abgesicherte Strukturen und Verfahren zu etablieren, die durch eine schulweite Umsetzung die einzelne Lehrkraft entlasten, z. B. für das fachliche Management von Angststörungen (Stein, 2012), Gewalt und Mobbing (Kindler, 2009) oder Schulabsentismus (Ricking & Hagen, 2016). Maßnahmen sind zu differenzieren bzgl.

- der Erscheinungsformen (Aggression, Angst, Aufmerksamkeit, Autismus …),
- des Wirkungsraumes (Familie, Schule, Peers …),
- des Ansatzpunktes (direkt/problemzentriert oder indirekt/ressourcenorientiert),
- der theoretischen Fundierung (humanistisch, verhaltenstheoretisch, kognitionstheoretisch, psychoanalytisch …) wie auch
- der Interventionsform (Unterricht, Beratung, Förderdiagnostik, Training, Therapie …) und

- der Fördermodalitäten (Kleingruppe, Einzelförderung, Kurzzeitintervention, kooperative Förderung …).

und fallspezifisch auszuformen (Myschker & Stein, 2018; Ricking, 2017a). Einige der genannten Formate werden an anderer Stelle in diesem Werk ausführlich behandelt (▶ Kap. 2; ▶ Kap. 4).

Das Kindeswohl schützen

Aus humanistischer Perspektive hat die Entstehung von Verhaltensstörungen viel zu tun mit der Frustration und Nicht-Befriedigung zentraler Grundbedürfnisse eines Kindes nach Versorgung, Sicherheit und emotionale Zuwendung, was nicht selten dem Sachverhalt der Kindeswohlgefährdung entspricht. Diesem Gedanken folgend ist zur Sicherung des Kindeswohls die Berücksichtigung von Kinderrechten und die Befriedigung elementarer Grundbedürfnisse unabdingbar (Maywald, 2012). Erste Versuche einer Konkretisierung basaler menschlicher Grundbedürfnisse sind u. a. in den Arbeiten von Abraham Maslow (1954; 1973) zu finden. Zu den basalen Bedürfnissen rechnet er u. a. Nahrung, Schutz/Sicherheit und Zugehörigkeit. Sie sind für ihn die grundlegenden Bedürfnisse ohne deren (zumindest teilweisen) Befriedigung der Mensch nicht hinreichend zu den darauf aufbauenden Bedürfnissen wie Wissen, Selbstwirksamkeitserfahrungen und das Verstehen der eigenen Innen- und der ihn umgebenden Außenwelt gelangen kann. Sein Selbstgefühl und seine Selbstsicherheit im späteren Leben bleiben abhängig von seiner Zugehörigkeit zu einer Gruppe, zu seiner Stellung innerhalb der Familie, d. h. von dem Gefühl geschätzt, anerkannt und als vollwertiges Gruppen-/Familienmitglied betrachtet zu werden. Aufbauend stellen Fegert & Zitelmann (2002, S. 102 ff.) einen Versuch der Weiterentwicklung der fachwissenschaftlichen Auseinandersetzung um die Grundbedürfnisse von Menschen (Kindern) vor, Grundbedürfnisse zu identifizieren und die negativen Folgen bei deren Nichtbeachtung zu beschreiben.

1. Liebe, Akzeptanz und Zuwendung: Der Mangel an emotionaler Zuwendung kann zu schweren körperlichen und psychischen Deprivationsfolgen bis hin zum psychosozialen Minderwuchs und »Failure to Thrive« (nicht organisch bedingten Gedeihstörungen) führen.
2. Stabile Bindungen: Bindungsstörungen zeigen sich bei kleinen Kindern zunächst in Auffälligkeiten der Nähe-Distanz-Regulierung und können später zu massiven Bindungsstörungen führen.
3. Gesundheit: Mängel im Bereich der Gesundheitsfürsorge führen zu vermeidbaren Erkrankungen mit unnötig schwerem Verlauf, z. B. infolge von Impfmängeln, Defektheilungen etc.
4. Schutz vor Gefahren von materieller und sexueller Ausbeutung: Psychisch können diese Belastungen zu Anpassungs- bzw. posttraumatischen Störungen führen, die durch eine Fülle von Symptomen und teilweise langfristige Erkrankungsverläufe gekennzeichnet sind.
5. Wissen, Bildung und Vermittlung hinreichender Erfahrung: Mängel in diesen Bereichen führen zu Entwicklungsrückständen bis hin zu Pseudodebilität.

In Bezug auf die »Bedürfnispyramide« von Maslow (1973) führen sie aus: »Dies bedeutet, dass bestimmte qualitative Merkmale, z. B. die Fähigkeit, intellektuell zur Bildung eines Kindes beitragen zu können, nur eine Rolle spielen, wenn Grundbedürfnisse der Versorgung, Ernährung etc. gewährleistet sind« (Fegert & Zitelmann, 2002, S. 104; vgl. Brazelton et al., 2001). Verhaltensstörungen wachsen auf einem Nährboden der Ignoranz gegenüber dem Wohl des Kindes oder dessen bewusste Zerstörung besonders gut. Nur durch eine starke gesellschaftliche Verantwortung gegenüber Kindern, die dem ›Kindeswohl‹ und den Kinderrechten eine hohe Bedeutung zuschreibt, lassen sich die nach wie vor häufigen Formen der Missachtung kindlicher Bedürfnisse durch Erwachsene eindämmen (Resch & Lehmkuhl, 2008; Galm et al., 2010).

Dimensionen präventiven und interventiven Handelns

Im Präventionsbegriff werden Maßnahmen zusammengefasst, die die Lebensbedingungen für Menschen so stabilisieren oder verbessern, dass Schädigungen oder Beeinträchtigungen nicht einsetzen oder in den soziale Folgen Behinderungen vermieden werden. Im Rahmen von aktuellen Taxonomien lohnt zunächst ein Blick auf die unterschiedlichen Zielgruppen und Anforderungen in diesem Feld (Beelmann & Raabe, 2007). Die erste Dimension (primäre Prävention) bezieht sich auf unausgelesene Gruppen (z. B. Grundschulklassen), die auf Basis von professionellem pädagogischem Handeln in der Schule gefördert werden. Diese Förderung kann bspw. darin bestehen, dass wesentliche Grundbedürfnisse körperlicher Art, nach Sicherheit oder Beziehung und Nähe Befriedigung erfahren und darauf aufbauend ein qualitativ hochwertiger Unterricht geboten wird. In der zweiten Dimension (sekundäre Prävention) finden sich Kinder und Jugendliche, die bereits in psychosozialer Hinsicht aufgefallen sind, erste Anzeichen einer Verhaltensproblematik bekunden, von Risiken belastet und in ihrer Entwicklung beeinträchtigt sind. Sie besuchen größtenteils eine allgemeine Schule und benötigen eine gezielte Unterstützung emotionaler und sozialer Kompetenzen, z. B. durch die spezifische Förderung in Kleingruppen, im Rahmen von Peer Education (Opp & Unger, 2006) oder Mentoring (Ricking, 2017d). Die Hilfe wird damit verbunden einer ungünstigen psychischen Entwicklung Einhalt zu gebieten und den Entwicklungsgradienten positiv zu beeinflussen. Schließlich zählen zur dritten Dimension (tertiäre Prävention) all diejenigen, die aufgrund von schweren und multiplen biografischen Belastungen oder Traumatisierungen im Rahmen von Schule deutliche oder massive Verhaltensauffälligkeiten zeigen und sich sowie andere gefährden. Dabei sind vielfach intensivere, multidisziplinäre bzw. multimodale und individualisierte Formate der Förderung einschlägig. Die Kinder und Jugendlichen dieser Teilgruppe befinden sich in der allgemeinen Schule, in Förderschulen oder anderen spezialisierten Einrichtungen (Müller & Stein, 2018). Neben der Schwere und der Form einer Problemlage ist also auch diagnostisch bedeutsam, in welchem Stadium der Störungsgenese ein Heranwachsender im Rahmen dieses Schwerpunktes eine Fördermaßnahme erhält (▶ Kap. 2). Dieses gelingt auf der Basis einer Diagnostik, die v. a. die Stärken und Ressourcen des Kindes beachtet und in die Förderplanung integriert. Insofern hat sonderpädagogische Diagnostik auch Einschätzungen über die Kategorien (z. B. Störungsbilder) und Dimensionen (v. a. Komplexität und Intensität) abzugeben sowie Aussagen über die Bedarfe, das quantitative Ausmaß und qualitativen Formen der beabsichtigten Förderung zu produzieren. So lässt sich ein Förderbedarf als niedrig (begrenzte Hilfe z. B. durch Beratung in der Grundschule), als mittelgradig (gezielte sonderpädagogische Förderung) oder als hoch (dauerhafte, intensive Unterstützung, ggf. in der Förderschule) definieren. Diese den Lernprozess begleitende Diagnostik ist folglich Teil von Qualitätszirkeln, die wiederkehrend durchlaufen werden und zu einer qualitativen Verbesserung und Entwicklungsfortschritten führen (Schnoor, Lange & Mietens, 2006). Stein & Müller wie auch Hennemann, Ricking & Huber (2017) weisen in diesem Zusammenhang auf das Dilemma der (oft zu) späten Feststellung einer emotional-sozialen Auffälligkeit oder Beeinträchtigung hin: »Diagnostik erfolgt in aller Regel dann, wenn eine erhebliche Problematik erkannt wurde« – die Forderung nach »Früherkennung sich anbahnender Probleme« schließt sich unmittelbar an (Stein & Müller, 2018, S. 36) (▶ Kap. 2).

4.2.5 Pädagogisch-therapeutisch orientierte Intervention

Um das eigene Handlungsrepertoire zu erweitern oder den eigenen Wirkungsgrad zu erhöhen, fällt nicht selten der Blick auf Förderoptionen jenseits der Disziplingrenzen. Gemeint ist die anhaltende Tendenz, therapeutische Elemente vorwiegend psychologischer Provenienz in erzieherische Handlungsprozesse zu integrieren (Müller, 2009; Schad, 2008; Willmann, 2010b). Verfahren und Trainings kommen so zum Einsatz, die unterschiedlichen Theorieschulen (Tiefenpsychologie, Lerntheorie, Humanistischer Ansatz …) zuzuordnen sind (Borchert, 2000). Es handelt sich um Förderprogramme oder Konzepte, die zumeist in therapeutischen Kontexten entwickelt und für pädagogische Settings und Förderbedingungen adaptiert wurden. Sie können sich u. a. auf Gesprächs- und Beratungssituationen, Formen der ästhetisch-musischen Förderung, körperlich-motorische Trainingseinheiten oder Konzepte der Verhaltensänderung beziehen (Myschker & Stein, 2018). Im Feld der Erziehungshilfe sind insbesondere solche Ansätze gefragt, die das Kind oder den Jugendlichen dabei unterstützen die Verhaltensregulation zu verbessern, die emotionale Stabilität zu erhöhen oder das Sozialverhalten positiv auszubauen.

Ob und ggf. welche pädagogisch-therapeutischen Verfahren eine sonderpädagogische Fachkraft zum Einsatz bringt, hängt von ihrer professionellen Haltung ab; daneben auch von der Frage, ob sie sich selbst fachlich ausreichend gerüstet einschätzt, die Maßnahme verantwortlich umzusetzen. In jedem Fall sollte sie sich intensiv damit auseinandersetzen, um auch die Qualität und Einschlägigkeit zu prüfen:

- Ist das Verfahren theoriebasiert?
- Ist es logisch strukturiert?
- Ist es ausreichend evaluiert?
- Sind die Materialien adressatengerecht?
- Ist das Förderziel damit erreichbar oder unterstützt es zumindest die Zielerreichung? (Hennemann et al., 2017a; Popp, 2018; Tänzer, 2002)

Beispiele sollen diesen Aspekt der pädagogisch-therapeutischen Förderung illustrieren. Methoden, die auf der Verhaltenstheorie basieren, finden seit langem in der
schulischen Erziehungshilfe Einsatz. In diesem Theoriekontext wird davon ausgegangen, dass angemessenes wie unangemessenes Verhalten gelernt ist und daher
auch wieder verlernt oder umgelernt werden kann. Dies geschieht durch den Aufbau
von erwünschtem oder angemessenem und der Reduktion unerwünschten oder
unangemessenen Verhaltens mittels Techniken der Verhaltensmodifikation. Im
Vorfeld ist unter normativer Fragestellung und hinsichtlich seiner Folgen zu klären,
ob ein Verhalten tatsächlich veränderungsbedürftig ist. Wird das bejaht erfolgt eine
funktionale Diagnostik, die die Zusammenhänge und Wechselwirkungen zwischen
auslösenden Reizen, dem Verhalten selbst, kognitiven und emotionalen Einflüssen,
den Konsequenzen und Kontingenzen ermittelt. Folglich kann die Intervention
sowohl in einer Umgestaltung des pädagogischen Handlungsfeldes bestehen (Re-
gelstruktur in der Klasse, Unterrichtsqualität, soziales Klima...), der Veränderung
der pädagogischen Bedingungen im Elternhaus (Bedeutung von Schule wird anerkannt und verdeutlicht, das Kind wird pünktlich geweckt, das Kind wird bei
Schulaufgaben unterstützt...), in Veränderungen bzgl. der Gleichaltrigengruppe
(z. B. Herauslösung des Schülers bzw. der Schülerin aus einer schulfeindlichen oder
delinquenten Clique...) oder innerhalb eines personenorientierten Ansatzes in der
direkten Modifikation des Verhaltens. Dann finden Prozesse der Konditionierung,
der Verstärkung und Bestrafung, der Löschung sowie des Modelllernens Anwendung (Linderkamp, 2008).

Theoretische Weiterentwicklungen der letzten Jahrzehnte haben zu der weiteren Aufwertung innerer verhaltensrelevanter Prozesse geführt. Im Rahmen der
kognitiven Wende in den 1970er Jahren, v. a. durch die Arbeiten von Bandura
(1979), wurde die sozial-kognitive Lerntheorie herausgebildet. Banduras These ist,
dass Verhalten, Umwelt und Kognitionen in interaktivem Austausch stünden, um
auch verhaltenssteuernde, interne Prozesse zu beeinflussen, die v. a. im kognitiven
Bereich lokalisiert werden (Stallard, 2015). Die Förderung der Selbstwirksamkeit
und die Chancen des Modelllernens sind dadurch zugänglich und es öffnet sich die
Tür zu einem Methodenrepertoire kognitiver Verhaltensmodifikation bspw. mit
dem Selbstinstruktionstraining, dem Reattribuierungstraining oder der Rational-
emotiven Erziehung (Grünke, 2008). Denkformen und Strategien werden darin
vermittelt, die dem Kind erlauben, sich selbst besser zu steuern (z. B. lautes Denken,
Scaffolding). Es geht also vielfach darum ungünstiges impulsives Verhalten in
schwierigen Situationen zu ersetzen durch bewusstes und durchdachtes Handeln
(Ricking, 2008). Ein Grundmuster zeigt das erfolgreiche Problemlösen, das aufeinanderfolgende Sequenzen der Problemdefinition, der Identifikation alternativer Lösungen, die Entscheidung für die beste Lösung, den Einsatz dieser Lösung und der
Evaluation der Wirkung umfasst (Kipman, 2018; Nezu et al., 2006). Als einschlägig für
pädagogische Förderung werden auch Selbstmanagement-Strategien eingeschätzt
(Linderkamp, 2014). Abschließend ist herauszustellen, dass diverse Experten die weite
Verbreitung und erhebliche Aufmerksamkeit, die Verfahren psychotherapeutischer
Provenienz in den letzten Jahrzehnten in der Pädagogik bei Verhaltensstörungen
auf sich gezogen haben, kritisieren und eine deutlichere Fokussierung auf die eige-
nen fachlichen Stärken einfordern (Willmann, 2010b). In diesem Kontext ist die

Gratwanderung zwischen der sinntragenden Ergänzung des Wirkungspotenzials und der Wahrung des Kerns eigener sonderpädagogischer Fachlichkeit als dauerhafte Aufgabe der Pädagogik bei Verhaltensstörungen zu verstehen (Ricking, 2018).

4.2.6 Grenzen pädagogischen Handelns

Dass es bedeutsam ist, sich im Feld der Pädagogik bei Verhaltensstörungen mit den Grenzen der sonderpädagogischen Handlungsmöglichkeiten zu befassen, liegt einerseits am Wesen der Pädagogik und andererseits an den besonderen Herausforderungen, die die schulische Erziehungshilfe stellt. Generell gilt, dass Erziehung in ihren Wirkungen als ein nur bedingt prognostizierbares Geschehen zu verstehen ist. Pädagogische Prozesse sind weitgehend indeterminiert und weisen vielfach einen optional-fakultativen Charakter auf. Pädagogisches Handeln wird in diesem Sinne eher als offener Vorgang verstanden, hat mit unbekannten ›Miterziehern‹ zu rechnen, ist weitaus anfälliger für Störungen und entzieht sich eines präzise planbaren Ergebnisses (Ricking, 2018). Viele Bedingungen können in erzieherischen Kontexten nicht kontrolliert oder beeinflusst werden, aus A folgt nicht linear B:

> »Zunächst ist der Adressat der Bemühungen hinreichend intransparent und daher die Wahl der adäquaten Mittel nicht eben einfach; die Effekte der Handlungen sind kaum verlässlich vorhersagbar; es muss mit Störungen unterschiedlicher Art gerechnet werden: mit eigenwilligen Reaktionen des Adressaten, mit streuenden Effekten, mit ungewollten Nebeneffekten, mit irritierenden Rückkopplungen und anderen Unwägbarkeiten mehr« (Rieger-Ladich, 2014, S. 285).

Der Pädagoge oder die Pädagogin wirkt innerhalb eines komplexen Bedingungsgefüges, und viele der darin enthaltenen Elemente sind unbekannt oder stehen gar pädagogischen Zielsetzungen entgegen. Die Voraussetzungen für die Förderung von Kindern und Jugendlichen mit Beeinträchtigungen in der emotionalen und sozialen Entwicklung ist allgemein eher ungünstig. Diese Heranwachsenden verfügen oft nur über eingeschränkte kommunikative Fähigkeiten und Problemlösestrategien, sodass Auseinandersetzungen leicht eskalieren, gewalttätig werden. Sie werden so in ihren Umweltrelationen auffällig, reagieren in sozialen Situationen unangemessen, befinden sich leicht in Konflikten, haben daher oft Probleme Teil einer Gruppe zu sein und werden schnell desintegriert. Hinzu kommt: Wenn die Erziehungshilfe eingeschaltet wird, ist oft bereits eine mehrjährige Geschichte des Scheiterns in Familie und Schule zu verzeichnen und nicht selten das Endstadium der Störungsgenese erreicht (Hennemann, Ricking & Huber, 2017). Die betroffenen Kinder sind durch die unzureichende Qualität kindlicher Lebenswelten in ihrem Werden gehemmt, häufig gerahmt von erzieherischer Insuffizienz und sozialer Anomie (Sutterlüty, 2003). Erziehung an den Grenzen ist vielfach Erziehung im Rahmen entwicklungsfeindlicher Lebens- und Lernbedingungen. Die Erziehungshilfe stößt im Rahmen von Person-Umfeld-Analysen auf junge Menschen, die aus schwach strukturierten und unterstützungsarmen Familien kommen. Sie sind oft an den Anforderungen der sozialen Umwelt gescheitert, Eltern und Lehrkräfte sind an ihnen verzweifelt, Institutionen haben sie aufgegeben, Schule glitt sukzessiv in die Bedeutungslosigkeit (Freyberg & Wolff, 2005). Pädagogik ist grundsätzlich störungsanfällig und trägt – mehr noch in der Erziehungshilfe als in allgemeinen pädagogischen Prozessen – die Option des Scheiterns in sich (Sattler, 2016; Ricking, 2018). Und dennoch: Trotz der oft ungünstigen Rahmenbedingungen gilt auch für die Zielgruppe der Kinder und Jugendlichen mit Verhaltensstörungen der Grundsatz einer grundsätzlichen Entwicklungsoffenheit und ein basaler pädagogischer Optimismus.

4.2.7 Fazit

Der Förderschwerpunkt ESE bietet Schülerinnen und Schülern pädagogische Unterstützung, die häufig ohne Halt gebende Bindungen in Gefahr sind ausgeschlossen zu werden von schulischer und gesellschaftlicher Teilhabe. Er muss Lösungen finden auf vielfältige Problemstellungen innerhalb einer größer werdenden Zielgruppe und sich verändernder Phänomene psychosozialer Beeinträchtigungen. In einem inklusiv orientierten Schulsystem ist für alle Schülerinnen und Schüler der Zugang zur allgemeinen Schulsystem die Regel, begründete Ausnahmen sollten im Falle ausgeprägten Förderbedarfs temporär möglich sein. Vorkehrungen sind dergestalt zu treffen, dass jede Schule über ein integratives Handlungskonzept verfügt, Förderschulen, i. d. R. als Ganztagsschulen, über ein Reintegrationskonzept und -praxis, um dem Anspruch einer Durchgangsschule gerecht zu werden. Grundlegend sind Lehrerfortbildungen wie auch kollegiale Praxisberatung angezeigt, die z. B. unterrichtliche Gestaltungskompetenzen oder proaktives Verhalten gegenüber Erziehungsschwierigkeiten thematisieren. Letztlich gibt die Person und Persönlichkeit der Pädagogen als »Beziehungspartner« den Ausschlag (Bolz et al., 2019, S. 568). Sie brauchen

> »Enthusiasmus, Optimismus, die Überzeugung in die Wichtigkeit ihrer Arbeit und den Glauben an die Entwicklungspotenziale der Kinder und Jugendlichen […] Sie brauchen gleichzeitig aber auch Ausdauer und eine hohe Frustrationstoleranz, um die Widerstände gegen die Welt, welche die Kinder und Jugendlichen an ihnen erproben, immer wieder aufs Neue auszuhalten. Und sie brauchen umfangreiches theoretisches Wissen im Umgang mit schwierigen Erziehungssituationen, sowie vielfältige Unterstützung, um diese herausfordernde Arbeit leisten zu können, ohne auszubrennen« (Puhr, 2003, S. 81).

Die Pädagogik bei Verhaltensstörungen hat in ihrer jungen Geschichte zwar bereits eine Fülle fachlicher Bestandteile ausgearbeitet, die die Wahrscheinlichkeit erfolgreichen Arbeitens in diesem herausfordernden Gebiet erhöht, der Bedarf an weiteren Fortschritten ist jedoch unübersehbar.

4.3 Diagnostik in der Pädagogik bei Verhaltensstörungen

Bastian Rieß & Tijs Bolz

4.3.1 Einleitung

Diagnostik ist eine zentrale Aufgabe von Sonderpädagoginnen und Sonderpädagogen (in einem System gestufter Hilfen im Förderschwerpunkt ESE). Auch in dem Beschluss der KMK (2011, S. 17) zur Inklusiven Bildung von Kindern und Jugendlichen mit Behinderungen in Schulen wird »Diagnostik und Beratung« als Voraussetzung für qualitativ hochwertige Bildungs-, Beratungs- und Unterstützungsangebot genannt. Im Rahmen sonderpädagogischer Unterstützungsprozesse dient sie u. a. der Identifizierung und Beschreibung von Unterstützungsbedarfen, als Grundlage für die Entwicklung spezifischer Fördersettings und -maßnahmen sowie der Legitimation und Überprüfung der Wirksamkeit (sonder-)pädagogischer Unterstützungsprozesse. Im Rahmen dieses Beitrags erfolgt die Auseinandersetzung mit den Spezifika einer Diagnostik im Förderschwerpunkt ESE unter Berücksichtigung einer interaktionistischen, verstehenden Perspektive. Ziel ist es, eine Grundlage für die Gestaltung, Umsetzung und Evaluation diagnostischer Prozesse im Rahmen eines gestuften Systems der Hilfen zu bieten. Der Anspruch einer vollständigen Bearbeitung unter Berücksichtigung der vielfältigen Perspektiven und Ansatzes dieses Themenfeldes wird im Rahmen dieses Beitrags nicht verfolgt. Einen tiefergehenden Einblick in Prozesse sonderpädagogischer Diagnostik bieten die Ausführungen von Breitenbach (2013), Bundschuh & Winkler (2014), Schäfer & Rittmeyer (2015) und Amrhein (2016).

4.3.2 Begriffsklärung und Einordnung in das sonderpädagogische Handlungsfeld

(Sonder-)pädagogisches Handeln ist fast immer geprägt von diagnostischen Prozessen. Mal bewusst, mal weniger bewusst erfolgen Beobachtungen von Situationen und Verhaltensweisen, werden Schlüsse gezogen und pädagogische Reaktionen sowie Verhaltensweisen abgeleitet. Diese sind nicht immer als standardisierte und planvolle Vorgehensweisen zu werten, denn besonders in (sonder- und sozial-)pädagogischen Settings erfolgt Diagnostik zwischen den Polen eines formellen (z. B. Gutachtenerstellung im Verfahren zur Feststellung eines sonderpädagogischen Förderbedarfs) und informellen (z. B. spontane Unterrichtsbeobachtungen, Situationseinschätzung) Vorgehens. Der Unterschied liegt primär in dem Grad der Systematisierung und Standardisierung. Während formelle Diagnostik u. a. planvoll, systematisch und wissenschaftlichen fundiert ausgestaltet sind, wird im Rahmen informeller Diagnostik tendenziell spontan, intuitiv und nicht immer in Rückbezug auf wissenschaftliche Erkenntnisse agiert. Dementsprechend anfälliger für Beurteilungsfehler sind informelle Prozesse (Hesse & Latzko, 2011). Dennoch haben beiden Formen, wenn sie unter Berücksichtigung einer kritisch reflexiven Haltung umgesetzt werden, besondere Relevanz für das sonderpädagogische professionelle Handeln und sind dementsprechend verantwortungsvolle und einflussreiche Tätigkeitsbereiche (Stein, 2019).

In der vertiefenden Auseinandersetzung mit dem Aufgabenfeld der Diagnostik sind zunächst die beiden zentralen Begriffe der Status- und Prozessdiagnostik zu unterscheiden. Im Rahmen der Statusdiagnostik soll der aktuelle Entwicklungsstand einer Person erfasst und auf Grundlage eines Klassifikationssystems (z. B. ICD-10, DSM-V, ICF, Status eines Förderbedarfs) beschrieben werden. Vorrangiges Ziel ist es, Selektions- und ggf. Platzierungsentscheidungen zu treffen (Breitenbach, 2003; Strasser, 2004). Ein prozessdiagnostisches Vorgehen sieht eine kontinuierliche Erhebung des Entwicklungsstandes einer Person zu mehreren Zeitpunkten vor, mit dem Ziel die Entwicklung einer Person bzw. deren Verlauf (bezogen auf bestimmte Merkmale) abzubilden. Häufig wird sie angewandt, um die Wirkung bestimmter Maßnahmen (z. B. Förderung, Therapie) auf die Person zu erfassen (Mutzeck & Jogschies, 2004; Hartmann, 2017). In der Übertragung auf ein System gestufter Hilfen wäre ein statusdiagnostisches Vorgehen bspw. notwendig, um die Unterstützung einer bestimmten Stufe zu erhalten und eine entsprechende ›Platzierung‹ vorzunehmen (▶ Kap. 3.1). Prozessdiagnostik würde in einem solchen System insbesondere der Darstellung von Entwicklung sowie der Anpassung von Fördersettings und -maßnahmen, z. B. innerhalb einer Stufe, dienen. Hervorzuheben ist hierbei im sonderpädagogischen Handlungsfeld, dass eine Statusdiagnostik nicht für sich, sondern stets in Kombination mit einer Prozessdiagnostik umzusetzen ist.

Grundsätzlich bestehen im (sonder-)pädagogischen Handlungsfeld sowie im Fachdiskurs verschiedene wissenschaftliche Modelle der Diagnostik nebeneinander (Mutzeck, 2002; Bundschuh & Winkler, 2014; Hillenbrand, 2008). Die Unterschiede der Modelle spiegeln sich je nach vorherrschender theoretischer Orientierung (medizinisch, tiefenpsychologisch, lerntheoretisch, systemisch etc.) der Diagnostikerin bzw. des Diagnostikers in der Art der Fragestellung, der Form der Hypothesenbildung, der inhaltlichen Ausrichtung der Datenbeschaffung, der Methoden zur Datenverarbeitung sowie der Bearbeitung des Verhältnisses von Diagnostik und Intervention wider.

Als Definition für die Diagnostik im Förderschwerpunkt ESE orientiert sich dieser Beitrag an Stein (2019).

»Diagnostik (im Hinblick auf Verhaltensstörungen) meint das Gewinnen von Hinweisen und Erkenntnissen sowie eine darauf aufbauende Urteilsbildung zum Zwecke der Beschreibung und Erklärung der Störung. Das zentrale Ziel besteht darin, gut begründete Schlussfolgerungen für förderliche Maßnahmen zu ermöglichen und gegebenenfalls vorzunehmen« (Stein, 2019, S. 128).

Im Zentrum sonderpädagogischer Diagnostik steht die Gewinnung von Hinweisen und Erkenntnissen sowie eine darauf aufbauende Urteilsbildung mit der Absicht der Beschreibung und Erklärung von Verhaltensweisen (Stein, 2008; 2019; Hillenbrand, 2008). Zentrales Ziel diagnostischer Prozesse liegt dabei darin, inhaltlich fundierte und ethisch vertretbare Schlussfolgerungen für förderliche Hilfe- und Unterstützungsmaßnahmen zu ermöglichen und ggf. umzusetzen (Stein, 2019). Deutlich wird hier die Verbindung zwischen Diagnostik (Urteilsbildung, Beschreibung und Erklärung einer Störung) und Förderung (Schlussfolgerungen für förderliche Maßnahmen). Diese Verknüpfung wird im sonderpädagogischen Kontext meist unter dem Begriff Förderdiagnostik (Mutzeck, 2000; Bundschuh, 2005; Bundschuh & Winkler, 2014) subsumiert. Seit Mitte der 1970er Jahre und v. a. in den letzten zehn Jahre wird dieser Ansatz und Begriff diskutiert.

Kobi (1977) eröffnet in diesem Zusammenhang die Gegenüberstellung zur Platzierungs- bzw. Einweisungsdiagnostik (Statusdiagnostik) bzw. individuumszentrierten, stark am medizinischen Modell orientierten Diagnostik. Die zentrale Frage besteht darin, wie die Ergebnisse der Diagnostik für Planung und Durchführung der sonderpädagogischen Förderung genutzt werden können. Der förderdiagnostische Ansatz strebt somit die enge Verzahnung zwischen Diagnostik und Förderung im pädagogischen Kontext an. Zugrundeliegende Zielsetzung des Modells ist die Suche nach Förder- und Handlungsmöglichkeiten bei dem nicht nur die Person, sondern ebenfalls das Bedingungsgefüge Teil der diagnostischen Betrachtung ist (Bundschuh, 2005; Bundschuh & Winkler, 2014). Breitenbach (2013) beschreibt Förderdiagnostik als eine handlungsorientierte Diagnostik, die nach Fördermöglichkeiten oder -bedürfnissen oder -konzepten sucht und somit eine Einheit von Diagnostik und Förderung herstellt. Nach Breitenbach (2013) lassen sich folgende Merkmale der Förderdiagnostik formulieren:

- Lernprozesse analysieren,
- die Situation, den Kontext einbeziehen,
- Diagnose und Förderung konsequent miteinander verknüpfen,
- vorgeordnete Theorien und Wertvorstellungen mitdenken und
- sich an den Kompetenzen orientieren.

Zu dem Verhältnis der Formate ist festzuhalten, dass sich i. d. R. Elemente der Status- und Prozessdiagnostik in der Förderdiagnostik wiederfinden. In der sonderpädagogischen Praxis ist häufig ein bestimmter Status (z. B. sonderpädagogischer Förderbedarf) und die damit einhergehende Statusdiagnostik erforderlich, um Förderung und Prozessdiagnostik (z. B. im Rahmen der Förderplanung) umsetzen zu können. Es kann daraus abgeleitet werden, dass Förderdiagnostik stets den Grundsätzen des prozessdiagnostischen Vorgehens folgt. Ein Element der Statusdiagnostik, z. B. Beschreibung des aktuellen Entwicklungsstands einer Person auf Grundlage eines Klassifikationssystems, kann ebenfalls Teil eines förderdiagnostischen Prozesses sein. Entscheidend ist hierbei, dass in der (sonder-)pädagogische Diagnostik andere (Klassifikations-)Systeme verwendet als bspw. in der Psychiatrie oder Psychologie. Deutlich wird dies, wenn in sonderpädagogische Arbeitsfelder psychiatrische Diagnosen wie bspw. die Aufmerksamkeits-Defizit-Hyperaktivitäts-Störung (ADHS), die Störung des Sozialverhaltens oder die Störung im Autismus-Spektrum (ASS) eingebracht werden. Sie stellen in diesem Zusammenhang syndromspezifische Diagnosen dar, die auf einer Statusdiagnostik basieren. Zielgerichtete und differenzierte Diagnosen aus anderen Fachdisziplinen können wichtige Ansatz- bzw. Orientierungspunkte für den (sonder-)pädagogischen Förder- und Unterstützungsprozess sein. Häufig geben sie sprachliche Orientierung (z. B. in der interdisziplinären Kooperation) oder erfüllen für Eltern und professionelle Akteure eine Art Entlastungs- und Legitimationsfunktion. Dennoch ist aus sonderpädagogischer Perspektive eine weiterführende Prozessdiagnostik und die Verwendung eigener Beschreibungssysteme erforderlich, da insbesondere die Entwicklung einer Person im Kontext von Förderung im Mittelpunkt der Arbeit steht.

Ausgehend vom Fachdiskurs (Sander, 1998; Schulze, 2003; Bundschuh, 2005) sowie dem Beschluss der Kultusministerkonferenz (KMK) zur inklusiven Bildung von Kindern und Jugendlichen mit Behinderung in der Schule (KMK, 2011) sollten im Rahmen des diagnostischen Vorgehens grundlegende Bereiche der Entwicklung in einer umfassenden Kind-Umfeld-Analyse unter Berücksichtigung situationsspezifischer und personbezogener Faktoren integriert werden. In dieser Hinsicht muss Diagnostik die physischen und psychischen Voraussetzungen, Fähigkeiten, Interessen, Handlungsstrategien und (Förder-)Bedürfnisse der Schülerinnen und Schülern genauso berücksichtigen wie die auf sie einwirkenden Kontext- und Umweltfaktoren (Berndt-Schmidt et al., 1995; Mutzeck, 2002; Breitenbach, 2013). Eine zentrale Bedeutung kommt hier den Entwicklungsbereichen *Kognition/Denken*, *Kommunikation/Sprache*, *Lern- und Arbeitsverhalten*, *Sensorik und Motorik* sowie insbesondere für den Förderschwerpunkt ESE der *Motivation*, *Emotionalität* und dem *Sozialverhalten* (Berndt-Schmidt et al., 1995; Baumann, 2010) zu.

4.3.3 Spezifika einer Diagnostik im Förderschwerpunkt emotionale und soziale Entwicklung

Die Diagnostik im Förderschwerpunkt ESE folgt den Grundsätzen einer (sonder-) pädagogischen Diagnostik, wie sie u. a. von Bundschuh (2005), Breitenbach (2013), Bundschuh & Winkler (2014) beschrieben worden ist. Dennoch lassen sich für das Handlungsfeld dieser Fachrichtung auch Spezifika herausarbeiten, von denen drei, nämlich

- Diagnostik auf Grundlage des Modells zur Verursachung und Entstehung von Verhaltensstörungen,
- Verstehende Perspektiven im diagnostischen Prozess und
- Verhaltensverlaufsdiagnostik – Diagnostik evidenzbasierter Praxis,

nachfolgend ausgeführt werden.

Diagnostik auf Grundlage des Modells zur Verursachung und Entstehung von Verhaltensstörungen

Grundlegend für eine Diagnostik im Förderschwerpunkt ESE ist die Auseinandersetzung mit Erklärungsansätzen für die Entstehung von Verhaltensauffälligkeiten und -störungen. Einen Überblick zu verschiedenen Ansätzen der Verursachung und Entstehung von Verhaltensstörungen aus sonderpädagogischer Perspektive bieten u. a. Vernooij & Wittrock (2008), Ahrbeck & Willmann (2010) und Myschker &

Stein (2018). Ausgegangen wird hier von einer multikausalen, mehrperspektivischen Genese (Willmann, 2015), in der das Zusammenwirken personbezogener und systemischer Einflussfaktor, zurückliegender und aktueller Erlebnisse sowie gesellschaftliche Bedingungen von zentraler Bedeutung ist. Stellvertretend soll hier das »Modell der Genese von Verhaltensstörungen« (▶ Abb. 4.3.1) von Stein (2019, modifiziert nach Seitz, 1992) angeführt werden, das die unterschiedlichen Wirkfaktoren sowie deren Abhängigkeiten und Zusammenhänge berücksichtigt. Eine Verhaltensstörung wird hier nicht als intra-individuelle Störung einer Person, sondern – im Sinne eines interaktionistischen Verständnisses – als Störung des Funktionsgleichgewichtes zwischen Person und Umwelt definiert.

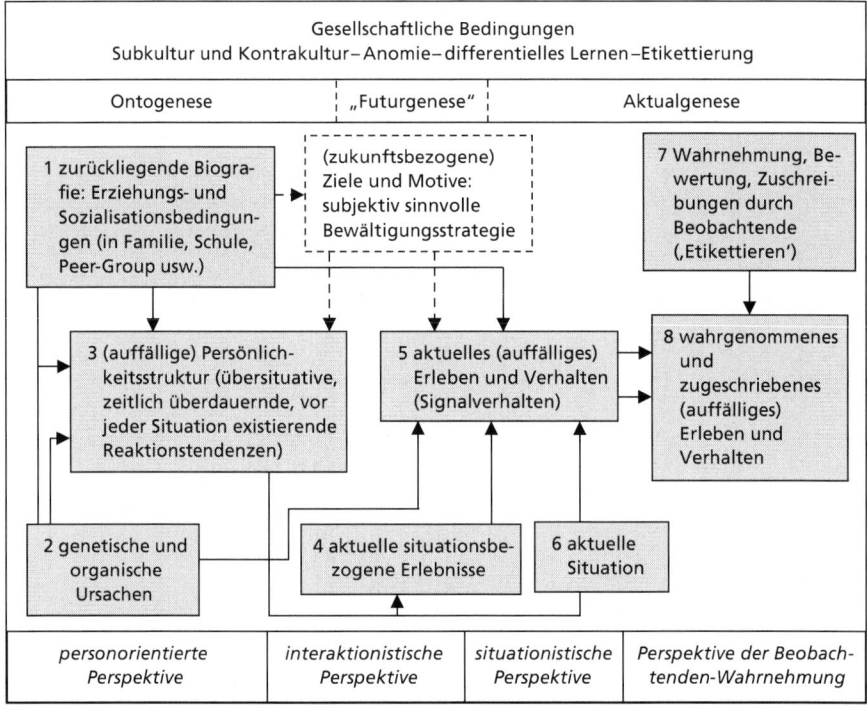

Abb. 4.3.1: Modell der Genese von Verhaltensstörungen (modifiziert nach Stein, R. (2019). Grundwissen Verhaltensstörungen. Baltmannsweiler: Schneider Hohengehren)

Unterschieden wird in diesem Modell zwischen der Ontogenese (Entstehung bzw. Vergangenheit einer Verhaltensstörung) und Aktualgenese (aktuelles Auftreten einer Verhaltensstörung) sowie den vier Perspektiven: personorientierte, interaktionistische und situationistische Perspektive sowie Perspektive der Beobachterwahrnehmung. Ausgangspunkt ist ein »aktuelles (auffälliges) Erleben und Verhalten (Signalverhalten)« (Stein, 2017, S. 52; ▶ Abb. 4.3.1, Feld 5), das i. d. R. durch Beobachtende wahrgenommen, unter Anwendung einer oder mehrere Bezugsnormen (Stein & Stein,

2014) bewertet und als ›auffällig‹ kategorisiert bzw. etikettiert wird ▶ Abb. 4.3.1, Felder 7 und 8). Die Entstehung des gezeigten Verhaltens ist nach diesem Modell bedingt durch die aktuelle Situation sowie situationsbezogene Erlebnisse (▶ Abb. 4.3.1, Felder 4 und 5). Ebenso wird die Genese einer Verhaltensstörung durch die zurückliegende Biografie, die Persönlichkeit sowie genetische und organische Ursachen (▶ Abb. 4.3.1, Felder 1 bis 3) beeinflusst. Diese Bedingungsfelder sind den vier formulierten Perspektiven und der Aktual- und Ontogenese zugeordnet. Der Nutzen dieses Modells für diagnostische Prozesse liegt darin, dass durch Berücksichtigung der unterschiedlichen Perspektiven sowie der Bedingungsfelder eine Orientierung für die Erfassung komplexer Sinnzusammenhänge im Rahmen der Diagnostik ermöglicht und durch das zugrundeliegende interaktionistische Verständnis die Ableitung personbezogener und systemischer Fördermaßnahmen unterstützt wird.

Ausgehend von der Annahme, dass »Kinder und Jugendliche »aus sich selbst heraus sinn- und nicht ursachengesteuert« handeln (Reiser, 1995, S. 178) und »jede menschliche Handlungsweise eine subjektive problemlösende Handlungsweise« (Hurrelmann, 1979, zit. nach Wittrock, 2008, S. 152) ist, wurde für dieses Modell eine Erweiterung hinsichtlich (zukunftsbezogener) Ziele und Motivation vorgenommen. Durch die Ergänzung dieses weiteren Bedingungsfaktors soll der (diagnostische) Blick auf die bewussten oder unbewussten Ziele der jungen Menschen gelenkt werden, die einem Verhalten zugrunde liegen können. Verhalten wird hier verstanden als subjektiv sinnvolle Bewältigungsstrategie in Bezug auf Biografie, aktuelle Lebensweltbezüge und erlebte Lebenswirklichkeit (Baumann, 2010, S. 60). Unter dem Begriff »Futurgenese« werden insbesondere die Fragen behandelt »Inwiefern ist das Verhalten einer Bewältigungsstrategie?« und »Was möchte eine Person durch ihr Verhalten erreichen? Welche Intention/Funktion steht hinter dem Verhalten einer Person?«.

Verstehende Perspektiven im diagnostischen Prozess

Im Umgang mit Kindern, Jugendlichen und jungen Erwachsenen, die dem Förderschwerpunkt ESE ›zugeordnet‹ werden, wird zwangsläufig eine Auseinandersetzung mit Verhaltensweisen erfolgen, die als ›störend‹, normabweichend und/oder maladaptiv bewertet werden. Besonders in Situationen, in denen eine Konfrontation mit massiven Verhaltensstörungen (wie z. B. fremd- und selbstverletzende Verhaltensweisen) erfolgt, entsteht die Frage: »Warum zeigt eine Person ein solch massiv abweichendes Verhalten?« Diese Fragestellung zielt darauf ab, die Entstehung von Verhalten zu (er-)klären bzw. die Beweggründe, Motivation, Intention etc. der Person, die die Verhaltensweisen zeigt, zu verstehen und nachzuvollziehen. Ader (2004), Baumann (2010) und Schrapper (2013) sehen in diesem Vorgehen zum einen eine Entlastungsfunktion (»Der junge Menschen erscheint weniger unberechenbar.«) und zum anderen eine Grundlage für die Planung von (sonder-)pädagogischen Angeboten und Entwicklung von Handlungsmöglichkeiten. Auch in den *Empfehlungen zum Förderschwerpunkt emotionale und soziale Entwicklung* wird »die Bedingungen für das Entstehen einer Störung der emotionalen und sozialen Entwicklung, ihre Eigendynamik und innere Logik *zu verstehen*« (KMK, 2000, S. 4) als vorrangige Aufgabe für die Arbeit im Förderschwerpunkt ESE formuliert.

Der Prozess der (Er-)Klärung von psychosozialen Bedarfen wird im sonder- und sozialpädagogischen Handlungsfeld u. a. mit dem Begriff des Fallverstehens (Kautter, 2003; Ader, 2004; Baumann, 2009; Schrapper, 2013; Zimmermann, 2017) beschrieben und dem diagnostischen Prozesse zugeordnet (Baumann, 2010). Schrapper (2013) definiert die Zusammensetzung dieses Begriffs wie folgt:

> *Fall*: »In professionellen Kontexten sollen nicht Menschen ›an sich‹, sondern ›Fälle‹ verstanden werden. Und solche Fälle sind eine komplizierte Melange aus aktueller Situation und Problemanzeige, oft komplexen Lebens- und Hilfegeschichten sowie ebenfalls nicht einfachen administrativen Zuständigkeiten« (ebd., S. 90 f.).

> *Verstehen*: »Mit Verstehen soll die auf einfühlendes Nachvollziehen sich gründende Anstrengung benannt werden, kommunizierbar, also v. a. in Sprache gefasst Vorstellungen darüber zu erarbeiten, wie ein anderer Mensch, seine Situation und seine Perspektiven verstanden und begriffen werden kann« (ebd., S. 90).

Ausgangspunkt für das sog. Fallverstehen ist die Annahme, dass junge Menschen aus sich selbst heraus Sinn und nicht ursachengesteuert handeln (Reiser, 1995). Somit unterliegt jedes Verhalten einem subjektiven Sinn sowie impliziten Zielen und ist aus Sicht des Kindes, Jugendlichen oder jungen Erwachsenen ein mehr oder minder konstruktiver (förderlicher) Versuch, das eigene Leben zu gestalten bzw. zu bewältigen (Wittrock, 2008; Baumann, 2009). Baumann (2010, S. 60) führt hierzu aus:

> »Wenn sich ein Kind oder ein Jugendlicher radikal gegen die Versuche des [...] Systems wendet, mit ihm ein Verhältnis der Kooperation herzustellen, ist diese Verweigerung keine Persönlichkeitseigenschaft des Betroffenen, sondern Teil seiner subjektiv sinnvollen Bewältigungsstrategie in Bezug auf seine Biografie, seine aktuellen Lebensweltbezüge und der erlebten Lebenswirklichkeit.«

Innerhalb einer ›verstehenden‹ diagnostischen Perspektive im Förderschwerpunkt ESE steht daher die Suche nach Sinnzusammenhängen, wie, wo und warum ein Verhalten einen (über-)lebenswichtigen Sinn für einen jungen Menschen hat, im Mittelpunkt (Baumann, 2009). Es geht also primär darum die inneren handlungsleitenden Prozesse des jungen Menschen zu rekonstruieren. Dies umfasst die Deutung von Situationen sowie Zielsetzungs- und Planungsprozesse, die sich innerpsychisch in Kognition, Emotion und Motivation darstellen (Schrapper, 2013). Diese sind von außen nicht leicht beobachtbar. Somit bedarf es weiterführender Theorien und Methoden für die pädagogische Arbeit, mithilfe derer diese Prozesse aufgedeckt werden können. Ein mögliches methodisches Vorgehen für das Handlungsfeld Sonderpädagogik/Jugendhilfe wurde von Baumann (2009) unter dem Titel »Verstehende Subjektlogische Diagnostik bei Verhaltensstörungen« veröffentlicht. In der Rekonstruktion der Sinnzusammenhänge kann ein Schlüssel darin liegen, Verhalten durch die Beschreibung und Analyse des Zusammenwirkens der unterschiedlichen Systeme und Akteure abzubilden und die daraus entstehende Gesamtdynamik innerhalb eines »Falls« – als Kernpunkt einer verstehenden Diagnostik – darzustellen (Dlugosch, 2004). Baumann (2010) stellt auf Grundlagen von Fallanalysen drei zentrale »Motive« von Jugendlichen im Förderschwerpunkt ESE heraus, die die Entstehung von Eskalationsdynamiken bedingen:

a) Eskalation als Kontrolle akuter, situativer Unsicherheiten,
b) Eskalation als Kampf um Autonomie gegen das Erziehungssystem,
c) Eskalation als Frage an das (Helfer-)System: »(Er-)Tragt Ihr mich?«.

Auch weitere Autoren, z. B. Dreikurs, Grunewald & Pepper (2007), unternehmen den Versuch übergeordnete Ziele/Motive für das Verhalten junger Menschen zu identifizieren, die es jedoch gilt kritisch zu reflektieren. Die Autoren benennen:

1. Aufmerksamkeit erreichen wollen,
2. Macht, Überlegenheit erlangen,
3. Rache, Vergeltung üben und
4. Unfähigkeit zur Schau stellen

als Ziele von »störenden, unerwünschten« Verhalten (ebd., S. 21). Deutlich muss hierbei sein, dass es im Fallverstehen um die Entwicklung von Hypothesen geht, die der Beantwortung der Frage dienen, inwieweit ein bestimmtes Verhalten weniger eine Folge als vielmehr eine Strategie der Bewältigung der aktuellen oder vergangenen Lebenssituation darstellt. Daher können die bereits genannten sowie weitere Motive bzw. Ziele eine Orientierung bieten, sind allerdings vor dem Hintergrund des Einzelfalls hinsichtlich der Passung zu prüfen. Die Tragfähigkeit der genannten Annahmen zeigt sich in der Interaktion mit dem jungen Menschen, insbesondere in seiner Reaktion auf die Umsetzung der im Rahmen des Fallverstehens entwickelten Handlungsmöglichkeiten.

Verhaltensverlaufsdiagnostik – Diagnostik evidenzbasierter Praxis

Ausgehend von der Kritik bzw. dem Problem der Statusdiagnostik im Sinne einer Feststellung des Ist-Zustandes und vor dem Hintergrund prozessdiagnostischer Vorgehensweisen, findet der Ansatz der Verlaufsdiagnostik im deutschen Sprachraum und insbesondere im sonderpädagogischen Fachdiskurs Berücksichtigung. Gerade in Verbindung mit dem Prinzip einer evidenzbasierten Praxis im sonderpädagogischen Arbeitsfeld (z. B. Nußbeck, 2007; Blumenthal & Mahlau, 2015) und explizit im Rahmenkonzept des Response-to-Intervention findet der Ansatz der Verlaufsdiagnostik essenzielle Berücksichtigung (Casale, 2017; Mahlau, 2019). Vor dem Hintergrund des Aufstellens und Überprüfens von Förderhypothesen kann die Verhaltensdiagnostik einen hilfreichen Beitrag leisten (Casale et al., 2019). Mithilfe einer kontinuierlichen Diagnostik im Verlauf der Entwicklung einer Schülerin bzw. eines Schülers kann es gelingen, Aussagen über mögliche Veränderungen in der emotionalen und sozialen sowie kognitiven Entwicklung treffen zu können. Mit dem Ziel, den Fördererfolg einer Maßnahme im Bereich Lernen und/oder Verhalten im Einzelfall zu prüfen und den Entwicklungsverlauf über die Zeit auf der Grundlage einer individuellen Bezugsnorm abzubilden, werden zuvor operationalisierte Kompetenzbereiche von Schülerinnen und Schülern in kurzen Zeitabständen mit gleichen oder parallelen Aufgaben überprüft (Huber & Grosche, 2012; Casale, Hennemann & Grosche, 2015). Besonders für kurze und klar festgelegte Interventionsmaßnahmen kann sich diese Ausrichtung der Diagnostik bewähren, da zum einen die Entwicklungsverläufe der Schülerinnen und Schüler abgebildet werden und zum anderen die Wirkung einer Maßnahme gezielt beobachtet werden kann (▶ Kap. 3.4). Wird bspw. in der Verlaufsdiagnostik eine positive Entwicklung nachgewiesen, wird die Förderung fortgeführt. Dies bietet die Möglichkeit einer verstärkten Anpassung der Fördermaßnahme an die individuellen Lern- und Entwicklungsbedarfe des Schülers bzw. der Schülerin (Grosche, 2014; Huber & Grosche, 2012).

In Konzepten von Staaten, in denen die inklusive Bildungslandschaft weiter ausgebaut ist, stellt der Ansatz der Verlaufsdiagnostik eine bedeutsame Basis – auch für die Arbeit im Förderschwerpunkt ESE – einer zielgerichteten und individualisierten Förderung und Unterstützung dar (Deno, 2003; Fuchs & Fuchs, 2004; Johnson, Mellard, Fuchs & McKnight, 2006). Für den Bereich des akademischen Lernens wurden primär ausgehend von den Ansätzen des Curriculum-Based-Measuerment (CBM) und der Lernfortschrittsdiagnostik bereits einige Verfahren für den deutschsprachigen Raum und insbesondere für den Bereich Lesen und Mathematik entwickelt und evaluiert (z. B. Klauer, 2011; Voß & Hartke, 2014; Wilbert, 2014; Voß & Gebhardt, 2017; Voß, Sikora & Mahlau, 2017). Die Implementation und Evaluation von Methoden und Instrumenten der Verlaufsdiagnostik in den (sonder-)pädagogischen Handlungsfeldern im deutschsprachigen Raum steht für den Bereich Verhalten jedoch noch am Anfang. Für die Verhaltensverlaufsdiagnostik finden sich aktuell vereinzelte Ansätze und Methoden. Erste Beiträge liefert u. a. Casale (2017) sowie Gebhard et al. (2019) durch Methoden der direkten Verhaltensbeurteilung (Direct Behavior Rating; DBR) um Schülerverhalten systematisch zu erfassen. Casale (2015, S. 7) postuliert, dass Verhaltensverlaufsdiagnostik und insbesondere Methoden des DBR sich v. a. zur Überprüfung des individuellen Fördererfolgs einzelner Schülerinnen und Schüler eignen und eine »Hybridform aus Verhaltensbeurteilung mit Ratingskalen sowie systematischdirekten Verhaltensbeobachtungen« darstellt. Die Beurteilung des Verhaltens erfolgt immer in und/oder direkt im Anschluss an eine Situation, in der ein Verhalten beobachtet werden sollte (Casale, 2017). Dabei wird das sog. Zielverhalten vorab festgelegt und definiert und auch nur dieser Bereich, im Rahmen eines Zeichensystems und mithilfe von Ratingskalen erfasst (Huber & Rietz, 2015). Der Zeitraum der Beobachtung kann dabei zwischen wenigen Sekunden und einem Tag variieren (Christ, Riley-Tillmann & Chafouleas, 2009). Eine besondere Herausforderung besteht jedoch darin, die Güte bzw. Qualität verlaufsdiagnostischer Instrumente zu bestimmen (Wilbert & Linnemann, 2011; Casale, 2015). Huber & Rietz (2015) geben einen systematischen Überblick zu empirischen Erkenntnissen zur Methodik des DBR.

Die Anwendbarkeit und Integrierbarkeit von Verhaltensverlaufsdiagnostik und insbesondere des Ansatzes des DBR in das aktuelle pädagogische Handeln im Praxisfeld des Förderschwerpunkt ESE müssen sich somit noch herausstellen und werden in der Fachwissenschaft diskutiert (z. B. Huber, 2015; Mahlau, 2019). Auch Fragen der Operationalisierbarkeit von angemessenem bzw. abweichendem Schülerverhalten vor dem Hintergrund unterschiedlicher Unterrichtssituationen (beurteilende Person sowie Wochentage haben Einfluss auf die Erfassung), und wie

Schülerverhalten dementsprechend bestmöglich und valide erfasst werden kann, sind in diesem Zusammenhang zu klären (Casale, 2015; 2017).

4.3.4 Ablauf eines diagnostischen Prozesses und Förderplanung

In der Darstellung des diagnostischen Prozesses bezogen auf den Förderschwerpunkt ESE finden sich in der Fachliteratur mehrere Ablaufschemata (u. a Seitz, 1992; Lukesch, 1998; Hillenbrand, 2008; Hesse & Latzko, 2011; Bundschuh & Winkler, 2014; Stein, 2019), die als Gemeinsamkeit den Prozess in aufeinander aufbauenden, i. d. R. zirkulär zu durchlaufenden Phasen unterteilen. Die vorhandenen Prozessdarstellungen wurden in dem Ablaufschema eines diagnostischen Prozesses (▸ Abb. 4.3.2) zusammengeführt (Seitz, 1992; Lukesch, 1998; Hillenbrand, 2008; Hesse & Latzko, 2011; Bundschuh & Winkler, 2014; Stein, 2019).

Ausgangspunkt ist eine Frage- bzw. Problemstellung, die sich auf ein als auffällig erlebtes und bewertetes Verhalten einer Person bezieht. Auf Grundlage erster, i. d. R. durch anamnestische Gespräche oder Screening-Verfahren gewonnener Informationen erfolgt die Ableitung von Annahmen über das als auffällig erlebte Verhalten sowie seiner Entstehung. Mit dem Ziel der Prüfung der formulierten Annahmen wird die Planung des Weiteren diagnostischen Vorgehens (z. B. der Einsatz diagnostischer Methoden und Instrumente) vorgenommen. Die nächste Phase dient primär der Erhebung und Auswertung diagnostischer Daten. Stein (2019) unterscheidet hier zwischen drei Arten diagnostischer Informationen, die in dieser Phase zentral sind.

- **Life-(L-)Daten**: Erfassung reale Ereignisse aus dem Leben der betreffenden Person (Außensicht); Methode: (Verhaltens-)Beobachtung,
- **Questionnaire-(Q-)Daten**: Erfassung der Sicht auf…, Einschätzung von…, Meinung über einen bestimmten Sachverhalt (Innensicht); Methode: Befragung (z. B. diagnostisches Gespräch),
- **Test-(T-)Daten**: verbale (schriftliche oder mündliche) Äußerungen, motorische Verhaltensweise und Ausdruckserscheinungen der Person (Leistungen) als Reaktion auf bestimmte durch den Diagnostiker vorgegebenen Situationen und Materialien; Methode: Testverfahren.

In dieser Phase bietet die Berücksichtigung der unterschiedlichen Perspektiven und Bedingungsfaktoren gemäß des Genesemodells von Stein (2019) Orientierung. Folgend findet sich eine tabellarische Übersicht, die den Perspektiven und Bedingungsfeldern des Modells der Genese von Verhaltensstörungen diagnostische Informationen sowie mögliche Verfahren zuordnet und die für den Prozess relevanten Personen(-Gruppen) ausweist (▸ Tab. 4.3.1, vgl. Stein, 2013). Auf die Nennung konkreter diagnostischer Instrumente wird an dieser Stelle verzichtet, da diese u. a. in den Werken von Hesse & Latzko (2011), Bundschuh & Winkler (2014), Gasteiger-Klicpera, Julius & Klicpera (2008) sowie Stein (2019).

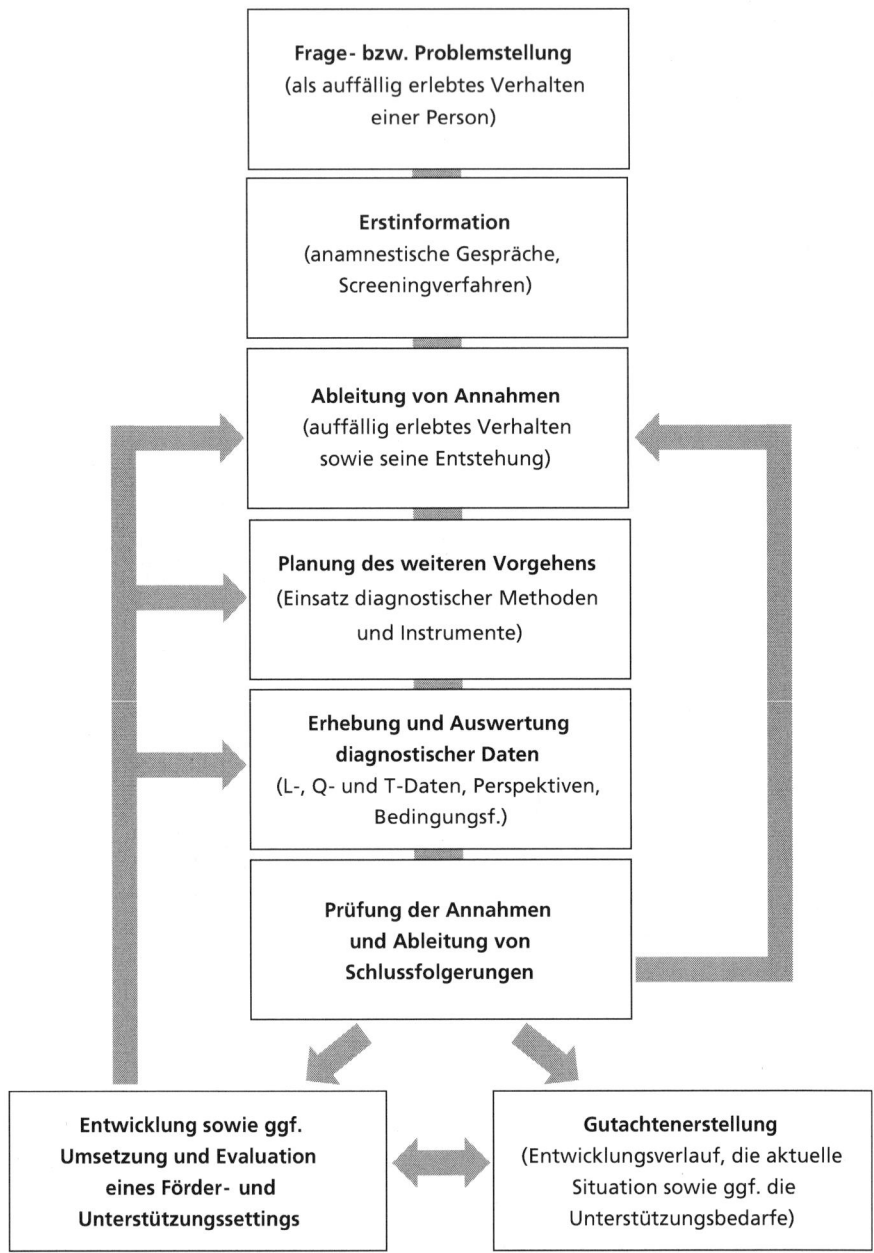

Abb. 4.3.2: Ablaufschema eines diagnostischen Prozesses

Tab. 4.3.1: Übersicht zur Erhebung und Auswertung diagnostischer Daten

Bedingungsfelder des Modells der Genese von Verhaltensstörungen	Diagnostische Informationen	Diagnostische Verfahren (Auswahl)	Relevante Personen(-Gruppen)
1 zurückliegende Biografie 2 genetisch und organische Ursachen	Q-Daten	• anamnestische Gespräche, z. B. biografische Inventarien • Einsatz von Fragebögen, z. B. Erziehungsstil-Fragebögen • Sichtung vorliegender Informationen, z. B. Aktenanalyse	insbesondere: Eltern/Erziehungsberechtigte, ggf. weitere Professionelle (Ärzte, Therapeuten usw.), ggf. Kinder/Jugendliche
3 Persönlichkeitsstruktur	L-Daten Q-Daten T-Daten	• Verhaltensbeobachtung • (explorative) Gespräche, z. B. Verhaltensstile, Gefühle & Stimmung • Einsatz von Fragebögen, z. B. Selbstbeurteilungsverfahren • Testverfahren, z. B. Persönlichkeitsfragebogen, projektive Tests, störungsspezifische Testverfahren (bspw. Aggression, Angst, Aufmerksamkeit)	insbesondere: Kind/Jugendliche, Eltern/Erziehungsberechtigte, ggf. weitere Beteiligte (Lehrkräfte, Peers …)
(zukunftsbezogene) Ziele und Motivation	*L-Daten* *Q-Daten*	• Situationsbeobachtung, z. B. szenisches Verstehen • (explorative) Gespräche, z. B. Ziele, Motive, Wünsche	*Kind/Jugendliche*
4 aktuelle situationsbezogene Erlebnisse	L-Daten Q-Daten	• (explorative) Gespräche, z. B. schulisches und häusliches Umfeld, Peers, Freizeitgestaltung • Sozialraum- und Lebensweltanalyse, z. B. Person-Umfeld-Analyse, soziometrische Verfahren	Kind/Jugendliche, Eltern/Erziehungsberechtigte, weitere Beteiligte (Lehrkräfte, Peers …)

interaktionistische Perspektive — *personorientierte Perspektive* — *situationistische Perspektive*

Ontogenese — »Futurgenese« — Aktualgenese

Tab. 4.3.1: Übersicht zur Erhebung und Auswertung diagnostischer Daten – Fortsetzung

	Bedingungsfelder des Modells der Genese von Verhaltensstörungen	Diagnostische Informationen	Diagnostische Verfahren (Auswahl)	Relevante Personen(-Gruppen)	
situationistische Perspektive	**5 aktuelles Erleben und Verhalten**	L-Daten Q-Daten T-Daten	• Verhaltensbeobachtung • (explorative) Gespräche, z. B. Erleben des eigenen Verhaltens • Einsatz von Fragebögen, z. B. Verhalten in Situationen • Testverfahren, z. B. situationsspezifische Tests	Kind/Jugendliche	*Aktualgenese*
	6 aktuelle Situation	L-Daten Q-Daten	• Situationsbeobachtung, z. B. Situationen, in denen auffälliges Verhalten besonders häufig/ wenig auftritt • (explorative) Gespräche, z. B. Interaktionen, beteiligte Personen	Kind/Jugendliche, Eltern/Erziehungsberechtigte, ggf. weitere Beteiligte (Lehrkräfte, Peers …)	
BeobachtendenWahrnehmung	**7 Wahrgenommenes und zugeschriebenes Erleben und Verhalten**	L-Daten Q-Daten	• (explorative) Gespräche, z. B. zu Grunde gelegte Norm, Reflexion von Entscheidungs- und Bewertungsprozessen	Beobachtende/ Bewertende (Lehrkraft, Erzieherin bzw. Erzieher …)	

Auf Grundlage dieser Informationen erfolgt die Prüfung der formulierten Annahmen sowie die Ableitung von Schlussfolgerungen im Sinne eines diagnostischen Urteils. Im weiteren Vorgehen können je nach Schlussfolgerungen und Ziel des diagnostischen Prozesses unterschiedliche Phasen folgen. Sollte die Prüfung der Annahmen zu dem Ergebnis führen, dass diese nichtzutreffend sind, wäre die Entwicklung und Überprüfung neu aufgestellter Thesen die Folge.

Im Rahmen eines Verfahrens zur Feststellung eines sonderpädagogischen Förderbedarfs ist als nächster Schritt die Erstellung eines Gutachtens vorgesehen. Ist hiermit ein förderdiagnostischer Ansatz verknüpft oder wird dieser verfolgt, wäre die Entwicklung sowie ggf. Umsetzung und Evaluation eines Förder- und Unterstützungssettings das zentrale Ziel der nächsten Phasen. Im (sonder-)pädagogischen Kontext wird dieses Vorgehen häufig in den Prozess der sog. Förderplanung eingebettet, das eng mit dem Konzept der Förderdiagnostik verknüpft ist (Kobi, 1977). Die

Verwendung von Förderplänen stellt mittlerweile eine Grundlage für Förderung und Unterstützung im Förder- sowie im Regelschulsetting dar (Melzer, 2010; Luder, Kunz, Diezi-Duplain & Gschwend, 2016). »Der Förderplan als Produkt [eines diagnostischen Prozesses, Anm. d. Verf.] ist ein Plan zur Förderung von Schülerinnen und Schülern mit sonderpädagogischem und pädagogischem Förderbedarf oder die von Schulversagen bedroht sind« (Melzer, 2014, S. 125). Er stellt die Verschriftlichung des Prozesses und eine Voraussetzung für die Qualität schulischer Förder- und Unterstützungsmöglichkeiten dar und beschreibt die Förderziele sowie zu ergreifende Maßnahmen (Popp, Methner & Melzer, 2017). Grundlegend soll mithilfe von Förderplanung eine kontinuierliche und individuelle Anpassung der einzelnen Fördermaßnahmen an den jeweiligen Schüler bzw. die jeweilige Schülerin gelingen (Popp et al., 2017). Dabei können Förderpläne unterschiedliche Funktionen aufweisen. Grundlegend unterstützen sie bei einer zielgerichteten und effektiven Förderung des Schülers bzw. der Schülerin und können zur Strukturierung des individuellen Lernprozesses beitragen. Des Weiteren können Förderpläne im Rahmen eines prozessdiagnostischen Vorgehens zur Evaluation der Förderziele und -maßnahmen dienen (Vergleich Ist- und Soll-Stand). Im Praxisfeld nehmen sie aber nicht selten eine Legitimations- und Dokumentationsfunktion ein und stellen eine Voraussetzung für die Ableitung von Fördermaßnahmen dar (Popp, Melzer & Methner, 2017).

Im Rahmen des förderdiagnostischen Vorgehens und insbesondere unter Berücksichtigung inklusiver Bildungsprozesse nimmt Förderplanung eine zentrale Brückenfunktion zwischen Diagnostik und Förderung ein (Popp et al., 2017). Diagnostische Ergebnisse können vor dem Hintergrund von Zieldimensionen bzw. Sollwerten, allgemeinen und situativen Bedingungen sowie Fördersituationen und theoretischen Konzepten eingeordnet und für das (sonder-)pädagogische Handlungsfeld nutzbar gemacht werden (Mutzeck, 2004). In Form einer »kontinuierlichen Dokumentation der Lernentwicklung« stellt er gemeinsam mit »einer den Lernprozess begleitenden pädagogischen Diagnostik« die Basis für die inklusive Unterrichtsgestaltung dar (KMK, 2011, S. 9). Des Weiteren können Förderpläne in einem inklusiven Bildungssystem Gegenstand einer gemeinsam verantworteten Diagnostik zwischen verschiedenen pädagogischen Professionen sein. Da Prozesse der Förderplanung sehr unterschiedlich ausgestaltet und umgesetzt werden, wird an dieser Stelle auf die Ausführungen zur Förderplanung sowie konkrete Beispiele für die Erstellung eines Förderplanes u. a. auf Popp, Melzer & Methner (2017) und Bundschuh (2015a) verwiesen. Besonders häufig findet im Praxisfeld der Ansatz der Kooperativen Erstellung und Fortschreibung individueller Förderpläne (KEFF; Mutzeck, 2004; Mutzeck & Melzer, 2007; Popp et al., 2017) Verwendung. Im Zentrum steht dabei die gemeinsame Erstellung, Umsetzung und Fortschreibung individuelle Förderpläne im Team (Popp et al., 2017). Bspw. Regel- und Förderschullehrkräfte sowie weitere, an der Förderung beteiligte Personen durchlaufen strukturiert nach einzelnen Phasen den Prozess der Förderplanung. Zentrale Grundprinzipien sind dabei die gleichberechtigte Berücksichtigung aller Akteure sowie die Beteilung der Eltern und Schülerinnen sowie Schüler als Experten. Aussagen zu der Nutzung, den Nutzen sowie der Qualität von Förderplan aus Perspektive der Forschung lassen sich nur bedingt ableiten. Ausgehend von Literaturecherchen sowie vereinzelten Studien konnte jedoch v. a. herausgestellt werden, dass Förderpläne aus Sicht von Lehrkräften (insbesondere im Regelschulsetting) als zeitintensiv und für den Schulalltag als wenig nützlich eingeschätzt werden (z. B. Müller, Venetz & Keiser, 2017; Rotter, 2014; Hillenbrand, Hennemann & Pütz, 2006).

Besondere Herausforderungen im Praxisfeld bestehen v. a. bei der Formulierung von Förderzielen und Generierung darauf abgestimmter Unterstützungsmöglichkeiten. Förderplananalysen zeigen, dass Lehrkräfte zahlreiche Förderziele unkonkret formulieren und die Qualität dieser eher gering ist (Melzer, 2009; Paccaud & Luder, 2017). Moser Opitz, Pool Mag & Labhardt (2019) konnten darüber hinaus in einer aktuellen Interviewstudie in der Schweiz nachweisen, dass Förderpläne v. a. dann erstellt werden, wenn sie verbindlich eingefordert werden. Darüber hinaus bestätigen sie die Erfahrungen aus dem Praxisfeld der Autoren, dass Förderpläne primär zur Legitimation und Dokumentation genutzt werden und die eigentliche Förderung bzw. förderzielorientierte Arbeit vernachlässigt wird (Moser Opitz et al., 2019).

4.3.5 Abschluss und Ausblick: Diagnostik im Rahmen eines Systems der gestuften Hilfen

Diagnostik stellt innerhalb eines Systems gestufter Hilfen ein zentrales Handlungsformat für die beteiligten, professionellen Akteure dar. In der diagnostischen Tätigkeit werden Elemente der Status-, Prozess- und Förderdiagnostik umgesetzt, da innerhalb eines gestuften Systems primär zwei Funktionen erfüllt werden. Zum einen dient (Prozess-)Diagnostik als Grundlage für die *Planung, Umsetzung und Evaluation* des Unterstützungsprozesses. Die Ableitung individueller Förderempfehlungen, die Legitimierung von Förderentscheidungen, die Entwicklung und Anpassung des Unterstützungsrahmens sowie die Dokumentation und Prüfung der Entwicklung eines jungen Menschen sind hier als zentrale Tätigkeiten zu nennen, die auf Grundlage diagnostischer Erkenntnis erfolgen. Zum anderen dient (Status-)Diagnostik der *Zuordnung der Unterstützungsbedarfe einzelner Personen zu einer bestimmten Stufe* innerhalb des Systems unter Berücksichtigung des aktuellen Entwicklungsstands des Kindes, Jugendlichen oder jungen Erwachsenen. Diese Form der Diagnostik ist insbesondere relevant, wenn Maßnahmen und Unterstützungsangebote einer bestimmten Stufe nicht mehr erforderlich oder nicht mehr ausreichend sind. Kritisch anzumerken ist hierbei, dass durch die Zuordnung zu einer bestimmten Organisationform bzw. die Zuweisung von Ressourcen auf Grundlage diagnostischer Erkenntnisse, die Gefahr der Etikettierung und daraus folgend Stigmatisierung bestehen kann. Es ist daher bedeutsam ›statusdiagnostische‹ Entscheidung stets mit einer prozessbegleitenden Förderdiagnostik (und -planung) zu verbinden. Auch bei diesem diagnostischen Vorgehen ist Etikettierung bzw. Stigmatisierung nicht gänzlich ausgeschlossen, da Prozesse der Wahrnehmung, Bewertung und Zuschreibung – insbesondere auf selektiver und indizierter Präventionsebene eines gestuften Systems der Hilfen – von Umwelt und Gesellschaft abhängig sind (▶ Kap. 5).

Darüber hinaus ist auf die Grenzen der pädagogischen Diagnostik hinzuweisen. Neben *theoretischen und statistischen Grenzen* weisen Bundschuh (2015b) und Schlee

(1985; 2008) auf *Präskriptions- und Realisierungsgrenzen* hin. Die exakte Erfassung von Verhaltensweisen und Persönlichkeitseigenschaften, Mess- und Interpretationsfehler, die präzise und trennscharfe Beschreibung eines Phänomens bzw. einer Verhaltensweise sowie die Herausforderung im Umgang mit unkontrollierbaren Faktoren (sog. Störvariablen) können die Qualität und Aussagekraft einer Diagnostik beeinflussen. Besonders vor dem Hintergrund des Fallverstehens im Förderschwerpunkt ESE stellt sich die Frage, wie methodisch und theoretisch fundiert und abgesichert die Rekonstruktion von Sinnzusammenhängen und Ableitung von Hypothesen erfolgen können. Im sonderpädagogischen Prozess, insbesondere in der Umsetzung einer ganzheitlichen Diagnostik unter Berücksichtigung der Perspektiven des Modells zur Genese von Verhaltensstörung (▶ Abb. 4.3.1), ist es daher erforderlich, dass diese verantwortungsvolle Aufgabe von professionell ausgebildeten Kolleginnen und Kollegen durchgeführt und unter Berücksichtigung möglicher Grenzen kritisch reflektiert wird. Auch wenn nicht immer alle Perspektiven des zu Grunde gelegten »theoretischen« Erklärungsmodells umfassend einbezogen werden können, ist die Auseinandersetzung mit der »Perspektive der Beobachtenden-Wahrnehmung« (Stein, 2019) besonders bedeutsam. Der Einfluss von subjektiver Wahrnehmung, dem zu Grunde gelegten Menschenbild sowie der angelegten Bezugsnormen und Wertesysteme sind im Sinne einer kritisch-reflexiven Diagnostik zu thematisiert (Mutzeck, 2004; Vernooij & Wittrock, 2008). Zukünftig werden die Umsetzung des »*Prinzip der Multiprofessionalität*« (▶ Kap. 3.1) sowie die Integration des (im deutschsprachigen Raum recht jungen) Konzepts der »*Verhaltensverlaufsdiagnostik*« in der Diagnostik innerhalb eines gestuften Unterstützungssystem zentrale Herausforderungen sein.

Die Berücksichtigung und aktive Einbindung unterschiedlicher Professionen (u. a. Regelschullehrkräfte, Sonderpädagoginnen und Sonderpädagogen, Sozialpädagoginnen und Sozialpädagogien) wird im Rahmen eines inklusiven Bildungssystems als Bestandteil einer gemeinsam durchzuführenden und zu verantwortenden Diagnostik verstanden (KMK, 2011). Die Frage ist, ob und wie es gelingt, die unterschiedlichen Ausbildungsstände und -hintergründe sowie die zugrundeliegenden theoretisch-fachwissenschaftlichen Ansätze der Beteiligten zu integrieren und für einen kooperativen, diagnostischen Prozess (inkl. konsensualer ›Urteilsbildung‹) positiv zu nutzen. Gewinnbringend könnte dabei eine Annäherung der Professionen innerhalb der Ausbildung sein. Besonders Diagnostik als interdisziplinäres Querschnittthema kann hier Anlass und Inhalt für die professionsübergreifende Auseinandersetzung sein, z. B. in den Bildungswissenschaften lehramtsbezogener Studiengänge. Dennoch ist darauf hinzuweisen, dass professionsgebundenen Unterschiede im diagnostischen Prozess als Ressource zu sehen sind und einen mehrperspektivischen Blick ermöglichen.

4.4 Beratung

Bastian Rieß

4.4.1 Einführung – Beratung als (sonder-)pädagogische Aufgabe

»Beratung scheint eine der zukünftigen Kernaufgaben zu sein, vielleicht sogar die zentrale Aufgabe« (Stein, 2012, S. 279).

Bereits 1970 legte der Deutsche Bildungsrat im *Strukturplan für das Bildungswesen* fest, dass Beratung zu den primären Aufgaben einer Lehrkraft gehört. »Seine Erziehungsaufgabe nimmt der Lehrer auch im Zusammenhang mit Beratung und besonderer Information des Lernenden wahr. [...] Beratung hat ihren Platz nicht nur im Bereich des fachbezogenen Unterrichts, sondern für Schüler und Eltern im Zusammenhang mit Bildungs- und Erziehungs-, Schullaufbahn- und Berufsberatung« (Deutscher Bildungsrat, 1970, S. 219). Auch in den aktuellen *Standards der Lehrerbildung in den Bildungswissenschaften* der KMK (2014a) wird die Beratungsaufgabe als Ausbildungsschwerpunkt beschrieben. Als zu entwickelnde Kompetenz wird hier formuliert, dass Lehrkräfte »unterschiedliche Beratungsformen situationsgerecht« (ebd., S. 11) einsetzen und »kollegiale Beratung als Hilfe zur Unterrichtsentwicklung und Arbeitsentlastung« (ebd., S. 13) praktizieren. Die Bedeutsamkeit des Themas Beratung u. a. für das pädagogische Handlungsfeld wird ebenfalls von Engel, Nestmann & Sickendiek (2014) herausgestellt: »So hat sich Beratung zu einem kontinuierlichen expandierenden Arbeitsbereich sozialer, pädagogischer und medizinischer Fachkräfte in verschiedenen Praxisfeldern entwickelt« (S. 34). Analog zu der Etablierung in der Tätigkeitsbeschreibung und der Ausbildung von Lehrkräften wird Beratung als Aufgabenfeld im Rahmen der Sonderpädagogik dargestellt.

In den *Empfehlungen zur sonderpädagogischen Förderung in den Schulen in der Bundesrepublik Deutschland* der KMK aus dem Jahr 1994 lassen sich die Ausführungen unter dem Punkt »Zusammenarbeit« (KMK, 1994, S. 17) dem Feld der Beratung zuordnen. Hier wird die Zusammenarbeit mit Erziehungsberechtigten, Lehrkräften sowie Fachkräften unterschiedlicher Institutionen als grundlegend für die Arbeit mit Kindern und Jugendlichen mit einem sonderpädagogischen Förderbedarf beschrieben. Gestützt wird dies u. a. durch die Aussage:

»Die gemeinsame Verantwortung der Schulen für die schulische Bildung und Förderung von Kindern und Jugendlichen mit Sonderpädagogischem Förderbedarf macht eine verbindliche und qualifizierte Zusammenarbeit der Lehrkräfte unverzichtbar« (ebd., S. 17).

Auch wenn der Begriff Beratung an dieser Stelle nicht explizit Verwendung findet, lassen sich die beschriebenen Kooperationsformen (bspw. Gespräche, Aus- und Absprachen) diesem Begriff zuordnen. In den aktuellen Dokumenten der KMK wird die Bedeutsamkeit dieses Aufgabenbereiches durch die Einführung des Begriffs »Bedarf an sonderpädagogischer Bildung, Beratung und Unterstützung« (KMK, 2011, S. 6) hervorgehoben, der von der KMK an Stelle des Terminus »Sonderpädagogischer Förderbedarf« (KMK, 1994, S. 6) verwendet wird. Vor dem Hintergrund der Entwicklung eines Systems inklusiver Bildung wird die Relevanz von Beratung durch die KMK (2011) hier deutlich herausgestellt. Dies findet auch Ausdruck in der Ausbildung von Sonderpädagoginnen und Sonderpädagogen. Als Schwerpunkt des Studiums der Sonderpädagogik werden »Konzepte und Verfahren der Beratung und Kooperation mit allen an Bildungs- und Erziehungsprozessen von Kindern und Jugendlichen mit Beeinträchtigungen Beteiligten« (KMK, 2014b, S. 53) in den *Ländergemeinsamen inhaltlichen Anforderungen für die Fachwissenschaften und Fachdidaktiken in der Lehrerbildung* explizit erwähnt. Beratung »der beteiligten Akteurinnen und Akteuren innerhalb und außerhalb des schulischen Kontextes (Schüler/innen, Eltern, Lehrkräfte, pädagogische Mitarbeiter/innen, Assistenzkräfte, außerschulische Kooperationspartner/innen)« (Verband Sonderpädagogik e. V. (vds), 2014, S. 4) wird ebenfalls in dem *Positionspapier Berufsbild der Sonderpädagoginnen und Sonderpädagogen im inklusiven Kontext* des vds als ein spezifisches sonderpädagogisches Aufgabenfeld beschrieben.

Auch mit dem Blick auf das sonderpädagogische Praxisfeld lässt sich die (zunehmende) Bedeutsamkeit von Beratung bestätigen. In den letzten Jahren erfolgte ein Ausbau ambulanter Organisationsformen sonderpädagogischer Förderung wie bspw. Mobile Dienste, welche Beratung als ein zentrales Aufgabenfeld bedienen (Rieß & Bolz, 2015). Wagner (2012) schreibt hierzu, dass die deutliche »Ausweitung der Bedarfe, Anlässe und Kontexte von Beratung, [...] sich u. a. in der Neugründung und dem Ausbau beraterischer Institutionen – etwa sonder- und sozialpädagogischen Beratungsstellen – niederschlägt« (S. 287). Exemplarisch kann hier angeführt werden, dass es im Bundesland Niedersachsen in den letzten zehn Jahren mehr als 70 (Neu-)Gründungen beratender Institutionen im Kontext Mobiler Dienste und Beratungs- und Unterstützungssysteme im Förderschwerpunkt ESE gab. Diese (Weiter-)Entwicklung hat zu Veränderungen in sonderpädagogischen Arbeits- und Aufgabenfeldern geführt. Diese Veränderungen betreffen u. a. das Feld der Beratung. Melzer & Hillenbrand (2013) zeigen innerhalb eines systematischen Literaturreviews zu den Aufgaben sonderpädagogischer Lehrkräfte in der inklusiven Bildung auf, dass Beratung als Aufgabe und deren immense Bedeutung bereits seit den 1990er Jahren (u. a. von Reiser, 1996; Hillenbrand, 2008; Palmowski, 2002; Methner, Melzer & Popp, 2012) beschrieben wird und sich durch internationale Studien bestätigen lässt.

Für den sonderpädagogischen Förderschwerpunkt ESE wird in den Empfehlungen der KMK aus dem Jahr 2000 Beratung im Kontext »mobiler Beratungs- und Unterstützungsdienste« (KMK, 2000, S. 20) und »Beratung von Lehrkräften und Eltern« (ebd., S. 21) als Aufgabe formuliert, die in einem »gestuften System von Beratung und Unterstützung« (ebd., S. 20) zu verorten ist. Hillenbrand (2008) fasst hierzu wie folgt zusammen: »Gerade in der Erziehung bei Verhaltensstörungen [...] muss die Beratung zum Kern des professionellen Handelns gerechnet werden« (ebd., S. 155). Stein (2012) führt hierzu aus:

> »Im Zuge der Bemühungen um inklusive institutionelle Systeme gewinnt dies [Bedeutung von Beratung als Aufgabe von Sonderpädagoginnen und Sonderpädagogen; Anm. d. Verf.] eine neue Dynamik. Beratung scheint eine der zukünftigen Kernaufgaben zu sein, vielleicht sogar die zentrale Aufgabe« (ebd., S. 279).

Auch innerhalb eines Systems gestufter Hilfen ist Beratung ein primäres Tätigkeitsfeld. Die Beratung zwischen Mitarbeitenden (z. B. gleicher und/oder unterschiedlicher Professionen und Unterstützungsebenen) sowie von Adressatinnen bzw. Adressaten und weiteren Beteiligten (z. B. Eltern, Erziehungsberichtigte, Angehörige) ist als ein grundlegender Bestandteil im Kooperations- und Förderprozesses im Förderschwerpunkt ESE verankert und bedarf einer fachlich-konzeptionellen Ausgestaltung. Eine Grundlage hierfür soll dieser Beitrag liefern.

4.4.2 Begriffsklärung – Beratung in sonderpädagogischen Handlungsfeldern

In dem Versuch, den Begriff Beratung für pädagogische Arbeitsfelder definitorisch zu erfassen, kann auf die Ergebnisse der begrifflichen Auseinandersetzung der letzten Jahrzehnte zurückgegriffen werden. Exemplarisch sollen im Folgenden Definitionen dargestellt und hinsichtlich der Gemeinsamkeiten betrachtet werden.

»Beratung ist in ihrem Kern jene Form einer interventiven und präventiven helfenden Beziehung, in der eine Berater mittels sprachlicher Kommunikation und auf der Grundlage anregender und stützender Methoden innerhalb eines vergleichsweise kurzen Zeitraums versucht, bei einem desorientierten, inadäquaten belasteten oder entlasteten Klienten einen auf kognitiv-emotionale Einsicht fundierten aktiven Lernprozess in Gang zu bringen, in den Verlauf seine Selbsthilfebereitschaft, seine Selbststeuerungsfähigkeit und seine Handlungskompetenz verbessern können« (Dietrich, 1983, S. 2).

»Beratung ist eine freiwillige, kurzfristige, oft nur situative, soziale Interaktion zwischen Ratsuchenden (Klienten) und Berater mit dem Ziel, im Beratungsprozeß eine Entscheidungshilfe zur Bewältigung eines vom Klienten vorgegeben aktuellen Problems durch Vermittlung von Informationen und/oder Einüben von Fertigkeiten gemeinsame zu erarbeiten« (Schwarzer & Posse, 1986, S. 634).

»Beratung bezeichnet heute eine Interaktion zwischen Individuen, in deren Verlauf der Rat suchenden Person ein Vorschlag zur Lösung ihres Problems angeboten wird. Jede Kommunikation kann Beratungsmomente enthalten, falls ein Problem thematisiert wird, eine Person der anderen Hilfestellungen anbietet und der Beratende Fähigkeiten oder Informationen vermittelt, die die Handlungs- und Entscheidungskompetenz des Ratsuchenden erhöhen« (de Haan, 1993, S. 160).

»Beratung [...] [ist] ein Prozess des gleichberechtigten, ›kooperativen‹ Sich-Miteinander-Beratens mit dem Ziel der Entwicklung einer gemeinsamen Lösung oder der (bloßen) Moderation von Gesprächen, in denen Klienten ihre Lösungen selber erwirtschaften« (Palmowski, 2002, S. 349).

Beratung wird gesehen als »[...] eine Interaktion zwischen zumindest zwei Beteiligten, bei der die beratende(n) Person(en) die Ratsuchende(n) – mit Einsatz von kommunikativen Mitteln – dabei unterstützen, in Bezug auf eine Frage oder ein Problem mehr Wissen, Orientierung oder Lösungskompetenz zu gewinnen. Die Interaktion richtet sich auf kognitive, emotionale und praktische Problemlösungen und -bewältigungen von Klient/innen oder Klientensystemen (Einzelpersonen, Familien, Gruppen, Organisation) sowohl in lebenspraktischen Fragen wie auch in psychosozialen Konflikten und Krisen. Beratung kann als präventive, kurative und rehabilitative Aufgaben erfüllen, also im Vorfeld der Entstehung manifester Probleme ansetzen, bei aktuell bestehenden Schwierigkeiten in Anspruch genommen oder in Bezug auf den Umgang mit Folgen von Beeinträchtigungen nachgesucht oder angeboten werden« (Sickendiek, Engel & Nestmann, 2002, S. 13).

Unter Beratung werden »alle spezifischen Interaktions- und Kommunikationsformen zwischen einem Ratsuchenden und einem Berater subsumiert, die strukturiert, planvoll, fachkundig und methodisch geschult durchgeführt werden« (Schmid, 2014, S. 94).

Aus den vielzähligen Definitionen des Begriffs Beratung lässt sich die Komplexität der historisch gewachsenen terminologischen Auseinandersetzung erkennen, aber auch Gemeinsamkeiten ableiten, die eine erste Begriffsklärung ermöglichen. Die erste Gemeinsamkeit betrifft das Ziel des Beratungsprozesses:

1. Unterstützung der zu beratenden Personen bei der Bearbeitung und ggf. Lösung eines Problems, im Sinne einer als subjektiv herausfordernd erlebten Situation

Das zweite verbindende Moment beschreibt den Prozess der Annäherung an dieses Ziel und die Rollen der beteiligten Personen:

2. Interaktions- und Kommunikationsprozess, an dem mindestens zwei Personen aktiv beteiligt sind, die die Rollen der beratenden und der zu beratenden Person einnehmen

In der vertiefenden begrifflichen Auseinandersetzung lässt sich weiterhin feststellen, dass sich eine Ausdifferenzierung in pädagogische und sonderpädagogische Beratung vor dem Hintergrund der Fachliteratur (Kleber, 2006; Hechler, 2010; Diouani-Streek & Ellinger, 2014) nicht begründen lässt. Passender erscheint es hier, von (pädagogischer) Beratung in sonderpädagogischen Handlungsfeldern zu sprechen. Als Spezifität kann ausgewiesen werden, dass sich die zu bearbeitenden Themen resp. Probleme aus der Tätigkeit im sonderpädagogischen Arbeitsfeld generieren – sich der Beratungsprozess jedoch nicht grundsätzlich von der Beratungstätigkeit in anderen Disziplinen unterscheidet. Für den Förderschwerpunkt ESE sind als Inhalte einer Beratung bspw. die Entstehung, Identifikation, Prävention, Intervention und Rehabilitation von Verhaltensauffälligkeiten bis Verhaltensstörungen zu sehen.

4.4.3 Systematisierung von Beratung

Beratung ist einer der sonderpädagogischen Tätigkeitsbereiche im Förderschwerpunkt ESE, der in der Ausgestaltung und Umsetzung eine hohe situationsspezifische Individualität aufweist. In Abhängigkeit vom institutionellen Kontext, den beteiligten Personen, dem Grad der Formalisierung, der Ausrichtung des Beratungsprozesses, den Themen und Anliegen sowie dem zugrundeliegenden Beratungsverständnis und -ansatz sind unzählige individuelle Beratungssituationen und -prozesse möglich.

Beispiel 1: Eine Schülerin wendet sich an die Vertrauenslehrkraft, um über ihre schulischen und familiären Probleme zu besprechen.

Beispiel 2: In einem Hilfeplangespräch kommen Mitarbeitende aus dem Jugendamt, einer Förderschule und einer Jugendhilfeeinrichtung sowie Erziehungsberichtigte zusammen, um gemeinsam Maßnahmen für den Umgang mit selbstverletzendem Verhalten und Drogenkonsum eines Jugendlichen zu vereinbaren.

Beispiel 3: In ihrer Fahrgemeinschaft berichtet eine Lehrkraft nach dem Schultag von den massiven Unterrichtstörungen in ihrer Lerngruppen und fehlenden Handlungsideen.

Beispiel 4: In der Schulpause hält eine Klassenlehrkraft kurz Rücksprache mit einer Sonderpädagogin, um über den Verlauf der nächsten gemeinsamen Unterrichtsstunde zu informieren und die Aufgabenverteilung zu besprechen.

Diese vier Beispiele beschreiben Situationen, die sich unter dem Begriff Beratung fassen lassen und spezifische Interaktions- und Kommunikationsformen zwischen zu beratenden und beratenden Personen beschreiben, die dem Ziel der Bearbeitung und ggf. Lösung eines Problems (hier: im Kontext des Förderschwerpunktes ESE), im Sinne einer als subjektiv herausfordernd erlebten Situation, folgen. Die exemplarisch angeführten Beratungssituationen sollen zum einen die Komplexität sowie Vielfalt beraterischer Tätigkeiten im (sonder-)pädagogischen Kontext verdeutlichen und zum anderen aufzeigen, dass für eine Annährung und Beschreibung dieses Tätigkeitsfeldes eine Systematik bzw. Struktur erforderlich ist, die es ermöglicht, das Feld der Beratung überschaubar zu machen.

In der Fachliteratur finden sich unterschiedliche Ansatzpunkte, die eine Strukturierung bezogen auf einzelne, spezifische Elemente (z. B. institutioneller Kontext, Grad der Formalisierung, Beratungsverständnis und -ansatz) ermöglichen. Es fehlt allerdings bisher an einem Konzept, das die dargestellten einzelnen Elemente einer Beratung systematisch zueinander in Beziehung setzt. Mit dem Ziel, eine Grundlage für die Planung, Durchführung, Beschreibung, Analyse und Reflexion von Beratungssituationen zu bieten, ist eine Übersicht spezifischer Elemente von Beratung (-ssituationen) (► Tab. 4.4.1) entwickelt worden, die nachfolgend vorgestellt wird.

Tab. 4.4.1: Systematisierung von Beratung

Verortung innerhalb einer Fachdisziplin		
Geistes- und Humanwissenschaften	Gesundheitswissenschaften	Wirtschaftswissenschaften
Rechtswissenschaften	u. a.	
Grad der Formalisierung		
informell (alltäglich)	halbformalisiert	formalisiert (ausgewiesen)

Tab. 4.4.1: Systematisierung von Beratung – Fortsetzung

Verortung innerhalb einer Fachdisziplin		
Adressatinnen und Adressaten		
Alter und Entwicklungsphase	Profession und Expertise	institutionelle Verortung
Anzahl der zu beratenden Personen	Beziehungsstruktur	u. a.
Anliegen		
Kommunikation- bzw. Gesprächsbedarf	Informationsgewinn	Ordnung bzw. Strukturierung
Exploration von Handlungsmöglichkeiten	Entscheidung und Planung	
Ausrichtung		
Expertinnen- und Expertenberatung	Prozessberatung	
Beratungsansatz		
person-/klientenzentrierte Beratung	systemische Beratung	lösungsorientierte Beratung
kooperative Beratung	kontradiktische Beratung	

Verortung innerhalb einer Fachdisziplin

Nestmann, Engel & Sickendiek (2014) zeigen auf, dass Beratung als ein Aufgabenbereich zu verstehen ist, der sich in unterschiedlichen Disziplinen verorten lässt und von Angehörigen unterschiedlicher Berufsgruppen umgesetzt wird. Als mögliche Beratungsfelder werden u. a. Pädagogische Beratung, Schulpsychologische Beratung, Studienberatung, Berufs- und Karriereberatung, Familienberatung, Paarberatung, Gesundheitsberatung, Schwangerschaftsberatung, Unternehmensberatung, Schuldnerberatung und Rechtsberatung angeführt. Neben den *Geistes- und Humanwissenschaften* (z. B. Pädagogik, Psychologie, Soziologie) gehört Beratung ebenfalls zu dem Gegenstandsbereich von *Gesundheits-, Rechts- und Wirtschaftswissenschaften* und ist somit als ein interdisziplinärer Querschnittsbereich zu definieren, der sich sowohl durch disziplinübergreifende Gemeinsamkeiten als auch durch die Spezifika der jeweiligen Disziplinen resp. des Berufsbildes beschreiben lässt. Diouani-Streek (2014) spricht hierbei von einem »multidisziplinären Interesse«, das sich durch eine »große Vielfalt von Veröffentlichungen im Wissenschaftsbereich« ausdrückt, »deren übergeordneter theoretischer Bezugsrahmen [...] weitestgehend offen bleibt« (S. 11). Dies führt dazu, dass das jeweilige Verständnis von Beratung immer auch von der jeweils zugrundeliegenden fachwissenschaftlichen Perspektive geprägt ist. Mit Blick auf ein gestuftes System der Hilfen im Förderschwerpunkt ESE gewinnt diese Erkenntnis besonders in Beratungssituationen an Bedeutung, in denen Mitarbeitende unterschiedlicher Professionen (Beispiel 2 – Hilfeplangespräch) beteiligt sind.

Grad der Formalisierung

Nach Sickendiek, Engel & Nestmann (2008) sowie Methner, Melzer & Popp (2012) lässt sich Beratung nach dem Grad der Formalisierung differenzieren. Hierbei wird zwischen *informeller* (alltäglicher), *halbformalisierter* und *formalisierter* (ausgewiesener) Beratung unterschieden. Mit einer zunehmenden Professionalisierung erfolgt ausgehend von einer sog. Alltagsberatung (Beispiel 3 – Austausch in der Fahrgemeinschaft), die Beratung in einem professionellen Kontext jedoch weitestgehend ohne einen formalisierten Ablauf und festgelegte Strukturen (Beispiel 4 – Absprachen in der Schulpause), bis hin zu einer professionellen (formalisierten) Beratung (Beispiel 2 – Hilfeplangespräch), die im Sinne der Definition von Schmid (2014) strukturiert, planvoll, fachkundig und methodisch geschult durchgeführt wird. Es ist anzumerken, dass im (sonder-)pädagogischen Arbeitsfeld des Förderschwerpunktes ESE alle drei Formen umgesetzt werden und jeweils eine spezifische, beraterische Funktion erfüllen (z. B. hinsichtlich der Bearbeitung eines Anliegens).

Adressatinnen und Adressaten

Als weiteres Element zur Unterscheidung von Beratungssituationen ist der Blick auf die Gruppe der zu beratenden Personen, hier als Adressatinnen und Adressaten bezeichnet, zu richten (Schnebel, 2012; Schwarzer & Buchwald, 2006). Die Aufgabe der beratenden Person ist es, das Gespräch an die Eigenschaften und Bedürfnisse der Adressatinnen und Adressaten anzupassen. Es ist bspw. zu erwarten, dass sich das Beratungsgespräch zwischen einer Vertrauenslehrkraft und einer Schülerin (Beispiel 1) von einem Pausengespräch von zwei pädagogisch Tätigen (Beispiel 2) unterscheiden wird, z. B. bzgl. der (fach-)sprachlichen Gestaltung. Da die Zielgruppe von Beratung innerhalb eines gestuften Systems der Hilfen sehr umfangreich, vielfältig und schwer zu erfassen ist, sollen im Folgenden nur einige ausgewählte Heterogenitätsdimensionen genannt werden, die im Beratungsprozess berücksichtigt werden können. Neben Aspekten von *Alter* und den damit verbundenen *Entwicklungsphasen* (z. B. Kindheit, Jugend-, Erwachsenalter) sind in Beratungsgesprächen die jeweilige *Profession und Expertise* der zu beratenden Personen sowie deren *institutionelle Verortung* zu berücksichtigen. Auch die *Anzahl der zu beratenden Personen* (Einzel-, Tandem- oder Gruppenberatungen) sowie die zugrundeliegende *Beziehungsstruktur* (z. B. Hierarchien, familiäre, partnerschaftliche und kollegiale Verbindungen) der beteiligten Personen haben Einfluss auf den Verlauf einer Beratung und müssen daher berücksichtigt werden.

Anliegen

Eine weitere Möglichkeit der Differenzierung von Beratungssituationen besteht hinsichtlich des Anliegens der zu beratenden Person. Als Anliegen wird hier das (implizit oder explizit kommunizierte) grundlegende Ziel eines Beratungsgesprächs verstanden. Unterschieden werden nach Pallasch & Kölln (2011) zwischen fünf Anliegen, die unabhängig von dem jeweiligen Beratungsthema angestrebt werden können. Anzumerken ist hierbei, dass sich Anliegen innerhalb eines Beratungsgesprächs verändern oder auch mehrere Anliegen vorliegen können. Ein *Kommunikation- bzw. Gesprächsbedarf* im Sinne eines Mitteilungsbedürfnisses kann das erste grundlegende Ziel einer Beratung sein. Bereits durch das Gespräch über eine als belastend erlebte Situation wird eine psychohygienische Wirkung zugeschrieben (ebd.), die sich positiv auf das Befinden der zu beratenden Person auswirken kann. Das zweite Anliegen zielt auf einen *Informationsgewinn* bezogen auf das eingebrachte Thema ab. Gemeint ist hier die Weitergabe von Sachinformationen zu dem eingebrachten Thema durch die beratende Person. Die *Ordnung bzw. Strukturierung* des Gesprächsinhalts, z. B. durch eine systematische Analyse der zugrundeliegenden Situation, und/oder die *Exploration von Handlungsmöglichkeiten* kann ebenfalls zentrale Zielstellung einer Beratung sein. Sofern bereits mehrere Handlungsmöglichkeiten für den Umgang mit der zu beratenden Situation vorliegen, kann die *Entscheidung und Planung* des weiteren Vorgehens zentral sein. Für ein Beratungsgespräch im Förderschwerpunkt ESE sind grundsätzlich alle fünf skizzierten Anliegen möglich. Das Anliegen der zu beratenden Person im Beispiel 3 – Austausch in der Fahrgemeinschaft – könnte es bspw. sein, die Herausforderungen des heutigen Schultages mitzuteilen und/oder Informationen zum Thema »Unterrichtsstörungen« zu erhalten und/oder die erlebte Unterrichtssituation zu ›analysieren‹ und/oder gemeinsam Handlungsmöglichkeiten für den Umgang mit zukünftigen Unterrichtsstörungen zu entwickeln und/oder potenziell mögliche Verhaltensweisen für solche Situationen zu diskutieren und auszuwählen.

Ausrichtung

Ein weiteres Feld innerhalb der Systematisierung betrifft die Ausrichtung von Beratung (Methner, Melzer & Popp, 2012). Beratung kann angelegt werden im Sinne einer *Expertinnen- und Expertenberatung*, die sich durch ein asymmetrisches Beratungsverhältnis auszeichnet. Die beratende Person hat hier aufgrund eines Expertenwissens die Aufgabe, dem Informationsdefizit der zu beratenden Person bezogen auf den eingebrachten Sachverhalt durch entsprechende Informationen oder Lösungsvorschläge entgegenzuwirken. Ein Beispiel wäre das Beratungsgespräch zwischen einer Lehrkraft und einem Sonderpädagogen, in dem der Sonderpädagoge Vorschläge zur Umgestaltung des Klassenraums gibt, durch die der Entstehung von Unterrichtsstörungen präventiv entgegengewirkt werden soll. Häufig wird hier von einer (fiktiven) Übergabe des zu bearbeitenden ›Problems‹ sowie deren Lösung an die beratende Person gesprochen. Dem gegenüber steht die sog. *Prozessberatung*, in der die beratende Person und die ratsuchende Person symmetrisch agierend und gemeinsam an der Bearbeitung eines ›Problems‹ beteiligt sind. Es wird hier von einer beidseitigen Expertise ausgegangen. Die zu beratende Person verfügt über das Wissen bzgl. des Themas der Beratung (z. B. situativer Kontext, beteiligte Personen, emotionale Verbindung) und die beratende Person besitzt Kompetenzen, die für die Gestaltung des Beratungsprozesses erforderlich sind (z. B. Moderation, Gesprächsleitung, Gesprächs- und Fragetechniken, Beratungsmethoden). Die beratende Person hat hier die Aufgabe, den Bearbeitungsprozess der zu beratenden Person zu unterstützen und zur Entwicklung von Lösungsmöglichkeiten (im Sinne einer Hilfe zur Selbsthilfe) anzuregen. Eine Herausforderung im Umgang mit diesen beiden unterschiedlichen Formen besteht u. a. darin, dass die Erwartung hinsichtlich der Ausrichtung der Beratung und dem damit einhergehenden Verlauf zwischen der zu beratenden und der beratenden Person divergieren kann. Zur Vorbeugung ist daher insbesondere im Rahmen eines gestuften Systems der Hilfen zu klären (z. B. in Abhängigkeit von dem jeweiligen Anliegen), ob eine Experten- oder Prozessberatung erfolgen soll und diese von den Beteiligten umgesetzt werden kann.

Beratungsansatz

Diounai-Streek & Ellinger (2014) und Wagner (2012) beschreiben, dass in sonderpädagogischen Arbeitsfeldern primär fünf Beratungsansätze umgesetzt werden: die *person-/klientenzentrierte Beratung* (u. a. Weinberger & Lindner, 2011), die *systemische Beratung* (u. a. Palmowski, 2011), die *lösungsorientierte Beratung* (u. a. Berkling, 2010), die *kooperative Beratung* (u. a. Methner, Melzer & Popp, 2012) und die *kontradiktische Beratung* (Ellinger, 2010). Diese Ansätze lassen sich, wie der synoptische Vergleich von Ellinger (2010) zeigt, hinsichtlich des Problemverständnisses, den Zielen und dem zugrundeliegenden Menschenbild unterscheiden, sodass abhängig von dem verwendeten Ansatz eine spezifische Ausrichtung und Gestaltung des Beratungsgesprächs erfolgt. Wichtig ist hierbei zu erwähnen, dass den einzelnen Ansätzen eine Vielzahl von Konzepten zugeordneten werden, die grundsätzliche Gemeinsamkeiten verbinden, allerdings bspw. in ihrem Ablauf und den verwendeten Methoden Unterschiede aufweisen. In der folgenden Darstellung einzelner Ansätze ist daher die Vielfalt der konzeptuellen und praktischen Umsetzung mitzudenken.

Im Rahmen der *person-/klientenzentrierten Beratung* liegt der Fokus u. a. darauf, dass die beratende Person ein soziales Klima herstellt, sodass die zu beratende Person das anstehende Problem eigenverantwortlich bearbeiten und lösen kann. Das soziale Klima soll durch die Berücksichtigung der sog. Beratervariablen Akzeptanz, Empathie und Kongruenz nach Rogers (1981) hergestellt werden. In Gesprächen, die dem *systemischen Ansatz* folgen, stehen die Betrachtung und Analyse von Beziehungen zwischen Phänomenen bzw. die Beziehungsstruktur von Phänomenen im Mittelpunkt. Unter Berücksichtigung systemtheoretischer Grundannahmen soll u. a. die Stabilisierung des Systems angestrebt werden. Die *lösungsorientierte Beratung* fokussiert Ressourcen der zu beratenden Person sowie sog. Gelingenssituationen, in denen das Problem nicht oder weniger intensiv wahrgenommen wird. Ziel soll es u. a. sein, die Bedingungen bzw. Spezifika dieser Situationen zu identifizieren und zukünftig stärker zu berücksichtigen. Der *kooperative Beratungsansatz* geht von einem Prozess aus, in dem gemeinsam, symmetrisch kommunizierend Problemlösungen von den beteiligten Personen erarbeitet werden. Grundvoraussetzung ist hierbei, dass die zu beratende Person und die beratende Person (im Sinne einer Prozessberatung) als gleichberechtigte Partnerinnen und Partner gesehen werden, die jeweils ihre spezifischen Kompetenzen in das Gespräch einbringen. Im Rahmen eines *kontradiktischen Beratungsgespräches* soll der zu beratende Person eine neue (alternative) Perspektive auf die als problematisch wahrgenommene Situation ermöglicht werden. Ziel ist es

u. a. eine alternative Lesart (Kontradiktion) der belastenden Situation zu entwickeln und somit neue Bedingungen (z. B. Motivation) für die Auseinandersetzung zu schaffen. Da in diesem Beitrag nicht ausführlicher auf die einzelnen Ansätze eingegangen werden kann, soll die tabellarische Übersicht der zentralen Beratungsansätze in Anlehnung an Ellinger (2010) (▸ Tab. 4.4.2) einen ersten Überblick geben. Es ist anzumerken, dass in der Praxis eine Kombination der Ansätze bzw. spezifischer Methoden festzustellen ist, die von Wagner (2012) wie folgt beschrieben wird:

»Während die einzelnen Beratungsansätze in der Theorie bislang weitgehend unverbunden bleiben, setzen Beratungspraktiker, begründet durch die Notwendigkeit einer konsequenten Einzelfallorientierung, meist auf ein methodenintegratives Vorgehen« (ebd., S. 287).

Tab. 4.4.2: Übersicht der zentralen Beratungsansätze in sonderpädagogischen Arbeitsfeldern

	Grundidee	Problemverständnis	Ziel der Beratung	Menschenbild
Person-/Klientenzentrierte Beratung	Die beratende Person schafft ein soziales Klima, in dem die zu beratende Person das anstehende Problem eigenverantwortlich bearbeiten und lösen kann.	Problem als subjektiv erlebte emotionale, kognitive oder motivationale Blockade, die die zu beratenden Person hindert, ihre eigenen Ressourcen zur Problemlösung zu nutzen.	Die zu beratenden Person soll erkennen, wo sie in der Problemsituation emotional oder kognitiv blockiert war, um eigene Ressourcen nutzen zu können.	In jedem Menschen ist ein ausreichendes Maß an Kräften, Ressourcen und Energie vorhanden, um alle Probleme zu lösen und Handlungsstrategien zu entwickeln.
Systemische Beratung	Beziehungen zwischen Phänomenen bzw. die Beziehungsstruktur von Phänomenen werden betrachtet und analysiert.	Problem entsteht innerhalb eines Systems durch verdeckte Beziehungen und Kausalitäten, die das System destabilisieren.	Analyse der Beziehung der Phänomene und der Systemmitglieder, um dadurch eine Neuordnung des Systems zu erreichen.	Der Mensch ist Teil eines Systems, das sich durch die Interaktion der Mitglieder/Individuen beeinflussen lässt, deren Beziehungen zueinander bestimmt ist.
Lösungsorientierte Beratung	Die individuellen Ressourcen der zu beratenden Person, Gelingenssituationen, bisher unbeachtete Stärken und Fähigkeiten stehen im Mittelpunkt.	Probleme entstehen durch die Fokussierung der Problemsituation.	Verstärkung von Verhaltensweisen, die sich in Situationen, in denen das Problem nicht oder weniger bestand, als Ressourcen dargestellt haben.	Der Mensch ist in der Lage Gelingensfaktoren retroperspektiv zu analysieren und effektive Lösungsmuster zu entwickeln.

Tab. 4.4.2: Übersicht der zentralen Beratungsansätze in sonderpädagogischen
Arbeitsfeldern – Fortsetzung

	Grundidee	Problemverständnis	Ziel der Beratung	Menschenbild
Kooperative Beratung	Die beratende und die zu beratende Person arbeiten gemeinsam, symmetrisch kommunizierend an Problemlösungen.	Problem besteht aufgrund einer Ratlosigkeit und den mangelnden Handlungsoptionen der zu beratenden Person.	Lösung des Problems wird von mindestens zwei gleichberechtigten Partnerinnen bzw. Partnern erarbeitet.	Der Mensch ist ein rationales, reflektierendes Wesen, das sich in Kooperation mit anderen Individuen mit seinen Problemen und den Problemen anderer auseinandersetzen kann.
Kontradiktische Beratung	Der zu beratenden Person soll eine grundsätzliche Einstellung der Kontradiktion (alternativen Lesart) ermöglicht werden.	Problem entsteht durch die negative Einschätzung einer belastenden Situation, ohne eine alternative Lesart in Betracht zu ziehen.	Alternative Lesart der belastenden Situation entwickeln und sie für das Gegenteil ihres anfänglichen Verzweiflungspotenzials nutzen.	Der Mensch ist in der Lage, seine Einstellung zu einer Situation zu verändern und kann somit situationsunabhängig leben, entscheiden und empfinden.

4.4.4 Fazit und Ausblick – Beratung im System gestufter Hilfen

Beratung ist ein zentrales Tätigkeitsfeld im Förderschwerpunkt ESE und kann als ein Bestandteil von Kooperationsprozessen auf den einzelnen Unterstützungsebenen eines gestuften Systems der Hilfen sowie zwischen den Mitwirkenden unterschiedlicher Ebenen beschrieben werden. Die Vielzahl und Vielfalt möglicher Situationen, in denen Beratung erfolgt, erfordert eine person- und situationsspezifische Anpassung des Beratungsprozesses. Eine Orientierung für die Planung, Durchführung, Beschreibung, Analyse und Reflexion von Beratungssituationen kann die in diesem Beitrag dargestellte Systematisierung bieten. Bezogen auf die Arbeit im Förderschwerpunkt ESE erscheint der Blick auf die unterschiedlichen Beratungsansätze besonders bedeutsam, weil das zugrundeliegende Verständnis, die Zielsetzung und das daraus resultierende Vorgehen bzw. der Ablauf Möglichkeiten bieten, spezifische Ausgangslagen, Anliegen und Erwartungen der zu beratenden Person zu berücksichtigen. Wie von Wagner (2012) beschrieben, werden im Praxisfeld – mit dem Ziel der Einzelfallorientierung – die Ansätze miteinander verbunden und einzelne methodische Elemente kombiniert. Es soll daher kurz auf einzelne Aspekte der Ansätze eingegangen werden, die besonders bedeutsam für die Arbeit im Förderschwerpunkt ESE erscheinen.

Die Umsetzung der Elemente der Gesprächsführung des person-/klientenzentrierten Ansatzes, die die Herstellung eines positiven Klimas für Kommunikations-

und Interaktionsprozesses anstreben, scheinen für Beratungsprozesses im Bereich ESE essenziell. Insbesondere in der Bearbeitung von Themen, die von den zu beratenden Personen als belastend erlebt werden, ist eine vertrauensvolle Gesprächsbasis, die von Akzeptanz, Empathie und Kongruenz von Seiten der beratenden Person geprägt ist, eine Grundbedingung.

Die Stärke des systemischen Ansatzes liegt in der Berücksichtigung und Analyse systemischer Zusammenhänge sowie der einzelnen Elemente eines Systems. Da Verhaltensauffälligkeiten und -störungen immer im Kontext sozialer Interaktionsprozesses auftreten und eine Mehrdimensionalität aufweisen (▶ Kap. 2), erscheint eine systemische Aufarbeitung innerhalb eines Beratungsprozesses gewinnbringend. Dies gilt bspw. besonders in Gesprächsprozessen oder -themen, in denen unterschiedliche Institutionen und Personen (z. B. Familie, Schule, Jugendhilfe) beteiligt oder zu berücksichtigen sind.

In Beratungsgesprächen liegt der Fokus häufig auf der Auseinandersetzung mit Situationen, die als problematisch, belastend, überfordernd etc. erlebt werden. Dieses Vorgehen kann dazu führen, dass die Aufmerksamkeit sehr stark auf Aspekte ›nicht-gelingender‹ Situationen gelenkt wird und negative Zuschreibungen erfolgen. Ein Beispiel hierfür sind Beratungsgespräche mit Eltern, in denen sie zum wiederholten Mal bzgl. der schulischen Problemlagen ihres Kindes informiert werden. Eine Alternative hierzu bietet der lösungsorientierte Ansatz, der den Schwerpunkt u. a. auf Situationen legt, in denen das wahrgenommene Probleme weniger oder gar nicht auftritt. Diese Ausrichtung bietet Potenzial für die Arbeit im Förderschwerpunkt ESE, da die Analyse ›gelingender‹ Situationen die Identifizierung von Ressourcen (im Sinne von Gelingensbedingungen) unterstützen kann.

Der Ansatz der kontradiktischen Beratung bietet für den Förderschwerpunt ESE Möglichkeiten für die Bearbeitung von Situationen, in denen so massive Verhaltensstörungen aufgetreten sind, dass die zu beratende Person keine Möglichkeit zur Veränderung (mehr) sieht und wenig bis keine Motivation zur weiteren Auseinandersetzung rückmeldet. Durch eine alternative, kontradiktische Lesart bzw. Bewertung der Situation, die es ermöglicht, die (positiven) Potenziale des bearbeiteten Themas zu erkennen, könnte die Bereitschaft zur Bearbeitung aufgebaut bzw. erhöht werden.

Dies sind nur einige wenige Beispiele, wie spezifische Elemente der vorgestellten Beratungsansätze zum Gelingen von Beratungsprozessen im Förderschwerpunkt ESE beitragen können. Eine zukünftige Aufgabe wird es sein, die Kombination unterschiedlicher Ansätze wissenschaftlich zu begleiten und zu evaluieren, um eine Grundlage und Impulse für die Beratungspraxis zu liefern.

4.5 Präventive Förderung durch Trainingsprogramme im inklusiven schulischen Setting

Dennis Hövel

4.5.1 Einleitung/Begriffsklärung

Eine präventive Förderung sozial-emotionaler Kompetenzen lässt sich in die drei Ebenen universell, selektiv und indiziert unterteilen. Eine detaillierte Beschreibung der drei Präventionsebenen findet sich in den Kapiteln 1, 2 und 3.1.

Entlang des Beschlusses der KMK zur inklusiven Bildung (2011) ist Prävention die Aufgabe aller Schulen. Hierfür sollen sie Konzepte erarbeiten, die die individuelle Lern-, Leistungs- und Persönlichkeitsentwicklung der Kinder und Jugendlichen sicherstellen.

Ein vielversprechender Ansatz, um dieser Anforderung gerecht zu werden, ist das Sozial-Emotionale Lernen (SEL). International versteht man hierunter Programme, die die Förderung von fünf miteinander verbundenen Gruppen von kognitiven, affektiven und Verhaltenskompetenzen adressieren: Selbstbewusstsein, Selbstmanagement, soziales Bewusstsein, Beziehungskompetenz und das verantwortungsbewusste Treffen von Entscheidungen (Durlak et al., 2011). Nach Reicher (2010) lässt sich SEL wiederum in vier Bereiche unterteilen:

- die Schaffung einer sicheren Lernumgebung, die von Vertrauen und respektvollen Beziehungen geprägt ist (z. B. durch gutes Classroom Management),
- die Verzahnung des SEL mit Unterrichtsfächern,
- Lehr- und Lernformen, die gesellschaftliches Engagement von Jugendlichen mit fachlichem Lernen verbindet,
- curriculare Programme SEL.

Für die Umsetzung eines curricularen SEL stellt sich die Nutzung von manualisierten Trainingsprogrammen als eine gute Möglichkeit dar. Entsprechende Trainings sind zumeist hoch strukturiert, und die Aufbereitung der Inhalte ermöglicht ein schrittweises Erlernen der SEL-Kompetenzen (Beelmann, 2017).

4.5.2 Bedeutung

Über den eingangs formulierten Präventionsauftrag hinaus lässt sich die Implementation von SEL in der inklusiven Schule v. a. durch den Vergleich der Förderquoten mit den Prävalenzraten von Verhaltensstörungen begründen und legitimieren. Die Förderquote des Förderschwerpunktes ESE ist in den letzten Jahren stark gestiegen. Während sie im Jahr 2005 noch bei ca. 0,5 % lag, liegt sie 2018 bei rund 1 % aller Schülerinnen und Schüler (KMK, 2019). Seit dem Schuljahr 2013/14 besucht die Mehrheit der Kinder mit dem Förderschwerpunkt ESE die allgemeine Schule.

In ihrem Kurzbericht zum Förderschwerpunkt ESE betrachten Hövel & Mehlmann (2019) die Veränderung der Förderquote aus Perspektive der Prävalenzzahlen. Eine Erklärung der Erhöhung rein auf Basis der Bedarfe der Kinder stellt sich hierbei als eher unwahrscheinlich dar. Folgt man der Metaanalyse von Barkmann & Schulte-Markwort (2012), die 34 Primärstudien aus dem Zeitraum 1953 bis 2007 analysiert, so ist davon auszugehen, dass die durchschnittliche störungsübergreifende Prävalenz in diesem Zeitraum stabil bei rund 20 % lag. Die international vergleichend angelegte KiGGS-Studie (Hölling et al., 2014) ermittelte ebenfalls sowohl für die Basiserhebung (2003–2006), als auch für die Welle 1 (2009–2012), eine Quote von rund 20 %. In der Welle 2 der KiGGS-Studie (2014–2017) kommt die Forschungsgruppe (Klipker et al., 2018) zu einer Prävalenzrate von rund 17 % und damit zu einem signifikanten Rückgang im Vergleich zur Basiserhebung. Hier wird deutlich, dass es einerseits einen bedeutsamen quantitativen Unterschied zwischen der Prävalenz von Verhaltensstörungen und der Förderquote gibt und andererseits, dass sich die Prävalenzzahlen und die Förderquote gegensätzlich entwickeln.

Neben dissozialen Verhaltensweisen zeigen Angststörungen, insbesondere im Kindesalter, eine hohe Verbreitung (Klasen et al., 2016). Diese werden von Lehrkräften jedoch häufig nicht oder falsch wahrgenommen (Conley, Marchant & Caldarella, 2014). Bei der Kopplung des Erhalts einer Förderung an den Förderschwerpunkt ESE, die in der Praxis häufig auf der Grundlage einer Diagnose zu externalisierenden Störungen erfolgt, ist daher davon auszugehen, dass Kinder mit internalisierenden Problemen massiv benachteiligt werden. Es besteht also – wie anhand der o. g. Zahlen zu sehen ist – eine Diskrepanz zwischen der Festlegung von Förderquoten und den individuellen Förderbedarfen von Kindern und Jugendlichen. Vor diesem Hintergrund ist die Herausforderung für die Schule nicht eine Ausweitung der Förderquoten, sondern die fachliche Frage, wie Schülerinnen und Schüler präventiv gefördert werden können, damit ihre Teilhabe an schulischen Bildungs- und Erziehungsangeboten sichergestellt wird.

4.5.3 Strukturen und Konzepte

Bei der Suche nach Verhaltenstrainings stößt man auf eine große Anzahl an Programmen unterschiedlicher Ausrichtungen. Für die Identifikation und Auswahl von Maßnahmen, die idealerweise nachhaltig eingeführt, umgesetzt und langfristig implementiert werden können, empfiehlt sich ein Blick in metaanalytische Befunde. International untersuchen Durlak et al. (2011) 221 englischsprachige SEL-Studien in der Schule und ermitteln im Durchschnitt aller analysierten Programme eine kleine Effektstärke. Mit 78 Studien beurteilen Sklad et al. (2012) etwas weniger Studien, da sie, anders als Durlak et al. (2011), eine Veröffentlichung der zu untersuchenden Studien in einem Peer-Review-Verfahren als Einschlusskriterium festlegen. Die gemittelten und gewichteten Effektenstärken fallen hierbei, wie in folgender Tabelle zu sehen ist (▶ Tab. 4.5.1), etwas größer aus als in der Arbeit von Durlak et al. Bei einem solchem Peer-Review-Verfahren geht es um Kriterien wie die theoretische Fundierung, ein klar formuliertes Wirkmodell, ein methodisch hochwertiges Studiendesign mit einer angemessenen Kontrolle möglicher Störvariablen und einiges mehr. Diese Aspekte führen entlang der Zahlen zu besseren Ergebnissen und sollten daher auch bei der Umsetzung in der Schule stets Berücksichtigung finden.

Beim Blick auf den nationalen Forschungstand fallen zum einen die deutlich geringere Anzahl an Wirksamkeitsstudien ins Auge und zum anderen die hohe Spannbreite der Effekte, die von großen negativen bis hin zu großen positiven Effekten reicht (Hövel, Hennemann & Rietz, 2019).

Tab. 4.5.1: Metanalytische Effekte sozial-emotionalen Lernens

Bereich	Effekte		
	Durlak et al. (2011) 221 Studien	Sklad et al. (2012) 78 Studien	Hövel et al. (2019) 13 Studien
Prosoziales Verhalten	0.24	0.39	0.11
Reduktion von Verhaltensproblemen	0.22	0.43	0.15
Schulische Fertigkeiten	0.27	0.46	0.23
Sozial-emotionales Wissen	0.57	0.70	0.32

Anmerkungen: Die Effektstärken sind in Cohens *d* angegeben, hierbei gilt 0.2–0.5 kleiner Effekt, 0.5–0.8 mittlerer Effekt, > 0.8 großer Effekt.

Die deutschsprachigen Befunde bleiben damit klar hinter den internationalen zurück und es stellt sich die Frage, welche Programmmerkmale über die bereits beschriebenen Punkte hinaus zur Wirksamkeit eines Trainings führen. In der großen Bandbreite der analysierten Programme untersuchen Durlak et al. (2011) den Unterschied zwischen den Trainings, die das prosoziale Verhalten der Kinder und Jugendlichen verbessern, und denen, die diesbzgl. keine Veränderung erzielen konnten. Den ermittelten Unterschied beschreiben sie mit dem Akronym SAFE. Erfolgreiche Maßnahmen sind sequenziert, aktionsorientiert, spezifisch und explizit. Zur Aufbereitung der Programminhalte entlang des SAFE-Akronyms hat sich das (erweiterte) Modell der sozial-kognitiven Informationsverarbeitung (SKI; Crick & Dodge, 1994; Lemerise & Arsenio, 2000) als hilfreich erwiesen, um sie sowohl für Schülerinnen und Schüler als auch für Lehrpersonen und Eltern handhabbar zu machen. Daher wird dieses Modell häufig in der Entwicklung aktueller Trainingsprogramme genutzt (Beelmann, 2017) und im Folgendem etwas näher dargestellt.

Sequenzierungsmodell

Das SKI-Modell (Crick & Dodge, 1994) sequenziert die einzelnen Schritte sozialer Interaktion von der Wahrnehmung über Interpretation bis hin zur Handlungskonstruktion und -umsetzung. In einer konzeptuellen Weiterentwicklung dieses Modells betonen Lemerise & Arsenio (2000) den Einfluss der Emotionen auf den sechs Phasen umfassenden Prozess der SKI. Die Gültigkeit des Modells wurde in einer Vielzahl von Studien bestätigt (u. a. Arsenio, 2010).

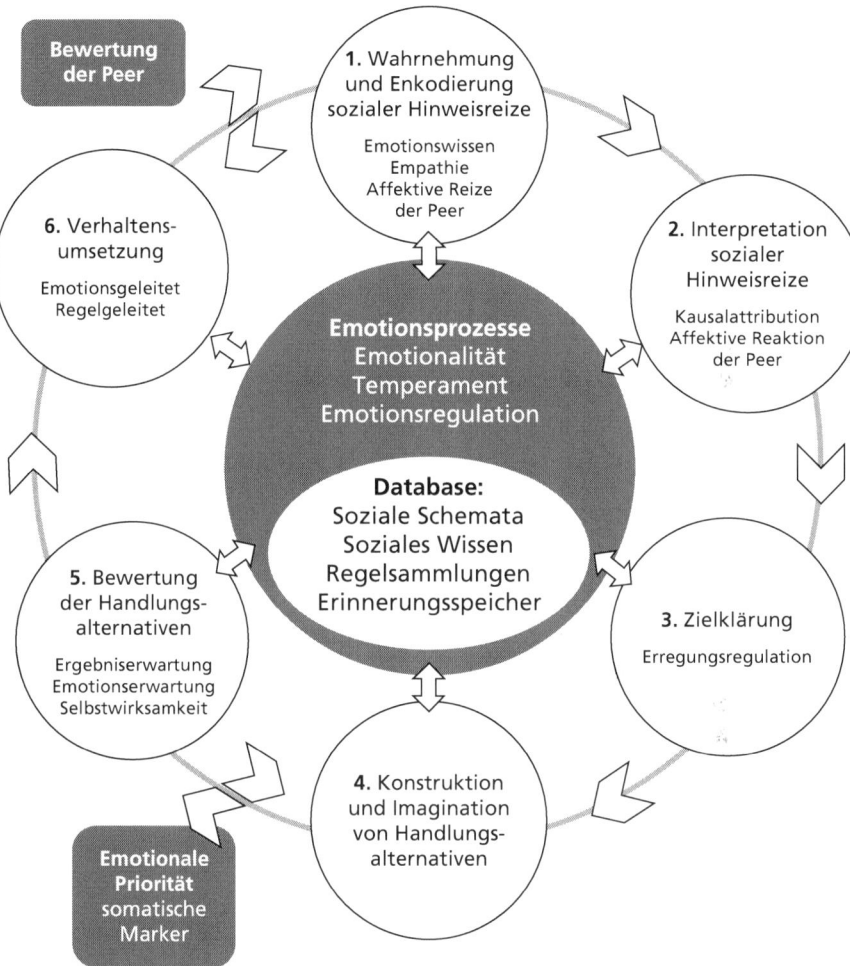

Abb. 4.5.1: Sozial-kognitive Informationsverarbeitung nach Lemerise & Arsenio (2000) (aus: Hövel, D. (2014): Adaption und Evaluation des Präventionsprogramms »Lubo aus dem All« für Kinder mit hoher Risikobelastung. Dissertation: Universität Oldenburg)

In der ersten Phase werden die sozialen Hinweisreize unter Einfluss eigener Emotionen wahrgenommen. Darauf folgt in Schritt zwei die Interpretation der Absichten des Gegenübers. Wenn diese Entschlüsselung aufgrund mangelnder emotionaler und/oder situativer Kenntnisse misslingt, werden alle nachfolgenden Schritte der SKI fehlerhaft und/oder systematisch voreingenommen sein (Arsenio, 2010). Im dritten Sequenzierungsschritt werden die eigenen Ziele in Bezug zur eben erfolgten Interpretation der Situation festgelegt. Fertigkeiten wie eine adaptive Emotionsregulation spielen hierbei eine entscheidende Rolle. Lemerise & Arsenio (2000) betonen die Abhängigkeit dieser Zielklärung vom aktuellen emotionalen Erleben. Je intensiver ein Gefühl erlebt wird, desto kurzfristiger werden eigene Ziele gesetzt. In den Phasen vier und fünf werden mögliche Handlungsalternativen antizipiert und mit in der Vergangenheit erfahrener Selbstwirksamkeit abgestimmt. Die Handlungsalternative, die am ehesten erfolgversprechend erscheint, wird gewählt und im sechsten Schritt umgesetzt.

Für die sozial kompetente Bewältigung, d. h. in einer sozialen Interaktion in der Lage zu sein, sowohl die eigenen Ziele zu erreichen, als auch die soziale Akzeptanz zu wahren (Kanning, 2009), sind nicht nur ein großes Spektrum an sozial-emotionalem Wissen, sondern auch an aktionalen Kompetenzen erforderlich. Ein Training sollte die Wissensvermittlung entlang der Reihenfolge des SKI-Modells sequenzieren und explizit benennen sowie die benötigten Kompetenzen fokussiert und aktionsorientiert einüben.

Die Umsetzung dieser Aspekte lässt sich zwei grundlegenden Handlungsansätzen zuordnen, einem kognitionspsychologischen und einem lerntheoretischen. Der erste geht, wie bereits im SKI-Modell beschrieben, davon aus, dass die mit dem Verhalten in Zusammenhang stehenden Kognitionen Emotionen hervorrufen, es initiieren und aufrechterhalten (Hartke et al., 2018). Kernelement der Intervention ist daher die Vermittlung von sozial-emotionalem Wissen und das Training von kognitiven Problemlösestrategien. In emotional aufwühlenden Situationen steht die Kognition jedoch häufig nur eingeschränkt oder gar nicht zur Verfügung, die Wahrnehmung und Handlungsumsetzung erfolgen affektiv. An dieser Stelle gewinnt ein lerntheoretischer Ansatz an Bedeutung. Der Grundmechanismus dieser Theorie lässt sich mit dem Akronym S-O-R-K-C zusammenfassen (Hartke et al., 2018): Ein Stimulus wirkt auf den Organismus und ruft bei diesem eine Reaktion hervor. Durch das Setzen von Hinweisreizen, Kontingenz-Erzeugung, soll das affektive Verhalten zurück ins Bewusstsein geholt und schließlich mit einer Konsequenz verknüpft werden.

Die meisten Trainingsprogramme bedienen sich beider Zugänge, sodass sie als kognitiv-behavioral bezeichnet werden. Die Förderung erfolgt hierbei sowohl in Form von Wissensvermittlung als auch in Form von Methoden der operanten Konditionierung.

Implementation & Transfer in den Schulalltag

Die vorliegenden Metaanalysen liefern über die bereits beschriebenen Faktoren hinaus Anhaltspunkte für eine wirksame Implementation in den Schulalltag.

Zunächst kann festgehalten werden, dass die Schule ein sehr guter Ort ist, um SEL nachhaltig umzusetzen. Coelho & Sousa (2018) untersuchen unter der Fragestellung »does setting matter« die Umsetzung eines SEL-Programms in einer experimentellen Studie mit drei Gruppen. In der ersten Gruppe wird das Training in der Schule umgesetzt, in der zweiten im außerschulischen Bereich und die dritte Gruppe erhält keine Förderung. Die Veränderung nach Abschluss der Maßnahme fällt deutlich zugunsten der schulischen Versuchsgruppe aus. Bzgl. der umsetzenden Personengruppe zeigten Durlak et al. (2011) auf, dass Klassenleitungen besonders erfolgreich sind und dies insbesondere dann, wenn die Förderung im Klassenraum erfolgt (Wilson & Lipsey, 2007).

Zudem weist der Forschungstand eine sehr konsistente Befundlage hinsichtlich der Konzepttreue auf – je genauer eine Maßnahme entlang des zugrundeliegenden Manuals umgesetzt wird, desto besser ist ihre Wirksamkeit (u. a. Durlak et al., 2011; Wilson & Lipsey, 2007). Verschiedene Kulturen im Umgang mit der Konzepttreue nutzen Mahoney, Durlak & Weissberg (2018) zur Erklärung der Unterschiede der mittels SEL erzielten Effekte im Vergleich zwischen den Nationen.

Einer der wichtigsten Aspekte für die Wirksamkeit von Trainings ist aber die koordinierte Implementierung der gelernten Inhalte in den Schulalltag. Zu den vier Programmen Marburger Konzentrationstraining (Hövel & Hochstein, 2020), Training mit aufmerksamkeitsgestörten Kindern (Hövel & Küven, 2019), Mut tut gut (Hövel, Schmidt & Osipov, 2018) und Lubo aus dem All! (Hövel et al., 2016) konnte in experimentellen Studien nachgewiesen werden, dass sich eine Verhaltensveränderung auf Seiten der Schülerinnen und Schüler erst dann einstellt, wenn die vermittelten Programminhalte von den Lehrkräften auch im Schulalltag genutzt werden. Ein wichtiger Einflussfaktor auf den Transfer in den Alltag scheint die schrittweise Erarbeitung einer Problemlöseformel zu sein. Trainings, die eben eine solche Formel erarbeiten, führen im Durchschnitt zu signifikant größeren Effekten als solche, die dies nicht tun (Hövel et al., 2019).

4.5.4　Trainingsüberblick – Beispiele

Für den deutschen Sprachraum identifizieren die aktuellen Überblicksarbeiten zwölf manualisierte Trainings für die Primarstufe (Hövel et al., 2019) und 28 Programme für die Altersgruppe der Sekundarstufe I (Casale, Hennemann & Hövel, 2014). Die Zusammenstellung in Tabelle 4.5.2 zeigt exemplarisch Trainingsprogramme für eine schulisch-curriculare Umsetzung SEL auf den drei Präventionsebenen universell, selektiv und indiziert. Hierbei ist zu berücksichtigen, dass die Übergänge zwischen den Ebenen fließend sind, sodass die meisten Programme auch anders klassifiziert und eingesetzt werden können. Für eine praktische Umsetzung ist es daher nicht wichtig, die aufgeführten Maßnahmen exakt auf derselben Präventionsebene anzubieten. Schulinterne Konzepte sollten aber alle drei Ebenen berücksichtigen. Zudem ist es wichtig, dass Schülerinnen und Schüler mit erhöhten Bedarfen auch eine intensivere Förderung erhalten, ohne dass dabei die Gesamtgruppe aus dem Fokus verloren wird (▶ Tab. 4.5.2).

Tab. 4.5.2: Exemplarische Trainings zur Umsetzung eines curricularen SELs

Bereich/Autoren	Titel* & Altersgruppe	Einheiten & Inhalte
Universell		
Hillenbrand, Hennemann, Hens & Hövel (2018)	Lubo aus dem All! 1. & 2. Klasse. Programm zur Förderung sozial- emotionaler Kompetenzen	30 + 23 Einheiten alle fünf SEL-Bereiche
Urban, Hövel & Hennemann (2018)	Ben & Lee. 3. & 4. Klasse. Programm zur Förderung sozial-emotionaler Kompetenzen in Verbindung mit fachlichen Zielen des Deutsch- und Sachunterrichts	24 + 4 - 2 Einheiten alle fünf SEL-Bereiche
Petermann, Petermann & Nitkowski (2016)	Emotionstraining in der Schule. Ein Programm zur Förderung der emotionalen Kompetenz. 5.–7. Klasse	11 Einheiten Selbstbewusstsein, Selbstmanagement
Schultze-Krumbholz, Zagorscak, Roosen-Runge & Scheithauer (2018)	Medienhelden. Unterrichtsmanual zur Förderung von Medienkompetenz und Prävention von Cybermobbing. 7.–10. Klasse	8 Module alle fünf SEL-Bereiche
Selektiv		
Scheithauer, Braun, König, Warncke & Walcher (2019); Scheithauer, Bull, Walcher, Warncke & Klapprott (2019)	Fairplayer-Manual – Förderung von sozialen Kompetenzen – Prävention von Mobbing und Schulgewalt. 5.–6. Klasse & 7.–9. Klasse	12–16 Einheiten soziales Bewusstsein, Beziehungskompetenz und verantwortungsbewusstes Treffen von Entscheidungen
Beyer & Lohaus (2018)	SNAKE. Stressbewältigung im Jugendalter	4–16 Einheiten Selbstbewusstsein, Selbstmanagement, soziales Bewusstsein
Hampel & Petermann (2017)	Cool bleiben – Stress vermeiden: Das Anti-Stress-Training für Kinder. 1.–4. Klasse	4–8 Einheiten; Selbstbewusstsein, Selbstmanagement
Indiziert		
Petermann & Petermann (2012)	Training mit aggressiven Kindern. 1.–6. Klasse	8–13 Einheiten; Selbstbewusstsein, Selbstmanagement, soziales Bewusstsein
Lauth & Schlottke (2019)	Training mit aufmerksamkeitsgestörten Kindern. 1.–6. Klasse	13 Einheiten; Selbstbewusstsein, Selbstmanagement

Tab. 4.5.2: Exemplarische Trainings zur Umsetzung eines curricularen SELs – Fortsetzung

Bereich/Autoren	Titel* & Altersgruppe	Einheiten & Inhalte
Linderkamp, Hennig & Schramm (2011)	ADHS bei Jugendlichen: Das Lerntraining LeJA. 7.–10. Klasse	16–20 Einheiten; Selbstbewusstsein, Selbstmanagement
Pössel, Horn, Seemann & Hautzinger (2004)	Trainingsprogramm zur Prävention von Depressionen bei Jugendlichen – LARS & LISA: Lust an realistischer Sicht und Leichtigkeit im sozialen Alltag. 7.–10. Klasse	10 Einheiten; Selbstbewusstsein, Selbstmanagement, Beziehungskompetenz

Anmerkungen. * exemplarisch vorgestellte Trainings

4.6 Didaktik, Methodik, Unterricht

Heinrich Ricking

4.6.1 Problemstellung

In der komplexen Aufgabenstruktur von sonderpädagogisch Tätigen in der Arbeit mit im Verhalten beeinträchtigten Heranwachsenden bildet Unterricht neben Handlungsformaten wie Beratung, Diagnostik oder Einzel- und Kleingruppenförderung einen grundlegenden Baustein. Der schulische Tag wird im Wesentlichen mit Unterricht gefüllt, der auf einem breiten Fundament von didaktischen Theorien fußt (Kron, 2000). Didaktik, verstanden als Theorie des Lehrens und Lernens, ist im Rahmen schulischer Bildung der systematischen Vermittlung von kulturellem Wissen und dem Aufbau personaler wie auch sozialer Kompetenzen im Rahmen von Lehr-Lern-Prozessen gewidmet (Meyer, 2016). Dabei ist Unterricht auch ein gruppenpädagogischer Prozess, in dem Personen mit unterschiedlichen Rollen – u.a. Schülerinnen und Schüler sowie Lehrkräfte – in intensivem kommunikativen Austausch stehen. Diese Kommunikation ist nicht beliebig, sondern zumeist in den Dienst der Didaktik gestellt: Sie soll zielführend den Lernprozess unterstützen. So werden bspw. Unterrichtsgespräche im Klassenplenum durchgeführt, um eine Annäherung an den Lerngegenstand herbeizuführen, Kleingruppengespräche, um ihn für Schüler vertiefend verstehbar zu machen. Unterrichtsferne Unterhaltungen sind i.d.R. unerwünscht und stören das Vorhaben, das sich nur gemeinsam realisieren lässt. Neben der zumeist von der Lehrerin bzw. vom Lehrer vorab festgelegten Ziel- und Inhaltsbestimmung unterrichtlicher Kommunikation, ist ihr Werte- und Regelbezug grundlegend. Klassenregeln sollen die Freiräume und Grenzen der Interaktion bestimmen, deutlich machen, wann (eine Lehrerfrage steht im Raum) und mittels welcher Symbolik (z.B. Aufzeigen) jemand etwas sagen darf, was generell verboten (z. B. impulsives Hineinrufen), was erwünscht ist (Warten, bis man drangenommen wird). Betrachten wir die Lage aus dem Blick der Schülerin oder des Schülers, von der bzw. dem in der Schule regelhaftes Verhalten erwartet wird, erweist sich Unterricht als hochnormierte Situation (Ophardt & Thiel, 2013). Um den üblichen schulischen und unterrichtlichen Anforderungen zu genügen, ist ein beträchtliches Maß an emotionaler Regulation, prosozialem Verhalten, Leistungsmotivation und auch Volition notwendig; Schule setzt eine ausgeprägte Selbstkontrolle des Verhaltens beim Schüler und der Schülerin voraus. Schülerinnen und Schülern, die soziale und emotionale Schwierigkeiten in der Interaktion mit sich und dem sozialen Umfeld aufweisen, erfüllen diese Erwartungen nur zum Teil, der Unterricht ist daher regelhaft von erschwerten Lehr-Lern-Prozessen geprägt. Störungen der unterrichtlichen Abläufe, unstete Aufmerksamkeit für den Unterrichtsgegenstand, motivationale Einbrüche oder normabweichende soziale Interaktionsweisen sind häufig und in hoher Intensität vorzufinden (Winkel, 2011).

Auch im Leistungsbereich bleiben die Schülerinnen und Schüler nicht selten gravierend unter ihren Möglichkeiten (Underachiever), was u. a. durch das Lernverhalten (planlose, unstrukturierte Aufgabenbearbeitung) oder Motivationsprobleme bedingt sein kann (Passivität/Vermeidungsstrategien) (Ricking, 2005; 2017a). Ausgeprägte Wechselwirkungen zwischen Verhaltens- und Lernstörungen entwickeln sich, die oft zu einer signifikant schlechteren Entwicklungsprognose für die betroffenen Heranwachsenden führen (Bundschuh, 2003). Erkennbar ist dann eine unzureichende Passung zwischen den schulischen Unterrichtsangeboten, den Erwartungen hinsichtlich des Sozial- und Leistungsverhaltens und den individuellen Dispositionen sowie der übrigen Lebenswelt der Lernenden (Rosenberg et al., 2003). In diesem Kontext scheint der Unterricht besonders anfällig zu sein für »Ereignisse, die den Lehr-Lern-Prozess beeinträchtigen, unterbrechen oder unmöglich machen, indem sie die Voraussetzungen, unter denen Lehren und Lernen stattfinden kann, teilweise außer Kraft setzen« (Lohmann, 2013, S. 13). Im Förderschwerpunkt ESE kommen so Schülerinnen und Schüler in den Blick, deren Verhaltensproblematik sich soweit verdichtet hat, dass sie im regulären Unterricht oft nicht mehr mit den herkömmlichen erprobten Methoden und unter den gegebenen Rahmenbedingungen erfolgreich förderbar bzw. beschulbar sind, deutliche Anzeichen von Schulunlust zeigen und unregelmäßige Schulbesuchsmuster zu erkennen geben (Ricking & Hagen, 2016). Daher sind didaktisch-methodische Alternativen gefragt, die in der Lage sind, derartige Lernbarrieren zu mindern oder aus dem Weg zu räumen.

4.6.2 Selbstgesteuertes Lernen als Unterrichtsziel

Der Unterricht mit Schülerinnen und Schülern mit Verhaltensstörungen sollte nicht abgekoppelt betrachtet werden von didaktischen Entwicklungen, die in der allgemeinen schulischen Bildung Raum greifen. Seit einiger Zeit gehört die Selbsttätigkeit und Selbststeuerung der Schülerinnen und Schüler im Lernprozess zu den erstrangigen Zielen der Unterrichtsentwicklung (Helmke, 2015). Einen Lernvorgang erfolgreich zu absolvieren und dabei eigenständig methodische, soziale und personale Kompetenzen zu nutzen, ist für alle Schülerinnen und Schüler mit oder ohne Beeinträchtigungen ein wertvolles pädagogisch-didaktisches Ziel. Im Rahmen der kompetenzorientierten Ausrichtung von schulischen Lehr-Lern-Prozessen geht es in vielen Schulen um die Zurücknahme eines weitgehend lehrerzentrierten, direktiven und vorab durchgeplanten sowie um die Aufwertung eines auf Selbststeuerung der Lernenden und planorientiert bzw. entdeckend-situativ angelegten Unterrichts. Ein zentrales Kriterium für erfolgreichen Unterricht ist die Partizipation der Schülerinnen und Schüler, ihre aktive Teilhabe, die Möglichkeit den eigenen Lernprozess selbst mitzusteuern. Schule und Unterricht sollten in Zukunft nicht mehr für Schülerinnen und Schüler gemacht werden, sondern mit Schülerinnen und Schülern. Um diesen Ansprüchen zeitgemäßen Unterrichts zu genügen, benötigen sie methodische Kompetenzen, müssen Metakognitionen sinnvoll einsetzen können und ihr Handeln strategisch ausrichten, was z. B. in systematischen und kontrollierten Problemlöseprozessen Ausdruck findet (Guldimann & Lauth, 2004; Ricking, 2008). Die Beherrschung von Lernmethoden, Strategien und Techniken schafft die Voraussetzung für unabhängige Lernprozesse und ermöglicht die Erarbeitung unterschiedlicher Themen – sie sind der Schlüssel für Inhalte und bildet eine generelle Kompetenz für Lernprozesse.

Bönsch (2005) spricht in diesem Zusammenhang von einem erforderlichen Wechsel von der sog. Vermittlungsdidaktik zur Lernerdidaktik. Die Vermittlungsdidaktik entspricht Unterricht traditionellen Zuschnitts, in dem Schülerinnen und Schüler vom Lehrer bzw. der Lehrerin bestimmte, vermittelte und kontrollierte Inhalte lernen sollen. Das Lernen ist fremdbestimmt, eher kurzschrittig und an einem Durchschnittstempo orientiert. Es lässt sich zwar zeitökonomisch viel Stoff behandeln, die Lernkultur wie auch die überdauernden Lernwirkungen sind jedoch eingeschränkt. In der am Lernenden orientierten Didaktik gehen viele methodische Entscheidungen auf die Schülerinnen und Schüler über: Sie planen, strukturieren, steuern den Unterrichtsprozess und prüfen ihre Ergebnisse. Prozessbezogenen Kompetenzen kommt der Status eines »gleichgewichtigen Ziels gegenüber der inhaltlichen Wissensvermittlung« zu (Gudjons, 2007, S. 77). Im Sinne einer Ziel-Mittel-Kongruenz ist anzunehmen, dass die Schülerinnen und Schüler ein angemessenes Maß an Offenheit in Lernsituationen benötigen, um selbständig Handeln zu können. Die Lehrkraft lässt lernen, übernimmt beratende Funktion, gestaltet einen anregenden Lehr-Lern-Raum, in dem Schülerinnen und Schüler zumeist an einem Thema, aber auch arbeitsteilig mithilfe vielfältiger Materialien recherchieren, rechnen, etwas herstellen, schreiben oder einüben. Die Lernorganisation wird so flexibilisiert, löst sich vom Prinzip des gleichschrittig auf ein Ziel ausgerichteten Unterrichts und ermöglicht die Integration mehrerer Fächer (Groeben, 2011).

4.6.3 Unterrichtsstörungen begegnen

Die Gefährdung des Unterrichtserfolgs im Kontext von schwierigem Verhalten in der Klasse richtet die Aufmerksamkeit folgerichtig auf den Umgang mit Unterrichtsstörungen: Die meisten Lehrkräfte sehen sich mit der Aufgabe konfrontiert wirksam gegen Störeinflüsse im Unterricht vorzugehen, um die in ihn gesetzten Ziele zu erreichen (Keller, 2008). Sie möchten ihre Unterrichtsplanung umsetzen und so zu gelingenden Lernprozessen bei den Schülerinnen und Schülern ihrer Lerngruppe beitragen – alles, was dem entgegensteht, ist zumeist unerwünscht. Dabei finden Verhaltensstörungen in der Schule u. a. ihren Ausdruck in Unterrichtsstörungen, fordern Lehrkräfte so in besonderer Weise heraus und bringen sie mitunter an den Rand des Bewältigbaren (Hillenbrand, 2011; Lohmann, 2013). Was Störungen im Unterricht sind, ist allerdings nicht pauschal zu definieren und unterliegt einer subjektiven Betrachtung und Bewertung (Braun & Schmischke, 2006). Schülerinnen und Schüler oder Lehrkräfte werden eine Unterrichtsstörung kaum einhellig und stets gleichförmig einschätzen. Auch lässt sie sich nicht an einer messbaren Lautstärke oder an der Bewegungsintensität im Klassenraum festmachen. In allen Fällen geht es jedoch um einen unterbrochenen, stockenden Unterrichtsprozess, der womöglich die gesetzten Lernziele verfehlt (Winkel, 2011). Unterrichtsstörungen gehören zum Schulalltag und viele Lehrkräfte versuchen ihren Weg zur Schülerdisziplin zu finden. Manche tolerieren sie in geringem Ausmaß noch und schreiten erst bei größeren Vorfällen ein. Andere versuchen bereits kleinste Störmanöver im Keim zu ersticken. Massive Unterrichtsstörungen werden i. d. R. nicht toleriert: Sie bedeuten einen erheblichen Verlust an aktiver Lernzeit, die Lernziele geraten aus dem Blick und führen auf Schüler- wie auch Lehrerseite zu erheblichen emotionalen Belastungen und negativem Stress (Ophardt & Thiel, 2013; Nolting, 2008). Oftmals hat eine störende Schülerin bzw. ein störender Schüler in einem solchen Fall den Klassenraum zu verlassen (Bründel & Simon, 2003). Günstige Bedingungen bzw. Ursachen für Unterrichtsstörungen sind bei genauer Betrachtung bei der Schülerin bzw. beim Schüler, bei der Lehrkraft und in der Schule/Klasse zu finden. Bei Schülerinnen und Schülern können Langeweile am Unterricht, Spaß an Nebentätigkeiten, Über- oder Unterforderung situativ bedeutsam sein, jedoch auch aktuelle Entwicklungseinflüsse, externalisierende Verhaltensstörungen oder eine schulaversive Einstellung. Bei Lehrerinnen und Lehrern wirken sich Unsicherheit oder Angst vor Schülerinnen und Schülern, eigener Disziplinmangel (negatives Modell), ungerechte Entscheidungen, ungeeignete Formen der Verhaltenssteuerung (z. B. Inkonsequenz) wie auch qualitativ minderwertiger Unterricht negativ auf den Unterrichtsfluss aus. Hinsichtlich der von Schule zu verantwortenden Einflüssen ist starker Lärm (Raumakustik, Straßenverkehr, Bauarbeiten …), zu große Klassen, ungeeignete Räume, ungünstige Klassenkonstellationen und eine ungenügende Rhythmisierung des Unterrichts (lernfeindlicher Stundenplan, Dauer der Lehr-Lern-Einheiten …) zu nennen (Ricking, 2017a).

Wenn Störungen unprofessionell bearbeitet werden, erwachsen sie leicht zu eskalierenden Konflikten mit aggressiven Anteilen, und es kommt zu Machtkämpfen (Lohmann, 2013). Lehrkräfte benötigen neben einem gewissen pädagogischen Gespür eine fachlich adäquate Interpretationsgrundlage, die zu konstruktiven Einschätzungen führt, sowie ein Repertoire an Handlungsmöglichkeiten. Nolting (2008) macht pointiert klar, dass ein Großteil der Störungen strukturell-präventiv und durch kompetentes Lehrerverhalten verhindert, die meisten verbleibenden durch ein fachlich angemessenes Management deeskaliert und geregelt werden können. Jeder ältere Schüler und jede ältere Schülerin wissen aus eigener Erfahrung, dass sich dieselbe Klasse bei unterschiedlichen Lehrerinnen und Lehrern unterschiedlich benimmt und sich somit erhebliche, auch lehrerspezifische Differenzen beim Sozial- und Arbeitsverhalten ergeben (Nolting, 2008). Um effektiven, belastungsarmen und zufriedenstellenden Unterricht zu realisieren, bedarf es in Sachen Klassenführung und Verhaltensregulation einer hohen Lehrerprofessionalität (Ophardt & Thiel, 2013; Lohmann, 2013).

4.6.4 Didaktische Eckpunkte im Förderschwerpunkt emotionale und soziale Entwicklung

Die sonderpädagogischen Förderschwerpunkte haben jeweils einen Standard an spezifischen didaktisch-methodischen Konzepten entwickelt, die zumeist im Unterricht in Förderschulen eine beträchtliche Rolle spielen. Im Förderschwerpunkt ESE ist ein Unterricht gefordert, der in der Lage ist mit Verhaltensproblemen und Erziehungsschwierigkeiten so umzugehen, dass Entwicklungsförderung und Lerngewinn möglich sind (Hußlein, 1993). Guter Unterricht basiert auf einer Analyse des Bedingungsfeldes, die u. a. die Voraussetzungen im Lernen und Verhalten fokussiert.

> »Die speziellen Erziehungsbedürfnisse der Lernenden an der Schule für Erziehungshilfe, ihre häufig negativ gefärbten Schulerfahrungen, Leistungsrückstände, Lern- und Verhaltensprobleme und ihre individuellen Lernvoraussetzungen bestimmen die Gestaltung des Unterrichts« (Willmann, 2006, S. 78).

Dabei hat dieser Förderschwerpunkt bislang nicht den Anspruch unabhängige didaktische Theorien zu entwerfen oder eine solche Praxis zu realisieren (Stein & Stein, 2014). Schülerinnen und Schüler mit sonderpädagogischem Förderbedarf lernen nicht auf andere Art und Weise – sie zeigen aber in der allgemeinen Schule ohne spezifische Hilfen so große Schwierigkeiten im Lernen und Verhalten und erreichen die Lernziele dadurch nicht oder nur in geringem Ausmaß, dass offenkundig wird, dass die gegebenen Bedingungen nicht passen bzw. Förderoptionen nicht ausreichen. Auch die hohe Diversität der Erscheinungsformen von Verhaltensstörungen bringt die Frage auf, auf welche Phänomene im Lehr-Lern-Prozess Bezug genommen werden sollte. So konstatiert Göppel (2002),

> »dass es eine eigene, spezifische Didaktik für Kinder mit Verhaltensstörungen eigentlich nicht gibt und nicht geben kann [...] Es müsste dann genau genommen eine eigene Didaktik für überängstliche, sozial unsichere und eine für impulsiv-ausagierende, aggressive Kinder geben, eine für Kinder mit autistischen Verhaltenstendenzen und eine für Kinder mit hyperaktiver Problematik« (S. 89).

In der Didaktik im Förderschwerpunkt ESE wird die grundsätzliche Bezugnahme zu allgemeinen didaktischen Modellen betont (Hartke & Borchert, 2007). Die spezifischen Bedingungen des Unterrichts im Kontext von Verhaltensstörungen sollen auf der Folie allgemeiner Unterrichtstheorie didaktisch interpretiert werden (Winkel, 1986; Hillenbrand, 2011). Adaptionen tragen in diesem Sinne dazu bei, dass Unterricht unter erschwerten Bedingungen möglich wird, erfolgreich umgesetzt werden kann und in seiner Wirkung über den üblichen Bildungskanon hinausgeht, wie folgender Ausschnitt aus den Empfehlungen zur sonderpädagogischen Förderung hervorhebt:

»Erziehung und Unterricht von Schülerinnen und Schülern mit dem Förderschwerpunkt [...] zielen in allen Formen und Orten sonderpädagogischer Förderung neben den Erwerb von Wissen und der Entwicklung von Fähigkeiten und Fertigkeiten insbesondere auf den Aufbau und die Festigung von positiven Einstellungen und Werthaltungen« (Drave et al., 2000, S. 352).

Im Unterricht dieses Förderschwerpunktes ringen somit zwei grundlegende Handlungsziele um Bedeutung: das der Erziehung bzw. emotional-soziale Entwicklungsförderung und das der Wissens- und Kompetenzvermittlung des (schulischen Stoff-)Lernens. Auf dieser grundlegenden Ebene wird zumeist von einem Primat der Erziehung gegenüber einer Lehrplanorientierung ausgegangen (Willmann, 2006). Lern- und Verhaltensprobleme bedingen sich oft gegenseitig – effektives Lernen ist zwingend angewiesen auf Verhaltensprämissen, die z. B. im Lern- und Arbeitsverhalten zum Ausdruck kommen (Lauth & Mackowiak, 2004). Um das schulische Scheitern aufzuhalten, fließt daher viel Energie in die schulische Erziehungsarbeit und in der Folge in die Ermöglichung von wirksamem Unterricht (Ricking, 2018). Diese hat demnach immer auch den Zweck, die aktive Lernzeit zu erhöhen und einen angemessenen Lerngewinn zu gewähren (Ricking, 2008). Die curricularen Vorgaben sollen zwar nicht im Mittelpunkt stehen und als zentraler Bezugspunkt fungieren, können aber vor dem Hintergrund einer beabsichtigten Rückschulung nicht ignoriert werden und sollten daher eine angemessene Bedeutung in der Unterrichtsplanung haben. Vor diesem Hintergrund sind Konzepte entwickelt worden (zusammenfassend bei Hillenbrand, 2011; Willmann, 2006; Stein & Stein, 2014), die den Unterricht adressatengerecht ausformen und spezifisch akzentuieren sollen: das Modell gestörten Lernens (Cruickshank, 1981), Modelle der Verhaltensmodifikation (Schumacher, 1979; Redlich & Schley, 1981), das psychodynamische Modell (Baulig, 1982), das Modell der Entwicklungsförderung (Bergson, 1995) oder das Modell alltagsästhetischer Erziehung (Bröcher, 1999). Aus diversen theoretischen Perspektiven wurden so Konzepte entworfen, die mal die therapeutischen Aspekte, mal die Vorstrukturierung und Lehrersteuerung betonen (Grabski et al., 1978), mal die Offenheit und Schülerzentrierung in den Mittelpunkt stellen (Stein & Stein, 2014). Schon Goetze und Jäger (1991) haben das Prinzip offenen Unterrichts im Kontext humanistischer Theorievorstellungen ins Spiel gebracht (Peschel, 2006), während Neukäter unter lerntheoretischem Blickwinkel eine starke Strukturierung favorisiert. In einem folgenden gemeinsamen Projekt entwarfen Goetze & Neukäter (1989) den sog. »strukturiert-schülerzentrierten Unterricht«, der die Nachteile jedes Ansatzes auszugleichen trachtet. Der Unterricht startet dabei mit starker Vorstrukturierung und die Schülerinnen und Schüler können sich darauf aufbauend durch zielorientiertes Verhalten Spielzeiten und offene Lernzeiten erarbeiten (Goetze & Neukäter, 1989). Stein & Stein (2014) präsentieren ein Modell auf der Basis von offenem, handlungs- und projektorientiertem Unterricht und plädieren vor diesem Hintergrund für eine ausgeprägte Partizipation der Schülerinnen und Schüler an der Planung und Ausrichtung des Unterrichts. Aus verschiedenen Gründen haben sich diese unterrichtlichen Modelle in den Schulen nicht oder nur vereinzelt durchgesetzt: »Zum Großteil wurden Konzepte nicht in der Praxis erprobt oder scheiterten an den gegebenen schulischen Rahmenbedingungen« (Müller, 2018b, S. 68).

4.6.5   Zentrale Leitlinien

Prinzipien stellen allgemeine Postulate dar, an denen sich ein Verhalten ausrichtet. Das für den Förderschwerpunkt ESE spezifische Korrektiv wird vielfach auf der Ebene der Unterrichtsprinzipien gefunden. Stein & Stein (2014) favorisieren u. a. die Leitvorstellungen eines therapeutischen Milieus, der Kooperation unter den professionellen Akteuren, eines Erziehungsprimats, der Strukturgebung sowie der Prozessorientierung und der besonderen Berücksichtigung des emotionales Unterrichtserleben. In diesem Kontext beanspruchen die folgenden pädagogisch-didaktische Orientierungen einen hohen Anspruch.

Beziehung als Basis für Unterricht

Lehrkräfte erfüllen als bedeutsame Bezugspersonen der Schülerinnen und Schüler unentbehrliche sozial-integrative, bildende und die Entwicklung der Persönlichkeit der Schülerinnen und Schüler stützende Aufgaben (▶ Kap. 4.1). Die Beziehungserfahrungen von Schülern mit Verhaltensstörungen sind vor dem Hintergrund negativer Bindungsmuster und häufiger Beziehungsabbrüche vielfach ungünstig, das Anbahnen einer positiven Beziehung zum Kind unter diesen Voraussetzungen keine einfache Aufgabe. Die von Miller (2011) beschriebenen, in Erziehungsprozessen stets zu gestaltenden elementaren Ambivalenzen (z. B. Nähe-Distanz, Freiheit-Zwang, Selbst- und Fremdbestimmung) bekommen im Kontext von Verhaltensstörungen eine besondere Note. Als fundamental wird in diesem Feld eine pädagogische Haltung eingeschätzt, die am Kind orientiert sowie optimistisch ist und die Perspektive für die Stärken und Ressourcen im Kind und in seinem Umfeld betont (Bolz et al., 2019). Entscheidend ist, dass die Lehrkraft alles daran setzt eine intensive, tragfähige und andauernde Beziehung zum Schüler aufzubauen, ein positives Modell abzugeben, sich in ihrem Verhalten berechenbar und fair gibt und die Interaktion von Respekt geprägt ist (Mays & Roos, 2018). »Das Ausmaß der emotionalen Verbundenheit, der Ausdruck positiver Gefühle und die positive Kommunikation zwischen Pädagogen und Kind stehen im Zentrum der Unterstützung positiver Schüler-Lehrer-Beziehungen« (Bolz, 2017, S. 16). Der Ansatz der resilienzorientierten Förderung erlaubt dabei alternative Blickwinkel auf die Handlungsfelder, lässt die Fokussierung auf Risiken und Störungen in den Hintergrund treten und eröffnet die Perspektive für Ressourcen und schützende Einflüsse im Kind oder in seinem Umfeld. Einen herausragenden Schutzfaktor bildet »eine stabile emotionale Beziehung zu mindestens einem Elternteil oder einer anderen Bezugsperson« im Kontext eines positiven Erziehungsklimas (Lösel & Bender, 2007). In Ermangelung einer Person im nahen sozialen Umfeld, die diese Rolle auszufüllen vermag, kann eine Lehrkraft auf der Basis einer positiven Schüler-Lehrer-Beziehung die emotionale Entwicklung des Kindes deutlich stärken (Jungmann & Reichenbach, 2016). Neuere Forschungen stellen heraus, dass eine positive pädagogische Beziehung überdies als ein starker Faktor betrachtet werden muss, der in Bezug auf das schulische Lernen motivierend wirkt: »Nichts aktiviert das Motivationssystem so sehr wie der Wunsch, von anderen gesehen zu werden, die Aussicht auf soziale Anerkennung, das Erleben positiver

Zuwendung und die Erfahrung von Liebe« (Leitz, 2015, S. 154). Die Fähigkeit von Lehrkräften diese Beziehungsarbeit zu leisten hängt sowohl von der individuellen Persönlichkeit, den Konzeptionalisierungen der Lehrerausbildung als auch von der subjektiven Professionstheorie im Selbstverständnis als Fachwissenschaftlerin oder Pädagoge ab (Lohmann, 2013).

Ein sonderpädagogisches bzw. therapeutisches Milieu gestalten

Es wäre naiv anzunehmen, dass sich in Schulen – auch in Zeiten der Inklusion – ausschließlich integrative Wirkungen entfalten würden. Schule als unsicherer Ort, ungünstige Lernbedingungen im Rahmen eines kompetitiven Leistungsverständnisses oder auch eine ungepflegte Schulkultur stellen oft Risikofaktoren dar, die der Entwicklung aller Kinder abträglich sind und im Gegenteil desintegrative Kräfte freisetzen (Bohnsack, 2013). Das emotionale Erleben von Schule, das Wohlergehen und sich Wohlfühlen in der Schule und im Unterricht, die Gedanken, die sich Schülerinnen und Schüler über Schule machen – all das, was Schule für Kinder bedeutet und ausmacht, wird nach wie vor von vielen Lehrkräften, Schulleitungen und Mitarbeitenden in Schulbehörden nicht ausreichend beleuchtet und wahrgenommen. Schule ist aus Perspektive der Schulpflichtigen zu oft ein Ort der Angst, der Abneigung oder der Gleichgültigkeit (Ricking & Hagen, 2016). Für Unterricht ein therapeutisches Milieu zu fordern, scheint ungewöhnlich, entpuppt sich jedoch vor diesem Hintergrund als sinnvoller Gedanke, der darauf beruht psychosozial hoch belastete Schüler für einen gewissen Zeitraum von schulischen Stressoren zu entlasten. Der Begriff, der auf Bettelheim zurückgeht, vermittelt einen pädagogischen Schonraum mit möglichst wenig Leistungsdruck und sozialen Konflikten, sodass sich die Wirkung von psychosozialen Risiken mindert und eine emotionale Entspannung (z. B. nach dem Wechsel in eine Förderschule) möglich wird (Stein & Stein, 2014). Der Unterricht ist in diesem Kontext so angelegt, dass er emotionale Sicherheit durch Zuwendung, Wertschätzung und Annahme gestattet, gegenseitiger Respekt und Akzeptanz die Kommunikation prägen, Schülerinnen und Schüler sich in der Schulumwelt erwünscht, akzeptiert und sicher fühlen und die Erfahrung machen, dass sie gemocht und unterstützt werden (Hußlein, 1993). So werden eine positive Atmosphäre bzw. ein klimapositiver Unterricht intendiert, in dem man sich gerne aufhält, der Orientierung und Sicherheit vermittelt.

> Lehrkräfte, die zu ihren Schülerinnen und Schülern stabile Beziehungen aufbauen, ihnen Zuneigung entgegenbringen, sie unterstützen und sich für deren Probleme interessieren, steigern sowohl das Wohlbefinden der Kinder und Jugendlichen als auch deren Lernmotivation (Leitz, 2015).

Insofern entspricht das, was mit dem Begriff ›therapeutisch‹ transportiert werden soll, einem empathischen und prosozialen pädagogischen Umgang in einem angenehmen Klima, das durch eine temporäre Entlastung geprägt ist und eine Atmosphäre des Wohlfühlens erzeugt. Nicht zuletzt ist darauf zu achten, dass die Schonraumwirkung sukzessiv nachlässt und die Schülerinnen und Schüler die nötigen »Hilfen zur Bewältigung von Belastungen« erhalten (z. B. Copingstrategien) und so die Handlungskompetenz ausbauen (Stein & Stein, 2014, S. 88). Bei Myschker & Stein (2014, S. 247) ist zu lesen, wie dieser Prozess in fünf Phasen (Leistungsentlastung – Leistungsmotivation – Leistungsbereitschaft – Selbstständigkeit – Bewährung) pädagogisch-didaktisch gestaltet werden kann.

Werte- und normbasiertes Lernen

Regeln, die das Verhalten im (schulischen) Alltag bedingen, basieren auf Werten, also fundamentalen Setzungen über das subjektiv Richtige; die richtige persönliche Haltung, die richtigen soziale Einstellung und Handlung, die richtige gesellschaftliche Verantwortung – was Menschen für richtig halten, ist auch Ergebnis der Erziehung und Sozialisation und prägt sich in der Entwicklung subjektiv. Unmittelbar ableitbar ist: Werthaltungen, die häufig in Verbindung stehen zu religiösen oder philosophischen Vorstellungen, sind eine unabdingbare Voraussetzung für die Orientierung im Leben, variieren mitunter deutlich und finden vielfach über Lehrkräfte oder das Leitbild einer Schule einen Zugang zur institutionellen Bildung. Sie bilden die Leitideen und -vorstellungen menschlichen Zusammenlebens, geben Grenzen und Freiheiten Sinn und schaffen einen Bedeutungsrahmen für soziale Austauschprozesse (Standop, 2016). Davon abgeleitet bilden Normen Bestimmungsgrößen des menschlichen Zusammenlebens und strukturieren das Leben in sozialer Gemeinschaft (Eisenmann, 2013). Erziehung ist grundsätzlich wertegebunden und intendiert beim Zu-Erziehenden die Entwicklung einer inneren Haltung, einer Moralität, die von der erziehenden Person modellhaft verkörpert werden sollte (Stein, 2018). Im Laufe der Erziehung und Sozialisation internalisieren die Heranwachsenden in der Auseinandersetzung mit der sozialen und dinglichen Umwelt Werte, indem sie ihnen eine Bedeutung zusprechen. Sie entwickeln so kognitiv-emotionale Konstrukte, die handlungsrelevant werden, mit denen sie in folgenden Situationen eintreten und die als Interpretations- und Evaluationsfolie dienen in der Einschätzung und Bewertung von Ereignissen (Mietzel, 2017). In der Entwicklung von Werten und deren inneren Repräsentationen muss dem Unterricht eine hohe Relevanz zugesprochen werden. »Werteorientierter Unterricht hat die Aufgabe, die Schülerinnen und Schüler eben nicht nur zu Wissen und Können, sondern in der Auseinandersetzung mit den thematischen Unterrichtsgegenständen auch zu Einstellungen und Haltungen zu führen« (Standop, 2016, S. 108). Schülerinnen und Schülern mit Förderbedarf in der emotionalen und sozialen Entwicklung gelingt es oft nur bedingt sich an die schulischen Verhaltensstandards anzupassen, die weitgehend gesellschaftlichen Werten und Normen entsprechen. Werteorientierte Erziehung ist generell in der Pädagogik ein notwendiges Ziel – in dem hier fokussierten Bereich kommt ihm eine besondere Bedeutung zu (Stein, 2018).

Strukturgebung als Unterrichtsprinzip

Soll einem Objekt oder Prozess Struktur gegeben werden, sind Gedanken über dessen Aufbau, die Gliederung einzelner Elemente und den zeitlichen Ablauf hilfreich. Menschen haben das Bedürfnis ihrem Leben Struktur zu verleihen, um Orientierung, Vorhersehbarkeit und Sicherheit zu erlangen. So stellt die Strukturgebung auch ein übergreifendes Prinzip dar für die Planung und Umsetzung von Unterricht (Meyer, 2016). Unabhängig von der didaktischen Ausrichtung benötigt Unterricht eine soziale und strukturelle Ordnung, die klar und transparent ist, überschaubar gegliedert und flexibel. Jeder wirksame Unterricht erfordert eine Strukturierung, die zuvörderst die Trias aus Raum, Zeit und Norm betrifft. Schülerinnen und Schüler mit Förderbedarf im hier diskutierten Schwerpunkt zeigen in diesem Feld markante Bedürfnisse. Angesichts der oft wenig ausgeprägten Steuerung der eigenen Handlungen benötigen sie klare Strukturen in raumzeitlicher und normativer Hinsicht (Stein & Stein, 2014). Dadurch wird ihnen erleichtert sowohl ein sozial verträgliches wie auch lernwirksameres Verhalten an den Tag zu legen. Strukturen schaffen bspw. Klarheit im Klassenraum, sodass jede und jeder weiß, was zu tun ist, um ein Arbeitsheft zu holen oder Unterstützung zu bekommen; sie schaffen auch Transparenz hinsichtlich der Rhythmisierung des Schulalltags, sodass jede und jeder Lernende in Bezug auf die nächste Phase orientiert ist; schließlich gewähren sie auch Sicherheit mit Blick auf die normativen Optionen und Grenzen eigenen Verhaltens, sodass die Schülerinnen und Schüler Kenntnis darüber verfügen, was im Klassenraum erlaubt ist und was unterlassen werden sollte (Lohmann, 2013). Ein Beispiel für ein Strukturelement sind Ritualisierungen von Abläufen und Rituale, also wiederkehrende Verhaltensmuster, die anlassbezogen aktiviert werden, nach festen Regeln ablaufen und in spezifischen Situationen (z. B. der Weg von der Klasse zur Sporthalle) Sicherheit und Orientierung vermitteln. Die Gabe von Strukturen ist immer relativ und abhängig von der Konzeption der Unterrichtsgestaltung und den Verhaltensdispositionen der Schülerinnen und Schüler. Mit der Zunahme an Selbststeuerung des sich entwickelnden und kompetenter werdenden Individuums nimmt das Ausmaß an Außensteuerung durch Strukturgebung ab.

Der Klassen- oder Lernraum stellt eine bedeutsame didaktische Ressource dar, die Optionen der Unterrichtsgestaltung eröffnet oder einschränkt. Idealerweise sollte der Klassenraum in verschiedene Lernbereiche oder -zentren gegliedert sein, und den Schülerinnen und Schülern steht ein reichhaltiges Material- und Medienangebot offen. Schülerin bzw. Schüler und Lehrkräfte sorgen für ausreichende Transparenz und setzen dabei für ihre gemeinsame Arbeit eindeutige Zielsetzungen. Hier zeigen sich deutliche Implikationen hinsichtlich der Klassenführung durch die Lehrkraft. Im Sinne Tomans (2007, S. 1) wird darunter »die Gesamtheit aller Unterrichtsaktivitäten und Verhaltensweisen einer Lehrperson mit dem Ziel, ein optimales Lernfeld für die Schüler bereitzustellen« verstanden. So können durch eine wertschätzende und fürsorgliche wie auch konsequente und klare Lehrerhaltung, eine wirksame Klassenführung, eine angepasste Rhythmisierung und den Einsatz von Ritualen im Unterricht eine entscheidende Grundstruktur und Sicherheit geschaffen werden, die es Schülerinnen und Schülern mit Verhaltensbeeinträchtigungen erleichtert wirksam am Unterricht teilzunehmen (Nolting, 2008; Hillenbrand & Hennemann, 2010). Nolting (2008, S. 43) formuliert daran anschließend vier relevante Bereiche des Lehrerverhaltens: Prävention durch klare Regeln, durch breite Aktivierung, durch Unterrichtsfluss und durch Präsenz- und Stoppsignale. Schon aus frühen Forschungen von Kounin (2006) zum Classroom Management lässt sich zusammenfassen, dass nicht die Reaktion auf Unterrichtsstörungen die entscheidende Größe darstellt, sondern die präventiven Bedingungen und Maßnahmen (Helmke, 2015; Schuster, 2013). Lehrkräften mit einem durchdachten und geschickt umgesetzten Classroom Management steht erheblich mehr Zeit für den eigentlichen Unterricht zur Verfügung (Nolting, 2008). Das erreicht man v. a. durch eine gezielte Planung und Realisierung von Regeln, Konsequenzen und unterrichtlichen Verfahrensweisen, eine beständige Beaufsichtigung und Begleitung der Schülerinnen und Schüler, der Ermöglichung von Schülerverantwortlichkeit vor dem Hintergrund eines positiven (Lern-)Klimas im Klassenraum und eines eindeutig strukturierten Unterrichts (Evertson & Emmer, 2009).

Emotionales Erleben und Motivation im Unterricht

Wie bereits deutlich geworden ist, liegt ein Hauptaugenmerk in der Unterrichtsgestaltung von Schülerinnen und Schülern mit Verhaltensbeeinträchtigungen auf der Förderung von emotionalen und sozialen Fähigkeiten und Fertigkeiten, die im didaktischen Sprachgebrauch den prozessbezogenen Kompetenzen zugeordnet und gegenüber den zu vermittelnden fachbezogenen Inhalten aufgewertet wurden (Meyer, 2016). Dennoch wird Schule von vielen Schülerinnen und Schülern als kopflastig erlebt, weil es im Übermaß um Nachdenken, Einprägen, Erinnern und Versprachlichen geht. Köck bietet einen Erklärungshintergrund mit Blick auf die didaktische Reduktion:

> »Meistens durchläuft die Wirklichkeit mehrere Etappen der Entfremdung, bis sie über Lehrpläne gefiltert, durch Vorbereitungsvorlieben und Medien präpariert und im Vermittlungsvorgang selbst verkürzt an den Schüler herankommt. Oft genug stehen dann Lehrer und Schüler vor Einzelteilen, die den lernmotivierenden Zusammenhang mit ganzheitlichen Lebenssituationen verloren haben« (Köck, 1995, S. 135).

Es wäre in vielen schulischen Lernprozessen hilfreich, auch um Langeweile, Aversion und kognitive Übersättigung auf Schülerseite zu vermeiden, mehr Wert zu legen auf die emotionale Valenz des unterrichtlichen Handelns. Im Sinne eines ganzheitlichen Ansatzes ist es geboten, Gefühle, Stimmungen und Körperlichkeit wahrzunehmen, in den Unterricht zu integrieren und damit den Bedürfnislagen der Kinder und Jugendlichen besser gerecht zu werden (Lohaus & Vierhaus, 2015). Soziales und emotionales Lernen wird dann kognitivem gleichgestellt, d. h. schulisches Lernen sollte der positiven Entwicklung des gesamten Menschen dienen, bilden und erziehen in der Schule wieder in eine Balance gebracht werden (s. Erfahrungsbezogener Unterricht von Scheller, 1987). Der Lernertrag kann sowohl in kognitivem Fachwissen, in sozial-emotionalen Kompetenzen, in motorischen Fähigkeiten oder in methodischen Fertigkeiten bestehen. Stein & Stein (2014, S. 92) betonen in diesem Zusammenhang die Relevanz von Wärme und Geborgenheit und ihre »kompensatorische Funktion« für Schülerinnen und Schüler aus deprivierten Milieus und degenerierten Familien.

Ein weiterer Aspekt betrifft das emotionale Unterrichtserleben in deutlicher Weise: Die Lernmotivation ist eine unabdingbare Voraussetzung für gelingende Lernprozesse und schließlich für schulischen Erfolg. Sie schafft die energetischen Voraussetzungen für eine aktive Auseinandersetzung mit dem Lerngegenstand und die handlungsbegleitende Lernfreude (Rheinberg, 2008). Motivation bezeichnet psychische Prozesse, die Verhaltensweisen auslösen und intentional ausrichten. Einem motivierten Menschen stehen Energie und die Bereitschaft zur Verfügung Handlungen in einer spezifischen Situation umzusetzen. Leistungsmotivation bezeichnet das Bedürfnis, in Anforderungssituationen einem (selbst) gesetzten Standard zu entsprechen und so Leistungsziele zu erreichen (Borchert, 2006). Neben kognitiven Komponenten sind dabei die emotionalen Erlebensqualitäten von hoher Bedeutung (Bundschuh, 2003). Positive Emotionen sind nicht nur das Fundament für allgemeines Wohlbefinden und erleichtern den Lernprozess, sondern bilden auch eine Quelle für Leistungsmotivation. Die häufigen Problemlagen in der Regulation der eigenen Emotionen bieten für Schülerinnen und Schüler mit Verhaltensbeeinträchtigungen zum einen keine guten Voraussetzungen für gelingendes Lernen. Da bei ihnen oft Versagenserlebnisse kumulieren und die Leistungsperformanz dann regelmäßig und deutlich unterhalb ihrer Möglichkeiten liegt, ist zum anderen mit pädagogisch unerwünschten emotionalen und motivationalen Konsequenzen für zukünftige Lernprozesse zu rechnen (Tupaika, 2003). Die erfahrungsbedingte Negierung eigener Effizienzerwartung untergräbt systematisch die motivationale Bereitschaft zu dem von Schule erwarteten Leistungsverhalten. Entscheidende Ansatzpunkte der Prävention liegen unter Berücksichtigung der emotionalen Valenz des Lernprozesses in der Gestaltung wirksamer und motivierender Lernprozesse, die mit viel Lernfreude und Selbstwirksamkeitserleben verbunden sein sollten, auf ein attraktives Ziel zusteuern, eine Aussicht auf soziale Anerkennung mit sich bringt und schließlich vom Lernenden als Erfolg bewertet wird (Götz, 2011; Leitz, 2015). Es sollte zu den grundlegenden pädagogischen Aufgaben der Schule zählen Schülerinnen und Schüler unabhängig von ihrer Leistungsfähigkeit zu Erfolgen zu führen und so die Basis für die zukünftige Bereitschaft zu schaffen sich mit den kommenden Themen auseinanderzusetzen. Lernerfolge stützen das Selbstwertgefühl, die Lernmotivation und machen das Feld, in dem die Erfolge erreicht wurden, in positiver Weise erlebbar.

Kooperative Lernformen regelmäßig nutzen

Die Sozialkompetenz ist eine unabdingbare Qualität für schulische und gesellschaftliche Integration. Verhaltensstörungen äußern sich u. a. in einem unangemessenen Sozialverhalten. Heranwachsende mit Verhaltensbeeinträchtigungen geraten häufig in Konflikte, verfügen nur über eingeschränkte kommunikative Fähigkeiten sowie Problemlösestrategien, sodass Auseinandersetzungen eskalieren und nicht selten gewalttätig werden. Es entwickeln sich Ängste und Aggressionen sowie Gleichgültigkeit und Resignation, die psychisch belasten, dauerhafte Beziehungen verhindern und schlechte Begleiter von Lernprozessen sind. Angesichts der Erfahrung, dass soziale Konflikte bei vielen risikobelasteten Schülerinnen und Schülern zum schulischen Alltag gehören, liegt in der Entwicklung sozialer Fertigkeiten ein primäres Förderziel. Damit sind unterschiedliche Fertigkeiten verbunden.

- »Fertigkeiten zur Bildung positiver Sozialbeziehungen: Andere loben, Hilfeleistungen anbieten, Übernahme sozialer Verantwortlichkeit, Gespräche initiieren, Gespür für Humor.
- Selbstmanagementfähigkeiten: Kontrolle negativer Emotionen, Befolgen sozialer Regeln, angemessene Reaktion auf Kritik, Ignorieren von Hänseleien.
- Fertigkeiten im Kontext des schulischen Lernens: aufmerksam zuhören, wenn nötig, um Hilfe bitten, ausreichend organisiert sein, Ablenkung von Mitschülern ignorieren.
- Verlässlichkeit und Kooperativität: soziale Regeln und Instruktionen anerkennen, Versprechen einhalten.
- Soziale Durchsetzungsfähigkeiten: selbstsicher eigene Bedürfnisse ausdrücken, unfaire Regeln in Frage stellen« (Beelman & Raabe, 2007, S. 71).

Insofern ist es naheliegend unterrichtliche Lernprozesse für die Förderung sozialer Kompetenzen nutzbar zu machen (Johnson & Johnson, 1998). Der Unterricht kann als erstrangiges pädagogisches Setting zur Verbesserung des Sozialverhaltens verstanden werden, wenn es gelingt kooperative Lernformen systematisch und nachhaltig darin zu verankern (Brüning & Saum, 2009; Müller, 2018b). Unter kooperativem Lernen versteht man Interaktionsformen, bei denen die Schülerinnen und Schüler einer Lerngruppe gemeinsam und im wechselseitigen Austausch Kenntnisse und Fertigkeiten erwerben. Dabei sind sie gleichberechtigt am Lerngeschehen beteiligt und tragen gemeinsam die Verantwortung für ein konkretes Lernergebnis (Green & Green, 2011). Das soziale Verhalten und die damit in engem Zusammenhang stehende emotionale Regulation sind Lerngegenstände und müssen systematisch im Unterricht behandelt werden (Müller, 2018b). In der Praxis geht es darum diverse Methoden des Lernens und Zusammenarbeitens, die auf den Sozialformen Partner- und Gruppenarbeit basieren, anzubahnen, in kleinen Schritten lernbar zu machen und in der Folge nachhaltig im Unterricht zu etablieren. Das Lernen in kooperativen Unterrichtsformen bietet also erfolgversprechende Möglichkeiten, sowohl intellektuelle als auch sozial-emotionale Entwicklungen zu fördern (Weidner, 2006).

Handlungsorientierung

Unter dem Begriff Handlung ist ein aktiver, reflektierter, intentionaler Prozess zu verstehen, bei dem das Denken (Kognition) und Tun (Aktion) gemeinsam ein fassbares Ergebnis erzeugen. Mit handlungsorientiertem Unterricht ist so die Förderung von Lernen und geistiger Entwicklung auf der Basis von Erfahrungen durch Handeln verbunden (Meyer, 2016). Er vermittelt Kritik am gestörten Verhältnis von Schule und Leben, an rezeptiven, fremdgesteuerten Lernprozessen, überzogener Lernzielorientierung und der aus Schülersicht häufig fehlenden Sinngebung schulischen Lernens (Gudjons, 2001). Im Kern geht es darum sich mit einem subjektiv bedeutsamen Problem handlungsorientiert auseinanderzusetzen: Unter Einbeziehung möglichst vieler Sinne wird mit unterschiedlichen Materialien auf verschiedene

Weise mit differenten Zielen praktiziert, gearbeitet und hergestellt. Schülerinnen und Schüler übernehmen Verantwortung und werden zur Selbstorganisation und Selbstverantwortung ermutigt. So geht die Handlungsorientierung leicht innerhalb der Projektmethode auf oder auch in pädagogisch-didaktischen Konzepten wie der Schülerfirma (Bastian & Gudjons, 2006; Voigt & Ricking, 2008; Ricking, 2009). Warum ist dieser Ansatz auch für Schülerinnen und Schüler mit Verhaltensstörungen eine Richtgröße und empfehlenswert?

1. In der unterrichtlichen Praxis entstehen durch Handlungsorientierung oft emotional positiv gefärbte Lernaktivitäten, Motivation aus der Sache selbst und aus der Erwartung auf das Produkt.
2. Der Handlungsprozess erfordert die Kommunikation und Kooperation der Beteiligten, Teamfähigkeiten, Rücksichtnahme auf den anderen, sodass soziale Kompetenzen einen hohen Bedeutungsrang und einen Teil des Förderfeldes einnehmen.
3. Nicht bildungspolitische Setzungen und gesellschaftliche Erwartungen werden zum Mittelpunkt der Bildungsprozesse gemacht, sondern die Interessen und Bedürfnisse des Kindes sich mit realen Problemlagen aus ihrer Lebensumwelt auseinanderzusetzen.

Die Schülerinnen und Schüler finden unter diesen Umständen leichter einen Zugang zum Unterricht und vermögen ihr Handeln in Sinnstrukturen zu kleiden. Der handlungsorientierte Unterricht ist vor diesem Hintergrund ein hervorragendes Medium, um Schülerinnen und Schülern die Möglichkeit zu geben, interessiert und motiviert zu lernen.

4.6.6 Fazit

Aus den bisherigen Ausführungen ist ableitbar, dass im Förderschwerpunkt ESE ein Unterricht zu präferieren ist, der auf belastbaren pädagogischen Beziehungen basiert, die aktuelle Lage der einzelnen Schülerin bzw. des einzelnen Schülers in Bezug auf die emotionale und soziale Entwicklung sowie das Lernen zum Ausgangspunkt der Unterrichtsgestaltung macht und durch eine professionelle Klassenführung mit hoher Flexibilität gekennzeichnet ist. Er setzt an ihrer Erfahrungswelt und ihren Lebensproblemen an und zielt darauf ab ein hohes Maß an innerer Teilhabe zu erzeugen (Wittrock & Ricking, 2017). Um die Schülerinnen und Schüler zu Erfolgen zu führen und die Lernentwicklung zu unterstützen, sollte der Unterricht, der sich an allgemeindidaktischen Theorien orientiert, adaptiert werden (Hartke & Borchert, 2007). Er richtet sich somit differenzierend nach den Voraussetzungen, Möglichkeiten und Interessen der einzelnen Schülerinnen und Schüler aus und schafft so möglichst hohe Passungen zwischen Unterrichtsangebot und Schülerdispositionen. Dazu ist der Unterrichtsgegenstand in der Wahl und Aufbereitung dem Entwicklungsstand der Lerngruppe, den kognitiven, sozialen und emotionalen Lern- und Entwicklungsständen der Heranwachsenden anzupassen. Vor diesem Hintergrund können durch eine wertschätzende und fürsorgliche wie auch konsequente und klare Lehrerhaltung, eine wirksame Klassenführung, eine angepasste Rhythmisierung, häufiges Feedback und den Einsatz von Ritualen im Unterricht eine entscheidende Grundstruktur und Sicherheit geschaffen werden (Nolting, 2008; Lohmann, 2013; Vierbuchen & Bartels, 2019). Häufig leiten Prinzipien die Lehrkraft bei der didaktischen Planung und geben dem Unterricht eine basale Orientierung.

Allerdings ist die Didaktik im Kontext von Verhaltensstörungen in der Vergangenheit selbst ein Opfer von Vernachlässigung geworden. Der Mangel an Forschung und der Handlungsdruck der Praxis führen schon seit Jahren zu einer ausgeprägten pädagogisch-didaktischen Beliebigkeit, der es an einem gemeinsamen Kern oder einer verbindenden Gesamtgestalt mangelt. Bedenklich auffällig ist das geringe Ausmaß an fachlicher Diskussion und einschlägiger, unterrichtsbezogener Forschung (Hennemann, Ricking & Hillenbrand, 2009; Willmann, 2006). Da Schulen, die die hier diskutierten Zielgruppen unterrichten, auf Unterstützung von wissenschaftlicher Seite angewiesen sind, um ihre Arbeit effektiver zu gestalten, ist eine Intensivierung der Fachdiskussion wie auch der Arbeit an theoretischen und empirischen Erkenntnissen geboten.

4.7 Kooperation in multiprofessionellen Settings

Tomke Weihrauch & Manfred Wittrock

Nele, eine Fallvignette aus dem professionellen Alltag im System der gestuften Hilfen:
Kooperation in multiprofessionellen Settings?

Informationen/Notizen zu einem Kind mit einem Hilfebedarf/sonderpädagogischen Unterstützungsbedarf

- geb. 2006 (Mutter ist zu dem Zeitpunkt 28 Jahre alt);
- Vater (Erzeuger) unbekannt;
- eine ältere Halbschwester (Lise), geb. 2003;
- seit ihrer Geburt mehrfache Umzüge der Familie;
- lebte bis zu ihrem 10. Lebensjahr mit Mutter und Halbschwester, zeitweise auch mit deren Partner (Vater der Halbschwester), zusammen;
- Mutter hatte während dieser Jahre unterschiedliche weitere Partner; diese lebten (jeweils kurzfristig) mit der Mutter und ihren Kindern zusammen;
- 2014 erhält die Familie Unterstützung durch eine sozialpädagogische Familienhilfe (SPFH) nach einer Meldung der Klassenlehrerin, dass Nele deutliche Anzeichen von Vernachlässigung aufweise;
- 2014: Beginn einer Therapie für die Mutter;

- SPFH (und die Therapie der Mutter) 2015 wegen eines weiteren Umzuges abgebrochen;
- 2016: Inobhutnahme (beider Halbschwestern) wegen des starken Alkoholkonsums der Mutter und des Partners und der andauernden, starken gewaltförmigen Auseinandersetzungen zwischen diesen;
- die Halbschwester wurde vom Vater körperlich misshandelt, mögliche Misshandlungen von Nele wurden nie endgültig geklärt;
- 2016: beide Halbschwestern leben in der gleichen stationären Wohngruppe;
- Nele hat sowohl in der Wohngruppe als auch in der Schule wenig Kontakte, keine Freundinnen und Freunde;
- Nele wird sowohl in der Wohngruppe als auch in der Schule als sehr ruhig, zurückhaltend, manchmal ängstlich beschrieben;
- in ihrer Freizeit ist Nele meist allein und zeichnet;
- Nele hat eine verlässliche Beziehung zu ihrer Bezugserzieherin und ein gutes Verhältnis zu ihrer Halbschwester;
- 2019: nach einer erfolgreichen Therapie der Mutter und ihrer stabilen Berufstätigkeit wird eine Rückführung von Nele (und ihrer Halbschwester) zur Mutter geprüft;
- 2019: bei einem gemeinsamen Schwimmbadbesuch fallen der Halbschwester zahlreiche neuere und ältere Narben an Neles Oberschenkeln auf (Ritzen?).

4.7.1 Einleitung und Bedeutung

Diese Fallvignette wirft ein kurzes Schlaglicht auf den aktuellen professionellen Alltag in der (schul-)pädagogischen Arbeit mit Kindern und Jugendlichen, die einen Unterstützungsbedarf haben.

Die Ausgangslage ist, dass bezogen auf die unterschiedlichen Kulturen, Wertesysteme, Familienstrukturen etc. sich innerhalb der Gesellschaft eine Heterogenität und Diversität erkennen lässt, die nicht zuletzt für (sonder-)pädagogische Fachkräfte u. a. eine hohe Integrationsleistung für Kinder und Familien impliziert und eine Herausforderung bedeuten kann (z. B. Fröhlich-Gildhoff & Weltzien, 2018; Weltzien et al., 2016). Diese Herausforderung ist ebenfalls im schulischen Sektor zu identifizieren, bspw. im Hinblick auf die Entwicklung inklusiver Schulen (Arndt, 2014). Um der resultierenden Vielfalt gerecht werden sowie der Entwicklung inklusiver Bildung Rechnung tragen zu können, wird die Zusammenarbeit unterschiedlicher Professionen, z. B. Regelschulkräfte, Sonderpädagoginnen und -pädagogen sowie Schulsozialarbeiterinnen und -arbeiter, als eine Option betrachtet, wobei multiprofessionelle Kooperation als ein wesentlicher Bestandteil inklusiver Entwicklung verstanden wird (Arndt, 2014).

»Die biographischen Erfahrungen von Kindern und Jugendlichen mit Verhaltensstörungen sind gekennzeichnet durch ein hohes Maß an Unsicherheit und Unzuverlässigkeit, Vernachlässigung, physischer und psychischer Gewalt, seelische und körperliche Verletzungen, materielle Not, besondere Belastungssituationen, wie plötzlicher Verlust eines Elternteils. Erziehung und Bildung in der schulischen und außerschulischen Erziehungshilfe sind ein enorm wichtiger Referenzrahmen bei der Unterstützung dieser Heranwachsenden außerhalb des familiären Bezugssystems« (Herz, 2013a, S. 217).

Dieses Zitat verweist neben der Heterogenität und Komplexität, die im Kontext von Kindern und Jugendlichen mit Verhaltensstörungen zum Tragen kommen, auch auf den immensen Bedarf an Unterstützung, der entsprechend der Bedürfnislage der Kinder und Jugendlichen ähnlich komplex und heterogen erscheint. Ein Bedarf an professioneller Kooperation sowie an »gestufte[n] Netzwerkangebote[n]« (Speck & Wittrock, 2018, S. 240) lässt sich an dieser Stelle nicht leugnen. Nicht zuletzt bezogen auf kindeswohlgefährdende Situationen wird deutlich, dass Kinderschutz nur als eine kooperative Aufgabe (multiprofessionelle Kooperation) gelingen kann (Loch, 2016; Ziegenhain et al., 2010; SGB VIII; BKiSchG) und ein Bedarf hinsichtlich organisierter sowie verbindlicher Kooperationsstrukturen besteht (Ziegenhain et al., 2010).

Durch auffällige oder störende Verhaltensweisen, z. B. selbstverletzendes Verhalten (s. Fallvignette Nele) können im schulischen Kontext auf Seiten der (sonder-) pädagogischen Fachkräfte besondere Herausforderungen entstehen (Herz, 2013a; Ziegenhain et al., 2010; Loeken, 2008; Herz, 2008), wodurch das Hinzuziehen weiterer Fachkräfte und kooperative Verhaltensweisen von besonderer Relevanz sind (Loeken, 2008). Dies kann aber auch mit der Folge einhergehen, dass die jeweiligen Kinder und Jugendlichen an andere Institutionen bzw. Fachkräfte lediglich weitergegeben werden. Ein Vorgehen, das nicht nur innerhalb eines Systems, z. B. Schule oder Kinder- und Jugendhilfe, sondern auch zwischen mehreren Systemen, z. B. zwischen Schule und der Kinder- und Jugendhilfe oder zwischen der Kinder- und Jugendhilfe und der Kinder- und Jugendpsychiatrie, vorkommt (Loeken, 2008; Herz, 2008), jedoch nicht den eigentlichen Zielen der (multiprofessionellen) Kooperation entspricht. Herz (2008) betont, dass kompetente und engagierte sowie authentische und verlässliche Erwachsene unterschiedlicher Professionen insbesondere im Hinblick auf die beschriebene Personengruppe von besonderer Bedeutung sind, um Erziehungs- und Bildungswege kontinuierlich unter Berücksichtigung gegenseitiger Abstimmung sowie über Zuständigkeitsbereiche hinweg unterstützen zu können. In diesem Kontext wird ebenfalls deutlich, dass eine rein formale Kooperationspraxis, insbesondere im Hinblick auf Kinder und Jugendliche mit Verhaltensstörungen, nicht ausreicht, sondern eine »Kooperationskultur im Verständnis eines kontinuierlichen Prozesses« (Herz, 2013a, S. 217) auf Seiten der unterschiedlichen Professionen nötig ist.

Eine multiprofessionelle Zusammenarbeit soll dahingehend vielfältige Potenziale eröffnen und kann zur »Umsetzung einer ganzheitlichen Erziehung, Bildung und Betreuung« (Deutscher Verein für öffentliche und private Fürsorge e. V., 2016, S. 9) beitragen. Neben den gesetzlichen Verpflichtungen zur Kooperation (z. B. SGB VIII; BKiSchG) implizieren immer mehr Konzepte eine (multi-)professionelle Zusammenarbeit, womit die Intention einhergeht zu einer besseren Vernetzung zwischen Institutionen, aber auch innerhalb einer Institution beizutragen. Dies erfolgt, um insbesondere im Umgang mit problembelasteten Kindern und Jugendlichen zu integrierten Lösungen zu gelangen und eine bloße Verschiebung der Verantwortungen sowie Abbrüche bzw. Ausschlüsse zu vermeiden (Loeken, 2008).

»Verhaltensstörungen bei Kindern und Jugendlichen nehmen heute bereits im Elementar-
und Primarbereich stark zu und komplexere Störungsbilder erzwingen geradezu, hier Lösungen für Probleme zu finden, die die Möglichkeiten und Zuständigkeiten traditioneller
Hilfeeinrichtungen überschreiten. Die theoretische wie handlungspraktische Auseinandersetzung über Kooperation zwischen Schule und Kinder- und Jugendhilfe ist folglich ein
Kernthema der Pädagogik bei Verhaltensstörungen« (Herz, 2013a, S. 218).

In (sonder-)pädagogischen Kontexten werden die Begriffe multiprofessionelle (Zu-
sammen-)Arbeit, multiprofessionelle Kooperation, multiprofessionelles Team häufig
synonym verwendet, wobei die unterschiedlichen Berufsgruppen bzw. Professionen
sowie die Konstellation derer (z. B. Teams) und die notwendigen Arbeitsprozesse
(z. B. Zusammenarbeit) im Fokus stehen (Speck, Olk & Stimpel, 2011). Somit wird
in einem ersten Schritt der Versuch unternommen sich den Begriffen der Kooperation anzunähern und im Hinblick auf die Multiprofessionalität einzuordnen.

Einhergehend mit dem ansteigenden Handlungsdruck auf das Bildungs- und
Sozialsystem, bspw. durch die Zunahme an Komplexität bei Problemlagen oder
durch den Um- und Ausbau von Ganztagsschulen, steigt die Bedeutung von Kooperation (in multiprofessionellen Settings, z. B. Schule) seit den 2000er Jahren an
(Speck & Jensen, 2014). Die Umsetzung von Kooperation innerhalb einer Institution
oder zwischen verschiedenen Institutionen verweist auf zahlreiche Herausforderungen und Gelingensbedingungen (z. B. Bauer, 2018; Speck & Jensen, 2014; Speck,
Olk & Stimpel, 2011; Halbheer & Kunz, 2011; Ziegenhain et al., 2010), die an-
knüpfend an die Begriffsklärung exemplarisch aufgegriffen werden. Multiprofessionelle Teams werden oft gewünscht, um der Heterogenität an Bedürfnissen, bspw.
auf Seiten der Kinder und Jugendlichen, gerecht werden zu können (Bauer, 2018),
jedoch muss diesbzgl. berücksichtigt werden, dass die multiprofessionelle Kooperation verschiedene Voraussetzungen und Bedingungen erfordert und selbst eine
Herausforderung darstellen kann. »Mit Blick auf eine inklusive Entwicklung ist es
entscheidend, dass eine solche Klärung auf der Basis der gemeinsamen Verantwortung für alle Schüler/innen erfolgt« (Arndt, 2014, S. 77).

Im Kontext Schule ist – u. a. durch die Einführung der Ganztagsschulen und im
Zuge der Inklusion – eine Zunahme an unterschiedlichen Berufsgruppen erkennbar,
z. B. Schulsozialarbeiterinnen und -arbeiter, Sozialpädagoginnen und -pädagogen,
Schulpsychologinnen und -psychologen sowie Beraterinnen und Berater des Jugend-
amts, um die komplexer werdenden Herausforderungen und Probleme bewältigen zu
können (Bauer, 2018; Speck, Olk & Stimpel, 2011). Orientiert an Bauer (2018) kann
diesbzgl. jedoch nicht unbedingt von multiprofessioneller Zusammenarbeit die Rede
sein – vielmehr leisten die einzelnen Professionen Aufgaben »in der Anbindung an die
Schulleitung, an den Unterricht einzelner Lehrer_innen, in außerunterrichtlichen
Angeboten etc.« (ebd., S. 733), wodurch es zum Teil dazu kommen kann, dass die
einzelnen Professionen nichts von der jeweils anderen Profession wissen, sich nicht
kennen und kein direkter Kontakt zueinander besteht (ebd.). Aus dieser Vielfalt
können zum einen Herausforderungen im Kooperationsprozess resultieren, z. B.
hinsichtlich des hohen Koordinierungsaufwandes vielfältiger Expertisen, Haltungen
und Motive (ebd.). Zum anderen erscheinen Kooperationsprozesse insbesondere
hinsichtlich dieser Vielfältigkeit als besonders lohnenswert (Speck & Jensen, 2014),
z. B. bezogen auf das professionsspezifische Fachwissen (Bauer, 2018). »So stehen den

Kooperationsproblemen auf der individuellen, berufskulturellen, organisatorischen, regionalen und überregionalen Ebene zahlreiche Kooperationsmöglichkeiten und -chancen gegenüber« (Speck & Jensen, 2014, S. 24).

In Anlehnung an die Fallvignette Nele wird ein Fokus auf die Kooperation zwischen der Schule und der Kinder- und Jugendhilfe gelegt. Hinsichtlich der Professionen Lehrkräfte und Sozialpädagoginnen und -pädagogen werden jeweils spezifische Berufskulturen vermutet, die nicht zuletzt mit der historischen Trennung von Kinder- und Jugendhilfe und Schule sowie unterschiedlichen Organisationsstrukturen beider Institutionen eingeordnet werden und zu Herausforderungen führen können (Speck & Jensen, 2014). »In den letzten Jahren hat es vor diesem Hintergrund deutliche Annäherungen zwischen Jugendhilfe und Schule sowie einen Ausbau der Kooperation beider Institutionen gegeben« (Speck & Jensen, 2014, S. 24 f.). Bezogen auf kindeswohlgefährdenden Situationen lässt sich aus der Fachpraxis zum einen ableiten, dass eine verbesserte Kooperation unter Berücksichtigung verschiedener Professionen zu einem verbesserten Kinderschutz führen kann, aber zum anderen hohe interdisziplinäre Anforderungen mit Reibungsverlusten einhergehen, woraus sich ein Bedarf an verbindlichen Verfahrensroutinen, geregelten Absprachen, klare Zuständigkeiten sowie verbindliche Verfahrenswege vermuten lässt (Ziegenhain et al., 2010). Im Anschluss an die nachfolgende Begriffsklärung erfolgen eine Auseinandersetzung mit den Herausforderungen und Gelingensbedingungen (multiprofessioneller) Kooperation und eine Einordnung des Fallbeispiels, um den Bezug zur (sonder-)pädagogischen Praxis zu verdeutlichen.

4.7.2 Begriffsklärung

Der Begriff *Kooperation* geht mit vielfältigen Begriffsverständnissen sowie unterschiedlichen Deutungen einher (Speck & Wulf, 2018) und meint u. a. die »bewusste und längerfristige Mitwirkung oder Zusammenarbeit von mindestens zwei Personen oder Organisationen auf einem bestimmten Gebiet« (ebd., S. 51), wobei es sich in der Praxis meist um Gruppen von Individuen handelt, die kooperieren (müssen) (Halbheer & Kunz, 2011).

Halbheer & Kunz (2011) betrachten Kooperation u. a. als ein soziales Phänomen. Es stellt sich heraus, dass Kooperation »als zielgerichtetes Unterfangen altruismus- und empathiefähiger Individuen, welche willentlich, zielgerichtet und mit einem Vertrauensvorschuss zusammen aufgabenbezogen handeln« (ebd., S. 94), zu verstehen ist, was mit der Erwartung besserer Resultate – im Vergleich zu Handlungen einer einzelnen Person – einhergeht. Des Weiteren ist die Kooperation in Abhängigkeit von strukturellen und kulturellen Bedingungen, dem individuellen Willen der jeweiligen Akteurinnen und Akteuren sowie von sozialen Wertesystemen zu betrachten (ebd.; Spieß, 1996). Hinzu kommen nach Bierhoff (1991) die Intention beider Parteien zur längerfristigen Kooperation sowie die Annahme an die jeweils andere Partei grundsätzlich kooperativ zu agieren. Des Weiteren geht eine (gelingende) professionelle Kooperation mit der Intention einher eine Verbesserung von Arbeitsprozessen sowie -ergebnissen zu erreichen und den jeweiligen Nutzen für die Adressatinnen und Adressaten unmittelbar aufzuzeigen (Speck & Wulf, 2018).

Nach Chiapparini et al. (2018) lassen sich drei Formen der Kooperation auf personeller Ebene differenzieren: multiprofessionelle Kooperation, inter- und intraprofessionelle Kooperation sowie transprofessionelle Kooperation. Die multiprofessionelle Kooperation, die im Rahmen dieses Kapitels fokussiert wird, zeichnet sich durch das Zusammentreffen von mehr als zwei personenbezogenen Berufsgruppen, einem Spezialisierungsgrad der jeweiligen Professionen, der Abstimmung von Handlungsvollzügen sowie der Kontinuität und Langfristigkeit aus (Bauer, 2018; Speck & Wulf, 2018; Speck, Olk & Stimpel, 2011). Im schulischen Setting ist die multiprofessionelle Kooperation von der Zusammenarbeit zwischen inner- und außerschulischen Fachkräften gekennzeichnet, wird als offene und voraussetzungslose Kooperation verstanden, wodurch ein Nebeneinander oder eine Koordination der Fachkräfte ermöglicht wird (Chiapparini et al., 2018). Speck & Wulf (2018) leiten zusammenfassend ab, dass Kooperation an eine aktive Steuerung gebunden sowie an einem Konzept orientiert sein sollte, was mit einer Zielorientierung, struktureller Sicherheit sowie transparenten Erwartungen und Rahmenbedingungen einhergeht, wobei im Verlauf Reflexionsprozesse ermöglicht werden sollten, um zu einer Weiterentwicklung beizutragen.

Im Kontext der Kooperation ist häufig die Rede von multiprofessionellen Teams (z. B. Bauer, 2018; Fröhlich-Gildhoff & Weltzien, 2018; Speck & Jensen, 2014; Speck, Olk & Stimpel, 2011): Die *Multiprofessionalität* impliziert neben der Vielfalt an Berufsgruppen (Speck, Olk & Stimpel, 2011) die spezifischen Expertisen sowie Kompetenzen von verschiedensten Professionen zur Bearbeitung von ausgewählten Problemstellungen (Bauer, 2018; Fröhlich-Gildhoff & Weltzien, 2018). Diese Unterschiede, bspw. unterschiedliche Expertisen und Kompetenzen aus dem Blickwinkel verschiedener Professionen, stehen im Mittelpunkt des Konzepts der »Multiprofessionalität«, was die Intention – durch Multiprofessionalität bzw. eine entsprechende Zusammenarbeit eine zielführendere und effektivere Bearbeitung einer Problemstellung zu erreichen – impliziert (Bauer, 2018).

Nach Ansicht des Deutschen Vereins für öffentliche und private Fürsorge sind zwei Aspekte hinsichtlich eines (multi-)professionellen Teams zu berücksichtigen:

> »1. das Team, welches sich aus unterschiedlichen Qualifikationen und Berufsabschlüssen zusammensetzt, und 2. das ›multiprofessionelle Arbeiten‹, welches auch additiv zum Team einer Einrichtung (z. B. im Rahmen zeitlich begrenzter Projekte) oder in ›interdisziplinären Settings‹ zum Tragen kommen kann« (Deutscher Verein für öffentliche und private Fürsorge e. V., 2016, S. 8).

Wichtig ist des Weiteren, dass das Zusammenwirken innerhalb eines Teams fokussiert wird, wobei die Fähigkeiten einzelner Mitarbeiterinnen und Mitarbeiter als ergänzend und zusammenspielend zu verstehen sind (ebd.).

> »In Abgrenzung zum allgemein gehaltenen Begriff ›Teamarbeit‹ wird bei der ›multiprofessionellen‹ Begriffsverwendung besonders die Beteiligung unterschiedlicher Professionen, im Vergleich zur ›Vernetzung‹ die personelle Komponente und im Kontrast zur (bilateralen) Kooperation die Vielfalt an Berufsgruppen betont« (Speck, Olk & Stimpel, 2011, S. 185).

Ein praktisches Beispiel, das auf eine (gelingende) multiprofessionelle Grundausrichtung verweist, findet sich z. B. im finnischen Schulsystem: Hier sind sog. »Student-Welfare-Teams« an allen allgemeinen Schulen eingerichtet. Dabei wird auf die

Intention fokussiert, dass innerhalb dieser Teams Beratung hinsichtlich der Frage, wie die Unterstützung eines Kindes bzw. Jugendlichen optimiert werden kann, zwischen den Sonderpädagoginnen und -pädagogen, Schulpsychologinnen und -psychologen, Therapeutinnen und Therapeuten, Sozialpädagoginnen und -pädagogen sowie Krankenpflegerinnen und -pfleger, Schullaufbahnberaterinnen und -berater konzeptionell abgesichert umgesetzt werden kann (Laaksonen, Laitinen & Salmi, 2007).

Im deutschsprachigen Raum ist die Verwendung des Begriffs »multiprofessionell« verbreitet. Im internationalen Sprachgebrauch hingegen ist primär die Rede von »Interprofessionalität«, wobei der Fokus damit auf »die notwendige Verbindung, das Überbrücken eines Zwischenraums zwischen den exemplarisch vorgestellten professionellen Perspektiven und Handlungsweisen« (Bauer, 2018, S. 731) gerichtet ist. Die Vorsilbe »multi« impliziert lediglich das Vielfache, dennoch werden diese Begriffe häufig synonym verwendet (ebd.).

4.7.3 Herausforderungen & Gelingensbedingungen

Bestehende Forschungen (z. B. Bauer, 2018; Speck & Jensen, 2014; Speck, Olk & Stimpel, 2011; Ziegenhain et al., 2010; Spieß, 1996) konnten auf Herausforderungen bzw. Schwierigkeiten sowie Gelingensbedingungen bezogen auf (multiprofessionelle) Kooperationsprozesse aufmerksam machen. Spieß (1996) nennt diesbzgl. drei Charakteristika, die die Gelingensbedingungen, aber gerade auch die Herausforderungen gut verdeutlichen: Persönliche Abhängigkeit zwischen den Partien, pessimistische Gedanken bezogen auf die Option, den jeweils anderen ausnutzen zu können, sowie das Erkennen der Notwendigkeit kooperativen Verhaltens, um die jeweils andere Partei zur Kooperation zu bewegen. Diesbzgl. ergänzen Maurer & Schmid (2010), dass die Erwartbarkeit, wie die Kooperationspartnerin bzw. der Kooperationspartner agiert, dahingehend von Relevanz ist, dass eine Verlässlichkeit gefördert werden kann, die zum Gelingen des Kooperationsprozesses beitragen kann, zugleich aber auch das Risiko impliziert wird, die jeweils andere Partei auszunutzen, indem kooperatives Verhalten vermieden wird, um den eigenen Aufwand möglichst gering zu halten. Dies lässt insgesamt die Vermutung ableiten (orientiert an Bauer, 2018; Speck & Wulf, 2018; Ziegenhain et al., 2010; Speck, Olk & Stimpel, 2011; Maurer & Schmid, 2010; Spieß, 1996), dass die Erwartung, wie die/der jeweils andere reagiert, eine wichtige Rolle hinsichtlich des Gelingens bzw. Misslingens eines Kooperationsverhältnisses spielt.

Ein weiterer Faktor, der zum Gelingen bzw. Misslingen einer Kooperation beitragen kann, ist das Vertrauen. Im Idealfall besteht ein Vertrauen zwischen den Kooperationspartnerinnen und -partnern, wodurch das Kooperationsverhältnis positiv beeinflusst werden kann. Wird diese Komponente nicht erfüllt, kann das Kooperationsverhältnis beeinträchtigt werden bzw. scheitern (Speck & Wulf, 2018). Diesbzgl. lässt sich die Frage ableiten, welche Bedeutung die Komponente Vertrauen spielt, wenn (gesetzliche) Verpflichtungen zur Kooperation bestehen. Eine Herausforderung kann dann darin bestehen, dass die Akteurinnen und Akteure zur Kooperation verpflichtet sind, auch wenn sie diese nicht für sinnvoll einstufen (Halbheer & Kunz, 2011). In multiprofessionellen Settings müssen verschiedene Professionen Berücksichtigung finden (z. B. Bauer, 2018; Speck, Olk & Stimpel, 2011) – aus dieser Vielfalt an Professionen kann eine Vielfalt an Expertisen resultieren, die für den Kooperationsprozess bereichernd sein und zum Gelingen beitragen kann. Jedoch geht mit der Vielfalt an Professionen und entsprechenden Expertisen ein immenser Bedarf an Koordinierung einher (Bauer, 2018; Speck & Jensen, 2014; Ziegenhain et al., 2010), der oft als herausfordernd betrachtet wird. Ein weiterer Faktor, der sich sowohl positiv als auch negativ auf den Kooperationsprozess auswirken kann ist die Personenabhängigkeit:

> »Insgesamt wird von den Experten betont, dass das Gelingen der Kooperation personenabhängig ist, dass eine gut entwickelte Kooperation mit einem Mitarbeiter einer Institution nicht ohne weiteres auf andere Mitarbeiter derselben Institution übertragen werden könnten. Insofern bräuchte es neben der notwendigen personenabhängigen Kooperation gleichermaßen eine klare strukturelle Verankerung für die Kooperation, um die aktuellen Anstrengungen nachhaltig zu gestalten und nicht in Abhängigkeit vom guten Willen der jeweiligen Einzelpersonen« (Ziegenhain et al., 2010, S. 48).

Herausforderungen

Eine Herausforderung zeigt sich z. B. in der Vielfältigkeit der Ebenen, auf denen die Kooperation umgesetzt werden kann. So kann es u. a. Einfluss auf die Kooperation haben, wie viele und welche unterschiedlichen Professionen an der Kooperation beteiligt sind, wie viele Berufskulturen aufeinandertreffen, welche Organisationen berücksichtigt werden müssen sowie (individuelle) strukturelle Gegebenheiten (Speck & Wulf, 2018; Speck, Olk & Stimpel, 2011). Fehlende Ressourcen, nicht zuletzt finanzielle Möglichkeiten (Ziegenhain et al., 2010) sowie personelle und zeitliche Rahmenbedingungen (Bauer, 2018; Speck & Wulf, 2018; Speck, Olk & Stimpel, 2011) können ein Kooperationsverhältnis erschweren. Die Vielfalt an beteiligten Professionen kann sich neben dem Koordinierungsaufwand (Bauer, 2018) auch in der Hinsicht an der resultierenden Vielfalt von Motiven, Intentionen sowie Anlässen, die zum Kooperationsverhältnis führen, als Herausforderung zeigen (Speck & Wulf, 2018; Speck, Olk & Stimpel, 2011). Des Weiteren können die unterschiedlichen Perspektiven einzelner Professionen bspw. bei der Entwicklung von Handlungsempfehlungen zu Konflikten führen (Bauer, 2018). Eine weitere Herausforderung kann sich darin zeigen, dass mit der Vielfältigkeit an Professionen zahlreiche unterschiedliche Selbstverständnisse, verschiedene institutionelle Aufträge oder unterschiedliche gesetzliche Grundlagen, die fokussiert werden, einhergehen können, die es bspw. hinsichtlich eines Kooperationsverhältnisses zu berücksichtigen gilt (Ziegenhain et al., 2010).

Weitere Herausforderungen, die Kooperationsprozesse erschweren bzw. verhindern können, sind bspw. Vorurteile gegenüber der jeweils anderen Profession/Institution, Informationsdefizite, bspw. bezogen auf die Aufgabenfelder und Begriffsverständnisse (Sprachen) der jeweils anderen Professionen, fehlende Transparenz sowie eine (zu hohe) Erwartungshaltung an einzelne Professionen (Bauer, 2018; Speck & Jensen, 2014; Olk, Speck & Stimpel, 2011; Ziegenhain et al., 2010). Neben der gegenseitigen Unkenntnis können auch unklare Verfahrensabläufe sowie motivationale Aspekte zu

Schwierigkeiten in der Kooperation führen (Fegert et al., 2001). Zudem können aus verankertem Konkurrenzdenken sowie aus unterschiedlichen (gesellschaftlichen) Status der einzelnen Professionen, bspw. bezogen auf unterschiedliche Bezahlung, Herausforderungen und Schwierigkeiten im Kooperationsprozess resultieren (Bauer, 2018; Speck, Olk & Stimpel, 2011). Im Kontext Schule ergibt sich nach Halbheer & Kunz (2011) – eine Studie zur Kooperation von Lehrkräften an Gymnasien – dass u. a. durch die »Gliederung in ein dichtes Gefüge von Klassen und Lektionen« (ebd., S. 107) umfassendere (multiprofessionelle) Kooperationsformen erschwert werden.

Nicht zuletzt durch die Einführung der Ganztagsschulen und im Zuge der Inklusion erfolgt eine Zunahme an unterschiedlichen Berufsgruppen im Kontext Schule, um die resultierenden Herausforderungen und Probleme bewältigen zu können (Bauer, 2018; Speck, Olk & Stimpel, 2011). Orientiert an Bauer (2018) kann diesbzgl. jedoch nicht von Zusammenarbeit im Team die Rede sein – vielmehr leisten die einzelnen Professionen Aufgaben »in der Anbindung an die Schulleitung, an den Unterricht einzelner Lehrer_innen, in außerunterrichtlichen Angeboten etc.« (ebd., S. 733), wodurch es zum Teil dazu kommen kann, dass die einzelnen Professionen nichts von der jeweils anderen Profession wissen, sich nicht kennen und kein direkter Kontakt zueinander besteht (ebd.). Diesbzgl. kann die multiprofessionelle Arbeit weiter erschwert werden, wenn ein Blick auf die Ganztagsbetreuung bspw. im Rahmen von AGs geworfen wird – hier kommen oft auch ehrenamtliche Mitarbeiterinnen und Mitarbeiter hinzu, die hinsichtlich des Kooperationsverhältnisses berücksichtigt werden sollten (ebd.). Die bestehende Vielfalt von Professionen im Kontext Schule geht mit der Herausforderung, die jeweils unterschiedlichen Aktivitäten zu koordinieren und die verschiedenen Expertisen zu berücksichtigen, einher. Meistens entsteht in diesem Zusammenhang keine langfristige und enge Zusammenarbeit, sondern es entsteht vielmehr ein »Nebeneinander unterschiedlicher Aktivitäten« (ebd., S. 733).

Im Kontext Schule besteht zudem die Herausforderung, dass von den professionellen Akteurinnen und Akteuren außerschulischer Institutionen erwartet wird, dass sie sich zumindest zum Teil zahlreichen formalen Rahmenbedingungen der Schule, z. B. festgelegte Zeitstruktur, verfügbare Räumlichkeiten, Gesamtverantwortung der Schulleitung, unterordnen (Bauer, 2018; Olk, Speck & Stimpel, 2011). In diesem Kontext kann der sog. »Autonomieverlust« (Halbheer & Kunz, 2011, S. 142) ebenfalls eine Rolle spielen und das Kooperationsverhältnis negativ beeinträchtigen (ebd.). Datenschutz und Schweigepflicht kann, v. a. in Kinderschutzfällen, eine Herausforderung hinsichtlich der Kooperation darstellen (Ziegenhain et al., 2010). Bezogen auf kindeswohlgefährdende Situationen kann bei den professionellen Akteurinnen und Akteuren, bspw. durch prekäre Lebenssituationen der Kinder, auch die emotionale Komponente hinsichtlich der Kooperation zur Herausforderung werden:

> »Die Tragik und das Leid dieser Fälle und dabei die Sorge, gegebenenfalls selber im Umgang mit einem solchen Fall nicht angemessen zu handeln, beeinflussen vermutlich auch die Kooperation im Bereich der *Frühen Hilfen* und im *Kinderschutz*. Sie können zu Gefühlen von Hilflosigkeit, Unsicherheit, Überforderung, Versagensängsten oder Schuldgefühlen führen. Diese können sich negativ auf nachhaltige Kooperationsbemühungen auswirken, nämlich dann, wenn sie etwa zu Aktionismus oder übertriebener Kontrolle im Handeln führen oder aber zu Entwertung der jeweils anderen Berufsgruppe« (ebd., S. 42 f.).

Um den Kostendruck abzuwälzen, Unklarheiten über Zuständigkeiten zu verbergen oder Verantwortlichkeiten zu »verschleiern«, z. B. indem Prozesse in »endlose Delegationsketten« überführt werden, wird Kooperation bzw. Vernetzung häufig als »Alibi« genutzt (ebd., S. 41 f.) – nicht selten mit der Folge dass insbesondere in Kinderschutzfällen nicht präventiv agiert werden kann (Ziegenhain & Fegert, 2008).

Gelingensbedingungen

Kooperation ist zudem abhängig von strukturellen, fachlichen sowie von politischen Rahmenbedingungen. Dabei umfassen strukturelle Aspekte bspw. Verankerung der Kooperation in Kooperationsverträgen (Einbeziehung der Leitungsebenen in Vereinbarungen und Prozesse), konkrete Absprachen hinsichtlich der Verfahren, gemeinsame Ausschreibungen und Besetzungen von entsprechenden Stellen sowie zeitliche Rahmenbedingungen, um Konzepte, Strategien und Leitbilder (gemeinsam) zu entwickeln. Zu den fachlichen Rahmenbedingungen zählen z. B. kooperatives Fallmanagement, hohe Kommunikations- und Beratungskompetenz, Differenzen zu akzeptieren und anzuerkennen sowie »wechselseitiger Know-how-Transfer und gemeinsame Fort- und Weiterbildung« (Herz, 2013a, S. 218). Eine weitere Ebenen ist die der politischen Rahmenbedingungen, wie z. B. Anerkennung des Handlungsbedarfs sowie der pädagogischen Ziele, stabile (transparente) Finanzierung, um eine langfristige Planungssicherheit zu ermöglichen und die fachlichen sowie strukturellen Rahmenbedingungen zu gewährleisten (ebd.).

Die Transparenz gilt als ein bedeutender Faktor, der zum Gelingen eines Kooperationsverhältnisses beitragen kann – bspw. bezogen auf Begriffsverständnisse, professionsspezifische Vorgänge und Verantwortungen, Zuständigkeiten sowie professionsspezifische Haltungen (Bauer, 2018; Olk, Speck & Stimpel, 2011; Speck, Olk & Stimpel, 2011; Ziegenhain et al., 2010). Die Zielsetzung der Kooperation sollte gemeinsam entwickelt bzw. ausgehandelt werden, sodass verschiedene professionsspezifische Expertisen sowie Pflichten Berücksichtigung finden (Bauer, 2018; Herz, 2013a; Ziegenhain et al., 2010). Des Weiteren können Empathie und soziale Kompetenzen den Kooperationsprozess positiv beeinflussen: »Das Einfühlen in die Erwartungen, in die Lebenslage, in die Rahmenbedingungen des anderen macht es uns erst möglich, seine Handlungsweisen abzuschätzen« (Ziegenhain et al., 2010, S. 46). Insbesondere in Fällen kindeswohlgefährdender Situationen steht empathisches und verantwortungsbewusstes Agieren im Fokus, um die Bedürfnisse der Kinder und Jugendlichen auffangen zu können und zu einem gelingenden Kinderschutz beizutragen (ebd.). Ausgehend von den zentralen Gesichtspunkten »fallbezogene Aufgaben, fallübergreifende Aufgaben und Haltung« geben Ziegenhain et al. (2010) in der nachfolgenden Abbildung einen guten Überblick auf die verschiedenen Facetten multiprofessioneller Zusammenarbeit (▶ Abb. 4.7.1).

Im Kontext Schule stellen Halbheer & Kunz (2011) heraus – eine Studie zur Kooperation von Lehrkräften an Gymnasien –, dass eine gute Voraussetzung zur Kooperation von Lehrkräften der gemeinsame Wirkungsort Schule ist. Dies fördert v. a. informelle Ebenen der Kooperation, wie z. B. einen wechselseitigen Austausch.

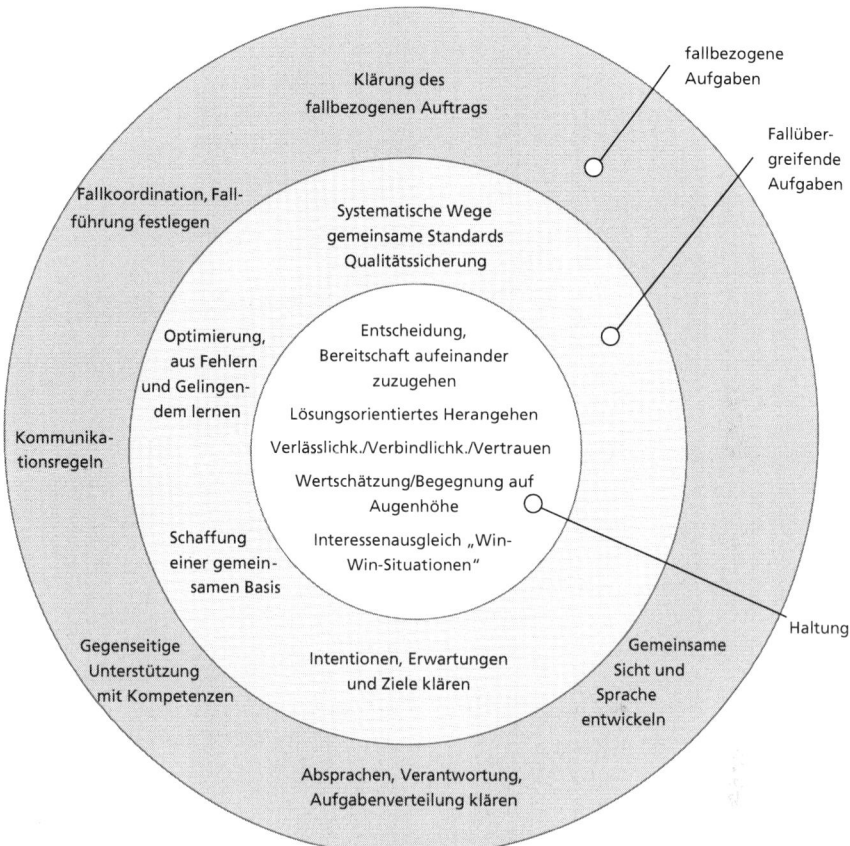

Abb. 4.7.1: Bedingungen gelingender Kooperation (aus: Ziegenhain, U., Schöllhorn, A., Künster, A., Hofer, A., König, C. & Fegert, J. M. (2010): Werkbuch Vernetzung. Chancen und Stolpersteine interdisziplinärer Kooperation und Vernetzung im Bereich Früher Hilfen und im Kinderschutz. Köln: NZFH, S. 49)

Damit die Kooperation insbesondere zwischen den Institutionen Schule und der Kinder- und Jugendhilfe gelingen kann, sind nach Speck & Wittrock (2018) folgende exemplarische Aspekte von Bedeutung:

- Schaffung eines offenen, angst- und gewaltfreien sowie schüler- und elternfreundlichen Klimas in den Schulen,
- Umsetzung von wirkungsvollen und planvoll abgestimmten, sozial- und schulpädagogischen Präventionsansätzen zur Erhöhung der Bindung der Schülerinnen und Schüler sowie der Eltern/Erziehungsberechtigten an die Schule,
- Sensibilisierung von Lehrkräften, Eltern und Schülerinnen und Schülern für einen regelmäßigen Schulbesuch und kontinuierliches Monitoring des Schulbesuchs der Kinder und Jugendlichen,

- sozial- und schulpädagogische Unterstützung und Förderung bei ersten Anzeichen für persönliche, familiäre, soziale, schulische und berufliche Probleme und Belastungen von Kindern und Jugendlichen sowie Eltern,
- angemessene sozial- und schulpädagogische Reaktion und Handlungskonzepte auf der Individuums-, Klassen- und Schulebene beim Auftreten von Schulabsentismus,
- gemeinsam abgestimmte, enge Kooperation mit anderen Fachdiensten, wie z. B. Beratungsstellen, Kinderschutzzentren, Jugendzentren, Vereinen (ebd., S. 240).

Insgesamt lässt sich festhalten, dass insbesondere »gestufte Netzwerkangebote« (ebd., S. 240) geeignet erscheinen, um für Eltern, Lehrkräfte und Schülerinnen und Schüler ein differenziertes Hilfsangebot zu schaffen. Bezogen auf die Kooperation von Schule und der Kinder- und Jugendhilfe, könnten folgende ausgewählte Ansätze – nicht zuletzt für Schülerinnen und Schüler mit einem Förderbedarf im Bereich der emotionalen und sozialen Entwicklung – förderlich sein.

- generelle Präventionsmaßnahme: Soziale Arbeit und Schulsozialarbeit an Primar- und Sekundarschulen;
- selektive Präventionsmaßnahmen: Umsetzung von Förderkonzepten sowohl auf der individuellen Ebene als auch im Klassenverband oder in der gesamten Schule unter Berücksichtigung der Kooperation zwischen Schulsozialarbeiterinnen und -arbeiter und Lehrkräften; Konzepte zur Zusammenarbeit mit erziehungsberechtigten Personen; schulbezogene Mobile Dienste;
- indizierte Präventionsmaßnahmen: intensivpädagogische Kleingruppe in der Schule; alternative Beschulungsorte (ebd.).

Abschließend zu diesem Kapitel erfolgt eine Einordnung des Fallbeispiels, um den Bezug zur (sonder-)pädagogischen Praxis verdeutlichen zu können, wobei insbesondere die verschiedenen Ebenen der Prävention/Intervention aufgegriffen werden (▶ Abb. 4.7.2).

4.7.4 Ausblick

Wie eingangs bereits betont lässt sich – bezogen auf die unterschiedlichen Kulturen, Wertesysteme, Familienstrukturen etc. – innerhalb der Gesellschaft eine Heterogenität und Diversität erkennen, womit u. a. eine hohe Integrationsleistung für Kinder und Familien einhergeht und die auf Seiten (sonder-)pädagogischer Fachkräfte eine Herausforderung bedeuten kann (z. B. Fröhlich-Gildhoff & Weltzien, 2018; Weltzien et al., 2016). Diese Herausforderung ist ebenfalls im schulischen Sektor (gerade in Zeiten der Inklusion) zu identifizieren, bspw. im Hinblick auf die Entwicklung inklusiver Schulen (Arndt, 2014). Bezogen auf den Kontext Schule geht die bestehende Vielfalt an Professionen mit der Herausforderung einher, die jeweils unterschiedlichen (professionsspezifischen) Aktivitäten und Aufgaben zu koordinieren, wobei oft der – entsprechend der Ziele (multi-)professioneller Kooperation – angestrebte Zustand (z. B. eine langfristige, strukturierte und enge Zusammenarbeit)

Nele, eine Fallvignette aus dem professionellen Alltag im System der gestuften Hilfen:
Kooperation im multiprofessionellen Setting

 PRÄVENTION   Ausgangslage von Nele direkt nach der Geburt

(exemplarische) beteiligte Institutionen und Professionen:
Familienhebamme (Jugendamt), „Babybesuchsdienst" (z. B. Landkreis Aurich, Emden, Osnabrück) u. a. durch ehrenamtliche Personen

exemplarische Aspekte, die zu einer gelingenden Kooperation führen können:
- „Babybesuchsdienst" (als universelle Prävention), um auf Hilfemaßnahmen und Unterstützungsangebote (in der Region) aufmerksam zu machen und erste Ansprechpartnerinnen und Ansprechpartner zu bieten
- Familienhebamme, aufgrund der Belastungen (z. B. kein Vater bekannt) auf Seiten der Mutter, um die Mutter zu unterstützen
- Kooperation zwischen dem „Babybesuchsdienst" und der Familienhebamme, um sich zum einen über mögliche Bedarfe (und Auffälligkeiten) in der Familie auszutauschen (z. B. in Form festgesetzten Terminen zum Austausch) und um über Hilfe- und Unterstützungsmaßnahmen aufzuklären und ggfs. bei der Inanspruchnahme zu unterstützen

 (FRÜHE) INTERVENTION   Ausgangslage von Nele bei Meldung von Vernachlässigungserscheinungen durch Klassenlehrerin an Jugendamt

(exemplarische) beteiligte Institutionen und Professionen:
Klassenlehrerin (Schule), Insoweit erfahrene Fachkraft, SPFH (Jugendamt), ASD (Jugendamt), Therapeutin

exemplarische Aspekte, die zu einer gelingenden Kooperation führen können:
- Klassenlehrerin: zuverlässige Dokumentation von Auffälligkeiten, z. B. bezogen auf die Vernachlässigungserscheinungen; Gespräch mit Nele, um die Situation aus Neles Perspektive zu erfragen; Beratung durch eine Insoweit erfahrene Fachkraft, um Unterstützung zu erhalten und handlungsfähig zu werden; Meldung an das zuständige Jugendamt
- SPFH: sensible Wahrnehmung hinsichtlich Neles Verhalten; Gespräche mit Nele, um individuelle Bedürfnisse zu erfassen; Übernahme von Aufgaben (z. B. Begleitung bei Hausaufgaben, Freizeitgestaltung bei Nele)
- ASD: regelmäßiger Austausch mit der SPFH, Rücksprache mit der Mutter (Auftrag: Aufsuchen einer Therapeutin/eines Therapeuten); weiterer Hausbesuch, um Situation in der Familie zu erfassen
- Therapeutin: Hilfe- und Unterstützung für Mutter
- Kooperation zwischen der Schule (z. B. Klassenlehrerin, Schulleitung), dem Jugendamt (z. B. SPFH, ASD) und ggfs. der Therapeutin, um Auffälligkeiten, Entwicklungen Bedarfe in der Familie zu erkennen, sich dahingehend auszutauschen, professionsspezifische Sichtweisen zu ergänzen und gezielt Hilfe- und Unterstützungsmaßnahmen initiieren zu können → bspw. in Form von festgesetzten Terminen

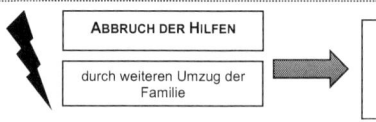 **ABBRUCH DER HILFEN**   durch weiteren Umzug der Familie   Hierbei wäre ein stabiles Netzwerk zwischen den beteiligten Professionen und Institutionen wünschenswert, um einen begleiteten Übergang zu künftig beteiligten Institutionen und Professionen zu ermöglichen.

 (SPÄTE) INTERVENTION   Ausgangslage von Nele bei Inobhutnahme

(exemplarische) beteiligte Institutionen und Professionen:
Jugendamt, Klassenlehrerin (Schule), Bezugserzieherin (stationäre Kinder- und Jugendhilfe)

exemplarische Aspekte, die zu einer gelingenden Kooperation führen können:
- Klassenlehrerin: sensible Wahrnehmung, Gesprächsangebote bezüglich Nele
- Jugendamt: Austausch mit der Mutter, um aktuelle Situation erfassen zu können
- Bezugsbetreuerin: Gesprächsangebote für Nele, individualisierte Angebote zu Förderung und Unterstützung
- Kooperation zwischen Schule (z. B. Klassenlehrerin, Schulleitung, Schulsozialarbeit) und Wohngruppe (z. B. Bezugserzieherin, Leitung) sowie dem zuständigen Jugendamt, um sich über Auffälligkeiten, Entwicklungen und Bedarfe auszutauschen, professionsspezifische Zugänge transparent zu machen und einen möglichst ganzheitlichen Blickwinkel auf Nele zu ermöglichen → z. B. in Form von festgesetzten Terminen

    SVV bei Nele

Bezogen auf die neuen Erkenntnisse, dass Nele sich wahrscheinlich selbst verletzt, wären in erster Linie Gesprächsangebote seitens der Bezugserzieherin zielführend, um Neles Bedürfnisse zu erfassen. Diesbezüglich könnte das Hinzuziehen einer Therapeutin/eines Therapeuten hilfreich sein. Zudem könnte die Bezugserzieherin sich Beratung und Unterstützung einholen, um handlungsfähig zu werden.

Abb. 4.7.2: Nele, eine Fallvignette aus dem professionellen Alltag im System der gestuften Hilfen: Kooperation im multiprofessionellen Setting – eine exemplarische Darstellung

durch ein »Nebeneinander unterschiedlicher Aktivitäten« (Bauer, 2018, S. 733) abgelöst wird. Zutreffender lässt sich die professionelle Herausforderung, eine gelingende multiprofessionelle Kooperation in handlungsfähigen Netzwerken zu entwickeln, nicht beschreiben.

Bezogen auf prekäre bzw. belastende Lebenssituationen auf Seiten der Kinder und Jugendlichen (oder deren familiären Umfeldern) können – wie vorab dargelegt – verschiedenste Belastungen resultieren, sodass die Bedürfnislage der Kinder und Jugendlichen komplex und heterogen erscheint. Diesbzgl. ist der Bedarf an professioneller Kooperation sowie an »gestufte[n] Netzwerkangebote[n]« (Speck & Wittrock, 2018, S. 240) offensichtlich und gilt als eine Option, die vielschichtigen Bedürfnisse aufzufangen (z. B. Deutscher Verein für öffentliche und private Fürsorge e. V., 2016; Herz, 2008; Loeken, 2008). Nicht zuletzt bezogen auf kindeswohlgefährdende Situationen wird deutlich, dass Kinderschutz nur als eine kooperative Aufgabe (multiprofessionelle Kooperation) gelingen kann (Loch, 2016; Ziegenhain et al., 2010; SGB VIII; BKiSchG) und ein Bedarf hinsichtlich organisierter sowie verbindlicher Kooperationsstrukturen besteht (Ziegenhain et al., 2010). Als ein erster, erfolgversprechender Zugang zu einer gelingenden multiprofessionellen Kooperation kann gerade die persönliche Haltung, Empathie und soziale Kompetenzen den Kooperationsprozess positiv beeinflussen (Ziegenhain et al., 2010). Neben der institutionellen Perspektive – unter besonderer Berücksichtigung der notwendigen Ressourcen – spielt somit die individuelle Ebene eine zentrale Rolle.

4.8 Qualifizierung und Kompetenzerwerb

Bastian Rieß & Simona Selle

4.8.1 Einleitung: Bedarf an qualifizierten Fachkräften im Bereich Sonderpädagogik

Ein steigender Bedarf institutioneller und personeller Ressourcen für die Umsetzung der sonderpädagogischen Unterstützung im Förderschwerpunkt ESE innerhalb eines gestuften Systems der Hilfen ist der Ausgangspunkte für diesen Beitrag zum Thema Kompetenzerwerb und Qualifizierung.

Steigende Zahl von Schülerinnen und Schülern mit einem sonderpädagogischen Förderbedarf – insbesondere im Förderschwerpunkt emotionale und sozialen Entwicklung

Wie in den Kapiteln 1 und 2 einleitend erwähnt ist die Anzahl der Schülerinnen und Schülern mit einem sonderpädagogischen Förderbedarf in den letzten Jahren laut Angaben der KMK (2020) bundesweit von 485.088 (2007) auf 556.317 (2018)

Schülerinnen und Schüler gestiegen (▶ Kap. 2). Den prozentual höchsten Zuwachs hat in dieser Zeit die Gruppe der Schülerinnen und Schüler mit einem sonderpädagogischen Förderbedarf im Bereich der emotionalen und sozialen Entwicklung erfahren, die Förderquote stieg von 0,6 auf 1,3 % und die absoluten Zahlen von 52.600 (2007) auf 95.765 (2018) Schülerinnen und Schüler. Mit diesem Anstieg geht ein erhöhter Bedarf an qualifiziertem (sonder-)pädagogischem Fachpersonal einher. Weiterhin belegen die Zahlen, dass Schülerinnen und Schüler mit einem sonderpädagogischen Förderbedarf im Bereich ESE zunehmend – im Sinne der Entwicklung eines inklusiven Bildungssystems – an allgemeinen Schulen unterrichtet und gefördert werden. Bspw. besuchten 56 % der Schülerinnen und Schüler mit einem sonderpädagogischen Förderbedarf im Bereich ESE im Jahr 2016 eine allgemeine Schule – im Jahr 2011 lag der Anteil bei 43 % (KMK, 2018a). Dies weist darauf hin, dass der Bedarf an qualifiziertem (sonder-)pädagogischem Fachpersonal besonders an allgemeinen Schulen gestiegen ist.

Dezentralisierung sonderpädagogischer Förderung

Die bundesweite Umsetzung der UN-Konvention über die Rechte von Menschen mit Behinderung hinsichtlich der Entwicklung eines inklusiven Schulsystems, die steigende Zahl von Schülerinnen und Schülern mit einem sonderpädagogischen Förderbedarf an allgemeinen Schulen (KMK, 2018a) sowie ein sich entwickelndes gestuftes System sonderpädagogischer Förderung (▶ Kap. 3) hat eine Dezentralisierung sonderpädagogischer Förderung und somit eine Veränderung bzgl. der Aufgabenfelder und Einsatzorte von Sonderpädagoginnen und -pädagogen (z. B. zunehmende Tätigkeit an allgemeinen Schulen) zur Folge. Die Förderschule resp. das Förderzentrum als primärer Förderort für Schülerinnen und Schüler wird im Förderschwerpunkt im Bereich ESE zunehmend durch eine ambulante, dezentrale Förderung an allgemeinen Schulen ergänzt – in einigen Bundesländern auch abgelöst. Prozesse einer Dezentralisierung erfordern u. a. eine Anpassung bestehender Personalkonzepte, um den gesteigerten Personalbedarfen gerecht zu werden.

Fachpersonalmangel im Lehramt für Sonderpädagogik

In vielen Bundesländern gelingt es nicht (mehr), die offenen Stellen im Lehramt (Klemm, 2019) sowie im Bereich der schulischen Sonderpädagogik mit qualifiziertem Fachpersonal resp. Lehrkräften zu besetzen. »Der Einstellungsbedarf bei den Sonderpädagogischen Lehrämtern kann im Durchschnitt der Jahre 2018 bis 2030 nur zu 86,9 % gedeckt werden. Bundesweit fehlen bis 2030 jährlich durchschnittlich ca. 400 Lehrkräfte« (KMK, 2018c, S. 21). Dies hat zur Folge, dass an einigen ›inklusiven‹ allgemeinen Schulen und Förderschulen nicht ausreichend Personal zur Verfügung steht, um die Unterrichtsversorgung und ein ausreichendes Förderangebot sicherzustellen (Gewerkschaft Erziehung und Wissenschaft, 2019). Besonders in Phasen, in denen ein erhöhter Krankenstand besteht oder (frühzeitige) Pensionierungen erfolgen, ist die personelle Situation an einigen Schulen so problematisch, dass dem Bedarf an sonderpädagogischer Unterstützung nicht mehr oder nur unzureichend entsprochen werden kann. Aus der »Prognose zum Lehrkräftearbeitsmarkt in Nordrhein-Westfalen« (Ministerium für Schule und Bildung des Landes Nordrhein-Westfalen, 2018, S. 26) geht bspw. hervor, dass es »eine große Zahl von unbesetzten Stellen im Bereich der Sonderpädagogik« gibt und insbesondere im Förderschwerpunkt ESE »hervorragende bis sehr gute Einstellungschancen« bestehen. Auch aus den Rückmeldungen der Landesverbände der Gewerkschaft Erziehung und Wissenschaft (2019) wird sehr deutlich, dass u. a. an Förderschulen ein deutlicher Lehrkräftemangel besteht und es nicht gelingt, alle ausgeschriebenen Stellen zu besetzen.

Veränderte Anforderungen und Aufgaben im sonderpädagogischen Praxisfeld

Neben einer quantitativen Steigerung des Personalbedarfs ergeben sich zusätzlich neue qualitative Anforderungen an (sonder-)pädagogisches Fachpersonal. Wie bereits in Kapitel 4 beschrieben hat das Anforderungsprofil von Sonderpädagoginnen und Sonderpädagogen in den letzten Jahren deutliche Veränderungen erfahren (▶ Kap. 4). Insbesondere Aufgabenfelder wie Kooperation, Beratung und Förderdiagnostik haben für sonderpädagogische Lehrkräfte in inklusiven Settings an Relevanz und Intensität gewonnen (Melzer & Hillenbrand, 2013). Für die Ausgestaltung dieser Aufgaben, die primär im Kontext multiprofessioneller bis interdisziplinäre Zusammenarbeit zu verorten ist, sind spezifische Kompetenzen erforderlich, die als eine Erweiterung (im Sinne einer neuen Schwerpunktsetzung) der Kompetenzen einer (klassischen) Förderschullehrkraft zu sehen sind. So stellt bspw. Stein (2012, S. 279) bezogen auf das Aufgabenfeld Beratung fest »Beratung scheint eine zukünftige Kernaufgabe von Sonderpädagogen zu sein, vielleicht sogar die zentrale Aufgabe – denn sie kommen zunehmend in eine veränderte Rolle: nicht mehr primär selbst Schüler mit Förderbedarf zu unterrichten, sondern diejenigen zu beraten, die dies tun«. Mit diesem neuen Anforderungsprofil geht ein Bedarf an fachlicher Qualifizierung bzw. einem entsprechend qualifizierten Fachpersonal einher.

Ebenfalls verändert hat sich das Aufgabenprofil der Lehrkräfte an allgemeinen Schulen (Melzer et al., 2015). Durch die zunehmende Beschulung von Schülerinnen und Schülern mit einem sonderpädagogischen Förderbedarf an allgemeinen Schulen übernehmen Regelschullehrkräfte – im besten Falle unterstützt durch eine sonderpädagogische Fachkraft – Aufgaben, die sich sonderpädagogischen Tätigkeitsfeldern annähern. Als Beispiele sind zu nennen:

- Prozesse der Diagnostik, die bspw. als Lernverlaufsdiagnostik umgesetzt werden,
- differenzierte bis individualisierte Unterrichtsplanung, die z. B. aufgrund einer lernzieldifferenten Unterrichtung oder leistungsheterogenen Lerngruppe erforderlich ist,
- unterrichtsintegrierte Förderung, die bspw. eine Unterstützung von Teilleistungsbereichen (Lesen, Rechtschreibung, Rechnen, Konzentration u. Ä.) fokussiert,
- der proaktive und reaktive Umgang mit Verhaltensauffälligkeiten, z. B. im Rahmen des Classroom Management.

Diese neuen Aufgaben bedürfen einer Qualifizierung der Lehrkräfte sowie einer »Inklusionsorientierten Lehrerbildung« (Centrum für Hochschulentwicklung, 2015).

Ausbau von Qualifizierungsangeboten als Reaktion

Als Reaktion auf die skizzierten personellen Bedarfe im Bereich Sonderpädagogik (Seitz & Haas, 2015; Hennemann et al., 2017b) und im Förderschwerpunkt ESE lassen sich aktuell bundesweit zwei ähnliche Trends erkennen:

- *Ausbau der Kapazitäten in der ersten und zweiten Ausbildungsphase für das Lehramt für Sonderpädagogik* (Lehramtstyp 6), dieser lässt sich z. B. anhand der Einführung zusätzlicher sonderpädagogischer Studiengänge an Studienstätten im Bundesland Nordrhein-Westfalen und der Verdoppelung der Studienplätze für Sonderpädagogik im Bundesland Niedersachsen belegen.
- *Auf- und Ausbau von (berufsbegleitenden) Qualifizierungsangeboten für das Lehramt für Sonderpädagogik oder ähnliche Qualifizierungszielen im Rahmen des Quer- und Seiteneinstiegs, universitärer Weiterbildungen oder eigenständiger Studiengänge*, diese lassen sich z. B. anhand der Einführung berufsbegleitender sonderpädagogischer Qualifizierungsangebote für Lehrkräfte an Regelschulen (Lehramtstyp 1–4) u. a. in den Bundesländern Bayern, Bremen und Niedersachsen belegen.

Im Rahmen dieses Beitrages soll die Qualifizierung und der Kompetenzerwerb dieser beiden unterschiedlichen ›Ausbildungswege‹ zum Lehramt für Sonderpädagogik vorgestellt werden.

4.8.2 Phasen der Qualifizierung im Rahmen der grundständigen Lehramtsausbildung

Die ›grundständige‹ berufliche Qualifizierung für das Lehramt für Sonderpädagogik lässt sich in drei Phasen gliedern (Weishaupt, 2015), wobei die ersten beiden Phasen für die Einstellung in den Schuldienst obligatorisch sind und die dritte Phase einen fakultativen Charakter besitzt:

1. Phase: Studium für das Lehramt für Sonderpädagogik (obligatorisch),
2. Phase: Vorbereitungsdienst für das Lehramt für Sonderpädagogik (obligatorisch),
3. Phase: berufsbegleitende Fort- und Weiterbildung (fakultativ).

Diese Phasen sollen im Folgenden dargestellt werden.

Studium für das Lehramt für Sonderpädagogik (1. Phase)

Das Studium mit dem Ziel Lehramt für Sonderpädagogik wird in allen Bundesländern (mit Ausnahme des Saarlandes) angeboten. Eine Übersicht zu den Spezifika der einzelnen Bundesländer bietet der Artikel von Radhoff & Ruberg (2018). Deutlich wird, dass sich die »inhaltliche Ausrichtung, Bezeichnung, Studiendauer und angestrebter Abschluss unterscheiden« (ebd., S. 234). Am häufigsten findet die Bezeichnung »Lehramt für Sonderpädagogik« Verwendung, wobei auch die Begriffe »Inklusionspädagogik« in Berlin und »Inklusive Pädagogik/Sonderpädagogik« in Bremen für die Beschreibung des Studiengangs genutzt werden. Die Studiendauer beträgt zwischen neun bis maximal elf Semestern und führt zu einem Bachelor- und Masterabschluss oder dem Staatsexamen. Inhaltlich orientieren sich alle Studiengänge an den »Ländergemeinschaftlichen inhaltlichen Anforderungen für die Fachwissenschaften und Fachdidaktiken in der Lehrerbildung« (KMK, 2008) sowie den »Standards für die Lehrerbildung: Bildungswissenschaften« (KMK, 2004). Als inhaltliche Anforderungen für das Fach Sonderpädagogik werden »Allgemeine Grundlagen sonderpädagogischer Förderung« sowie »Förderschwerpunktbezogene Studieninhalte« ausgewiesen. Auf der Ebene der Förderschwerpunkt wird nach der pädagogischen, psychologischen, diagnostischen und didaktischen Dimension differenziert sowie spezifische Inhalte der Förderschwerpunkte (Lernen, ESE, Sprache, geistige Entwicklung, körperliche und motorische Entwicklung, Hören und Sehen) dargestellt. Im Förderschwerpunkt ESE soll der Fokus der universitären Ausbildung auf den folgenden Bereichen liegen:

- »Zentrale und besondere Phänomene entwicklungsbedingter oder erworbener Beeinträchtigungen des sozialen und emotionalen Verhaltens
- Psychologische und sozialwissenschaftliche Theorien zur Erklärung von Beeinträchtigungen der emotionalen und sozialen Entwicklung
- Erzieherische Herausforderungen in Krisen- und Konfliktlagen unter den Bedingungen von Verhaltensstörungen
- Didaktische Prinzipien, Unterrichtsorganisation und Interventionsstrategien bei entwicklungsbedingten oder erworbenen Beeinträchtigungen des sozialen und emotionalen Handelns und Erlebens« (KMK, 2008, S. 73).

Auch hier wird nochmals auf die Heterogenität in der Studienstruktur der Bundesländer eingegangen: »Das Studium der Sonderpädagogik ist in den einzelnen Ländern unterschiedlich strukturiert und qualifiziert für eine Berufstätigkeit in unterschiedlichen institutionellen Kontexten« (ebd., S. 69). Mit dem Ziel, einen ersten Einblick in das lehramtsbezogene Studium der Sonderpädagogik zu ermöglichen, werden exemplarisch die Studiengänge Bachelor of Arts und Master of Education Sonderpädagogik im Bundesland Niedersachsen am Beispiel der Carl von Ossietzky Universität Oldenburg dargestellt (Rieß et al., 2018). Ausführungen zu den Studiengängen an weiteren Studienstätten finden sich u. a. in der Zeitschrift Sonderpädagogische Förderung heute (3/2018) mit dem Titel »Studium der Sonderpädagogik in Zeiten der Inklusion« (Lindmeier, 2018).

Das Studium für ein sonderpädagogisches Lehramt an der Universität Oldenburg gliedert sich in zwei aufeinander aufbauende Studiengänge:

1. Zwei-Fächer-Bachelor Sonderpädagogik (180 KP),
2. Master of Education Sonderpädagogik (120 KP).

Insgesamt ist eine Regelstudienzeit von zehn Semestern vorgesehen, die sich in den sechssemestrigen Bachelor- und den viersemestrigen Masterstudiengang aufteilen. Insgesamt sind 300 Kreditpunkte (KP) gemäß European Credit Transfer and Accumulation System (ECTS) zu erwerben. Die Inhalte dieser beiden modularisierten Studiengänge gliedern sich in drei Bereiche, die parallel in einem unterschiedlichen Umfang zu studieren sind:

- Erstfach Sonderpädagogik,
- Zweitfach Unterrichtsfach und
- Professionalisierungsbereich (Inhalte der Bildungswissenschaften).

Der Bereich Sonderpädagogik hat im Bachelor (90 KP) und Master of Education (39 KP) jeweils den größten Umfang. Dieses Erstfach wird in einer modularen Struktur studiert, die Module können, aufgrund der Zulassungsbeschränkung ausschließlich von Studierenden der Sonderpädagogik besucht werden. Das Zweitfach (mit jeweils 30 KP im Bachelor- und Masterstudiengang) beinhaltet die fachwissenschaftlichen und fachdidaktischen Module des Unterrichtsfachs. Dem Professionalisierungsbereich (60 KP im Bachelor-, 51 KP im Masterstudiengang) sind Module der Bildungswissenschaften (insbesondere aus den Disziplinen Pädagogik, Psychologie und Soziologie), die Praktikumsmodule sowie die Abschlussmodule (inklusive Bachelor- bzw. Masterarbeit) zugeordnet. Die Module des Zweit- bzw. Unterrichtsfachs sowie der Bildungswissenschaften im Professionalisierungsbereich werden von Studierenden unterschiedlicher Lehramtstypen belegt, sodass hier in den einzelnen Lehrveranstaltungen Lernende unterschiedlicher (lehramtsbezogener) Studiengänge zusammenarbeiten. Jedes der angebotenen Module schließt mit einer Prüfungsleistung, z. B. in Form einer Klausur, Hausarbeit, mündlichen Prüfung, eines Portfolios oder Praktikumsberichts, ab. Im Folgenden werden die konzeptionelle Ausrichtung sowie die sonderpädagogischen Inhalte der beiden Studiengänge skizziert.

Beim *Zwei-Fächer-Bachelor Sonderpädagogik* handelt es sich um einen grundständigen Studiengang, der die Theorie und Praxis in den zentralen Handlungsfeldern der Sonderpädagogik behandelt. Er ist in seiner Ausrichtung als crosskategorial und polyvalent zu charakterisieren. Der Begriff crosskategorial bringt zum Ausdruck, dass weniger die Förderschwerpunkte die Module konstituieren, sondern der Studiengang fachrichtungsübergreifend unter Berücksichtigung der gesamten Lebensspanne ausgerichtet ist. Polyvalent wird er durch seine Einschlägigkeit hinsichtlich schulischer (Lehramt) wie auch außerschulischer Berufsfelder. In Bezug auf den Studienverlauf gliedert sich der Bachelor Sonderpädagogik in Basis- (sop012, sop022, sop032), Aufbau- (sop212, sop222, sop232) und Aktzentsetzungsmodule (sop413, sop441, sop451, sop465, sop472), die zusammen jeweils 30 KP abdecken. Eine Übersicht zu den inhaltlichen Schwerpunkten sowie zu dem modularisierten Aufbau bietet der Studienverlaufsplan (▸ Abb. 4.8.1).

Die zehn Module der Sonderpädagogik kombinieren die Studierenden mit einem Zweit- resp. Unterrichtsfach sowie den Studieninhalten des Professionalisierungsbereichs. Hier sind für Studierende mit einem schulischen Berufsziel die Praktika »prx111 Orientierungspraktikum« und »prx103 Praktikum im Berufsfeld Schule« verortet, die in Verantwortung der Sonderpädagogik in inklusiven oder förderschulspezifischen Kontexten realisiert, in Seminarform begleitet und durch Praktikumsberichte reflektiert werden.

Durch seine polyvalente Ausrichtung besteht für Absolventinnen und Absolventen des Bachelorstudiengangs Sonderpädagogik parallel die Möglichkeit, ihre

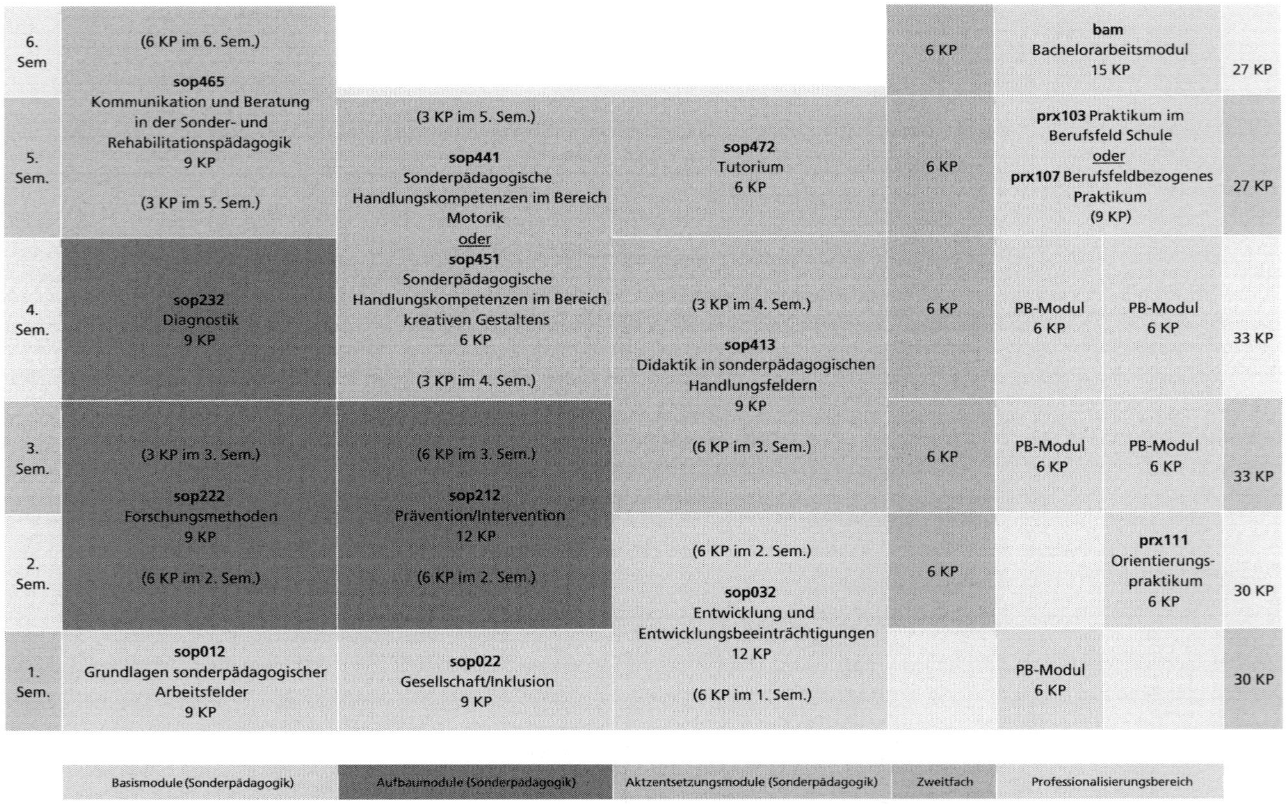

Sem.	Basismodule / Aufbaumodule (Sonderpädagogik)	Akzentsetzungsmodule (Sonderpädagogik)	Zweitfach	Professionalisierungsbereich		KP
6. Sem.	**sop465** Kommunikation und Beratung in der Sonder- und Rehabilitationspädagogik 9 KP (6 KP im 6. Sem.) (3 KP im 5. Sem.)		6 KP	**bam** Bachelorarbeitsmodul 15 KP		27 KP
5. Sem.	**sop441** Sonderpädagogische Handlungskompetenzen im Bereich Motorik oder **sop451** Sonderpädagogische Handlungskompetenzen im Bereich kreativen Gestaltens 6 KP (3 KP im 4. Sem.)	**sop472** Tutorium 6 KP (3 KP im 5. Sem.)	6 KP	**prx103** Praktikum im Berufsfeld Schule oder **prx107** Berufsfeldbezogenes Praktikum (9 KP)		27 KP
4. Sem.	**sop232** Diagnostik 9 KP	**sop413** Didaktik in sonderpädagogischen Handlungsfeldern 9 KP (3 KP im 4. Sem.)	6 KP	PB-Modul 6 KP	PB-Modul 6 KP	33 KP
3. Sem.	**sop222** Forschungsmethoden 9 KP (6 KP im 3. Sem.)	**sop212** Prävention/Intervention 12 KP (6 KP im 3. Sem.)	6 KP	PB-Modul 6 KP	PB-Modul 6 KP	33 KP
2. Sem.	(6 KP im 2. Sem.)	**sop032** Entwicklung und Entwicklungsbeeinträchtigungen 12 KP (6 KP im 2. Sem.)	6 KP	PB-Modul 6 KP	**prx111** Orientierungspraktikum 6 KP	30 KP
1. Sem.	**sop012** Grundlagen sonderpädagogischer Arbeitsfelder 9 KP	**sop022** Gesellschaft/Inklusion 9 KP (6 KP im 1. Sem.)		PB-Modul 6 KP		30 KP

Legende: Basismodule (Sonderpädagogik) · Aufbaumodule (Sonderpädagogik) · Akzentsetzungsmodule (Sonderpädagogik) · Zweitfach · Professionalisierungsbereich

Abb. 4.8.1: Studienverlaufsplan Bachelor Sonderpädagogik, Universität Oldenburg (https://uol.de/f1/inst/sonderpaedagogik/download/ Studienverlaufsplaene/neu_Studienverlaufsplan_BA_Sonderpaedagogik_90KP__ab_WiSe_16-17_.pdf)

Ausbildung in einem lehramtsbezogenen oder außerschulisch orientierten Master-studiengang fortzusetzen. Ebenfalls besteht die Option nach dem Bachelorstudien-abschluss in sonderpädagogischen Arbeitsfeldern beruflich tätig zu werden. Der viersemestrige, konsekutive Studiengang *Master of Education Sonderpädagogik* um-fasst 120 KP und legt seine Schwerpunkte auf zwei sonderpädagogische Fachrich-tungen, die mit dem Beginn des Masterstudiums gewählt werden. Aktuell können an der Universität Oldenburg die folgenden Fachrichtungen studiert werden:

- Emotionale und Soziale Entwicklung,
- Geistige Entwicklung,
- Körperliche und motorische Entwicklung,
- Lernen und
- Sprache.

Um den Bedarfen der schulischen Praxis gerecht zu werden, wird bewusst in den fünf Fachrichtungen ausgebildet, denen bundesweit die meisten Schülerinnen und Schüler mit einem sonderpädagogischen Förderbedarf zugeordnet werden (KMK, 2018c).

Im Masterstudium Lehramt Sonderpädagogik an der Universität Oldenburg be-ginnt diese Qualifizierung mit der Wahl von zwei sonderpädagogischen Fachrich-tungen, die auf Basis des crosskategorialen Bachelorstudiums aufbauend studiert werden können. Zu den sonderpädagogischen Fachrichtungen ist in der Konzeption des Studiengangs jeweils ein eigenständiges, zweisemestriges Modul zum Beginn des Masterstudiengangs vorgesehen. Die jeweils fachspezifische Weiterentwicklung zur Erfüllung des Auftrags inklusiver Bildung gehört dabei zu den zentralen Inhalten dieser fachlichen Grundlegung. In den weiteren Master-Modulen zu den Themen »Sonderpädagogische Diagnostik« (sop717), »Soziale und berufliche Inklusion – Integration – Rehabilitation« (sop718) und »Projekte Forschenden Lernens in Ar-beitsfeldern der Sonder- und Rehabilitationspädagogik« (sop719/720) werden, meist durch Vorlesungen, thematische Grundlagen vermittelt. In den folgenden Lehr-veranstaltungen erfolgt dann eine fachrichtungsspezifische Schwerpunktsetzung, sodass eine vertiefende und kontinuierliche Ausbildung in den gewählten Fach-richtungen gewährleistet ist. Die didaktischen und methodischen Grundlagen für die Kompetenzbereiche »Unterrichten« und »Erziehen« werden in den fachrich-tungsbezogenen Modulen (sop713–716, sop722) gelegt und im Praxismodul »Ent-wickeln und Erproben von Kompetenzen in der Planung, Durchführung und Eva-luation von Unterricht« (prx545) umgesetzt. Der Kompetenzbereich »Beurteilen, Beraten und Fördern« ist in dem Grundlagenmodul zur sonderpädagogischen Dia-gnostik (sop717) sowie dem Praxismodul »Förderdiagnostisches Praktikum« (prx540) verankert. Der Erwerb von Kompetenzen in der Planung, Durchführung und Auswertung resp. Reflexion von Forschungsprozessen wird durch die Ver-knüpfung der bildungswissenschaftlichen Module »Schul- und Unterrichtsfor-schung« (biw025/035) mit den sonderpädagogischen Modulen zum Forschenden Lernen (sop719/720) unterstützt. Ergänzend wird das im Bachelor begonnene Stu-dium eines Unterrichtsfaches fortgesetzt.

Eine Übersicht zu den inhaltlichen Schwerpunkten sowie zu dem modularisierten Aufbau bietet der Studienverlaufsplan (▶ Abb. 4.8.2).

	Wahlpflichtmodule	Pflichtmodule	Zweitfach	Praxismodule	Professionalisierungsbereich	
4. Sem.	3 KP im 4. Semester **sop719** Projekte Forschenden Lernens in Arbeitsfeldern der Sonder- und Rehabilitationspädagogik 1	**mam** Masterabschlussmodul Masterarbeit 24 KP begleitende Veranstaltung 3 KP				SoSe 30 KP
3. Sem.	oder **sop720** Projekte Forschenden Lernens in Arbeitsfeldern der Sonder- und Rehabilitationspädagogik 2	3 KP im 3. Semester **sop718** Soziale und berufliche Inklusion–Integration–Rehabilitation	6 KP	**prx545** Fachpraktikum Schule (Praxismodul) 7 KP	**biw025 Schul- und Unterrichtsforschung Forschungsmethoden** (6 KP, 1 V u. 1 S) oder **biw035 Schul- und Unterrichtsforschung/Diagnostik**	WiSe 29 KP
2. Sem.	2 mal 3 KP im 2. Semester **sop713 - sop716; sop722** Förderschwerpunkte GE, KME, LE, V/ES, Sprache und seine Didaktik	6 KP im 2. Semester **sop717** Sonderpädagogische Diagnostik 6 KP	6 KP	**prx540** Förderdiagnostisches Praktikum (Praxismodul) 5 KP	**biw015 Theorie der Schule** 3 KP (Teil 2:1 S) – immer im SoSe	SoSe 29 KP
1. Sem.	2 mal 6 KP im 1. Semester		6 KP		**biw015 Theorie der Schule** 3 KP (Teil 1:1 V) – immer im WiSe	WiSe 32 KP

Hinweis: Im Wahlbereich der Module **sop713–sop716; sop722** (Module der Förderschwerpunkte) müssen zwei Module im Umfang von jeweils 9 KP studiert werden!

Abb. 4.8.2: Studienverlaufsplan Master of Education Sonderpädagogik, Universität Oldenburg (https://uol.de/f/1/inst/sonderpaedagogik/download/Studienverlaufsplaene/neu_Studienverlaufsplan_M._Ed._Sonderpaedagogik_ab_WiSe_19-20_.pdf)

Den Abschluss des Studiengangs bildet das Masterabschlussmodul, in dessen Rahmen die Erstellung der Masterarbeit systematisch begleitet und unterstützt wird. Die Arbeiten sind i. d. R. empirisch ausgerichtet, sodass eigene Forschungsprojekte, oft auch in kleinen Arbeitsgruppen, theoretisch fundiert, konzipiert, umgesetzt und ausgewertet werden. Nach dem erfolgreichen Studienabschluss im Master of Education schließt sich i. d. R. die zweite Phase der Lehramtsausbildung, der Vorbereitungsdienst für das Lehramt für Sonderpädagogik, an.

Vorbereitungsdienst für das Lehramt für Sonderpädagogik (2. Phase)

Der Vorbereitungsdienst ist die zweite Phase der Ausbildung für das Lehramt für Sonderpädagogik und wird an Schulen und Studienseminaren (oder vergleichbaren Einrichtungen) durchgeführt. Ziel ist es, durch »theoretische Anleitung, unterrichtliche Erprobung und Theorie geleitete Reflexion« (KMK, 2012, S. 3) die im Studium erworbenen fachwissenschaftlichen, fachdidaktischen und bildungswissenschaftlichen Kompetenzen für das Berufsfeld der Lehrkraft zu erweitern. Die bundeslandspezifischen Unterschiede bzw. Spezifika finden, wie im Studium für das Lehramt für Sonderpädagogik, auch im Vorbereitungsdienst (auch als Referendariat bezeichnet) ihre Fortsetzung. »Dies Uneinheitlichkeit spiegelt sich auch in der variierenden Dauer des Referendariats wider« (Radhoff & Ruberg, 2018, S. 237). Während Universitätsabsolventinnen und -absolventen bspw. in Bayern oder Thüringen einen 24-monatigen Vorbereitungsdienst absolvieren, dauert diese Ausbildungsphase u. a. in den Bundesländern Baden-Württemberg, Niedersachsen und Nordrhein-Westfalen 18 Monate (in Potsdam seit 2019 sogar nur zwölf Monate). Zudem gibt es in jedem Bundesland individuelle Ausbildungsverordnungen, die die Umsetzung konkret beschreiben. Grundlage für die Durchführung sind die »Ländergemeinsame Anforderungen für die Ausgestaltung des Vorbereitungsdienstes und die abschließende Staatsprüfung« (KMK, 2012). Die Ausbildung gliedert sich gemäß diesem Beschluss in die Ausbildungsformate:

- Einführungsveranstaltungen,
- Hospitation,
- begleiteter Unterricht,
- selbstständiger Unterricht und
- Ausbildung in Seminaren.

Angestrebt ist hier der Kompetenzerwerb gemäß den *Standards für die Lehrerbildung: Bildungswissenschaften* (KMK, 2004). Zum Abschluss erfolgt die Staatsprüfung, die mindestens zwei unterrichtspraktische Prüfungen mit anschließender Reflexion sowie i. d. R. ein mündliches Prüfungsgespräch beinhaltet. Durch das Ablegen der Staatsprüfung wird die Laufbahnbefähigung für ein Lehramt erworben, die Voraussetzung für die Bewerbung um die Einstellung in den Schuldienst ist.

Fort- und Weiterbildung·(3. Phase)

Um sich den ändernden Anforderungen des Schulalltags anzupassen und auf aktuelle Entwicklungen und neue wissenschaftliche Erkenntnissen auf fachlicher, fachdidaktischer und bildungswissenschaftlicher Ebene reagieren und die entsprechenden Kompetenzen entwickeln zu können, sollen ausgebildete Lehrkräfte sich im Rahmen von Fort- und Weiterbildungen weiter qualifizieren (ebd.). Die Fort- und Weiterbildung von Lehrkräften ist nicht vereinheitlicht, sie wird in den verschiedenen Bundesländern u. a. durch unterschiedliche Landesinstitute vorgenommen (Deutscher Bildungsserver, 2019), oft in Kooperation mit außerschulischen Trägern wie Kirchen, Hochschulen oder Institutionen der Wirtschaft. Dabei wird zwischen Fort- und Weiterbildung differenziert. Zweck der *Fortbildung* ist der Erhalt und die Aktualisierung der bestehenden lehrerspezifischen beruflichen Kompetenzen, nicht die Aneignung neuer Aufgabengebiete. Besondere Leistungen müssen in diesem Format weder erbracht noch nachgewiesen und daher auch nicht dokumentiert werden (Niedersächsisches Landesinstitut für schulische Qualitätsentwicklung – im Folgenden NLQ –, 2019a). Die *Weiterbildung* hingegen dient der Qualifizierung von Lehrkräften für neue Aufgaben, z. B. für weitere Unterrichtsfächer, für Unterrichtsbereiche oder für besondere Aufgaben in der Schule (Niedersächsisches Kultusministerium – im Folgenden MK –, o. J.). Der Erwerb neuer Kompetenzen muss über besondere Leistungen (z. B. durch Klausuren, Hausarbeiten, Referate, Präsentationen, Lehrproben) nachgewiesen werden (NLQ, 2019a).

Im Bundesland Niedersachsen obliegt bspw. die regionale Fortbildung der Lehrkräfte seit 2012 den Kompetenzzentren unter Federführung des NLQ. Es gibt derzeit insgesamt zwölf Kompetenzzentren, von denen der Großteil an den niedersächsischen Universitäten angegliedert ist, um eine Brücke zu den neuesten wissenschaftlichen Erkenntnissen zu schlagen. Neben kostenpflichtigen Fortbildungsveranstaltungen, die von den einzelnen Lehrkräften entsprechend ihrer Bedarfe ausgewählt werden können, bieten die Kompetenzzentren bildungspolitisch priorisierte Lehrkräftefortbildungen an, die für Schulen kostenfrei sind. Zudem beraten sie die Schulen auf Anfrage hin über schulinterne Fortbildungen (SchiLf) (NLQ, 2019b), deren Wirkung ganze Kollegien beeinflussen kann.

Die Frage nach der Wirksamkeit von Fortbildungen und deren begünstigenden Faktoren steht häufig im Zentrum wissenschaftlichen Interesses, einen Überblick über den Lernerfolg beeinflussende Faktoren zeigt Lipowskis & Rzejaks (2017, S. 380) »Angebots-Nutzungs-Modell der Lehrkräftefortbildung«. Sie identifizieren die intensive Zusammenarbeit in Kollegien, das Erleben der eigenen Handlungswirksamkeit, die Integration bestehender Befunde der Unterrichts- und der Lehr-/Lernforschung sowie Input-, Erprobungs- und Reflexionsphasen in die Formate, die Erfahrung von Coaching und Feedback sowie das Erreichen von fachlicher Tiefe, die Fokussierung auf das Verständnis der Schülerinnen und Schüler sowie auch die Dauer der Fortbildung als die Wirksamkeit von Fortbildungen förderliche Kriterien (ebd., S. 383–391). Hierbei darf jedoch die Komplexität des Zusammenspiels von Lernprozessen, die Voraussetzungen der Teilnehmenden selbst wie z. B. Vorwissen und Einstellungen, die Interaktion der verschiedenen an den Fortbildungen beteiligten Akteure, die unterschiedlichen Gestaltungsfaktoren der Fortbildung selbst, das

Umfeld der Lehrkräfte wie z. B. ihr Kollegium, ihre Schulleitung, die Schulaufsicht und deren politische Agenda sowie natürlich die Schülerinnen und Schüler als Zielgruppe nicht unterschätzt werden. Es handelt sich also um »Annahmen zur Wirkung von Fortbildungen sowie Annahmen zur Wirksamkeit bzw. zu Merkmalen effektiver Fortbildungen« (Lesemann, 2016, S. 33). Kritisch angemerkt werden kann, dass die exemplarisch genannten Einflüsse und Faktoren nicht kontrollierbar sind und die Validität der Aussagen bzgl. der Wirkung einer Fortbildung nicht eindeutig ist (ebd., S. 38), da z. B. der Wissenszuwachs einer Lehrkraft noch nicht die Auswirkung auf die Schülerinnen und Schüler bzw. den Klassenraum widerspiegelt.

Da Fortbildungen ein probates Mittel sind, um auf kurzfristige Veränderungen im Schulalltag und den damit verbundenen Anforderungen zu reagieren (Weishaupt, 2015, S. 227), sind sie für die Umsetzung der inklusiven Schule trotz allem unabdingbar. Seitz & Haas (2015, S. 10) weisen im Zusammenhang der tiefgreifenden Veränderungen im Schulsystem bedingt durch die Einführung der inklusiven Schule auf den weitreichenden Wandel der Berufsprofile aller Lehrkräfte hin und betonen die Bedeutung der Aus-, Fort- und Weiterbildung für Lehrkräfte sowohl an allgemeinbildenden Schulen als auch an Förderschulen. Auch Weishaupt spricht von einer »Transformation aller Aspekte der professionellen Handlungskompetenzen, um Inklusion im Schulsystem zu ermöglichen« (2015, S. 225). Badstieber & Amrhein (2016, S. 177) zeigen die Schwierigkeit der Aufgabenteilung zwischen Regelschullehrkräften und Sonderpädagoginnen und -pädagogen, die auf eine Neuausrichtung der Aufgabenfelder und der Zusammenführung bzw. Transformation der Expertisen beider Berufsgruppen zusteuern (Radhoff & Ruberg, 2018, S. 233). Gerade für Regelschullehrkräfte, die in inklusiven Kontexten arbeiten sollen, die nicht Teil ihrer Erstausbildung waren, sind Fort- und Weiterbildungen eine wichtige Qualifizierungsmöglichkeit (Badstieber & Amrhein, 2016, S. 175 f.; Hennemann et al., 2018, S. 7 f.). Bei der Konzeption dieser inklusiven Fortbildungen – gerade auch im Förderschwerpunkt ESE – sollte der generelle Kriterienkatalog für wirksame Fortbildungen auch die Einstellung der Lehrkräfte gegenüber ihren Schülerinnen und Schülern, das Wissen um Gefühls- und Verhaltensstörungen, die Kenntnis konkreter Handlungsstrategien und evidenzbasierter Praktiken zum Umgang mit herausforderndem Schülerverhalten sowie v. a. das Wissen über deren Umsetzung im Unterrichtsalltag im Sinne prozeduralen Wissens in den Blick nehmen, die Verbindung zwischen den vermittelten Inhalten und deren Relevanz für den Schulalltag herstellen und auch die Unterstützung durch die Schulleitung und die Schulaufsicht einfordern (Leidig et al., 2016).

4.8.3 Alternative Qualifizierungsmöglichkeiten für das Lehramt für Sonderpädagogik

Neben der ›grundständigen‹ Ausbildung für das sonderpädagogische Lehramt werden in mehreren Bundesländern alternative Qualifizierungsprogramme umgesetzt, die den Einstieg in den Schuldienst und die Befähigung für das Lehramt für Sonderpädagogik anstreben. In Anbetracht des einleitend skizzierten Bedarfs an qualifizierten Fachkräften im Bereich Sonderpädagogik und des zeitlichen Umfangs der grundständigen Lehramtsausbildung von ca. sechseinhalb Jahren erscheinen Qualifizierungsmaßnahmen, mit denen ›zeitnah‹ auf die personellen Bedarfe reagiert werden kann, als durchaus nachvollziehbar. Aktuell werden hauptsächlich zwei unterschiedliche Formate angeboten, die sich hinsichtlich der Zielgruppe, Struktur und inhaltlichen Ausrichtung unterscheiden.

Quer- und Seiteneinstieg

Unter dem Begriff Quer- und Seiteneinstieg werden Qualifizierungsangebote zusammengefasst, die sich an Personen richten, die kein Lehramtsstudium absolviert haben, allerdings über ein fachwissenschaftliches Studium verfügen, dessen Inhalte in Teilen für ein oder mehrere Fächer des Lehramtsstudiums anerkannt werden können (Trautmann, 2019). Im Bereich Sonderpädagogik erfolgt die Anerkennung i. d. R. bezogen auf die fachwissenschaftlichen Inhalte eines Unterrichtsfaches oder einer sonderpädagogischen Fachrichtung. Die Definition und Abgrenzung der Termini Quer- und Seiteneinstieg erfolgt in den Bundesländern nicht einheitlich und teilweise kommt es zu einer synonymen Verwendung. Die folgende Begriffsklärung bezieht sich auf Trautmann (2019).

Maßnahmen des *Quereinstiegs* werden umgesetzt, wenn Inhalte des vorherigen Studiums für zwei (Unterrichts-)Fächer anerkannt werden können, z. B. Absolventinnen und Absolventen eines nicht lehramtsbezogenen sonderpädagogischen Studiengangs mit einem weiteren Studienfach, das inhaltlich einem Unterrichtsfach zugeordnet werden kann. Die fehlenden bildungswissenschaftlichen und fachdidaktischen Inhalte der ersten Ausbildungsphase (Studium) werden im Rahmen eines (i. d. R. zeitlich umfangreicheren) Vorbereitungsdienstes erworben. In einigen Bundesländern erfolgt die Auflage vor dem Einstieg noch ausgewählte Inhalte des Studiums nachzuholen.

Der *Seiteneinstieg* richtet sich ebenfalls an Personen, deren schulaffines Fachstudium in Teilen anerkannt werden kann. Die Qualifizierung bezogen auf die fehlenden bildungswissenschaftlichen und fachdidaktischen Elemente erfolgt berufsbegleitend an einer Hochschule. Dies bedeutet, dass die zu qualifizierenden Personen bereits als Lehrkräfte an Schulen tätig sind und parallel als Studierende universitäre Leistungen erbringen. Nach dem Abschluss der hochschulischen Qualifizierung ist häufig ein berufsbegleitender Vorbereitungsdienst zu absolvieren.

Universitäre Weiterbildung und Aufbaustudiengänge

Eine weitere Möglichkeit, die Befähigung für das Lehramt für Sonderpädagogik zu erwerben, besteht darin, eine universitäre Weiterbildung oder einen Aufbaustudiengang berufsbegleitend zu absolvieren (Seitz & Haas, 2015). Diese beiden Angebote richten sich i. d. R. an Lehrkräfte anderer Lehrämter (z. B. Lehramt für Grundschulen, Gymnasien oder berufliche Schule), die das entsprechende Lehramtsstudium sowie den Vorbereitungsdienst erfolgreich absolviert haben. Der Schwerpunkt der Qualifizierung liegt hier auf dem Erwerb grundlegender Kompetenzen der Sonderpädagogik, der sonderpädagogischen Fachrichtungen sowie der inklusiven

Pädagogik. Eine erste Übersicht zu den Aufbaustudiengängen bieten Radhoff & Ruberg (2018, S. 242). Auch hier bestehen Unterschiede zwischen den einzelnen Bundesländern. Bspw. hat sich Niedersachsen dafür entschieden, neben den berufsqualifizierenden Maßnahmen an den niedersächsischen Studienseminaren für das Lehramt für Sonderpädagogik für Lehrkräfte, die an öffentlichen Förderschulen oder in der sonderpädagogischen Förderung an anderen öffentlichen oder berufsbildenden Schulen tätig sind und nicht über eine Lehrbefähigung für das Lehramt für Sonderpädagogik verfügen (MK, 2018), das Format der Weiterbildung an den beiden Universitäten in Oldenburg (MK, 2014) und Hannover anzubieten (MK, 2015). Um einen Einblick in die Spezifika und Inhalte eines solchen Qualifizierungsprogramms zu ermöglich, wird im Folgenden exemplarisch die »Weiterbildung Sonderpädagogik« an der Universität Oldenburg vorgestellt.

Weiterbildung Sonderpädagogik an der Carl von Ossietzky Universität Oldenburg

Aufgrund des massiven Bedarfes an qualifizierten sonderpädagogischem Personal in Bremen und Niedersachsen wurde 2011 die Weiterbildung Sonderpädagogik vom *Institut für Sonder- und Rehabilitationspädagogik* der Fakultät I – Bildungs- und Sozialwissenschaften der Carl von Ossietzky Universität Oldenburg unter der Leitung von Prof. Dr. Manfred Wittrock, Prof. Dr. Clemens Hillenbrand und apl. Prof. Dr. Heinrich Ricking in Kooperation mit dem Zentrum für Lehrkräftebildung – Didaktisches Zentrum (DiZ) für Lehrkräfte in der Primarstufe und dem Sekundarbereich I konzipiert. Die Weiterbildung »Pädagogik und Didaktik bei Beeinträchtigungen im Lernen und in der emotionalen und sozialen Entwicklung [unter besonderer Berücksichtigung inklusiver Settings]« richtet sich an Lehrkräfte mit der Lehrbefähigung für das Lehramt an Grund- und Hauptschulen, an Grund-, Haupt- und Realschulen, an Realschulen, an Gymnasien oder an berufsbildenden Schulen, die an öffentlichen allgemeinbildenden, berufsbildenden Schulen oder an Schulen in kirchlicher Trägerschaft im Bereich des Niedersächsischen Kultusministeriums tätig sind sowie für schulisches Personal an Schulen in privater Trägerschaft. Sie ist eine in Niedersachsen anerkannte Maßnahme zur Weiterqualifizierung von Lehrkräften im sonderpädagogischen Bereich und erfüllt die Anforderungen nach Nr. 4.3 des RdErl. d. MK v. 28.08.2012 (SVBl. S. 509) »Qualifizierungen gemäß § 13 Abs. 1 und 2 der Niedersächsischen Verordnung über die Laufbahn der Laufbahngruppe 2 der Fachrichtung Bildung (NLVO-Bildung) und Erwerb einer Ergänzungsqualifikation für ein Lehramt« (RdErl. d. MK v. 28.8.2012).

Die Weiterbildung Sonderpädagogik gehört nicht zum grundständigen Studienangebot der Universität Oldenburg, sondern sie wird entsprechend der spezifischen Bedarfe von Schulträgern auf Nachfrage für die *berufsbegleitende Qualifikation* schulischen Personals sowohl in inklusiven Settings als auch an Förderschulen gestaltet und angeboten. Dementsprechend variieren die Laufzeiten (zwischen zwei und zweieinhalb Jahren, also vier oder fünf Semester), die Zahl der Module (fünf bis sieben), die Modulpläne (die konkreten Inhalte der Module) und die erreichbaren KP (60 bis 106 KP entsprechend des ECTS). Die *Lehrveranstaltungen* werden in

Kompaktveranstaltungen (i. d. R. jeweils freitags und samstags mit insgesamt 15 Unterrichtsstunden) durchgeführt, die über die Laufzeit der Weiterbildung verteilt ca. ein- bis zweimal im Monat stattfinden. Während den Schulferien werden keine Lehrveranstaltungen angeboten. Eine zeitweise Freistellung (i. d. R. ein Schultag/Woche) der Teilnehmenden durch die Träger zur Bewältigung der gestellten Anforderungen (u. a. Selbststudium, Modulabschlussleistung) wird von universitärer Seite empfohlen und i. d. R. von den Trägern umgesetzt. Die Module werden angeboten von Referentinnen und Referenten, die bereits an der Universität Oldenburg im Fachbereich Sonderpädagogik oder in der Praxis also Sonderpädagoginnen und -pädagogen tätig sind und über hochschuldidaktische Erfahrungen verfügen.

Angelehnt ist der *Aufbau* der Weiterbildung an das grundständige Studium der Sonderpädagogik an der Universität Oldenburg. Es ist modularisiert und kompetenzorientiert, folgt den prüfungsrechtlichen universitären Vorgaben und orientiert sich an Inhalten aus dem Bachelor- und dem Masterstudium. In jeder Weiterbildung werden mindestens zwei sonderpädagogische Fachrichtungen (ESE, Lernen und/ oder Geistige Entwicklung) angeboten. Die *Module* der Weiterbildung Sonderpädagogik können entsprechend der Bedarfe der Träger aus den folgenden Themenschwerpunkten zusammengestellt werden:

- Einführung und Grundlagen Sonderpädagogik
- Cross-kategoriale Sonderpädagogik
- Didaktik – Unterrichtsbasierte Förderung
- Lernförderung bei kognitiven Beeinträchtigungen
- Förderung der emotional-sozialen Entwicklung
- Vertiefung in den Förderschwerpunkt Geistige Entwicklung
- Inklusive Didaktik
- Reflektierte Unterrichtspraxis
- Prüfungsmodul

Die Module bestehen jeweils aus mehreren Modulbausteinen (= Veranstaltungseinheiten) mit individuellen thematischen Schwerpunkten. Das Modul »Reflektierte Unterrichtspraxis« liegt in der Verantwortung der Schulträger und wird parallel zur Laufzeit der Weiterbildung Sonderpädagogik erbracht und von universitärer Seite begleitet. In diesem Modul werden von den Trägern bspw. Elemente des Vorbereitungsdienstes wie Hospitationen, begleiteter Unterricht, Gestaltung von Unterrichts- und Förderangeboten im Team oder kollegiale Unterrichtsreflexion umgesetzt. Die Module werden in chronologischer Reihenfolge studiert und jeweils mit einer *Modulprüfung* (Portfolio, Seminargestaltung/Referat, mündliche Prüfung, Hausarbeit, schriftliche Projektarbeit) abgeschlossen. Der Fokus liegt hierbei u. a. auf der Verbindung der behandelten Inhalte des Moduls mit dem eigenen schulischen, sonderpädagogischen Arbeitsfeld. In Rücksprache mit den Trägern wird zusätzlich eine (mündliche und schriftliche) Abschlussprüfung durchgeführt. Flankiert wird die inhaltliche Arbeit in den Seminaren durch ein *Koordinationsteam*, das sich um den reibungslosen Ablauf auf inhaltlicher und organisatorischer Ebene kümmert und auf anstehende Fragen sowohl von Teilnehmenden, Lehrenden und Trägern direkt reagieren kann. Nach *Abschluss* des berufsbegleitenden Ergänzungsstudiums mit erfolgreich bestandenen Modulleistungen (und ggf. Abschlussprüfung) sowie einer aktiven Teilnahme an mindestens 80 % der Lehrveranstaltungen stellt die Hochschule ein qualifizierendes Hochschulzertifikat aus, das die Themen der Module sowie die erreichten Leistungspunkte ausweist.

4.8.4 Fazit und Ausblick

Im deutschen Bildungssystem besteht aktuell ein hoher Bedarf an sonderpädagogischen Lehrkräften, u. a. für die schulische Arbeit im Förderschwerpunkt ESE. Durch die zweiphasige, grundständige Ausbildung für das Lehramt für Sonderpädagogik (Hochschulstudium und Vorbereitungsdienst) gelingt es derzeit nicht (mehr), dem steigenden personellen Bedarf der Praxis gerecht zu werden. Deshalb sind zum einen die Kapazitäten in der grundständigen Lehramtsausbildung erhöht und zum anderen alternative Qualifizierungsprogramme initiiert worden. Deutlich wird in der Auseinandersetzung, dass zwischen den Ausbildungen in den einzelnen Bundesländern Unterschiede bestehen, die einen Vergleich erschweren. Hier wäre zukünftig eine systematische Analyse der Spezifika wünschenswert, um die Grundlage für eine Gegenüberstellung und Diskussion zu schaffen.

Auch wenn durch die Fort- und Weiterbildungen keine Professionalisierung im Sinne einer grundständigen Lehramtsausbildung erfolgt, so helfen sie doch, kurzfristige Versorgungsengpässe auszugleichen und v. a. die Regelschullehrkräfte so zu qualifizieren, dass diese den inklusiven Bedarfen im aktuellen Arbeitsfeld nachkommen können. Aktuell liegen bereits vereinzelt regional- oder programmspezifische Forschungsergebnisse (Seitz & Haas, 2015; Badstieber & Amrhein, 2016; Hennemann et al., 2017b) zur Umsetzung bestehender Ausbildungsangebote vor. Es fehlt jedoch an belastbaren Ergebnissen hinsichtlich der Wirksamkeit und Evidenz solcher Maßnahmen, z. B. mit Blick auf die grundständige Ausbildung und alternative Qualifizierungsmöglichkeiten für das Lehramt für Sonderpädagogik (ebd., S. 533; Leidig et al., 2016, S. 66). Hier sind weitere (vergleichende) Studien oder Metastudien erforderlich, um Aussagen bzgl. der Qualität der Ausbildung treffen zu können und diese zu sichern.

5 Offene Fragen und Herausforderungen – Ein Fazit

Heinrich Ricking & Manfred Wittrock

Beeinträchtigungen in der emotionalen und sozialen Entwicklung bzw. Verhaltensstörungen stellen in der heutigen, sich inklusiv entwickelnden Schullandschaft eine große Herausforderung für alle an und in Schule Beteiligten dar. Die daraus erwachsenen täglichen Aufgaben bedürfen einerseits gut vorbereiteter Fachkräfte und andererseits eines Systems abgestimmter Unterstützung, das bedarfsgerecht der Heterogenität der Zielgruppe entspricht. Im Rahmen dieses Buches wurden vor diesem Hintergrund u. a. präventive Maßnahmen in der allgemeinen Schule, frühinterventive Hilfen durch Mobile Dienste bis hin zu intensivpädagogischen Ansätzen thematisiert. Doch es bleiben zahlreiche offene Fragen und Herausforderungen institutionell-systemischer, theoretischer und praktischer Art, die an dieser Stelle kurz angedeutet werden.

Rolle und Verantwortung von Förderung und Unterstützung

Die inklusive Förderung im Schulwesen ist einzubetten in ein gestuftes und flexibel auf die unterschiedlichen Bedarfe in der Praxis ausgerichtetes Förderkonzept. Sie garantieren ein differenziertes Hilfsangebot und schaffen für Eltern, Schülerinnen und Schülern sowie Lehrkräfte wählbare Optionen weiterer Förderung. Dieses handlungsleitende Modell macht deutlich, dass entgegen den traditionellen, weitgehend an Förderschulen orientierten Verfahren die allgemeinen Schulen in großem Maße Verantwortung für die Förderung aller Schülerinnen und Schüler übernehmen (Ricking & Wittrock, 2012). Insbesondere Grund- und weiterführende Schulen haben sich auf veränderte Förderstrukturen und Handlungsmuster einzustellen und in Kooperation sonderpädagogische Hilfen bereitzustellen. In einem inklusiv orientierten Schulsystem ist für alle Schülerinnen und Schüler der Zugang zum allgemeinen Schulsystem die Regel, begründete Ausnahmen sollten, z. B. im Falle komplexen Förderbedarfs, temporär möglich sein. Innerhalb eines differenzierten Angebots sollten Mobile Dienste und andere zugehende Unterstützungsformen subsidiär Einsatz finden. Diese können einen Beitrag dazu leisten, die geringe oder fehlende Passung zwischen der Schule mit ihren Bedingungen und Erwartungen und einem Teil der Schülerinnen und Schüler mit ihren Möglichkeiten und Zielen zu mindern.

Wie die Bildungsberichte regelmäßig vermitteln, gelingt es dem deutschen Schulsystem bislang nur unzureichend, die zunehmende Verhaltens- und Leistungsvielfalt im Klassenraum im Sinne der Kinder konstruktiv zu nutzen (Autorengruppe Bildungsberichterstattung, 2018). Der Problemlage, die Ressourcen der 15 bis 20 % in

Bezug auf schulische Anforderungen leistungsschwächsten Kinder und Jugendlichen wahrzunehmen und so zu fördern, dass sie sozial und beruflich in unserer Gesellschaft ankommen, ist bislang nicht erfolgreich begegnet worden. Dabei geht es sowohl um die Einzelnen und ihre biografischen Schicksale als auch um eine Gesellschaft, die auf deren sozialen und wirtschaftlichen Beitrag nicht verzichten kann. Positive emotional-soziale Entwicklung unterstützende Strukturen sind deshalb für alle Kinder und Jugendlichen herzustellen, insbesondere für die, die bildungsfern, gesundheitlich belastet und oftmals mit Migrationshintergrund aufwachsen. Ein entsprechendes Förderpotenzial aufzubauen und zu optimieren kann als eine zentrale Zukunftsaufgabe von Schule betrachtet werden (Ricking, 2017c). In diesem Rahmen sind wichtige Ziele der Schulentwicklung zu definieren: Zum einen die Stärkung der Bewältigungskompetenzen der Schülerinnen und Schüler im Umgang mit risikobelastenden Lebenslagen und zum anderen die Schaffung von Förderbedingungen in der Schule, die eine störungsarme und gesunde Entwicklung ermöglichen. Es zeigt sich ein enormer Bedarf an konzeptionell abgesicherter Schul- und Unterrichtsentwicklung mit dem Ziel, Schülerinnen und Schüler u. a. mit instabiler Emotionalität und entwicklungsbedürftigem Sozialverhalten zielführend zu stärken und damit das Unterstützungspotenzial und die Haltekraft der Schulen auszubauen.

Koordination und Steuerung der Unterstützungsprozesse

Innerhalb eines gestuften Systems der Hilfen im Förderschwerpunkt ESE sind Förderangebote für Kinder, Jugendliche und junge Erwachsene mit unterschiedlichen Unterstützungsbedarfen – von ersten Auffälligkeiten bis hin zu einer massiven Verhaltensstörung – integriert. Die aufeinander aufbauenden Unterstützungsstufen sehen eine Intensivierung und Individualisierung der Förder- und Unterstützungsangebote vor und es wird davon ausgegangen, dass (unterstützungs-)bedarfsorientierte Wechsel zwischen den unterschiedlichen Ebenen resp. Stufen des Systems erfolgen werden. Zentral ist hierbei die Frage, wie diese Transitions- sowie (stufenübergreifenden) Unterstützungsprozesse koordiniert und im Sinne einer gelingenden Kooperation umgesetzt werden können. Die Weitergabe von Informationen bzgl. aktueller und erfolgter Unterstützungsmaßnahmen und Entwicklungen, die Vernetzung unterschiedlicher, am Prozess beteiligter Akteurinnen sowie Akteure und eine Kontinuität in der Zuständigkeit für den jungen Menschen sowie in der Fallsteuerung sind in diesem Zusammenhang als übergeordnete Aufgaben zu formulieren. Die Frage ist, wer diese Aufgaben im Rahmen eines komplexen Unterstützungssystems übernimmt und wie diese ausgestaltet werden können. Es bedarf hier einer Art »Casemanagement«, das sich durch eine stufenübergreifende, kontinuierliche Zuständigkeit und professionelle Koordination und Steuerung der Unterstützungsprozesse in einem regionalen Rahmen auszeichnet.

Etikettierungs-Ressourcen-Dilemma

Ziel aller Bemühungen zur (schulischen) Inklusion sollte die Ermöglichung der Teilhabe aller Menschen an allen gesellschaftlichen Bereichen sein, unabhängig von ihren Fähigkeiten, Einstellungen oder Einschränkungen. Doch wie werden Unterstützungsoptionen mit ihren Ressourcen verteilt und zum Kind oder Jugendlichen geführt, wenn es auch darum geht eine Etikettierung, z. B. per Feststellung des sonderpädagogischen Förderbedarfs, zu vermeiden? Bereits 1993 greifen Füssel & Kretschmann (S. 43) den unauflösbar erscheinenden Widerspruch zwischen der klaren Ablehnung einer Etikettierung und der für ein Kind (z. B. im Bereich ESE) dringend notwendigen Förderung auf – dafür hat sich die Bezeichnung »Etikettierungs-Ressourcen-Dilemma« etabliert. Auch Bleidick, Rath & Schuck thematisieren (1995, S. 256) diese Problematik in ihrem Beitrag zur Kritik an den Empfehlungen der KMK zur sonderpädagogischen Förderung. Die Unauflösbarkeit der Zwangslage wird vermutlich in ihrer Grundstruktur solange bestehen, wie gesellschaftlich transportierte Vorurteile über und Abwertungen von Menschen mit Behinderungen fortbestehen und Fachbegriffe in einigen Jahren in der Alltagskommunikation verschlissen werden. Insofern scheint u. a. der (aus der Beurteilerperspektive negative) semantische Vorhof des Begriffs »Förderbedarf« einen großen Anteil an der Persistenz dieses Dilemmas zu haben. Vor diesem Hintergrund ist es ratsam, intensiv über systemische Formen der Ressourcenvergabe nachzudenken, die nicht mehr abhängig sind von Bedarfen und der administrativen Identifikation Einzelner.

Fördergerechtigkeit und selektiver Blick auf Zielgruppen?

Schon früh in ihrer Entwicklung sind Sonder- bzw. Förderschulen und die allgemeinen Schulen ein sich komplementär ergänzendes Verhältnis eingegangen. Die Letztgenannten wurden von schwierigen Schülerinnen und Schülern sowie basalen Förderaufgaben ›entlastet‹, die Erstgenannten konnten sich auf ihre Zielgruppen mit besonderen pädagogischen Bedarfen beziehen und in ihrer professionellen Eigenständigkeit legitimieren. Dieses Ergänzungsverhältnis hat zu einer relativ stabilen Förderstruktur geführt, die erst durch die Einführung der inklusiven Schule unterlaufen wurde. Die Entlastungsfunktion, die die schulische Erziehungshilfe für die allgemeine Schule ausübt, bedingt mit, welche Kriterien und Verhaltensmerkmale die Zuweisung eines sonderpädagogischen Förderbedarfs ermöglichen und welche nicht. Nicht der tatsächlich vorliegende Förderbedarf im Feld der emotionalen und sozialen Entwicklung bei einer Schülerin oder einem Schüler ist maßgeblich für die Gewährung der Förderung, sondern ob und in welchem Ausmaß die Erscheinungsformen des infragestehenden Verhaltens schulische Ordnungsstrukturen oder auch die Lernoptionen der Mitschülerinnen und Mitschüler beeinträchtigen. Da internalisierende Problemlagen im schulischen Setting kein oder deutlich weniger Störungspotenzial entfachen, stehen im Förderschwerpunkt externalisierende Verhaltensbeeinträchtigungen im Mittelpunkt, die überwiegend männliche Schüler betreffen (Myschker & Stein, 2018). Dieser schon lange bekannte Sachverhalt – so einschlägige Evaluationsergebnisse – wandelt sich auch unter inklusiven Vorzeichen nicht, sodass die genderbezogene Schieflage beharrlich bestehen bleibt (Ricking & Rieß, 2013; Spies et al., 2010; Rieß & Wittrock, 2015). Hintergründig ist hier bedeutsam, dass im Feld der Gutachtervariablen die Meldung durch die Lehrkraft zumeist der Grundschule einen maßgeblichen Einfluss auf die Feststellung eines

Förderbedarfs ausübt (Mand, 2002). Es erweckt den Anschein (Jungen machen auch unter den Sitzenbleibenden sowie Schulabgängern ohne Abschluss die Mehrheit aus), dass Jungen bspw. durch die normativen Verhaltenserwartungen (z. B. dauerhaft stillsitzen) und die bevorzugten Lernformen (v. a. über auditive und optische Kanäle) in der allgemeinen Schule insgesamt ungünstigere Lernbedingungen vorfinden als Mädchen. Ihr häufig größeres Bedürfnis nach körperlichem Ausagieren wird als Störfaktor interpretiert, ihre Neigung mit den Lerngegenständen hantieren zu wollen und zu müssen (um lernen zu können) passt nicht in den von Frontalunterricht, Schulbuch und Arbeitsblatt dominierten Unterricht. Die geringe Beachtung, die internalisierende Erlebens- und Verhaltensprobleme in der Schule finden, resultiert demnach daraus, dass verunsichert, angstvoll oder gehemmt wirkende Kinder und Jugendliche den Unterricht und das Schulleben kaum negativ beeinflussen und so auch keinen Förderbedarf hervorrufen (dabei gehören Angststörungen zu den häufigsten Störungen bei Kindern und Jugendlichen, Ihle & Esser, 2008) (▶ Kap. 2.5). Insbesondere Mädchen und junge Frauen sind hier überproportional häufig vertreten und fallen aufgrund der nach innen gerichteten Merkmale weniger auf, benötigen jedoch oft ebenso pädagogische und/oder therapeutische Unterstützung (Ricking & Speck, 2020). Die Tatsache, dass internalisierende Erscheinungsformen deutlich weniger Leidensdruck im sozialen Umfeld hervorrufen, darf nicht darüber hinwegtäuschen, dass es sich oft um sehr ernsthafte emotionale Problemlagen der Heranwachsenden handelt, die mit hochgradigen Gefährdungen für die zukünftige Entwicklung einhergehen. Über diese leisen, unaufdringlichen Problematiken im internalisierenden Feld scheinen auch viele Akteure in der Schule hinwegzusehen (Schomaker & Ricking, 2012).

Mensch und/oder Maßnahme?

Im fachlichen Diskurs der Pädagogik bei Verhaltensstörungen fallen immer wieder (gegensätzliche?) Positionen ins Auge, die offenbar den Kern der pädagogischen Professionalität unterschiedlich verorten. Zum einen geht es um die distinguierte Rolle und hohe Verantwortung der Sonderpädagoginnen und Sonderpädagogen, die eine fachlich elaborierte Förderung und Unterstützung mittels theoriebasierten Wissens und einer personenorientierten Haltung im Rahmen einer gelebten pädagogischen Beziehung zwischen Schülerinnen und Schülern sowie Lehrkräften realisieren (Müller & Stein, 2018; Bolz, Wittrock & Koglin, 2019). Dabei wird das Bild einer theoriereflektierten Praktikerin oder Praktikers entworfen, die bzw. der in der Lage ist, eine Vielzahl an Handlungsmustern und Verfahren diagnostisch abgesichert, systematisch und flexibel umzusetzen (Vernooij & Wittrock, 2008). Im Zentrum dieses Verständnisses von Professionalität steht die Fachkraft, deren bedeutsamer Anteil an der Wirksamkeit pädagogischer Methoden in der Lern- und Verhaltensförderung auch von großen Metastudien unterstrichen wird: z. B. Klarheit der Instruktion (d=.75), Feedback (d=.73) und Qualität des Lehrer-Schüler-Verhältnisses (d=.72) (Hattie, 2009). Zum anderen fließt viel Energie in die Entwicklung von verhaltensunterstützenden Methoden, die als Förderkonzepte oder Trainingsmaßnahmen zur Verbesserung der emotional-sozialen Kompetenz für schulische

Settings angeboten werden (Hennemann & Casale, 2016). Hinsichtlich der Herkunft sind deren wirkungsbezogene Elemente zumeist psychologisch-therapeutischen Ansätzen entlehnt – auf ihre bestätigte Effektivität im Sinne einer Evidenzbasierung wird größter Wert gelegt (Popp, 2018). Im Mittelpunkt steht die Maßnahme, auf die viel Energie verwandt wird und hinter die die Fachkraft als Person, die die Maßnahme umsetzt, so scheint es, zurücktritt. Dennoch sollte ein divergierendes Gegenstandsverständnis, das oft auch von unterschiedlichen wissenschaftstheoretischen Zugängen geprägt wird, es auch im Sinne der beträchtlichen Aufgaben des Faches möglich machen, in einer pragmatischen Auslegung eher die Ergänzungsverhältnisse als die Antagonismen in den Perspektiven zu erkennen und für die Förderung und Unterstützung der Zielgruppe zu nutzen.

Das Wait-to-Fail-Problem

Wenn innerhalb von Bildungssystemen die Unterstützungsleistungen für Schülerinnen und Schüler mit sonderpädagogischem Förderbedarf erst dann ermöglicht werden, wenn die Problementwicklung schon weit vorangeschritten ist, spricht man vom Wait-to-Fail-Problem (Hennemann, Ricking & Huber, 2017) (► Kap. 3). Einerseits wird diese Problematik durch unzureichende präventive Kulturen, Strukturen und Praktiken in der Schule begünstigt. Andererseits findet eine hilfreiche Unterstützung des Kindes oder Jugendlichen erst ab einem Zeitpunkt statt, wenn sich die Störungen bereits in einem fortgeschrittenen Stadium befinden und den Fehlentwicklungen nur noch mit einem erheblichen Aufwand zu begegnen ist. Obwohl es grundsätzlich zu verhindern gilt, dass sich Verhaltensstörungen anbahnen und ausbauen, warten die Akteurinnen und Akteure in Bildungseinrichtungen oft so lange, bis sich das Vollbild einer Störung zeigt, weil sie erst unter diesen Bedingungen Ressourcen für die Förderung bewilligt bekommen. Dieser in sich widersprüchlichen Problematik ist nur durch den konsequenten Aufbau von schulischen Präventionsstrukturen beizukommen.

Aus diesen exemplarisch dargestellten Aspekten und Herausforderungen in der professionellen Arbeit wird deutlich, dass noch viele Fragen offen sind, die in der täglichen professionellen Arbeit bewältigt werden müssen.

Quellen- und Literaturverzeichnis

Ader, S. (2004): »Besonders schwierige« Kinder: Unverstanden und instrumentalisiert. In: J. M. Fegert & C. Schrapper (Hrsg.), Handbuch Jugendhilfe – Jugendpsychiatrie (S. 437–447). Weinheim/München: Juventa.

Adornetto, C. & Schneider, S. (2009): Diagnostik bei Angststörungen. In: D. Irblich & G. Renner (Hrsg.), Diagnostik in der klinischen Kinderpsychologie (S. 259–267). Göttingen: Hogrefe.

Aerzteblatt (2019): Vermehrt Schüler wegen Depression in Klinik eingewiesen. (https://www.aerzteblatt.de/nachrichten/107604/), Zugriff am 21.11.2019

Ahnert, L. & Harwardt, E. (2008): Die Beziehungserfahrungen der Vorschulzeit und ihre Bedeutung für den Schuleintritt. Empirische Pädagogik, 22, 2, 145–159.

Ahrbeck, B. (2011): Der Umgang mit Behinderung. Stuttgart: Kohlhammer.

Ahrbeck, B. & Willmann, M. (2010): Pädagogik bei Verhaltensstörungen. Ein Handbuch. Stuttgart: Kohlhammer.

Ahrbeck, B. & Willmann, M. (2012): Förderschwerpunkt emotionale und soziale Entwicklung. Sonderpädagogische Förderung heute, 4, 420–424.

Ahrbeck, B. & Willmann, M. (Hrsg.) (2010): Pädagogik bei Verhaltensstörungen. Stuttgart: Kohlhammer.

Ahrbeck, B., Ellinger, S., Hechler, O., Koch, K. & Schad, G. (2016): Evidenzbasierte Pädagogik. Sonderpädagogische Einwände. Stuttgart: Kohlhammer.

Ainsworth, M. (1969): Object Relations, Dependency, and Attachment: A Theoretical Review of the Infant Mother Relationship. Child Development, 40, 969–1025.

Ainsworth, M., Bell, S. & Stayton, D. (1974): Infant-Mother Attachment and Social Development: Socialization as a Product Responsiveness to Signals. In: M. Richards (Hrsg.), The Introduction of the Child Into a Social World (S. 99–135). London: Cambridge University Press.

Al-Yogan. M. & Mikulincer, M. (2006): Children's Appraisal of Teacher as a Secure Base and Their Social-Emotional and Academic Adjustment in Middle Childhood. Research in Education, 75, 1–18.

Alber, J., Kaiser, S. & Schulze, G. C. (Hrsg.) (2018): Die Person-Umfeld-Analyse in der Sonder- und Rehabilitationspädagogik. Lehrbuch zur Theorie mit Praxisbeispielen aus unterschiedlichen Handlungsfeldern. Bad Heilbrunn: Klinkhardt.

Albers, O. & Voß, H. (2010): Eine Durchgangsschule zwischen Integration und Inklusion. (http://www.von-aldenburg-schule.de/VAS-Durchgangsschule-web.pdf), Zugriff am 05.01.2015

Albers, V., Bolz, T. & Wittrock, M. (2018): Monitoring als Element eines Rahmenkonzeptes für den Umgang mit (elternbedingtem) Schulabsentismus. Eine Prämisse für effektives pädagogisches Handeln. In: H. Ricking & K. Speck (Hrsg.), Eltern und Schulabsentismus (S. 267–287). Wiesbaden: VS.

Aldrup, K., Klusmann, U. & Ludtke, O. (2017) Does Basic Need Satisfaction Mediate the Link between Stress Exposure and Well-Being? A Diary Study among Beginning Teachers. Learning and Instruction, 50, 21–30.

Alsaker, F. (2016): Mutig gegen Mobbing. Göttingen: Hogrefe.

Amrhein, B. (Hrsg.) (2016): Diagnostik im Kontext inklusiver Bildung. Theorien, Ambivalenzen, Akteure, Konzepte. Bad Heilbrunn: Klinkhardt.

Antonovsky, A. (1979): Health, Stress and Coping. San Francisco: Jossey-Bass.

Arbeitsgruppe Mobiler Sonderpädagogischer Dienst (2016): Arbeitshilfen für den Mobilen Sonderpädagogischen Dienst (MSD). Regierung Mittelfranken.

Argyle, M. & Henderson, M. (1990): Die Anatomie menschlicher Beziehungen. Spielregeln des Zusammenlebens. München: mvg Verlag.

Arndt, A. (2014): Multiprofessionelle Teams bei der Umsetzung inklusiver Bildung. Archiv für Wissenschaft und Praxis der sozialen Arbeit, 45, 1, 72–79.

Arsenio, W. (2010): Social Information Processing, Aggression, and Emotions: Conceptual and Methodological Contributions of the Special Section Articles. Journal of Abnormal Child Psychology, 38, 5, 627–632.

Asendorpf, J. & Banse, R. (2000): Psychologie der Beziehung. Bern: Huber.

Autorengruppe Bildungsberichterstattung (2014): Bildung in Deutschland 2014. Ein indikatorengestützter Bericht mit einer Analyse zur Bildung von Menschen mit Behinderungen. Bielefeld: Bertelsmann.

Autorengruppe Bildungsberichterstattung (2016): Bildung in Deutschland 2016. Ein indikatorengestützter Bericht mit einer Analyse zur kulturellen Bildung im Lebenslauf. Bielefeld: Bertelsmann.

Autorengruppe Bildungsberichterstattung (2018): Bildung in Deutschland 2018. Bielefeld: wbv Publikation.

Bach, H. (1995): Sonderschule gestern, heute, morgen. Perspektiven schulischer Förderung beeinträchtigter Kinder und Jugendlicher. Zeitschrift für Heilpädagogik, 46, 4–7.

Badstieber, B. & Amrhein, B. (2016): Lehrkräfte zwischen sonderpädagogischer Qualifizierung und inklusiver Bildung. Zeitschrift für Pädagogik, 62, 175–189.

Baier, D. (2012): Die Schulumwelt als Einflussfaktor des Schulschwänzens. In: H. Ricking & G. Schulze (Hrsg.), Schulabbruch – ohne Ticket in die Zukunft? (S. 37–62). Bad Heilbrunn: Klinkhardt.

Baker, J. A. (2006): Constributions of Teacher-Child-Relationship to Positive School Adjustment during Elementary School. Journal of School Psychology, 44, 211–229.

Baker, J. A., Grant, S. & Morlock, L. (2008): The Teacher-Student Relationship as a Developmental Context for Children with Internalizing or Externalizing Behavior Problems. School Psychology Quarterly, 23, 1, 3–15.

Ballhausen, W. (1980): Erwachsenenbildung und Resozialisierung. Frankfurt a. M.: Haag und Herchen.

Bandura, A. (1979): Sozial-kognitive Lerntheorie. Stuttgart: Klett.

Bandura, A. (1997): Self-Efficacy: The Exercise of Control. New York: Worth.

Barkmann, C. & Schulte-Markwort, M. (2004): Prävalenz psychischer Auffälligkeit bei Kindern und Jugendlichen in Deutschland – ein systematischer Literaturüberblick. Psychiatrische Praxis, 42, 278–287.

Bartels, F. (2015): Implizite Fähigkeitstheorien im Grundschulalter. Bedingungen und Auswirkungen auf die Lernmotivation, das Bewältigungsverhalten und die Leistung. Stuttgart: Klinkhardt.

BASIS (2013): Konzept der Lerninsel (Stand: September 2013). Achim: unveröffentlichtes Dokument.

Basis (2019): Konzept – Gemeinsames Beratungsangebot der Niedersächsischen Landesschulbehörde und des Landkreises Verden zur Stärkung der inklusiven Schule – Schwerpunkt emotionale und soziale Förderung von Kindern und Jugendlichen. (https://www.landkreis-verden.de/portal/seiten/basis-beratung-fuer-schulen-und-eltern-901000988-20600.html), Zugriff am 04.04.2020

Bastian, J. & Gudjons, H. (2006): Das Projektbuch. Hamburg: Bergmann und Helbig.

Bateman, A. W. & Fonagy, P. (2019): Handbook of Mentalizing in Mental Health Practice. Washington: American Psychiatric Association Publishing.

Bauer, P. (2018): Multiprofessionalität. In: G. Graßhoff, A. Renker & W. Schröer (Hrsg.), Soziale Arbeit. Eine elementare Einführung (S. 727–739). Wiesbaden: Springer.

Baulig, V. (1982): Auffälliges Schülerverhalten. Weinheim: Beltz.

Baumann, M. (2009): Verstehende Subjektlogische Diagnostik bei Verhaltensstörungen. Ein Instrumentarium für Verstehensprozesse in pädagogischen Kontexten. Hamburg: tredition.

Baumann, M. (2010): Kinder, die Systeme sprengen – Wenn Jugendliche und Erziehungshilfe aneinander scheitern. Baltmannsweiler: Schneider Hohengehren.

Baumann, M. (2011): Systemsprenger in der Schule – Der Ansatz der AktiF-Gruppe. Evangelische Jugendhilfe, 4, 88, 210–218.

Baumann, M. (2012): Kinder, die Systeme sprengen. Bd. 1: Wenn Jugendliche und Erziehungshilfe aneinander scheitern. Baltmannsweiler: Schneider Hohengehren.

Baumann, M. (2012b): Die »Klaviatur« pädagogischer Unterstützungsmöglichkeiten für Kinder mit störenden Verhaltensweisen. Ein Beitrag zum Verhältnis von Jugendhilfe, Schulsozialarbeit und Sonderpädagogik. Evangelische Jugendhilfe, 89, 3, 148–158.

Baumann, M. (2015): »Intensiv« heißt die Antwort – Wie war noch mal die Frage? Vom Streit um das richtige Setting zur passgenauen Hilfen. In: M. Baumann (Hrsg.), Neue Impulse in der Intensivpädagogik. Was tun, wenn wir nicht mehr weiter wissen …? Beiträge zur Theorie und Praxis der Jugendhilfe (S. 11–26). Hannover: Schöneworth

Baumann, M. (2015): »Intensivpädagogik« – das Gegenteil von Inklusion? Versuch einer Standortbestimmung. (www.socialnet.de/materialien/attach/274.pdf), Zugriff am 10.04.2019

Baumann, M. (2019): Kinder, die Systeme sprengen. Impulse, Zugangswege und hilfreiche Settingbedingungen für Jugendhilfe und Schule. Baltmannsweiler: Schneider Hohengehren.

Baumann, M., Bolz, T. & Albers, V. (2017): Systemsprenger in der Schule. Auf massiv störende Verhaltensweisen von Schülerinnen und Schülern reagieren. Weinheim/Basel: Beltz.

Beelmann, A. (2017): Entwicklung und Förderung der Sozialentwicklung im Vor- und Grundschulalter. In: B. Kracke & P. Noack (Hrsg.), Handbuch Entwicklungs- und Erziehungspsychologie (S. 1–16). Berlin/Heidelberg: Springer.

Beelmann, A. & Raabe, T. (2007): Dissoziales Verhalten von Kindern und Jugendlichen: Erscheinungsformen, Entwicklung, Prävention und Intervention. Göttingen: Hogrefe.

Benner, D. (2015): Allgemeine Pädagogik. Weinheim: Beltz.

Bereswill, M, Koesling, A. & Neuber, A. (2008): Umwege in die Arbeit. Die Bedeutung von Tätigkeit in den Biographien junger Männer mit Hafterfahrung. Baden-Baden: Nomos.

Bergson, M. (1995): Ein entwicklungstherapeutisches Modell für Schüler mit Verhaltensauffälligkeiten. Essen: Progressus.

Berkeley, S., Bender, W. N., Peaster, L. G. & Saunders, L. (2009): Implementation of Response to Intervention: A Snapshot of Progress. Journal of Learning Disabilities, 42, 85–95.

Berkling, H. (2010): Lösungsorientierte Beratung: Handlungsstrategien für die Schule. Stuttgart: Kohlhammer.

Berndt-Schmidt, K., Diehm, R., Lackmann, R. & Müller, P. (1995): Sonderpädagogischer Förderbedarf, Förderbereiche, Förderschwerpunkte. Zeitschrift für Heilpädagogik, 46, 323–333.

Bernzen, C. (2010): Jugendkriminalität und Jugendstrafrechtspflege. In: B. Ahrbeck & M. Willmann (Hrsg.), Pädagogik bei Verhaltensstörungen. Ein Handbuch (S. 36–45). Stuttgart: Kohlhammer.

Beyer, A. & Lohaus, A. (2018): Stressbewältigung im Jugendalter. Ein Trainingsprogramm (2., überarb. Aufl.). Göttingen: Hogrefe.

Bierhoff, H. W. (1991): Soziale Motivation kooperativen Verhaltens. In: R. Wunderer (Hrsg.), Kooperation. Gestaltungsprinzipien und Steuerung der Zusammenarbeit zwischen Organisationseinheiten (S. 21–38). Stuttgart: C. E. Poeschel.

Bimschas, B. & Schröder, A. (2003): Beziehung in der Jugendarbeit. Untersuchung zum reflektierten Handeln in Profession und Ehrenamt. Wiesbaden: VS.

Bleher, W. & Hoanzl, M. (2018): Elterliche Erziehung – Aspekte, Herausforderungen und Probleme. In: T. Müller & R. Stein (Hrsg), Erziehung als Herausforderung. Grundlagen für die Pädagogik bei Verhaltensstörungen (S. 82–119). Bad Heilbrunn: Klinkhardt.

Bleidick, U. (1985): Wissenschaftssystematik der Behindertenpädagogik. In: U. Bleidick (Hrsg.), Theorie der Behindertenpädagogik (S. 48–86). Berlin: Marhold.

Bleidick, U, Rath, W. & Schuck, D. (1995): Empfehlungen der Kultusministerkonferenz zur sonderpädagogischen Förderung in den Schulen der Bundesrepublik Deutschland. Zeitschrift für Pädagogik, 41, 2, 247–264.

Bless, G. (2007): Zur Wirksamkeit der Integration. Bern: Huber.

Blumenthal, Y. & Mahlau, K. (2015): Effektiv fördern – Wie wähle ich aus? Ein Plädoyer für die Evidenzbasierte Praxis in der schulischen Sonderpädagogik. Zeitschrift für Heilpädagogik, 6, 9, 408–421.

Boger, M.-A. & Textor, A. (2018): Erziehung ermöglichen. Grundschule aktuell, 144, 3–6.

Böhnisch, L. (2017): Abweichendes Verhalten. Weinheim: Beltz.

Bohnsack, F. (2013): Wie Schüler die Schule erleben. Opladen: Budrich.

Bolz, T. (2017): Ohne Beziehung keine Erziehung. Grundschule, 49, 14–18.

Bolz, T. (2019): Junge Menschen, die Systeme sprengen – Von einer verstehenden Diagnostik zu tragfähigen Hilfen. In: Bundesarbeitsgemeinschaft der Kinderschutz-Zentren e. V. (Hrsg.), Kindheit - vermessen und vergessen, 235–268.

Bolz, T., Wittrock, M. & Koglin, U. (2019): Schüler-Lehrer-Beziehung aus bindungstheoretischer Perspektive im Förderschwerpunkt der Emotionalen und sozialen Entwicklung. Zeitschrift für Heilpädagogik, 70, 560–571.

Bolz, T., Albers, V. & Baumann, M. (2019): Beziehungsgestaltung in der Arbeit mit »Systemsprengern«. Unsere Jugend, 7/8, 297–304.

Bolz, T., Albers, V. & Wittrock, M. (2018): Überwältigungserfahrungen als Bewältigungsstrategie in der aktuellen Lebenswelt von schwer belasteten jungen Menschen!? In: J. Alber, S. Kaiser & G. Schulze (Hrsg.), Die Person-Umfeld-Analyse in der Sonder- und Rehabilitationspädagogik (S. 147–161). Bad Heilbrunn: Klinkhardt.

Bolz, T. & Wittrock, M. (2020): Unsichere Bindungsrepräsentationen und psychosoziale Auffälligkeiten von Schülerinnen und Schülern an Förderschulen mit dem Schwerpunkt der emotionalen und sozialen Entwicklung. In: S. Gingelmaier, J. Langer, W. Bleher, U. Fickler-Stang, L. Dietricht & B. Herz (Hrsg.), Emotionale und Soziale Entwicklung in der Pädagogik der Erziehungshilfe und bei Verhaltensstörungen. H. 2: Macht und Ohnmacht in der Pädagogik bei psychosozialen Beeinträchtigungen. Bad Heilbrunn: Klinkhardt.

Bolz, T. & Koglin, U. (i. Vorb): Unsichere Bindung und aggressives Verhalten von Schülerinnen und Schülern mit Förderbedarf in der Emotionalen und Sozialen Entwicklung. Empirische Sonderpädagogik (angenommen).

Böhm, W. (2005): Wörterbuch der Pädagogik. Stuttgart: Körner.

Bönsch, M. (2005): Guter Unterricht – nachhaltiges Lernen. Förderschulmagazin, 5, 5–8.

Booth, C. L., Kelly, J. F., Spieker, S. J. & Zuckerman, T. G. (2003): Toddler's Attachment Security to Child Providers: The Safe and Security Scale. Early Education & Development, 14, 83–100.

Borchert, J. (2000): Handbuch der sonderpädagogischen Psychologie. Göttingen: Hogrefe.

Borchert, J. (2006): Aufbau von Lern- und Leistungsmotivation in der Schule – Eine Literaturübersicht. Heilpädagogische Forschung, 22, 4, 191–203.

Borchert, J. (2016): Pädagogik im Strafvollzug. Grundlagen und reformpädagogische Impulse. Weinheim/Basel: Beltz Juventa.

Börsch-Supan, J. & Stumpf, T. (2014): Die offiziellen Zahlen – Überblick zur sozialen Ungleichheit in der Bildung in Deutschland. In: Vodafone Stiftung Deutschland (Hrsg.), Love you Goethe. Elf Geschichten über soziale Ungleichheit in der Bildung und was man dagegen tun kann (S. 8–23). Berlin: TEMPUS CORPORATE.

Bowlby, J. (1969): Attachment and Loss. Bd. 1: Attachment. New York: Basic Books.

Braun, D. & Schmischke, J. (2006): Mit Störungen umgehen. Verhalten verstehen und beeinflussen. Berlin: Cornelsen Scriptor.

Brazelton, T. B., Greenspan, S., Vorpohl, E. (2001): The Irreducible Needs of Children. What Every Child Must Have to Grow, Learn and Flourish. Weinheim: Da Capo Lifelong Books.

Breitenbach, E. (2003): Förderdiagnostik. Theoretische Grundlegung und Konsequenzen für die Praxis. Würzburg: Bentheim.

Breitenbach, E. (2013): Psychologie in der Heil- und Sonderpädagogik. Stuttgart: Kohlhammer.

Brezinka, V. (2003): Zur Evaluation von Präventivinterventionen für Kinder mit Verhaltensstörungen. Kindheit und Entwicklung, 12, 2, 71–83.

Bröcher, J. (1999): Kunsttherapie als Chance. Das Ästhetische in der Grund- und Sonderschuldidaktik bei auffälligem Verhalten. Heidelberg: Edition Schindele.

Bronfenbrenner, U. (1989): Die Ökologie der menschlichen Entwicklung. Frankfurt a. M.: Fischer Taschenbuch.

Brozio, P. (1995): Vom pädagogischen Bezug zur pädagogischen Beziehung. Würzburg: ERGON.

Bründel, H. & Simon, E. (2003): Die Trainingsraummethode. Umgang mit Unterrichtsstörungen. Klare Regeln, klare Konsequenzen. Weinheim: Beltz.

Brüning, L & Saum, T. (2009): Erfolgreich unterrichten durch Kooperatives Lernen. Strategien zur Schüleraktivierung. Mülheim: Verlag an der Ruhr.

Bruns, H. (2018): Kind (10) von Grundschülern auf Klassenfahrt vergewaltigt. BZ Berlin. (https://www.bz-berlin.de/berlin/kind-10-vongrundschuelern-auf-klassenfahrt-vergewaltigt), Zugriff am 14.04.2019

Buber, M. (1962): Ich und Du. In: ders. (Hrsg.), Werke. Erster Band: Schriften zur Philosophie (S. 77–170), München: Kösel.

Buckley, M. & Saarni, C. (2009): Emotion Regulation: Implications for Positive Youth Development. In: R. Gilman, E. Huebner & M. Furlong (Hrsg.), Handbook of Positive Psychology in Schools (S. 107–119). New York: Routledge.

Budnik, I., Unger, N. & Fingerle, M. (2003): Arbeitsfelder in der schulischen Erziehungshilfe. In: G. Opp (Hrsg.), Arbeitsbuch schulische Erziehungshilfe (S. 145–198). Bad Heilbrunn: Klinkhardt.

Bundeskinderschutzgesetz (BKiSchG). Artikel 1, Gesetz zur Kooperation und Information im Kinderschutz (KKG) in der Fassung vom 22. Dezember 2011 (BGBl. I S. 2975), zuletzt geändert durch Art. 20 Absatz 1, 23. Dezember 2016 (BGBl. I S. 3234). (https://www.bgbl.de/ xaver/bgbl/start.xav?start=//*%5B@attr_id=%27bgbl111s2975.pdf%27%5D#__bgbl__%2F %2F*%5B%40attr_id%3D%27bgbl111s2975.pdf%27%5D__1574343703561), Zugriff am 20.11.2019

Bundesministerium für Arbeit und Soziales. Referat Information. Publikation. Redaktion (2011): Übereinkommen der Vereinten Nationen über die Rechte von Menschen mit Behinderungen. Convention of the United Nations on the Rights of Persons with Disabilities. Convention des Nations Unies relative aux droits des personnes handicapées. Paderborn: Bonifatius.

Bundespsychotherapeutenkammer (2018): Ein Jahr nach der Reform der Psychotherapie-Richtlinie. BPtK-Studie zu Wartezeiten in der ambulanten psychotherapeutischen Versorgung. BPtK: Berlin.

Bundschuh, K. (1995): Sonderpädagogische Förderzentren – Antwort auf eine heterogene Schülerschaft. Zeitschrift für Heilpädagogik, 12, 576–581.

Bundschuh, K. (2003): Emotionalität, Lernen und Verhalten. Bad Heilbrunn: Klinkhardt.

Bundschuh, K. (2005): Einführung in die sonderpädagogische Diagnostik. München: Reinhardt.

Bundschuh, K. (2015a): Grundlagen der Förderplanung. In: H. Schäfer & C. Rittmeyer (Hrsg.), Handbuch Inklusive Diagnostik (S. 269–286). Weinheim: Beltz.

Bundschuh, K. (2015b): Grenzen einer Pädagogischen (Inklusiven) Diagnostik. In: H. Schäfer & C. Rittmeyer (Hrsg.), Handbuch Inklusive Diagnostik (S. 225–256). Weinheim: Beltz.

Bundschuh, K. & Winkler, C. (2014): Einführung in die sonderpädagogische Diagnostik. München: Reinhardt UTB.

Burns, E. (2007): The Essential Special Education Guide for the Regular Education Teacher. Springfield, IL.: Charles C. Thomas.

Buyse, E. Verschueren, K., Doumen, S. van Damme, J. & Maes, F. (2008): Classroom Problem Behavior and Teacher-Child-Relationship in Kindergarten: The Moderation Role of Classroom Climate. Journal of School Psychology, 46, 367–391.

Buyse, E., Verschuere, K., Verachtert, P. & Van Damme, J. (2009): Predicting School Adjustment in Early Elementary School: Impact of Teacher-Child Relationship Quality and Relational Classroom Climate. Elementary School Journal, 110, 119–141.

Buyse, E., Verschuren, K. & Doumen, S. (2011): Preschoolers' Attachment to Mother and Risk for Adjustment Problems in Kindergarten: Can Teacher Make a Difference? Social Development, 20, 33–55.

Calkins, S. D. & Hill, A. (2007): Caregiver Influences on Emerging Emotion Regulation: Biological and Environmental Transactions in Early Development. In: J. Gross (Hrsg.), Handbook of Emotion Regulation (S. 229–248). New York, NY: Guilford.

Calvete, E. & Orue, I. (2012): The Role of Emotion Regulation in the Predictive Association Between Social Information Processing and Aggressive Behavior in Adolescents. International Journal of Behavioral Development, 36, 5, 338–347.

Caplan, G. (1964): Principles of Preventive Psychiatry. New York: Basic Books.

Casale, G. (2017): »Nützt es was oder nützt es nichts?« Direct Behavior Rating (DBR) als diagnostische Methode zur zeitnahen Überprüfung des Fördererfolgs bei unterrichtlichem Schülerinnen- und Schülerverhalten. Potsdamer Zentrum für empirische Inklusionsforschung (ZEIF), 1. (https://www.uni-potsdam.de/fileadmin01/projects/inklusion/PDFs/ZEIFBlog/Casale_2017_Direct_Behavior_Rating.pdf), Zugriff am 04.04.2020

Casale, G., Grosche, M., Volpe, R. J. & Hennemann, T. (2017): Zeit- und personenspezifische Einflüsse auf die Messgenauigkeit von Verhaltensverlaufsdiagnostik bei Schülern mit externalisierenden Verhaltensproblemen. Empirische Sonderpädagogik, 9, 143–164.

Casale, G., Hennemann, T. & Grosche, M. (2015): Zum Beitrag der Verlaufsdiagnostik für eine evidenzbasierte sonderpädagogische Praxis am Beispiel des Förderschwerpunktes der emotionalen und sozialen Entwicklung. Zeitschrift für Heilpädagogik, 7, 325–334.

Casale, G., Hennemann, T. & Hövel, D. (2014): Systematischer Überblick über deutschsprachige schulbasierte Maßnahmen zur Prävention von Verhaltensstörungen in der Sekundarstufe I. Empirische Sonderpädagogik, 1, 33–58.

Casale, G., Hennemann, T., Huber, C. & Grosche, M. (2015): Testgütekriterien der Verlaufsdiagnostik von Schülerverhalten im Förderschwerpunkt Emotionale und soziale Entwicklung. Heilpädagogische Forschung, 41, 37–54.

Casale, G., Hennemann, T., Volpe, R. J., Briesch, A. M. & Grosche, M. (2015): Generalisierbarkeit und Zuverlässigkeit von Direkten Verhaltensbeurteilungen des Lern- und Arbeitsverhaltens in einer inklusiven Grundschulklasse. Empirische Sonderpädagogik, 7, 258–268.

Centrum für Hochschulentwicklung (Hrsg.) (2015): Inklusionsorientierte Lehrerbildung – vom Schlagwort zur Realität?! (https://www.che.de/downloads/Monitor_Lehrerbildung_Qualitaetsoffensive_Lehrerbildung.pdf), Zugriff am 01.11.2019

Chiapparini, E., Selmani, K., Kappler, C. & Schuler, P. (2018): »Die wissen gar nicht, was wir alles machen«. Befunde zu multiprofessioneller Kooperation im Zuge der Einführung von Tagesschulen in der Stadt Zürich. In: E. Chiapparini, R. Stouler & E. Bussmann (Hrsg.), Soziale Arbeit im Kontext Schule. Aktuelle Entwicklungen in Praxis und Forschung in der Schweiz (S. 48–60). Opladen: Budrich.

Coelho, V. A. & Sousa, V. (2018): Differential Effectiveness of a Middle School Social and Emotional Learning Program: Does Setting Matter? Journal of Youth and Adolescence, 47, 9, 1978–1991.

Conley, L., Marchant, M. & Caldarella, P. (2014): A Comparison of Teacher Perceptions and Research-Based Categories of Student Behavior Difficulties. Education, 134, 439–451.

Cooke, T. (2017): Social Information Processing: A Useful Framework for Educational Psychology. Educational Psychology Research and Practice, 3, 1, 50–69.

Cornel, H., Kawamura-Reindl, G., Maelicke, B. & Sonnen, B.-R. (2009): Resozialisierung. Handbuch. Baden-Baden: Nomos.

Crick, N. & Dodge, K. (1994): A Review and Reformulation of Social Information-Processing Mechanisms in Children's Social Adjustment. Psychological Bulletin, 115, 1, 74–101.

Cruickshank, W. M. (1981): Schwierige Kinder in Schule und Elternhaus. Berlin: Marhold.

Curby, T. W., Brock, L L. & Hamre, B. K. (2013): Teachers' Emotional Support Consistency Predicts Children's Achievement Gains and Social Skills. Early Education and Development, 24, 292–309.

De Haan, G. (1993): Beratung. In: D. Lenzen (Hrsg.), Pädagogische Grundbegriffe. B. 1 (S. 160–166). Reinbek bei Hamburg: Rowohlt.

Deinet, U. (Hrsg.) (2001): Kooperation von Jugendhilfe und Schule. Opladen: Leske & Budrich.

Deno, E. (1970): Special Education as Developmental Capital. Exceptional Children, 37, 229–237:

Deno, S. L. (1985): Curriculum-Based Measurement: The Emerging Alternative. Exceptional Children, 52, 219—232.

Deno. S. L. (1986): Formative Evaluation of Individual Student Programs: A New Role for School Psychologists. School Psychology Review, 15, 3, 358–374.

Deno, S. L. (2003): Curriculum-Based Measures: Development and Perspectives. Assessment for Effective Intervention, 28, 3/4, 3–12.

Dettmers, J. (2009): »Ich bin doch kein Kellner!« – Das kunden- und innovationsbezogene Aufgabenverständnis von Handwerkern. Dissertationsschrift. Hamburg: Universität Hamburg.

Deutsche Psychotherapeuten Vereinigung (Hrsg.) (2019): Wenn ich es alleine nicht mehr schaffe … Berlin: Flyer Patienteninformation.

Deutsche UNESCO Kommission (2009): Inklusion: Leitlinien für die Bildungspolitik. Bonn: Deutsche UNESCO-Kommission e. V. (DUK).

Deutscher Bildungsrat (1973): Zur pädagogischen Förderung behinderte und von Behinderung bedrohter Kinder und Jugendlicher: verabschiedet auf der 34. Sitzung der Bildungskommission am 12./13. Oktober 1973 in Bonn, Teil 34. Bonn: Klett.

Deutscher Bildungsrat (Hrsg.) (1970): Strukturplan für das Bildungswesen. Donauwörth: Auer.

Deutscher Bildungsserver (2019): Landesinstitute. (https://www.bildungsserver.de/Landes institute-600-de.html), Zugriff am 16.11.2019

Deutscher Verein für öffentliche und private Fürsorge e. V. (2016): Empfehlungen des Deutschen Vereins zur Implementierung und Ausgestaltung multiprofessioneller Teams und multiprofessionellen Arbeitens in Kindertageseinrichtungen. Berlin: Deutscher Verein. (https://www.deutscher-vercin.de/de/uploads/empfehlungen-stellungnahmen/2016/dv-34-14-multiprofessionelle-teams.pdf), Zugriff am 24.09.2019

Dieckmann, A. & Mays, D. (2006): Erfolgreiche Rückschulung durch Kooperation – das »behütete Praktikum« als Nahtstelle zwischen Förder- und Allgemeiner Schule. Zeitschrift für Heilpädagogik, 57, 10, 380–384.

Dietrich, G. (1983): Allgemeine Beratungspsychologie. Göttingen: Hogrefe.

Dietrich, L. (2019): Akademisches Schikanieren: Wie Lehrkräfteprofessionalisierung in den Bereichen Beziehungsarbeit und Unterrichtsqualität zu sozioökologischer Chancengleichheit im Bildungswesen betragen kann. Empirische Sonderpädagogik, 3, 241–256.

Dilcher, D., Reh, H. & Siegel, G. (2007): Ohne die anderen geht es nicht! In: W. Mutzek, W. Pallasch & K. Popp (Hrsg.), Integration von Schülern mit Verhaltensstörungen. Grundlagen, Modelle, Praxiserfahrungen (S. 230–241). Weinheim/Basel: Beltz.

Dilling, H., Mombour, W. & Schmidt, M. H. (2000): Internationale Klassifikation psychischer Störungen. ICD-10. Kapitel V (F. klinisch-diagnostische Leitlinien). Bern: Huber.

Dilthey, W. (1934): Pädagogik, Geschichten und Grundlinien des Systems. Gesammelte Schriften IX. Leipzig: Teubner.

DIMDI (2020): ICD-10-GM. International Classification of Diseases. Internationale statistische Klassifikation der Krankheiten und verwandter Gesundheitsprobleme 10. Revision Version 2019. (https://www.dimdi.de/static/de/klassifikationen/icd/icd-10-who/kode-suche/htmlam tl2019/), Zugriff am 17.03.2020

Diouani-Streek, M. & Ellinger, S. (2014): Beratungskonzepte in sonderpädagogischen Handlungsfeldern. Oberhausen: Athena.

Dlugosch, A. (2004): Sonderpädagogisches Fallverstehen als Baustein pädagogischer Professionalität? Sonderpädagogische Förderung, 49, 258–300.

Dlugosch, A. (2010): Bindung und Exploration im Kontext des Selbst. Eine Perspektivenerweiterung (nicht nur) für die Pädagogik bei Verhaltensstörungen. Zeitschrift für Heilpädagogik, 61, 9, 324–330.

Dölling, D. (2008): Grundstrukturen der Jugenddelinquenz. Forensische Psychiatrie, Psychologie, Kriminologie, 2, 155–161.

Dollinger, B. & Schabdach, M. (2013): Jugendkriminalität. Wiesbaden: Springer.

Döpfner, M. & Görtz-Dorten, A. (2017): DISYPS-III. Diagnostik-System, für Psychische Störungen nach ICD-10 und DSM-5 für Kinder und Jugendliche – III. Göttingen: Hogrefe.

Drave, W., Rumpler, F. & Wachtel, P. (2000): Empfehlungen zur sonderpädagogischen Förderung. Würzburg: Edition Bentheim.

Dreikurs, R., Grunewald, B. B. & Pepper, F. C. (2007): Lehrer und Schüler lösen Disziplinprobleme. Weinheim/Basel: Beltz.

Dumont, H. (2018): Neuer Schlauch für alten Wein? Eine konzeptuelle Betrachtung von individueller Förderung im Unterricht. Zeitschrift für Erziehungswissenschaft, 22, 2, 1–29.

Durlak, J. A., Weissberg, R. P., Dymnicki, A. B., Taylor, R. D. & Schellinger, K. B. (2011): The Impact of Enhancing Students' Social and Emotional Learning: a Meta-Analysis of School-Based Universal Interventions. Child Development, 82, 1, 405–432.

Dyson, A. (2010): Die Entwicklung inklusiver Schulen: drei Perspektiven aus England. Die Deutsche Schule, 102, 2, 115–129.

Eberle, H-J. (2001): Didaktische Grundprobleme der Bildungsarbeit im Justizvollzug. In: Bundesarbeitsgemeinschaft der Lehrer im Justizvollzug (Hrsg.), Justizvollzug & Pädagogik. Studien und Materialien zum Straf- und Maßregelvollzug (S. 27–46). Herbolzheim: Centaurus Verlag & Media.

Eisenmann, P. (2013): Werte und Normen in der Sozialen Arbeit. Stuttgart: Kohlhammer.

Eisert, H. G. (1976): Der »Resource Room« – eine Alternative zur Sonderschule? In: A. Sander (Hrsg.), Sonderpädagogik in der Regelschule (S. 253–266). Berlin: Marhold.

Ellger-Rüttgardt, S. (2007): Eine europäische Vision seit 200 Jahren: Bildung für alle. Zeitschrift für Heilpädagogik, 7, 242–249.

Ellinger, S. (2006): Institutionen der Heil- und Sonderpädagogik. In: G. Hansen & R. Stein (Hrsg.), Kompendium Sonderpädagogik (S. 261–275). Bad Heilbrunn: Klinkhardt.

Ellinger, S. (2010): Kontradiktische Beratung. Stuttgart: Kohlhammer.

Ellinger, S. & Stein, R. (2012): Effekte inklusiver Beschulung: Forschungsstand im Förderschwerpunkt emotionale und soziale Entwicklung. Empirische Sonderpädagogik, 2, 85–109.

Engel, F., Nestmann, F. & Sickendiek, U. (Hrsg.) (2014): Das Handbuch der Beratung. Bd. 1: Disziplinen und Zugänge. Tübingen: Dgvt.

English, T., John, O. P., Srivastava, S. & Gross, J. J. (2012): Emotion Regulation and Peer-Rated Social Functioning: A Four-Year Longitudinal Study. Journal of Research in Personality, 46, 6, 780–784.

Enke, T. (2003): Sozialpädagogische Krisenintervention bei delinquenten Jugendlichen. Eine Längsschnittstudie zu Verlaufsstrukturen von Jugenddelinquenz. Weinheim/München: Juventa.

Epstein, M. H. & Cullinan, D. (1998): Scale for Assessing Emotional Disturbance. Austin TX: PRO-ED.

Erich, R. (2008): Entwicklungspädagogische Förderung von Kindern mit sozial-emotionalem Förderbedarf. In: B. Gasteiger-Klicpera, H. Julius & C. Klicpera (Hrsg.), Sonderpädagogik der sozialen und emotionalen Entwicklung (S. 622–643). Göttingen: Hogrefe.

Essau, C. A. (2003/2014): Angst bei Kindern und Jugendlichen. München: Reinhardt UTB.

European Agency for Development in Special Needs Education (2012): Inklusionsorientierte Lehrerbildung – Ein Profil für inklusive Lehrerinnen und Lehrer. (https://www.european-agency.org/sites/default/files/te4i-profile-of-inclusive-teachers_Profile-of-Inclusive-Teachers-DE.pdf), Zugriff am 04.04.2020

Evertson, C. M. & Emmer, E. T. (2009): Classroom Management for Elementary Teachers. New Jersey: Pearson Education.

Evertson, C. M. & Weinstein, C. S. (2006): Handbook of Classroom Management: Research, Practice, and Contemorary Issues. Mahwah, NJ: Lawrence Erlbaum Associates, Inc.

Farell, P., Dyson, A., Polat, F., Hutcheson, G. & Gallanough, F. (2007): Inclusion and Achievement in Mainstream Schools. European Journal of Special Needs Education, 22, 131–145.

Fearon, R., Bakermans-Kranenburg, M. van Ijzendoorn, M., Lapsley, A. & Roisman, G. (2010): The Significance of Insecure Attachment and Disorganization in the Development of Children's Externalizing Behavior: a Meta-Analytic Study. Child Development, 81, 435–456.

Fefer, S. & Vierbuchen, M.-C. (2019): Lob als effektives Classroom Management in der Sekundarstufe – wissenschaftliche Befunde und praktische Hinweise. In: M.-C. Vierbuchen & F. Bartels (Hrsg.), Feedback in der Unterrichtspraxis. Schülerinnen und Schüler beim Lernen wirksam unterstützen (S. 59–75). Stuttgart: Kohlhammer.

Fegert, J. & Zitelmann, M. (2002): Theoretische Konzepte und Kriterien zur Bestimmung von Kindeswohl und Kindeswille. In: L. Salgo, G. Zenz, J. Fegert, A. Bauer, L Katrin, C. Weber & M. Zitelmann (Hrsg.), Verfahrenspflegschaft für Kinder und Jugendliche. Ein Handbuch für die Praxis (S. 96–105). Köln: Bundesanzeiger.

Fegert, J. M. & Schrapper, C. (2004): Kinder- und Jugendpsychiatrie und Kinder- und Jugendhilfe zwischen Kooperation und Konkurrenz. In: J. M. Fegert & C. Schrapper (Hrsg.), Handbuch Jugendhilfe – Jugendpsychiatrie (S. 317–331). Weinheim. Juventa.

Fegert, J. M., Berger, C., Klopfer, U., Lehmkuhl, U. & Lehmkuhl, G. (2001): Umgang mit sexuellem Missbrauch. Institutionelle und individuelle Reaktionen. Münster: Votum.

Fegert, J. M., Kölch, M. & Krüger, U. (2018): Sachbericht zum Projekt: Versorgung psychisch kranker Kinder und Jugendlicher in Deutschland – Bestandsaufnahme und Bedarfsanalyse. Bonn/Berlin: Aktion Psychisch Kranke (APK) e. V./Bundesgesundheitsministerium.

Felitti, V. J., Anda, R. F., Nordenberg, D., Williamson, D. F., Spitz, A. M., Edwards, V., Koss, M. P. & Marks, J. S. (1998): The Adverse Childhood Experiences (ACE) Study. Relationship of Childhood Abuse and Household Dysfunction to Many of the Leading Causes of Death in Adults. American Journal of Preventive Medicine, 14, 4, 245–258.

Fend, H. (2006): Neue Theorie der Schule. Einführung in das Verstehen von Bildungssystemen. Wiesbaden: VS.

Fend, H. (2008): Schule gestalten. Systemsteuerung, Schulentwicklung und Unterrichtsqualität. Wiesbaden: VS.

Fesch, K. & Müller, T. (2014): Schule für Kranke in Deutschland – zur heterogenen Situation der Bundesländer im Umgang mit psychisch erkrankten Kindern und Jugendlichen. Zeitschrift für Heilpädagogik, 85, 2, 50–59.

Fida-Taumer, A. & Julius, H. (2006): Klinische Bindungsforschung im Schulbereich: Ergebnisse einer Evaluation eines bindungstheoretisch orientierten Lehrertrainings für verhaltensauffällige Kinder und Jugendliche. In: B. Gula, R. Alexandrowicz, S. Strauß, E. Brunner, B. Jenull-Schiefer & O. Vitouch (Hrsg.), Perspektiven psychologischer Forschung in Österreich. Proceedings zur 7. Wissenschaftlichen Tagung der Österreichischen Gesellschaft für Psychologie (S. 328–334). Lengerich: Pabst.

Fingerle, M. (2008): Intraindividuelle Risikofaktoren. In: B. Gasteiger-Klicpera, H. Julius & C. Klicpera (Hrsg.), Sonderpädagogik der sozialen und emotionalen Entwicklung (S. 81–87). Göttingen: Hogrefe.

Fingerle, M. (2010): Grundlagen einer ressourcen-orientierten Förderdiagnostik im Förderschwerpunkt Emotionale und Soziale Entwicklung. In: B. Ahrbeck & M. Willmann (Hrsg.), Pädagogik bei Verhaltensstörungen. Ein Handbuch (S. 182–188). Stuttgart: Kohlhammer.

Fingerle, M., Freytag, A. & Julius, H. (1999): Ergebnisse der Resilienzforschung und ihre Implikation für die (heil)pädagogische Gestaltung von schulischen Lern- und Lebenswelten. Zeitschrift für Heilpädagogik, 59, 6, 302–309.

Forlin, C., Keen, M. & Barrett, E. (2008): The Concerns of Mainstream Teachers: Coping with Inclusivity in an Australian Context. International Journal of Disbility Development & Education, 55, 3, 251–264.

Forness, S. R, Freeman, S. F. N., Paparella, T., Kauffman, J. M. & Walker, H. M. (2012): Special Education Implications of Point and Cumulative Prevalence for Children with Emotional or Behavioral Disorders. Journal of Emotional and Behavioral Disorders, 20, 1, 4–18.

Freyberg, T. v. & Wolff, A. (Hrsg.) (2005): Störer und Gestörte. Bd. 1: Konfliktgeschichten nicht beschulbarer Jugendlicher. Frankfurt a. M.: Brandes & Apsel.

Fröhlich-Gildhoff, K. & Rönnau-Böse, M. (2014): Resilienz. München: Reinhardt UTB.

Fröhlich-Gildhoff, K. & Weltzien, D. (2018): Multiprofessionelle Teams in Kindertageseinrichtungen. Unsere Jugend, 70, 64–71.

Fuchs, L. S. & Fuchs, D. (2004): Determining Adequate Yearly Progress from Kindergarten through Grade 6 with Curriculum-Based Measurement. Assessment for Effective Instruction, 29, 4, 25–37.

Fuchs, D., Fuchs, L. S. & Compton, D. L. (2012): Smart RTI: A Next-Generation Approach to Multilevel Prevention. Exceptional Children, 78, 9–27.

Fuchs, D., Mock, D., Morgan, P. L. & Young, C. L. (2003): Responsiveness-to Intervention: Definitions, Evidence, and Implications for the Learning Disabilities Construct. Learning Disabilities Research & Practice, 18, 157–171.

Füssel, H.-P. & Kretschmann, R. (1993): Gemeinsamer Unterricht für behinderte und nichtbehinderte Kinder: pädagogische und juristische Voraussetzungen. Bonn: Wehle.

247

Galm, B., Hees, K. & Kindler, H. (2010): Kindesvernachlässigung – verstehen, erkennen, helfen. München: Reinhardt.

Gasteiger-Klicpera, B., Julius, H. & Klicpera, C. (Hrsg.) (2008): Sonderpädagogik der sozialen und emotionalen Entwicklung. Handbuch Sonderpädagogik. Göttingen: Hogrefe.

Gebauer, M. M., McElvany, N. & Emmer, E. T. (2013): Einstellungen von Lehramtsanwärterinnen und Lehramtsanwärtern zum Umgang mit heterogenen Schülergruppen in Schule und Unterricht. In: N. McElvany (Hrsg.), Jahrbuch der Schulentwicklung. Bd. 17: Sprachliche, kulturelle und soziale Heterogenität in der Schule als Herausforderung und Chance der Schulentwicklung (S. 191–216). Weinheim: Beltz Juventa.

Gebhardt, M., DeVries, J., Jungjohann, J., Casale, G., Gegenfurtner, A. & Kuhn, J.-T. (2019): Measurement Invariance of a Direct Behavior Rating Multi Item Scale Across Occasions. Social Sciences, 8, 2, 46, 1–14.

Geddes, H. (2006): Attachment in Classroom: A Practical Guide for Schools. New York, NY: Worth Publishing.

Gewerkschaft Erziehung und Wissenschaft (Hrsg.) (2019): Neues Schuljahr, alte Probleme. (https://www.kmk.org/fileadmin/Dateien/pdf/Statistik/Dokumentationen/AW_SoPae_2016_Tabellenwerk.xls), Zugriff am 01.11.2019

Gingelmaier, S. (2018): Nähe zulassen, die Balance halten, Distanz wahren. In: T. Müller & R. Stein (Hrsg.), Erziehung als Herausforderung. Grundlagen für die Pädagogik bei Verhaltensstörungen (S. 178–189). Bad Heilbrunn: Klinkhardt.

Gingelmaier, S. & Schwarzer, N.-H. (2019): Beziehung, Beziehungsgestaltung und Mentalisieren. Schweizerische Zeitschrift für Heilpädagogik, 25, 3, 12–18.

Gloger-Tippelt (Hrsg.) (2001): Bindung im Erwachsenenalter. Ein Handbuch für Forschung und Praxis. Bern: Hogrefe.

Goetze, H. (1990): Verhaltensgestörte in Integrationsklassen – Fiktion und Fakten. Zeitschrift für Heilpädagogik, 41, 832–840.

Goetze, H. (2010a): Förderung und Therapie. In: B. Ahrbeck & M. Willmann (Hrsg.), Pädagogik bei Verhaltensstörungen (S. 278–287). Stuttgart: Kohlhammer.

Goetze, H. (2010b): Schülerverhalten ändern. Bewährte Methoden der schulischen Erziehungshilfe. Stuttgart: Kohlhammer.

Goetze, H. & Jäger, W. (1991): Offenes Unterrichten bei Schülern mit Verhaltensstörungen. Sonderpädagogik, 21, 1, 28–38.

Goetze, H. & Neukäter, H. (1989): Strukturierter Unterricht. In: H. Goetze & H. Neukäter (Hrsg.), Handbuch der Sonderpädagogik. Bd. 6: Pädagogik bei Verhaltensstörungen (S. 520–545). Berlin: Marhold.

Goetze, H. & Neukäter, H. (Hrsg.) (1989): Handbuch der Sonderpädagogik. Bd. 6: Pädagogik bei Verhaltensstörungen. Berlin: Marhold.

Goffman, E. (1969): Wir alle spielen Theater. Die Selbstdarstellung im Alltag. München: Piper.

Goffman, E (1973): Asyle. Über die soziale Situation psychiatrischer Patienten und anderer Insassen. Frankfurt a. M.: Suhrkamp.

Goffman, E. (1980): Rahmen-Analyse. Ein Versuch über die Organisation von Alltagserfahrungen. Frankfurt a. M.: Suhrkamp.

Goodman, R. (1997): The Strengths and Difficulties Questionnaire. A Research Note. Journal of Child Psychology and Psychiatry, 38, 581–586.

Gooren, E., van Lier, P., Stegge, H., Terwogt, M. & Koot, H. (2011): The Development of Conduct Problems and Depressive Symptoms in Early Elementary School Children: the Role of Peer Rejection. Journal of Clinical Child & Adolescent Psychology, 40, 245–253.

Göppel, R. (2002): Perspektiven des Faches »Verhaltensgestörtenpädagogik«. In: R. Göppel (Hrsg.), Wenn ich hasse, habe ich keine Angst mehr. Psychoanalytisch-pädagogische Beiträge zum Verständnis problematischer Entwicklungsverläufe und schwieriger Erziehungssituationen (S. 109–128). Donauwörth: Auer.

Götz, T. (Hrsg.) (2011): Emotion, Motivation und selbstreguliertes Lernen. Paderborn: Schöningh.

Grabski, S., Kissing, G., Neukäter, H. & Benkmann, K.-H. (1978): Strukturierter Unterricht mit verhaltensgestörten Schülern. Rheinstetten: Schindele.

Graziano, P. A., Reavis, R. D., Keane, S. P. & Calkins, S. D. (2007): The Role of Emotion Regulation in Children's early Academic Succes. Journal of School Psychology, 45, 134–165.

Gräsel, C., Fußangel, K. & Pröbstel, C. (2006): Lehrkräfte zur Kooperation anregen – eine Aufgabe für Sisyphos? Zeitschrift für Pädagogik, 52, 2, 205–219.

Green, N. & Green, K. (2011): Kooperatives Lernen. Seelze: Kallmeyer.

Greenspan S. I. & Benderly B. L. (2001): Die bedrohte Intelligenz: die Bedeutung der Emotionen für unsere geistige Entwicklung. München: Goldmann.

Greiten, S., Franz, E. & Biederbeck, I. (2016): Wie kommt die sonderpädagogische Perspektive in den inklusiven Unterricht an Regelschulen? – Befunde aus Gruppendiskussionen zu Erfahrungen aus der Netzwerkarbeit von Sonderpädagogen und Regelschullehrkräften. In: A. Kreis (Hrsg.), Kooperation im Kontext schulischer Heterogenität (S. 143–157). Münster: Waxmann.

Groeben, v. d. A. (2011): Verschiedenheit nutzen – Besser lernen in heterogenen Gruppen. Berlin: Cornelsen.

Groh, A., Roisman, G., Van Ijzendoon, M., Bakersmans-Kranenburg, M. & Fearon, R. (2012): The Sigificance of Insecure and Disorganized Attachment for Children's Internalizing Symptoms: A Meta-Analytic Study. Child Development, 83, 591–610.

Grosche, M. (2014): Fördermaßnahmen im Prozess überprüfen. Das Konzept der Lernverlaufsdiagnostik. In: T. Bohl, A. Feindt, B. Lütje-Klose, M. Trautmann & B. Wischer (Hrsg.), Fördern (S. 113–115). Seelze: Friedrich.

Gröschke, D. (2008): Heilpädagogisches Handeln. Eine Pragmatik der Heilpädagogik. Bad Heilbrunn: Klinkhardt.

Große, G. (2018): Emotionsregulation und Sprache. Grundschule aktuell, 144, 12–15.

Grünke, M. (2008): Rational-emotive Erziehung. In: B. Gasteiger-Klicpera, H. Julius & C. Klicpera (Hrsg.), Sonderpädagogik der sozialen und emotionalen Entwicklung (S. 486–496). Göttingen: Hogrefe.

Gudel, J. (2013): Schule im Jugendstrafvollzug: Überlegungen und Untersuchungen zu ihrer Ausrichtung als Instrument im Rahmen der Prävention. Neue Kriminalpolitik, 25, 3, 248–267.

Gudjons, H. (2001): Handlungsorientiert Lehren und Lernen. Bad Heilbrunn: Klinkhardt.

Gudjons, H. (2007): Frontalunterricht – neu entdeckt. Integration in offene Unterrichtsformen. Bad Heilbrunn: Klinkhardt.

Guldimann, T. & Lauth, G. W. (2004): Förderung von Metakognition und strategischem Lernen. In: G. W. Lauth, M. Grünke & J. C. Brunstein (Hrsg.), Interventionen bei Lernstörungen (S. 176–186). Göttingen: Hogrefe.

Hacker, W. (2005): Allgemeine Arbeitspsychologie. Psychische Regulation von Wissens-, Denk- und körperlicher Arbeit. Bern: Huber.

Hackman, J. R. (1969): Toward Understanding the Role of Tasks in Behavioral Research. Acta Psychologica, 31, 97–128.

Haeberlin, U. (1988): Heilpädagogische Haltung. In: J. Blickenstorfer, H. Dohrenbusch & F. Klein (Hrsg.), Ethik in der Sonderpädagogik (S. 117–135). Berlin: Marhold.

Halbheer, U. & Kunz, A. (2011): Kooperation von Lehrpersonen an Gymnasien. Eine qualitative und quantitative Analyse der Wahrnehmung von Lehrpersonen aus schul- und governancetheoretischer Perspektive. Wiesbaden: VS.

Hampel, P. & Petermann, F. (2017): Cool bleiben – Stress vermeiden: Das Anti-Stress-Training für Kinder. Weinheim: Beltz.

Hamre, B. K. & Pianta, R. C. (2001): Early Teacher-Child Relationships and the Trajectory of Children's School Outcomes through Eighth Grade. Child Development, 72, 625–638.

Hamre, B. K. & Pianta, R. C. (2005): Can Instructional and Emotional Support in the First-Grade-Classroom Make a Difference for Children at Risk at School Failure?. Child Development, 76, 949–967.

Hamre, B. K. & Pianta, R. C. (2006): Student-Teacher Relationship. In: G. G. Bear & K. M. Minke (Hrsg.), Children's Needs III: Development, Intervention and Prevention (S. 49–60). Washington DC: National Association of School Psychologists.

Harsch, D. & Hoffmann, U. (2018): Psychisch kranke Kinder und Jugendliche. Vielfältige Versorgungsangebote. Deutsches Ärzteblatt, 6, 267–269.

Harter-Meyer, R. (1999): Das prekäre Verhältnis von Pädagogik und Kinder- und Jugendpsychiatrie – aus der Sicht der Erziehungswissenschaft. In: R. Harter-Meyer, M. Schulte-
Markwort & P. Riedesser (Hrsg.), Hilfen für psychisch kranke Kinder und Jugendliche.
Perspektiven einer Kooperation von Pädagogik und Kinder- und Jugendpsychiatrie (S. 7–
40). Münster u. a.: LIT.

Hartke, B. & Borchert, J. (2007): Förderung im Unterricht. In: F. Linderkamp & M. Grünke
(Hrsg.), Lern- und Verhaltensstörungen (S. 338–348). Weinheim: Beltz.

Hartke, B. & Vrban, R. (2015): Schwierige Schüler – 49 Handlungsmöglichkeiten bei Verhaltensauffälligkeiten. Buxtehude: Persen.

Hartke, B., Blumenthal, Y., Carnein, O. & Vrban, R. (2018): Schwierige Schüler - Förderschule:
84 Handlungsmöglichkeiten bei Verhaltensauffällig keiten und sonderpädagogischem Förderbedarf (1. bis 10. Klasse). Horneburg: Persen.

Hartmann, B. (2017): Verlaufsdiagnostik bei Verhaltens- und Lernschwierigkeiten. In:
A. Methner, K. Popp & B. Seebach (Hrsg), Verhaltensprobleme in der Sekundarstufe (S. 74–
83). Stuttgart: Kohlhammer.

Hattie, J. (2009): Visible Learning. London: Roudledge.

Hattie, J. (2013): Lernen sichtbar machen. Baltmannsweiler: Schneider Hohengehren.

Häußler, M. (2000): Heilpädagogische Haltung. Zur aktuellen Bedeutung eines traditionsrei-
chen Begriffs. Zeitschrift für Heilpädagogik, 8, 327–344.

Hechler, O. (2010): Pädagogische Beratung. Theorie und Praxis eines Erziehungsmittels (Fördern lernen Beratung Bd. 10). Stuttgart: Kohlhammer.

Hechler, O. (2018): Feinfühlig Unterrichten: Lehrerpersönlichkeit – Beziehungsgestaltung –
Lernerfolg. Stuttgart: Kohlhammer.

Heckner, T. (2007): Jugendhilfe macht Schule – Bildungsauftrag und Bildungsverständnis der
Jugendhilfe am Beispiel der Flex-Fernschule. In: E. Knab & R. Fehrenbacher (Hrsg.), Perspektiven für die Kinder- und Jugendhilfe – von der Heimerziehung zur Vielfalt erzieherischer Hilfen (S. 162–185). Freiburg i. Br.: Lambertus.

Hegarty, S. (2001): Inclusive Education – a Case to Answer. Journal of Moral Education, 30, 3,
243–249.

Heidbrink, H., Lück, H. E. & Schmidtmann, H. (2009): Psychologie sozialer Beziehungen.
Stuttgart: Kohlhammer.

Heimlich, U. (1998): Am Ende subsidiär? Organisatorische Innovationsprobleme des sonder-
pädagogischen Fördersystems in Geschichte und Gegenwart. In: Schmetz, D. & Wachtel,
P. (Hrsg.), Sonderpädagogischer Kongress 1998: Entwicklungen, Standorte, Perspektiven
(S. 316–327). Würzburg: vds.

Heimlich, U. (2014): Schulische Organisationsformen sonderpädagogischer Förderung auf dem
Weg zur Inklusion. In: U. Heimlich & J. Kahlert (Hrsg.), Inklusion in Schule und Unterricht.
Wege zu Bildung für alle (S. 80–116). Stuttgart: Kohlhammer.

Hellmann, W. (2007): Schulverweigerer in außerschulischen Lernstandorten – eine Evaluation
und Nutzerstudie. Berlin: Dr. Köster

Helmke, A. (2006): Was wissen wir über guten Unterricht? Pädagogik, 2, 42–45.

Helmke, A. (2015/2017): Unterrichtsqualität und Lehrerprofessionalität. Diagnose, Evaluation
und Verbesserung des Unterrichts. Seelze: Klett-Kallmeyer.

Helsper, W. (2010): Pädagogisches Handeln in den Antinomien der Moderne. In: H. Krüger &
W. Helsper (Hrsg.), Einführung in Grundbegriffe und Grundfragen der Erziehungswissenschaft (S. 15–34). Opladen: Budrich.

Hennemann, T. & Casale, G. (2016): Emotionale und soziale Entwicklung. In: I. Hedderich,
G. Biewer, J. Hollenweger & R. Markowetz (Hrsg.), Handbuch Inklusion und Sonderpädagogik (S. 208–213). Bad Heilbrunn: Klinkhardt.

Hennemann, T., Casale, G., Fitting-Dahlmann, K., Hövel, D. C., Hagen, T., Leidig, T., Melzer,
C., Grosche, M., Hillenbrand, C., Vierbuchen, M.-C. & Wilbert, J. (2017b): »Schulen auf
dem Weg zur Inklusion«. Konzeption, Evaluation und erste Befunde eines landesweiten
Qualifizierungsprogramms zur Umsetzung von Inklusion in Nordrhein-Westfalen. Zeitschrift für Heilpädagogik, 68, 532–544.

Hennemann, T., Casale, G., Leidig, T., Fleskes, T., Döpfner, M. & Hanisch, C. (2020): Psychische Gesundheit von Schülerinnen und Schülern an Förderschulen mit Förderschwerpunkt Emotionale und soziale Entwicklung (PEARL). Zeitschrift für Heilpädagogik, 71, 44–57.

Hennemann, T., Hillenbrand, C., Fitting-Dahlmann, K., Wilbert, J. & Urton, C. (2018): Auf dem Weg zum inklusiven Schulsystem im Kreis Mettmann – Konzeption der wissenschaftlichen Begleitevaluation. Zeitschrift für Heilpädagogik, 69, 4–16.

Hennemann, T., Hövel, D., Casale, G., Hagen, T. & Fitting-Dahlmann, K. (2017a): Fördern lernen: Schulische Prävention im Bereich Verhalten. Stuttgart: Kohlhammer.

Hennemann, T., Ricking, H. & Hillenbrand, C. (2009): Didaktik in der schulischen Erziehungshilfe: Wie arbeiten Lehrkräfte im Förderschwerpunkt Emotionale und soziale Entwicklung? Zeitschrift für Heilpädagogik, 60, 131–138.

Hennemann, T., Ricking, H. & Huber, C. (2017): Organisationsformen inklusiver Förderung im Bereich emotional-sozialer Entwicklung. In: R. Stein & T. Müller (Hrsg.), Inklusion im Förderschwerpunkt emotional-sozialer Entwicklung (S. 110–143). Stuttgart: Kohlhammer.

Herz, B. (2008): Kooperation zwischen Schule, Kinder- und Jugendhilfe und Kinder- und Jugendpsychiatrie. In: H. Reiser, A. Dlugosch & M. Willmann (Hrsg.), Professionelle Kooperation bei Gefühls- und Verhaltensstörungen. Pädagogische Hilfen an den Grenzen der Erziehung (S. 171–190). Hamburg: Kovač.

Herz, B. (2011): Inklusion und Exklusion. Mitteilungen des VDS Landesverband Hamburg. Hamburg, 75.

Herz, B. (2012): Einführung in die schulische und außerschulische Erziehungshilfe. In: B. Herz (Hrsg.), Schulische und außerschulische Erziehungshilfe. Ein Werkbuch zu Arbeitsfeldern und Lösungsansätzen (S. 9–49). Bad Heilbrunn: Klinkhardt.

Herz, B. (2013a): Kooperation zwischen der Kinder- und Jugendhilfe und der Schule. In: B. Herz (Hrsg.), Schulische und außerschulische Erziehungshilfe. Ein Werkbuch zu Arbeitsfeldern und Lösungsansätzen (S. 217–219). Bad Heilbrunn: Klinkhardt.

Herz, B. (2013b): Einführung in die schulische und außerschulische Erziehungshilfe. In: B. Herz (Hrsg.), Schulische und außerschulische Erziehungshilfe. Ein Werkbuch zu Arbeitsfeldern und Lösungsansätzen (S. 9–49). Bad Heilbrunn: Klinkhardt.

Herz, B. (2013c): Jugendstrafvollzug. In: B. Herz (Hrsg.), Schulische und außerschulische Erziehungshilfe. Ein Werkbuch zu Arbeitsfeldern und Lösungsansätzen (S. 263–264). Bad Heilbrunn: Klinkhardt.

Herz, B. (2016): Kinder und Jugendliche mit Verhaltensstörungen. Eine besondere Herausforderung für Lehrkräfte. Lernchancen, 110/111, 28–33.

Herz, B. & Zimmermann, D. (2015): Beziehung statt Erziehung? Psychoanalytische Perspektive auf pädagogische Herausforderungen in der Praxis mit emotional-sozial belasteten Heranwachsenden. In: R. Stein & T. Müller (Hrsg.), Inklusion im Förderschwerpunkt emotional und soziale Entwicklung (S. 144–169). Stuttgart: Kohlhammer.

Herzog, W. (2006): Zeitgemäße Erziehung. Die Konstruktion pädagogischer Wirklichkeit. Weilerswist: Velbrück Wissenschaft.

Hesse, I. & Latzko, B. (2011): Diagnostik für Lehrkräfte. Opladen: Budrich.

Hillenbrand, C. (2008): Einführung in die Pädagogik bei Verhaltensstörungen. München: Reinhardt.

Hillenbrand, C. (2011): Didaktik bei Unterrichts- und Verhaltensstörungen. München: Reinhardt.

Hillenbrand, C. (2012): Psychische Gesundheit als Auftrag der Schule – Perspektiven der Schule für Kranke im inklusiven Bildungssystem. In: H. Frey & A. Wertgen (Hrsg.), Pädagogik bei Krankheit konkret: Beiträge zur Praxis des Unterrichts an Schulen für Kranke (S. 23–37). Lengerich: Pabst.

Hillenbrand, C. (2018): Evidenzbasierte Praxis im Förderschwerpunkt Emotionale und soziale Entwicklung. In: T. Müller & R. Stein (Hrsg.), Inklusion im Förderschwerpunkt emotionale und soziale Entwicklung (S. 178–224). Stuttgart: Kohlhammer.

Hillenbrand, C. & Hennemann, T. (2006): Präventive Erziehungshilfe in der Grundschulstufe. Zeitschrift für Heilpädagogik, 57, 2, 42–51.

Hillenbrand, C. & Hennemann, T. (2010): Klassenführung – Classroom-Management. In: B. Hartke, K. Koch & K. Diehl (Hrsg.), Förderung in der schulischen Eingangsstufe (S. 255–279). Stuttgart: Kohlhammer.

Hillenbrand, C. & Ricking, H. (2011): Schulabbruch: Ursachen – Entwicklung – Prävention. Ergebnisse us-amerikanischer und deutscher Forschungen. Zeitschrift für Pädagogik, 57, 2, 153–172.

Hillenbrand, C., Hennemann, T. & Pütz, K. (2006): Förderplanung in Schulen mit dem Förderschwerpunkte emotional-soziale Entwicklung in NRW. Eine empirische Untersuchung. Zeitschrift für Heilpädagogik, 57, 10, 371–379.

Hillenbrand, C., Melzer, C. & Hagen, T. (2013): Bildung schulischer Fachkräfte für inklusive Bildungssysteme. In: H. Döbert & H. Weißhaupt (Hrsg.), Inklusive Bildung professionell gestalten – Situationsanalyse und Handlungsempfehlungen (S. 33–68). Münster: Waxmann.

Hillenbrand, C., Hennemann, T., Hens, S. & Hövel, D. (2018): Lubo aus dem All! 1 & 2 Klasse. Programm zur Förderung sozial- emotionaler Kompetenzen. München: Reinhardt.

Hinde, R. (1993): Auf dem Weg einer Wissenschaft zwischenmenschlicher Beziehung. In: A. E. Auhagen & M. v. Salisch (Hrsg.), Zwischenmenschliche Beziehungen (S. 7–36). Göttingen u. a.: Hogrefe.

Hinz, A. (2006): Inklusion. In: G. Antor & U. Bleidick (Hrsg.), Handlexikon der Behindertenpädagogik. Schlüsselbegriffe aus Theorie und Praxis (S. 97–99). Stuttgart: Kohlhammer.

Hoanzl, M. (2002): Ambivalenz als Herausforderung in der schulischen Arbeit mit schwierigen Kindern und Jugendlichen – Paradigmenwechsel im pädagogischen Denken: Vom entweder-oder zum und. In: C. Ertle & M. Hoanzl (Hrsg.), Entdeckende Schulpraxis mit Problemkindern (S. 25–50). Bad Heilbrunn: Klinkhardt.

Hoanzl, M., Baur, W., Bleher, W., Thümmler, R. & Käppler, C. (2009): Unterricht in psychiatrischen Klinikschulen. In: G. Opp & G. Theunissen (Hrsg.), Handbuch schulische Sonderpädagogik (S. 404–411). Bad Heilbrunn: Klinkhardt.

Hoefert, H.-W. (Hrsg.) (1982): Person und Situation. Interaktionspsychologische Untersuchungen. Göttingen: Hogrefe.

Hofer, M. (1986): Sozialpsychologie erzieherischen Handelns. Wie das Denken und Verhalten von Lehrern organisiert ist. Göttingen: Hogrefe.

Hofer, M. (1997): Lehrer-Schüler-Interaktion. In: F. E. Weinert (Hrsg.), Psychologie des Unterrichts und der Schule (S. 213–252). Göttingen: Hogrefe.

Hofer, M., Wild, E. & Pikowsky, B. (1996): Pädagogisch-Psychologische Berufsfelder. Beratung zwischen Therapie und Praxis. Bern: Huber.

Hoffmann, B. & Castello, A. (2014): Bindungserfahrung. In: A. Castello (Hrsg.), Entwicklungsrisiken bei Kindern und Jugendlichen (S. 9–21). Stuttgart: Kohlhammer.

Hoffmann, M. (1989): Unterricht im Strafvollzug. In: H. Goetze & H. Neukäter (Hrsg.), Handbuch der Sonderpädagogik. Bd. 6: Pädagogik bei Verhaltensstörungen (S. 465–472). Berlin: Wissenschaftsverlag Volker Spiess.

Hölling, H., Schlack, R., Petermann, F., Ravens-Sieber, U. & Mauz, E. (2014): Psychische Auffälligkeiten und psychosoziale Beeinträchtigungen bei Kindern und Jugendlichen im Alter von 3 bis 17 Jahren in Deutschland – Prävalenz und zeitliche Trends zu 2 Erhebungszeitpunkten (2003–2006 und 2009–2012). Bundesgesundheitsblatt – Gesundheitsforschung - Gesundheitsschutz, 57, 807–819.

Holtappels, H. G., Lossen, K., Spillebeen, L. & Tillmann, K. (2011): Schulentwicklung und Lehrerkooperation in Ganztagsschulen – Konzeption und Entwicklungsprozess als förderliche Faktoren der Kooperationsentwicklung? Zeitschrift für Erziehungswissenschaft, 14, 25–42.

Horner, R. H., Sugai, G. & Anderson, C. M. (2010): Examining the Evidence Base for School-Wide Positive Behavior Support. Focus on Exceptional Children, 42, 8, 1–14.

Horsley, T. A., de Castro, B. O. & Van der Schoot, M. (2010): In the Eye of the Beholder: Eye-Tracking Assessment of Social Information Processing in Aggressive Behavior. Journal of Abnormal Child Psychology, 38, 5, 587–599.

Hövel, D. (2014): Adaption und Evaluation des Präventionsprogramms »Lubo aus dem All« für Kinder mit hoher Risikobelastung. Dissertation: Universität Oldenburg.

Hövel, D. & Küven, J. (2019): Einzelfallbefunde einer programmatischen Aufmerksamkeitsförderung mit anschließender Implementation in den Mathematikunterricht. Zeitschrift für Heilpädagogik, 70, 592–604.

Hövel, D. & Mehlmann, E. (2019): Nordrhein-Westfalen. Zahlen, Fakten und Entwicklungen im Förderschwerpunkt Emotionale und soziale Entwicklung. Emotionale und Soziale Entwicklung (ESE) in der Pädagogik der Erziehungshilfe und bei Verhaltensstörungen, 1, 242–247.

Hövel, D. C. & Hochstein, L. (2020): Einzelfallbefunde zur Implementation des Marburger Konzentrationstrainings in den Mathe- und Deutschunterricht. Lernen und Lernstörungen, 9, 37–47.

Hövel, D., Hennemann, T. & Rietz, C. (2019): Meta-Analyse programmatischer-präventiver Förderung der emotionalen und sozialen Entwicklung in der Grundschule. Emotionale und Soziale Entwicklung (ESE) in der Pädagogik der Erziehungshilfe und bei Verhaltensstörungen, 1, 38–55.

Hövel, D., Hillenbrand, C., Hennemann, T. & Osipov, I. (2016): Effekte von Lubo aus dem All! als indizierte präventive Maßnahme in Abhängigkeit von Theoriewissen und Alltagstransfer. Heilpädagogische Forschung, 42, 114–124.

Hövel, D., Schmidt, L. & Osipov, I. (2018): Sozialklima in der Grundschule. Zur Wirksamkeit der Gewaltpräventionsmaßnahme Mut tut gut von VHS und Polizei. Prävention und Gesundheitsförderung, 14, 176–182.

Howes, C., Burchinal, M., Pianta, R. C., Bryant, D., Early, D., Clifford, R., et al. (2008): Ready to Learn? Children's Pre-Academic Achievement in Pre-Kindergarten Programs. Early Childhood Research Quarterly, 22, 1, 27–50.

Hoyer, J. (2013): Freiwilligkeit und Allparteilichkeit in der Beratung im Kontext schulischer Erziehungshilfe. Zeitschrift für Heilpädagogik, 64, 7, 220–227.

Huber, C. (2008): Jenseits des Modellversuchs: Soziale Integration von Schülern mit sonderpädagogischem Förderbedarf im Gemeinsamen Unterricht – Eine Evaluationsstudie. Heilpädagogische Forschung, 7, 242–248.

Huber, C. (2015a): Verhaltensprobleme gemeinsam lösen! Wie sich multiprofessionelle Teams nach dem RTI-Modell effektiv organisieren lassen. Lernen und Lernstörungen, 4, 4, 283–291.

Huber, C. (2015b): Verhaltensverlaufsdiagnostik. In: K. Seifried, S. Drewes & M. Hasselhorn (Hrsg.), Handbuch Schulpsychologie: Psychologie für die Schule (S. 150–160). Stuttgart: Kohlhammer.

Huber, C. & Grosche, M. (2012): Das RTI-Modell als Grundlage für einen Paradigmenwechsel in der Sonderpädagogik. Zeitschrift für Heilpädagogik, 63, 8, 312–322.

Huber, C. & Rietz, C. (2015): Direct Behavior Rating (DBR) als Methode zur Verhaltensverlaufsdiagnostik in der Schule: Ein systematisches Review von Methodenstudien. Empirische Sonderpädagogik, 2, 75–98.

Huber, C. & Wilbert, J. (2012): Soziale Ausgrenzung von Schülern mit sonderpädagogischem Förderbedarf und niedrigen Schulleistungen im gemeinsamen Unterricht. Empirische Sonderpädagogik, 4, 2, 147–165.

Hughes, J. N. (2012): Teacher-Student Relationship and School Adjustment: Profess and Remaining Challenges. Attachment & Human Development, 14, 3, 319–327.

Hußlein, E. (1993): Unterrichtsgestaltung in der Schule für Verhaltensgestörte. In: H. Goetze & H. Neukäter (Hrsg.), Pädagogik bei Verhaltensstörungen. Handbuch der Sonderpädagogik. Bd. 6 (S. 472–491). Berlin: Marhold.

Ihle, W. & Esser, G. (2008): Epidemiologie psychischer Störungen des Kindes- und Jugendalters. In: B. Gasteiger-Klicpera, H. Julius & C. Klicpera (Hrsg.), Sonderpädagogik der sozialen und emotionalen Entwicklung (S. 49–62). Göttingen: Hogrefe.

Jacob, M. L., Thomassin K., Morelen D. & Suveg C. (2011): Emotion Regulation in Childhood Anxiety. In: M. McKay & E. Storch (Hrsg.), Handbook of Anxiety Disorders in Children and Adolescents (S. 171–186). New York: Springer.

Jerome, E. M., Hamre, B. K. & Pianta, R. C. (2009): Teacher-Child Relationships from Kindergarten to Sixth Grade: Early Childhood Predictors of Teacher-Perceived Conflict and Closeness. Social Development, 18, 4, 915–945.

253

Johnson, D. W. & Johnson, R. T. (1998): Learning Together and Alone. Cooperative, Competitive and Individualistic Learning. Boston: Allyn & Bacon.

Johnson, E., Mellard, D. F., Fuchs, D. & McKnight, M. A. (2006): Responsiveness to Intervention (RTI): How to Do it. Lawrence, KS: National Research Center on Learning Disabilities.

Jones, R., Hoare, P., Elton, R., Dunhill, Z. & Sharpe, M. (2009): Frequent Medical Absences in Secondary School Students: Survey and Case-Control Study. Archives of Disease in Childhood, 94, 763–767.

Jugendgerichtsgesetz (JGG) in der Fassung der Bekanntmachung vom 11. Dezember 1974 (BGBl. I S. 3427), das zuletzt durch Artikel 7 des Gesetzes vom 19. Juni 2019 (BGBl. I S. 840) geändert worden ist.

Julius, H. (2009): Bindungsgeleitete Interventionen in der schulischen Erziehungshilfe. In: H. Julius, B. Gasteiger-Klicpera & R. Kißgen (Hrsg.), Bindung im Kindesalter. Diagnostik und Interventionen (S. 293–317). Göttingen: Hogrefe.

Julius, H. (2014): Bindung und schulische Entwicklung. Behinderte Menschen. Zeitschrift für gemeinsames Leben, Lernen und Arbeiten, 37, 29–47.

Julius, H. (2015): Der Einsatz von Tieren im Kontext bindungsorientierter Interventionen. Sonderpädagogische Förderung heute, 60, 297–308.

Jungmann, T. & Reichenbach, C. (2016): Bindungstheorie und pädagogisches Handeln. Ein Praxisleidfaden. Dortmund: Borgmann Media.

Kanning, U. P. (2009): Diagnostik sozialer Kompetenzen. Göttingen: Hogrefe.

Kant, I. (1983): Über Pädagogik. In: ders.: Werke in zehn Bänden. Ed. Weischedel, Bd. 10, Darmstadt 1983, S. 691–761

Kastirke, N. & Ricking, H. (2004): Involvement bei schulaversivem Verhalten – Aspekte bedürfnisorientierter Einbindung von Schülerinnen und Schülern auf dem Weg zur Partizipation. In: H. Schnoor & E. Rohrmann (Hrsg.), Sonderpädagogik: Rückblicke Bestandsaufnahmen Perspektiven (S. 317–324). Bad Heilbrunn: Klinkhardt.

Kauffman, J. & Hallahan, D. (2005): The Illusion of Full Inclusion: A Comprehensive Critique of a Current Special Education Bandwagon. Austin: Pro-Ed.

Kautter, H. (2003): Das »Thema des Kindes« erkennen. Umrisse einer verstehenden pädagogischen Diagnostik. In: H. Erbwein & S, Knauer (Hrsg.), Lernprozesse verstehen. Wege einer neuen (sonder-)pädagogischen Diagnostik (S. 81–93). Weinheim, Basel & Berlin: Beltz.

Kearney, C. A. (2016): Managing School Absenteeism at Multiple Tiers: An Evidence-Based and Practical Guide for Professionals. New York: Oxford University Press.

Keller, G. (2008): Disziplinmanagement in der Schulklasse. Unterrichtsstörungen vorbeugen – Unterrichtsstörungen bewältigen. Bern: Huber.

Kempes, M., Matthys, W., De Vries, H. & Van Engeland, H. (2005): Reactive and Proactive Aggression in Children: A Review of Theory, Findings and the Relevance for Child and Adolescent Psychiatry. European Child & Adolescent Psychiatry, 14, 1, 11–19.

Kerk, C., Kreth, R. & Neumann, M. (2018): Das Wolfsburger Förderdreieck. Eine Handreichung zur notwendigen Beratungs- und Unterstützungsstrukturen in der inklusiven Beschulung von Schülern mit emotionalen und sozialen Auffälligkeiten. Sonderpädagogik in Niedersachsen, 2, 34–43.

Kessl, F., Lorenz, F. & Wittfeld, M. (2018): Machtmissbrauch und Gewalt in den stationären Hilfen. Strukturmerkmal gegenwärtiger Gewaltkonstellationen. Unsere Jugend, 6, 1, 21–28.

Kindler, W. (2009): Schnelles Eingreifen bei Mobbing. Mülheim: Verlag an der Ruhr.

Kipman, U. (2018): Problemlösen. Wiesbaden: Springer.

Kißgen, R. (2010): Frühe Risiken und Präventionsintervention aus Sicht der Bindungstheorie. In: R. Kißgen & N. Hein (Hrsg.), Frühe Risiken und Frühe Hilfen. Grundlagen, Diagnostik, Prävention (S. 132–147). Stuttgart: Klett-Cotta.

Klasen, F., Petermann, F., Meyrose, A.-K., Barkmann, C., Otto, C., Haller, A.-C., Schlack, R., Schulte-Markwort, M. & Ravens-Sieberer, U. (2016): Verlauf psychischer Auffälligkeiten von Kindern und Jugendlichen. Kindheit und Entwicklung, 25, 1, 10–20.

Klauer, K. J. (2011): Lernverlaufsdiagnostik – Konzepte, Schwierigkeiten, Möglichkeiten. Empirische Sonderpädagogik, 2, 207–224.

Kleber, E. W. (2006): Beratung. In: G. Antor & U. Bleidick (Hrsg.), Handlexikon der Behindertenpädagogik. Schlüsselbegriffe aus Theorie und Praxis (S. 15–16). Stuttgart: Kohlhammer.

Klemm, K. (2019): Lehrkräftemangel – eine unendliche Geschichte. Pädagogik, 6, 9.

Klieme, E., Hochweber, J. & Steinert, B. (2012): Lehrerkooperation, Unterrichtsqualität und Lernergebnisse im Fach Englisch. Unterrichtswissenschaft, 4, 351–370.

Klipker, K., Baumgarten, F., Göbel, K., Lampert, T. & Hölling, H. (2018): Psychische Auffälligkeiten bei Kindern und Jugendlichen in Deutschland – Querschnittergebnisse aus KiGGS Welle 2 und Trends. Journal of Health Monitoring, 3, 37–45.

KMK (Hrsg.) (1994): Empfehlungen zur sonderpädagogischen Förderung in den Schulen in der Bundesrepublik Deutschland (Beschluss der Kultusministerkonferenz vom 06.05.1994). (http://www.kmk.org/fileadmin/veroeffentlichungen_beschluesse/1994/1994_05_06-Empfehl-Sonderpaedagogische-Foerderung.pdf), Zugriff am 01.11.2019

KMK (2000): Empfehlungen zum Förderschwerpunkt emotionale und soziale Entwicklung. In: W. Drave, F. Rumpler & P. Wachtel (Hrsg.), Empfehlungen zur sonderpädagogischen Förderung. Allgemeine Grundlagen und Förderschwerpunkte (KMK) mit Kommentaren (S. 343–365). Würzburg.

KMK (2004): Standards für die Lehrerbildung: Bildungswissenschaften. (https://www.kmk.org/fileadmin/Dateien/veroeffentlichungen_beschluesse/2004/2004_12_16-Standards-Lehrerbildung-Bildungswissenschaften.pdf), Zugriff am 01.11.2019

KMK (2008): Ländergemeinschaftlichen inhaltlichen Anforderungen für die Fachwissenschaften und Fachdidaktiken in der Lehrerbildung. (https://www.kmk.org/fileadmin/Dateien/veroeffentlichungen_beschluesse/2008/2008_10_16-Fachprofile-Lehrerbildung.pdf), Zugriff am 01.11.2019

KMK (2011): Inklusive Bildung von Kindern und Jugendlichen mit Behinderungen in Schulen. (https://www.kmk.org/fileadmin/veroeffentlichungen_beschluesse/2011/2011_10_20-Inklusive-Bildung.pdf), Zugriff am 04.04.2020

KMK (2012): Ländergemeinsame Anforderungen für die Ausgestaltung des Vorbereitungsdienstes und die abschließende Staatsprüfung. (https://www.kmk.org/fileadmin/Dateien/veroeffentlichungen_beschluesse/2012/2012_12_06-Vorbereitungsdienst.pdf), Zugriff am 01.11.2019

KMK (Hrsg.) (2014a): Standards für die Lehrerbildung: Bildungswissenschaften (Beschluss der Kultusministerkonferenz vom 16.12.2004 i. d. F. vom 12.06.2014). (http://www.kmk.org/fileadmin/veroeffentlichungen_beschluesse/2004/2004_12_16-Standards-Lehrerbildung-Bildungswissenschaften.pdf), Zugriff am 01.11.2019

KMK (Hrsg.) (2014b): Ländergemeinsame inhaltliche Anforderungen für die Fachwissenschaften und Fachdidaktiken in der Lehrerbildung (Beschluss der Kultusministerkonferenz vom 16.10.2008 i. d. F. vom 11.12.2014). (http://www.kmk.org/fileadmin/veroeffentlichungen_beschluesse/2008/2008_10_16-Fachprofile-Lehrerbildungb.pdf), Zugriff am 01.11.2019

KMK (2016): Sonderpädagogische Förderung in Schulen 2005–2014. Dokumentation Nr. 210. (https://www.kmk.org/fileadmin/Dateien/pdf/Statistik/Dokumentationen/Dok_210_SoPae_2014.pdf), Zugriff am 04.04.2020

KMK (2018a): Statistische Veröffentlichungen der Kultusministerkonferenz (KMK): Dokumentation Nr. 214 – Juni 2018, Sonderpädagogische Förderung in Schulen 2007 bis 2016. (https://www.kmk.org/fileadmin/Dateien/pdf/Statistik/Dokumentationen/Dok_214_SoPae_Foe_2016.pdf), Zugriff am 04.04.2020

KMK (2018b): Sonderpädagogische Förderung in Schulen 2007 bis 2016. (https://www.kmk.org/fileadmin/Dateien/pdf/Statistik/Dokumentationen/AW_SoPae_2016_Tabellenwerk.xls), Zugriff am 01.11.2019

KMK (2018c): Lehrereinstellungsbedarf und -angebot in der Bundesrepublik Deutschland 2018–2030 – Zusammengefasste Modellrechnungen. (https://www.kmk.org/fileadmin/Dateien/pdf/Statistik/Dokumentationen/Dok_216_Bericht_LEB_LEA_2018.pdf), Zugriff am 01.11.2019

KMK (2019): Dokumentation 217: Schüler, Klassen, Lehrer und Absolventen der Schulen 2008–2017. (https://www.kmk.org/dokumentation-statistik/statistik/schulstatistik.html), Zugriff am 04.04.2020

KMK (2020): Sonderpädagogische Förderung in Schulen 2009–2018. Dokumentation Nr. 223. (https://www.kmk.org/fileadmin/Dateien/pdf/Statistik/Dokumentationen/Dok223_SoPae_2018.pdf), Zugriff am 04.04.2020

Knollmann, M., Knoll, S., Reissner, V., Metzelaars, J. & Hebebrand, J. (2010): Schulvermeidendes Verhalten aus kinder- und jugendpsychiatrischer Sicht. Erscheinungsbild, Entstehungsbedingungen, Verlauf und Therapie. Deutsches Ärzteblatt, 2, 74–78.

Köbberling, A., Dey, B., Duda, D., Limmer, K., Schulte, G., Sylvester, A. & Wagner, S. (2007): Flexible Hilfen durch regionale Beratungs- und Unterstützungsstellen (REBUS) in Hamburg. In: W. Mutzek, W. Pallasch, K. Popp (Hrsg.), Integration von Schülern mit Verhaltensstörungen. Grundlagen, Modelle, Praxiserfahrungen (S. 242–259). Weinheim/Basel: Beltz.

Kobi, E. (2004): Grundfragen der Heilpädagogik. Eine Einführung in heilpädagogisches Denken. Bern: BHP Berufs- und Fachverband.

Kobi, E. (1977): Heilpädagogik im Abriss. Basel/München: Reinhardt.

Köck, P. (1995): Praxis der Unterrichtsgestaltung und des Schullebens. Donauwörth: Auer.

Kollmar-Masuch, R. & Oelsner, W. (2006): Krankenpädagogik – Unterricht bei langer Krankheit. In: G. Antor & U. Bleidick (Hrsg.), Handbuch der Behindertenpädagogik. Schlüsselbegriffe aus Theorie und Praxis (S. 143–145). Stuttgart: Kohlhammer.

Koppe, H. & Ranke, E. (2012): Schulabsentismus in einer kinder- und jugendpsychiatrischen Praxis mit Sozialpsychiatrie-Vereinbarung. In: H. Ricking & G. Schulze (Hrsg.), Schulabbruch – ohne Ticket in die Zukunft? (S. 258–269). Bad Heilbrunn: Klinkhardt.

Koß, P, Wagner, C. & Baumann, M. (2018): Riskant agierende junge Menschen – über hilflose Systeme und ihre sogenannten »Systemsprenger«. Zeitschrift für Jugendkriminalrecht und Jugendhilfe, 4, 29, 285–290.

Kounin, J.S. (2006): Techniken der Klassenführung. Standardwerke aus Psychologie und Pädagogik. Bd. 3. Münster: Waxmann.

Kremer, H.-H. & Kückmann, M.-A. (2016): Multiprofessionelle Teamarbeit oder multiprofessionelle Akteure: Studie zur inklusiven Bildungsgangarbeit in der Ausbildungsvorbereitung. bwp@ Berufs- und Wirtschaftspädagogik – online, 30, 1–26. (www.bwpat.de/ausgabe30/kremer_kueckmann_bwpat30.pdf), Zugriff am 04.04.2020

Kriwet, I. (2005): Zum historischen Wandel theoretischer Ansätze in der Sonderpädagogik: von der Separation zu Inklusion. In: D. Horster, U. Hoyningen-Süess & C. Liesen (Hrsg.), Sonderpädagogische Professionalität. Beiträge zur Entwicklung der Sonderpädagogik als Disziplin und Profession (S. 187–206). Wiesbaden: VS.

Kron, F. W. (2000): Grundwissen Didaktik. München: Reinhardt.

Krüger, D. & Romer, G. (2003): Schule in der Kinder- und Jugendpsychiatrie: Eine Herausforderung an die Erziehungswissenschaft. In: B. Warzecha (Hrsg.), Heterogenität macht Schule. Beiträge aus sonderpädagogischer und interkultureller Perspektive (S. 251–267). Münster: Waxmann.

Kruse, T. & Sacher, M. (2015): Kinder im Schulsystem halten – und wieder zurückführen: Die AktiF-Gruppe der Johann-Heinrich-Leiner-Schule Großefehn. In: M. Baumann (Hrsg.), Neue Impulse in der Intensivpädagogik. Was tun, wenn wir nicht mehr weiter wissen …? Beiträge zur Theorie und Praxis der Jugendhilfe (S. 91–103). Hannover: Schöneworth.

Kühn, A. (2018): Lehrer-Schüler-Beziehung konstruktiv gestalten. Erfolgreicher Umgang mit Verhaltensauffälligkeiten. München: Reinhardt

Kuschel, A. Heinrichs, N. & Hahlweg, K. (2008): Prävention im Vorschulalter. In: B. Gasteiger-Klicpera, H. Julius & C. Klicpera (Hrsg.), Sonderpädagogik der sozialen und emotionalen Entwicklung. Bd. 3 (S. 423–441). Göttingen: Hogrefe.

Laaksonen, P., Laitinen, K. & Salmi, M. (2007): School Psychology in Finland. In: S. R. Jimerson, T. D. Oakland & P. T. Farrel (Hrsg.), The Handbook of International School Psychology (S. 103–111). Thousand Oaks: Sage Publications.

Langer, J. (2019): Bindung in der Schule. Psychologische und physiologische Mechanismen bei der Transmission von Bindung. Bad Heilbrunn: Klinkhardt.

Laubenthal, K. & Baier, H. (2006): Jugendstrafrecht. Berlin: Springer.

Laubenthal, K. & Nestler, N. (2010): Geltungsbereich und Sanktionenkatalog des JGG. In: B. Dollinger & H. Schmidt-Semisch (Hrsg.), Handbuch Jugendkriminalität. Kriminologie und Sozialpädagogik im Dialog (S. 475–482). Wiesbaden: VS.

Lauth, G. & Mackowiak, K. (2004): Unterrichtsverhalten von Kindern mit Aufmerksamkeitsdefizit-/Hyperaktivitätsstörungen. Kindheit und Entwicklung, 13, 3, 158–166.

Lauth, G. W. & Schlottke, P. F. (2019): Training mit aufmerksamkeitsgestörten Kindern. Weinheim: Beltz.

Leidig, T. & Hennemann, T. (2017): Effektive Förderung zwischen Prävention und Intervention. In: A. Methner, K. Popp & B. Seebach (Hrsg.), Verhaltensprobleme in der Sekundarstufe. Unterricht – Förderung – Intervention (S. 106–122). Stuttgart: Kohlhammer.

Leidig, T., Hennemann, T., Casale, G., König, J., Melzer, C. & Hillenbrand, C. (2016): Wirksamkeit von Lehrerfortbildungen zur inklusiven Beschulung im Förderschwerpunkt Emotionale und soziale Entwicklung – ein systematisches Review empirischer Studien. Heilpädagogische Forschung, 2, 54–70.

Leiprecht, R. (Hrsg.) (2011): Diversitätsbewusste Soziale Arbeit. Frankfurt: Wochenschau.

Leitz, I. (2015): Motivation durch Beziehung. Berlin: Springer.

Lemerise, E. & Arsenio, W. (2000): An Integrated Model of Emotion Processes and Cognition in Social Information Processing. Child Development, 1, 71, 107–118.

Lesemann, S. (2016): Fortbildungen zum schulischen Umgang mit Rechenstörungen: Eine Evaluationsstudie zur Wirksamkeit auf Lehrer- und Schülerebene. Wiesbaden: Springer. (https://link.springer.com/book/10.1007%2F978-3-658-11380-3), Zugriff am 21.11.2019

Linderkamp, F. (2008): Lerntheoretische Interventionen – Konditionierung und Verhaltensmodifikation. In: B. Gasteiger-Klicpera, H. Julius & C. Klicpera (Hrsg.), Sonderpädagogik der sozialen und emotionalen Entwicklung. Bd. 3 (S. 471–486). Göttingen: Hogrefe.

Linderkamp, F., Hennig, T. & Schramm, S. A. (2011): ADHS bei Jugendlichen: Das Lerntraining LeJA. Weinheim: Beltz.

Linderkamp, F. (2014): Kognitive Verhaltensmodifikation. In: F. Wember, R. Stein & U. Heimlich (Hrsg.), Handlexikon Lernschwierigkeiten und Verhaltensstörungen (S. 142–144). Stuttgart: Kohlhammer.

Lindmeier, B. (2005): Kategorisierung und Dekategorisierung in der Sonderpädagogik. Sonderpädagogische Förderung, 2, 131–149.

Lindmeier, C. (2009): Sonderpädagogische Lehrerbildung für ein inklusives Schulsystem? Zeitschrift für Heilpädagogik, 60, 10, 416–427.

Lindmeier, C. (Hrsg.) (2018): Sonderpädagogische Förderung heute. Studium der Sonderpädagogik in Zeiten der Inklusion. Weinheim: Beltz.

Lindsay, G. (2007): Educational psychology and the effectiveness of inclusive educational mainstreaming. British Journal of Educational Psychology, 77, 1–24.

Lipowsky, F. & Rzejak, D. (2017): Fortbildungen für Lehrkräfte wirksam gestalten – erfolgsversprechende Wege und Konzepte aus Sicht der empirischen Bildungsforschung. Bildung und Erziehung, 4, 379–400.

Loch, U. (2016): Kinderschutz mit psychisch kranken Eltern. Ethnografie im Jugendamt. Weinheim: Beltz.

Loeken, H. (2008): Kooperation zwischen Schule und Jugendhilfe im Umgang mit schulischen Verhaltensproblemen. In: H. Reiser, A. Dlugosch & M. Willmann (Hrsg.), Professionelle Kooperation bei Gefühls- und Verhaltensstörungen. Pädagogische Hilfen an den Grenzen der Erziehung (S. 151–170). Hamburg: Kovač.

Lohaus, A. & Vierhaus, M. (2015): Entwicklungspsychologie des Kindes- und Jugendalters. Berlin: Springer.

Lohmann, G. (2011/2013): Mit Schülern klarkommen. Professioneller Umgang mit Unterrichtsstörungen und Disziplinkonflikten. Berlin: Cornelsen Scriptor.

Lösel, F. & Bender, D. (2007): Von generellen Schutzfaktoren zu spezifischen protektiven Prozessen. Konzeptuelle Grundlagen und Ergebnisse der Resilienzforschung. In: G. Opp & M. Fingerle (Hrsg.), Was Kinder stärkt -Erziehung zwischen Risiko und Resilienz (S. 57–78). München: Reinhardt.

Luder, R., Kunz, A., Diezi-Duplain, P. & Gschwend, R. (2016): Multiprofessionelle Zusammenarbeit für inklusive Förderplanung. In: A. Kreis, J. Wick & C. Kosorok Labhart (Hrsg.), Kooperation im Kontext schulischer Heterogenität (S. 183–206). Münster: Waxmann.

Lukesch, H. (1998): Einführung in die pädagogisch-psychologische Diagnostik. Regensburg: Roderer.

Lütje-Klose, B. & Urban, M. (2014): Professionelle Kooperation als wesentliche Bedingung inklusiver Schul- und Unterrichtsentwicklung. Teil 1: Grundlagen und Modelle inklusiver Kooperation. Vierteljahreszeitschrift für Heilpädagogik und ihre Nachbargebiete, 83, 2, 111–123.

Lütje-Klose, B., Miller, S. & Ziegler, H. (2014): Professionalisierung für die inklusive Schule als Herausforderung für die LehrerInnenbildung. Soziale Passagen, 6, 69–84.

MacKay, W. (2006): Connecting Care and Challenge: Tapping our Human Potential. Inclusive Education: A Review of Programming and Services in New Brunswick. (http://www.gnb.ca/0000/publications/mackay/MACKAYREPORTFINAL.pdf), Zugriff am 04.04.2020

Madigan, S., Brumariu, L., Villani, V. & Atkinson, L. (2016): Representational and Questionnaire Measures of Attachment: A Meta-Analysis of Relations to Child Internalizing and Externalizing Problems. Psychological Bulletin, 142, 367–399.

Mahlau, K. (2019): Diagnostik im Förderschwerpunkt Emotionale und soziale Entwicklung – Überlegungen zum praktischen Einsatz von Direct Behavior Ratings im inklusiven Unterricht. Zeitschrift für Heilpädagogik, 70, 581–591.

Mahoney, J. L., Durlak, J. A. & Weissberg, R. P. (2018): An Update on Social and Emotional Learning Outcome Research. PDK international, 100, 18–23.

Mand, J. (2002): Sonderschule oder gemeinsamer Unterricht. Zeitschrift für Heilpädagogik, 1, 8–13

Mashburn, A. J., Pianta, R. C., Hamre, B. K., Downer, J. T. Barbarin, O. A., Bryant, D., Burchinal, M., Early, D. M. & Howes, C. (2008): Measures of Classroom Qualitity in Prekindergarten and Childrens Development of Academic Language, and Social Skills. Child Development, 79, 3, 732–749.

Maslow, A. (1954): Motivation and Personality. New York: Harper & Brothers.

Maslow, A. (1973): Psychologie des Seins. Ein Entwurf. München: Kindler.

Maslow, A. (2013): A Theory of Human Motivation. Createprint (Reprint from 1943). Psychological Review, 50, 370–396.

Maurer, A. & Schmid, M. (2010): Erklärende Soziologie. Grundlagen, Vertreter und Anwendungsfelder eines soziologischen Forschungsprogramms. Wiesbaden: VS.

Mays, D. (2014): In Steps! – wirksame Faktoren schulischer Transition. Gestaltung erfolgreicher Übergänge bei Gefühls- und Verhaltensstörungen. Bad Heilbrunn: Klinkhardt.

Mays, D. & Roos, S. (2018): Prima Klima in der inklusiven Schule. München: Reinhardt.

Maywald, J. (2012): Kinder haben Rechte. Kinderrechte kennen, umsetzen, wahren. Weinheim: Beltz.

Meehan, B. T., Hughes, J. N. & Cavell, T. A. (2003): Teacher-Student Relationships as Compensatory Resources for Aggressive Children. Child Development, 74, 1145–1157.

Melzer, C. (2009): Was ist ein guter Förderplan? Der qualitativ hochwertige Förderplan als Wegweiser für die pädagogische Arbeit. Mitteilungsheft des vds Thüringen.

Melzer, C. (2010): Wie können Förderpläne effektiv sein und eine Förderung unterstützen? Zeitschrift für Heilpädagogik, 61, 6, 212–220.

Melzer, C. (2014): Förderplanung. In: U. Heimlich, R. Stein & F. Wember (Hrsg.), Handlexikon Lernschwierigkeiten und Verhaltensstörungen (S. 125–128). Stuttgart: Kohlhammer.

Melzer, C. & Hillenbrand C. (2013): Aufgaben sonderpädagogischer Lehrkräfte für die inklusive Bildung: empirische Befunde internationaler Studien. Zeitschrift für Heilpädagogik, 64, 5, 194–201.

Melzer, C. & Hillenbrand, C. (2015): Aufgabenprofile. Welche Aufgaben bewältigen sonderpädagogische Lehrkräfte in verschiedenen schulischen Tätigkeitsfeldern? Zeitschrift für Heilpädagogik, 66, 5, 230–242.

Melzer, C., Hillenbrand, C., Sprenger, D. & Hennemann, T. (2015): Aufgaben von Lehrkräften in inklusiven Bildungssystem – Review internationaler Studien. Erziehungswissenschaft, 26, 61–80.

Melzer, W., Schubarth, W. & Ehninger, F. (2004/2011): Gewaltprävention und Schulentwicklung. Bad Heilbrunn: Klinkhardt.

Methner, A., Melzer, C. & Popp, K. (2012): Kooperative Beratung. Stuttgart: Kohlhammer.

Meyer, H. (2016): Unterrichtsmethoden. Bd. 1. Frankfurt: Cornelsen.

Mietzel, G. (2017): Pädagogische Psychologie des Lernens und Lehrens. Göttingen: Hogrefe.

Miller, R. (2011): Beziehungsdidaktik. Weinheim: Beltz.

Ministerium für Schule und Bildung des Landes Nordrhein-Westfalen (2018): Prognose zum Lehrkräftearbeitsmarkt in Nordrhein-Westfalen. Einstellungschancen für Lehrkräfte bis zum Schuljahr 2039/40. (https://www.schulministerium.nrw.de/docs/bp/Lehrer/Lehrkraftwerden/Einstiegschancen/Prognosen.pdf), Zugriff am 01.11.2019

Mitchell, B. B. (2011): Examining the Role of the Special Educator in a Response to Intervention Model. Dissertation. Lawrence: University of Kansas.

Möbus, B. & Vierbuchen, M.-C. (2019): Die Kritik an Diagnostik im inklusiven Schulsystem – Ein Plädoyer für (sonder-)pädagogische Diagnostik im Spiegel des RTI-Modells. In: B. Baumert & M. Willen (Hrsg.), Zwischen Persönlichkeitsbildung und Leistungsentwicklung. Fachspezifische Zugänge zu inklusivem Unterricht im interdisziplinären Diskurs (S. 87–96). Bad Heilbrunn: Klinkhardt.

Möckel, A. (1988): Geschichte der Heilpädagogik oder Macht und Ohnmacht der Erziehung. Stuttgart: Klett.

Molnar, A. & Lindqvist, B. (2013): Verhaltensprobleme in der Schule. Lösungsstrategien für die Praxis. Dortmund: Borgmann.

Mohr, L. & Neuhauser, A. (2019): Anwendung: praxistauglich, Wirkung: vielversprechend: Banking Time. Heilpädagogik aktuell, 27, 2, 3.

Mörtl, G. (1989): Der Präventionsaspekt in der Sonderpädagogik. Möglichkeiten und Perspektiven der Prävention psychosozialer Störungen und der schulischen Rehabilitation von Schülern in der Kinder- und Jugendpsychiatrie. Eine Handlungsforschungs-, erfahrungswissenschaftliche Studie. Frankfurt a. M. u. a.: Lang.

Moser Opitz, E., Pool Maag, S., Labhart D. (2019): Förderpläne: Instrument zur Förderung oder »bürokratisches Mittel«? Eine empirische Untersuchung zum Einsatz von Förderplänen. Empirische Sonderpädagogik, 3, 210–224.

Moser, V. (2004): Sonderpädagogik als Profession: Funktionalistische, system- und strukturtheoretische Aspekte. In: R. Forster (Hrsg.), Soziologie im Kontext von Behinderung. Theoriebildung, Theorieansätze und singuläre Phänomene (S. 302–314). Bad Heilbrunn: Klinkhardt.

Mostow, A. J., Izard, C. E., Fine, S. & Trentacosta, C. J. (2003): Modeling Emotional, Cognitive, and Behavioral Predictors of Peer Acceptance. Child Development, 73, 6, 1775–1787.

Müller, T. (2009): Zwischen Begleiten und Entgleiten. Vom Wagnis mit verhaltensauffälligen Schülern zu scheitern. Behinderte Menschen, 5, 26–34.

Müller, T. (2017): »Ich kann niemandem mehr vertrauen.« Konzepte von Vertrauen und ihre Relevanz für die Pädagogik bei Verhaltensstörungen. Bad Heilbrunn: Klinkhardt.

Müller, T. (2018a): Erziehung als Herausforderung: Gegenstandsbestimmung und Fragen einer Theorie der Erziehung. In: T. Müller & R. Stein (Hrsg.), Erziehung als Herausforderung. Grundlage für die Pädagogik bei Verhaltensstörungen (S. 13–34). Bad Heilbrunn: Klinkhardt.

Müller, T. (2018b): Kinder mit auffälligem Verhalten unterrichten. München: Reinhardt.

Müller, T. (2018c): Zur Zukunft von Bildung im Strafvollzug. Forum Strafvollzug, 4, 285–288.

Müller, T. & Stein, R. (2015): Erziehung im Förderschwerpunkt emotionale und soziale Entwicklung. In: R. Stein & T. Müller (Hrsg.), Inklusion im Förderschwerpunkt emotionale und soziale Entwicklung (S. 216–229). Stuttgart: Kohlhammer.

Müller, T. & Stein, R. (Hrsg.) (2018): Erziehung als Herausforderung. Grundlagen für die Pädagogik bei Verhaltensstörungen. Bad Heilbrunn: Klinkhardt.

Müller, X., Venetz, M. & Keiser, C. (2017): Nutzen von individuelle Förderplänen: Theoretischer Fachdiskurs und Wahrnehmung von Fachpersonen in der Schule. Vierteljahreszeitschrift für Heilpädagogik und ihre Nachbargebiete, 86, 116–126.

Munoz, R. F., Mrazek, P. J. & Haggerty, R. J. (1996): Institute of Medicine Report on Prevention of Mental Disorders. American Psychologist, 51, 1116–1122.

Mutzeck, W. (1997): Verhaltensgestörtenpädagogik und Erziehungshilfe. Bad Heilbrunn: Klinkhardt.

Mutzeck, W. (2000): Förderdiagnostik bei Kindern und Jugendlichen mit Verhaltensstörungen. In: W. Mutzeck (Hrsg.), Förderdiagnostik bei Lern- und Verhaltensstörungen. Konzepte und Methoden (S. 243–267). Weinheim: Beltz.

Mutzeck, W. (2002): Förderdiagnostik. Konzepte und Methoden. Weinheim: Deutscher Studien-Verlag.

Mutzeck, W. (2002): Kooperative Beratung. In: W. Pallasch, W. Mutzeck & H. Reimers (Hrsg.), Beratung – Training – Supervision (S. 143–160). Weinheim: Juventa.

Mutzeck, W. (2004): Grundlegende Aspekte der Diagnostik in der Förderdiagnostik. In: W. Mutzeck & P. Jogschies (Hrsg.), Neue Entwicklungen in der Förderdiagnostik (S. 10–20). Weinheim: Beltz.

Mutzeck, W. (2008): Kooperative Beratung: Grundlagen, Methoden, Training, Effektivität. Weinheim: Beltz.

Mutzeck, W. & Jogschies, P. (Hrsg.) (2004): Neue Entwicklungen in der Förderdiagnostik: Grundlagen und praktische Umsetzungen. Weinheim: Beltz.

Mutzeck, W. & Melzer, C. (2007): Kooperative Förderplanung – Erstellung und Fortschreibung individueller Förderpläne (KEFF). In: W. Mutzeck (Hrsg.), Förderplanung. Grundlagen, Methoden, Alternativen (S. 199–236). Weinheim/Basel: Beltz.

Myschker, N. (2009): Verhaltensstörungen bei Kindern und Jugendlichen. Stuttgart: Kohlhammer.

Myschker, N. & Hoffmann, M. (1984): Unterricht mit jugendlichen Inhaftierten. Hagen: Fernuniverstität Hagen.

Myschker, M. & Stein, R. (2014/2018): Verhaltensstörungen bei Kindern und Jugendlichen. Erscheinungsformen – Ursachen – Hilfreiche Maßnahmen. Stuttgart: Kohlhammer.

National Center on Response to Intervention (2010): Essential Components of RTI – A Closer Look at Response to Intervention. (https://rti4success.org/sites/default/files/rtiessential components_042710.pdf), Zugriff am 04.04.2020

Nationales Zentrum Frühe Hilfen (NZFH) (Hrsg.) (2018): Nationaler Forschungsstand und Strategien zur Qualitätsentwicklung im Kinderschutz. Beiträge zur Qualitätsentwicklung im Kinderschutz 8. Köln. (https://www.dji.de/fileadmin/user_upload/fruehehilfen/LaPK/Publikation_QE_Kinderschutz_8_Expertise.pdf), Zugriff am 03.09.19

Neukäter, H. (1993): Re-Integration. In: H. Goetze & H. Neukäter (Hrsg.), Pädagogik bei Verhaltensstörungen (S. 261–270). Berlin: Spiess.

Neukäter, H. & Goetze, H. (1978): Hyperaktives Verhalten im Unterricht. München: Reinhardt.

Nezu, C., Nezu, A. & Zurilla, T. (2006): Solving Life's Problems. New York: Springer.

Niedersächsisches Kultusministerium (2005): Erlass Sonderpädagogische Förderung. (https://www.landesschulbehoerde-niedersachsen.de/bu/schulen/paedagogische-psychologische-unterstuetzung/mobile-dienste/erlass-sonderpaedagogische-foerderung/view), Zugriff am 04.04.2020

Niedersächsisches Kultusministerium (2016): Die niedersächsischen allgemeinbildenden Schulen in Zahlen. Hannover: Niedersächsisches Kultusministerium. (https://www.mk. niedersachsen.de/startseite/service/statistik/die-niedersaechsischen-allgemein-bildenden-schulen-in-zahlen-6505.html), Zugriff am 04.04.2020

Niedersächsisches Kultusministerium (2014): Berufsbegleitendes universitäres Ergänzungsstudium »Sonderpädagogik: Pädagogik und Didaktik bei Beeinträchtigung im Lernen und in der emotionalen und sozialen Entwicklung unter besonderer Berücksichtigung inklusiver Settings« an der Carl von Ossietzky Universität Oldenburg. SVBl, 6, Stellenausschreibungen, 296–297.

Niedersächsisches Kultusministerium (2015): Berufsbegleitendes Zertifikatsstudium »Sonderpädagogische Grundqualifikation für inklusive Bildung« an der Leibniz Universität Hannover. SVBl, 6, Amtlicher Teil, 245–246.

Niedersächsisches Kultusministerium (2018): Berufsbegleitende Qualifizierung zum 1.8.2018 für Lehrkräfte, die in der sonderpädagogischen Förderung tätig sind und nicht über die Lehrbefähigung für das Lehramt für Sonderpädagogik verfügen. SVBl, 1, Amtlicher Teil, 9–10.

Niedersächsisches Kultusministerium (o. J.): Fort- und Weiterbildung im niedersächsischen Schulwesen. (https://www.mk.niedersachsen.de/startseite/schule/lehrkrafte_und_nichtleh rendes_personal/fort_und_weiterbildung/fort-und-weiterbildung-im-niedersaechsischen-schulwesen-6316.html), Zugriff am 16.11.2019

Niedersächsisches Landesinstitut für schulische Qualitätsentwicklung (NLQ) am 25.10.2019 (2019a): Qualifizierung. (https://www.nibis.de/qualifizierung_583), Zugriff am 16.11.2019

Niedersächsisches Landesinstitut für schulische Qualitätsentwicklung (NLQ) (2019b). Kompetenzzentren. (https://www.nibis.de/kompetenzzentren_3333), Zugriff am 16.11.2019

Niedersächsisches Schulgesetz (NSchG) in der Fassung der Bekanntmachung vom 3. März 1998, letzte berücksichtigte Änderung: mehrfach geändert, § 112a aufgehoben durch Artikel 1 des Gesetzes vom 17.12.2019 (Nds. GVBl. S. 430). (http://www.nds-voris.de/jportal/?quelle =jlink&query=SchulG+ND+%C2%A7+69&psml=bsvorisprod.psml&max=true), Zugriff am 18.05.2020

Nohl, H. (1949): Gedanken für die Erziehungstätigkeit des Einzelnen mit besonderer Berücksichtigung der Erfahrungen von Freud und Adler (1926). In: H. Nohl (Hrsg.), Pädagogik aus dreißig Jahren (S. 151–160). Frankfurt: Schulte-Bulmke.

Nolting, H.-P. (2008): Störungen in der Schulklasse. Ein Leitfaden zur Vorbeugung und Konfliktlösung. Weinheim: Beltz.

Nurmi, J.-E. (2012): Students' Characteristics and Teacher-Child Relationships in Instruction: A Meta-Analysis. Educational Research Review, 7, 3,177–197.

Nußbeck, S. (2007): Evidenzbasierte Praxis – ein Konzept für sonderpädagogisches Handeln? Sonderpädagogik, 37, 2/3, 146–155.

Obsuth, I., Murray, A. L., Malti, T., Sulger, P., Ribeaud, D. & Eisner, M. (2017): A Non-Bipartite Propensity Score Analysis oft the Effects of Teacher-Student Relationships on Adolescent Problem and Prosocial Behavior. Journal of Youth and Adolescence, 46, 8, 1661–1687.

Ockenga, F. (2019): »Das ist (nicht) meine Aufgabe!«: Aufgabenredefinitionen von Sonderpädagoginnen und Sonderpädagogen in Beratungs- und Unterstützungssystemen sowie Mobilen Diensten im Förderschwerpunkt emotionale und soziale Entwicklung in Niedersachsen. PhD. Oldenburg: Universität Oldenburg.

OECD & Vodafone-Stiftung Deutschland (2018): Erfolgsfaktor Resilienz. (https://www.vodafone-stiftung.de/wp-content/uploads/2019/05/Vodafone_Stiftung_Erfolgsfaktor_Resilienz_01_02.pdf), Zugriff am 27.02.2020

Oelsner, W. (2014): Berufsbild Kliniklehrer/in. Zwischen Unterricht, Beziehungsarbeit und Beratungsmanagement. In: E. Flitner, F. Ostkämper, C. Scheid & A. Wertgen (Hrsg.), Chronisch kranke Kinder in der Schule (S. 122–137). Stuttgart: Kohlhammer.

Oevermann, U. (1996): Theoretische Skizze einer revidierten Theorie professionalisierten Handelns. In: A. Compe & W. Helsper (Hrsg.), Pädagogische Professionalität. Untersuchungen zum Typus pädagogischen Handelns (S. 70–182). Frankfurt a. M.: Suhrkamp.

Öhler, F. (2018): Lehrer und Schüler rahmen den gemeinsamen Unterricht: Eine Rahmen-Analyse von Unterricht in der Primarstufe. Oldenburg: BIS.

Olk, T., Speck, K. & Stimpel, T. (2011): Professionelle Kooperation unterschiedlicher Berufskulturen an Ganztagsschulen – Zentrale Befunde eines qualitativen Forschungsprojektes. Zeitschrift für Erziehungswissenschaft, 14, 63–80.

Ophardt, D. & Thiel, F. (2013): Klassenmanagement. Stuttgart: Kohlhammer.

Opp, G. & Fingerle, M. (2008): Erziehung zwischen Risiko und Protektion. In: G. Opp & M. Fingerle (Hrsg.), Was Kinder stärkt. Erziehung zwischen Risiko und Resilienz (S. 7–19). München/Basel: Reinhardt.

Opp, G. & Puhr, K. (2003): Schule als fürsorgliche Gemeinschaft. In: G. Opp (Hrsg.), Arbeitsbuch schulische Erziehungshilfe (S. 109–144). Bad Heilbrunn: Klinkhardt.

Opp, G. & Unger, N. (2003): Begriffliche Grundlagen. In: G. Opp, (Hrsg.), Arbeitsbuch schulische Erziehungshilfe (S. 43–64). Bad Heilbrunn: Klinkhardt.

Opp, G. & Unger, N. (2006): Kinder stärken Kinder. Positive Peer Culture in der Praxis. Hamburg: Körber-Stiftung.

Opp, G., Puhr, K. & Sutherland, K. (2006): Verweigert sich die Schule den Bildungsansprüchen verhaltensschwieriger Schülerinnen und Schüler? Zeitschrift für Heilpädagogik, 2, 57, 59–67.

Opp, G. & Teichmann, J. (2008): Positive Peerkultur. Best Practies in Deutschland. Bad Heilbrunn: Klinkhardt.

Paccaud, A. & Luder, R. (2017): Participation versus Individual Support: Individual Goals and Curricular Access in Inclusice Special Needs Education. Journal of Cognitive Education and Psychology, 16, 2, 205–225.

Pallasch, W. & Kölln, D. (2011): Pädagogisches Gesprächstraining. Lern- und Trainingsprogramm zur Vermittlung pädagogisch-therapeutischer Gesprächs- und Beratungskompetenz. Weinheim/München: Juventa.

Palmowski, W. (2002): Beratung und Kooperation. In: R. Werning, R. Balgo, W. Palmowski & M. Sassenroth (Hrsg.), Sonderpädagogik. Lernen, Verhalten, Sprache, Bewegung und Wahrnehmung (S. 441–396). München: Oldenbourg.

Palmowski, W. (2007): Der Anstoß des Steins. Systemische Beratung im schulischen Kontext. Dortmund: Borgmann.

Palmowski, W. (2011): Systemische Beratung. Stuttgart: Kohlhammer.

Perrez, M., Huber, G. L. & Geißler, K. A. (2006): Psychologie der pädagogischen Interaktion. In: A. Krapp & B. Weidenmann (Hrsg.), Pädagogische Psychologie. Ein Lehrbuch (S. 357–421). Weinheim/Basel: Beltz.

Peschel, F. (2006): Offener Unterricht. Baltmannsweiler: Schneider Hohengehren.

Petermann, F. & Petermann, U. (2012): Training mit aggressiven Kindern. Weinheim: Beltz.

Petermann, F. & Koglin, U. (2013): Aggression und Gewalt von Kindern und Jugendlichen: Hintergründe und Praxis. Berlin: Springer.

Petermann, F., Koglin, U., Natzke, H. & von Marées, N. (2013): Verhaltenstraining in der Grundschule. Ein Programm zur Förderung emotionaler und sozialer Kompetenzen. Göttingen: Hogrefe.

Petermann, U. & Petermann, F. (2013): Lehrereinschätzliste für Sozial- und Lernverhalten (LSL). Göttingen: Hogrefe.

Petermann, F., Petermann, U. & Nitkowski, D. (2016): Emotionstraining in der Schule. Ein Programm zur Förderung der emotionalen Kompetenz. Göttingen: Hogrefe.

Pfeiffer, C., Baier, D. & Kliem, S. (2018): Zur Entwicklung der Gewalt in Deutschland: Schwerpunkte: Jugendliche und Flüchtlinge als Täter und Opfer. Zürich: ZHAW.

Pianta, R. C. (1999): Enhancing Relationships between Children and Teachers. Washington, D. C.: American Psychological Association.

Pianta, R. C. (2001): Student-Teacher-Relationship Sclae: Professional Manual. Odessa, FL: Psychological Assessment Resources.

Pianta, R. C. & Hamre, B. (2001): Banking Time. Preschool Relationship Enhancement Project. Pre-K Manual.

Piezunka, A., Schaffus, T. & Grosche, M. (2017): Vier Definitionen von schulischer Inklusion und ihr konsensueller Kern. Unterrichtswissenschaft, 45, 4, 207–222.

Plener, P. L., Kaess, M., Schmahl, C., Pollak, S., Fegert, J. M. & Brown, R. C. (2018): Nonsuicidal Self-Injury in Adolescents. Deutsches Ärzteblatt International, 115, 23–30.

Plewig, H.-J. (2001): Delinquenz. In: H.-U. Otto & H. Thiersch (Hrsg.), Handbuch Sozialarbeit, Sozialpädagogik (S. 243–252). Neuwied: Luchterhand.

Polanczyk, G. V., Salum, G. A., Sugaya, L. S., Caye, A. & Rohde, L. A. (2015): Annual Research Review: A Meta-Analysis of the Worldwide Prevalence of Mental Disorders in Children and Adolescents. Journal of Child Psychology and Psychiatry, 56, 345–365.

Popp, K. (2014): Gestaltungsbedingungen der Erziehungshilfe unter integrativen Bedingungen. In: K. Popp & A. Methner (Hrsg.), Schülerinnen und Schüler mit herausforderndem Verhalten. Hilfen für die schulische Praxis (S. 29–46). Stuttgart: Kohlhammer.

Popp, K. (2018): Erziehung durch Programme und Trainings: Potentiale und Grenzen. In: T. Müller & R. Stein (Hrsg.), Erziehung als Herausforderung (S. 253–270). Bad Heilbrunn: Klinkhardt.

Popp, K., Melzer, C. & Methner, A. (2017): Förderpläne entwickeln und umsetzen. München: Reinhardt.

Pössel, P., Horn, A. B., Seemann, S. & Hautzinger, M. (2004): Trainingsprogramm zur Prävention von Depressionen bei Jugendlichen: LARS & LISA: Lust an realistischer Sicht und Leichtigkeit im sozialen Alltag. Göttingen: Hogrefe.

Prengel, A. (2012): Projektnetz »INTAKT« (Soziale Interaktion in pädagogischen Arbeitsfeldern). In: A. Prengel & H. Schmitt (Hrsg.), Netzpublikationen des Arbeitskreises Menschenrechtsbildung in der Rochow-Akademie für historische und zeitdiagnostische Forschung an der Universität Potsdam. Universität Potsdam

Prengel, A. (2013): Pädagogische Beziehungen zwischen Anerkennung, Verletzung und Ambivalenz. Opladen: Budrich.

Preuss-Lausitz, U. (2004): Gemeinsam auf dem Weg. Zu Perspektiven integrativer Arbeit mit schwierigen Kindern und Jugendlichen. In: U. Preuss-Lausitz (Hrsg.), Schwierige Kinder-Schwierige Schule (S. 11–23). Weinheim: Beltz.

Preuss-Lausitz, U. (Hrsg.) (2004): Schwierige Kinder – Schwierige Schule. Konzepte und Praxisprojekte zur integrativen Förderung verhaltensauffälliger Schülerinnen und Schüler. Weinheim/Basel: Beltz.

Puhr, K. (2003): Lernangebote für schulverweigernde Kinder und Jugendliche. Hamburg: Kovac.

Quenzel, G. (2015): Entwicklungsaufgaben und Gesundheit im Jugendalter. Weinheim: Beltz.

Racherbäumer, K., Funke, C., van Ackeren, I. & Clausen, M. (2013): Schuleffektivitätsforschung und die Frage nach guten Schulen in schwierigen Kontexten. In: R. Becker & A. Schulze (Hrsg.), Bildungskontexte (S. 239–267). Wiesbaden: VS.

Raczynski, K A. & Horne, A. M. (2014): Communication and Interpersonal Skills in Classroom Management: How to Provide the Educational Experiences Students Needs and Deserve. In: E. Emmer & E. J. Sabornie (Hrsg.), Handbook of Classroom Management (S. 387–408). New York: Routledge.

Radhoff, M. & Ruberg, C. (2018): Die Ausbildung von Sonderpädagoginnen und Sonderpädagogen im Kontext von Inklusion. Sonderpädagogische Förderung heute, 3, 233–244.

Ravens-Sieberer, U., Otto, C., Kriston, L., Rothenberger, A., Döpfner, M., Herpertz-Dahlmann, B., Barkmann, C., Schön, G., Hölling, H., Schulte-Markwort, M., Klasen, F. & The BELLA study group (2015): The Longitudinal BELLA Study: Design, Methods and First Results on the Course of Mental Health Problems. European Child and Adolescent Psychiatry, 24, 651–663.

RdErl. d. MK v. 2.4.2014 (SVBl. 5/2014 S. 206): Personalveränderungen. (http://www.schure.de/22410/15,84002,pv.htm), Zugriff am 21.11.2019

RdErl. d. MK v. 28.8.2012 (SVBl. S. 509): Qualifizierungen gemäß § 13 Abs. 1 und 2 der Niedersächsischen Verordnung über die Laufbahn der Laufbahngruppe 2 der Fachrichtung Bildung (NLVO-Bildung) und Erwerb einer Ergänzungsqualifikation für ein Lehramt. (http://www.schure.de/20411/14,03111,24,8.htm), Zugriff am 20.11.2019

REBUZ Bremen (2018): Angebote. (https://www.rebuz.bremen.de/angebote-9254), Zugriff am 31.07.2018

Redl, F. (1987): Erziehung schwieriger Kinder. München: Piper.

Redlich, A. & Schley, W. (1981): Kooperative Verhaltensmodifikation im Unterricht. München: Urban & Schwarzenberg.

Reicher, H. (2010): Sozial-emotionales Lernen im Kontext inklusiver Pädagogik: Potenziale und Perspektiven. Graz: Grazer Universitätsverlag.

Reinheckel, S. (2006): Ich bin ein Schulabbrecher. Schulbiographien jugendlicher Strafgefangener. In: E. V. Stechow & C. Hofmann (Hrsg.), Sonderpädagogik und Pisa. Kritisch-konstruktive Beiträge (S. 185–197). Bad Heilbrunn: Klinkhardt.

Reinheckel, S. (2007): Unterricht im Jugendstrafvollzug. Anspruch und Wirklichkeit. In: F. Rumpler & P. Wachtel (Hrsg.), Erziehung und Unterricht. Visionen und Wirklichkeiten (S. 365–368). Würzburg: o. V.

Reinheckel, S. (2013): Geringqualifikation bei männlichen Strafgefangenen im geschlossenen Strafvollzug der Bundesrepublik Deutschland – eine empirische Untersuchung. Berlin: Forschungsbericht.

Reiß, G. & Werner, B. (2007): Offener Unterricht. In: U. Heimlich & F. B. Wember (Hrsg.), Didaktik des Unterrichts im Förderschwerpunkt Lernen (S. 112–124). Stuttgart: Kohlhammer.

Reiser, H. (1995): Die Weiterentwicklung der sonderpädagogischen Förderung in der Bundesrepublik Deutschland – Möglichkeiten und Grenzen. Behindertenpädagogik, 34, 1, 11–24.

Reiser, H. (1996): Arbeitsplatzbeschreibungen – Veränderungen der sonderpädagogischen Berufsrolle. Zeitschrift für Heilpädagogik, 5, 178–186.

Reiser, H. (1998): Sonderpädagogik als Serviceleistung? Perspektiven der sonderpädagogischen Berufsrolle. Zur Professionalisierung der Hilfsschul- bzw. Sonderschullehrerinnen. Zeitschrift für Heilpädagogik, 49, 2, 46–54.

Reiser, H. (1999): Förderschwerpunkt Verhalten. Zeitschrift für Heilpädagogik, 5, 4, 144–148.

Reiser, H. (2007): Integrierte schulische Erziehungshilfe. In: H. Reiser, M. Willmann & M. Urban (Hrsg.), Sonderpädagogische Unterstützungssysteme bei Verhaltensproblemen in der Schule. Innovationen im Förderschwerpunkt emotionale und soziale Entwicklung (S. 71–90). Bad Heilbrunn: Klinkhardt.

Reiser, H. & Willmann, M. (2004): Integrierte und ambulante Formen der Unterstützung bei Erziehungsschwierigkeiten in der Schule. Beispiele zweier Modelle in Frankfurt am Main. In: U. Preuss-Lausitz (Hrsg.), Schwierige Kinder – Schwierige Schule. Konzepte und Praxisprojekte zur integrativen Förderung verhaltensauffälliger Schüler/innen (S. 152–166). Weinheim/Basel: Beltz.

Reiser, H. & Loeken, H. (1993): Das Zentrum für Erziehungshilfe der Stadt Frankfurt a. M. Kooperation von Schule und Jugendhilfe. Jarick Oberbiel: Solms-Oberbiel.

Reiser, H., Willmann, M. & Urban, M. (2007): Sonderpädagogische Unterstützungssysteme bei Verhaltensproblemen in der Schule. Bad Heilbrunn: Klinkhardt.

Reiser, H., Willmann, M. & Urban, M. (2008): Integrierte schulische Erziehungshilfe. In: B. Gasteiger-Klicpera, H. Julius & C. Klicpera (Hrsg.), Sonderpädagogik der sozialen und emotionalen Entwicklung (S. 651–668). Göttingen: Hogrefe.

Resch, F. & Lehmkuhl, U. (2008): Zur Entwicklung der kindlichen Persönlichkeit: Grundbedürfnisse und Forderungen an die soziale Umwelt. Frühe Kindheit, 2, 6–11.

Rheinberg, F. (2008): Motivation. Stuttgart: Kohlhammer.

Ricking, H. (2005): Zum »Overlap« von Lern- und Verhaltensstörungen. Sonderpädagogik, 4, 35, 235–248.

Ricking, H. (2006): Entwurf einer Kurzzeit-Intervention für Schüler mit Beeinträchtigungen im Verhalten – Das Projekt Schulkur. In: E. Stechow & C. Hoffmann (Hrsg.), Sonderpädagogik und Pisa. Kritisch-konstruktive Beiträge (S. 405–416). Bad Heilbrunn: Klinkhardt.

Ricking, H. (2008): Die schulische Förderung von Metakognitionen und Lernstrategien im Kontext erschwerter Aneignungsprozesse. Heilpädagogische Forschung, 34, 2, 91–103.

Ricking, H. (2009): Projektorientierter Geschichtsunterricht im Förderschwerpunkt Lernen am Beispiel der Rekonstruktion eines Kuppelbackofens aus der Jungsteinzeit. Zeitschrift für Heilpädagogik, 60, 265–273.

Ricking, H. (2010): Beratung statt Selektion. In: A. Kaiser, D. Schmetz, P. Wachtel & B. Werner (Hrsg.), Didaktik und Unterricht. Bd. 4 des enzyklopädischen Handbuchs der Behindertenpädagogik (S. 274–279). Stuttgart: Kohlhammer.

Ricking, H. (2011): Inklusion im Förderschwerpunkt Emotionale und soziale Entwicklung durch Mobile Dienste. In: H. Ricking & F. Ockenga (Hrsg.), Mobile Dienste in der schulischen Erziehungshilfe (S. 3–18). Oldenburg: diz.

Ricking, H. (2013): Kooperative Förderung und interdisziplinäre Zusammenarbeit in Zeiten der Inklusion. In: A. Spies (Hrsg.), Schulsozialarbeit in der Bildungslandschaft (S. 117–136). Wiesbaden: Springer.

Ricking, H. (2014): Schulabsentismus. Berlin: Cornelsen.

Ricking, H. (2015): Die Förderschule mit dem Schwerpunkt emotionale und soziale Entwicklung als Durchgangsschule. In: B. Hagen (Hrsg.), »Und wer nimmt mich?« Teilhabe braucht viele Wege! Schulische und außerschulische Erziehungshilfen unterstützen diese wirksam (S. 37–46). Hannover: EREV.

Ricking, H. (2016): Emotionale und soziale Entwicklung – schulische Förderansätze. In: Ministerium für Schule und Weiterbildung des Landes NRW (Hrsg.), Sonderpädagogische Förderschwerpunkte in NRW. Ein Blick aus der Wissenschaft in die Praxis (S. 41–46). Düsseldorf: MSW.

Ricking, H. (2017a): Unterrichtsstörungen – die täglichen Herausforderungen. Grundschule, 1, 6–11.

Ricking, H. (2017b): Förderschulen und Schulsozialarbeit. In: E. Hollenstein, F. Nieslony, K. Speck & T. Olk (Hrsg.), Handbuch der Schulsozialarbeit. Bd. 1 (S. 137–143). Weinheim: Beltz.

Ricking, H. (2017c): Inklusive Förderung im Schwerpunkt Emotionale und soziale Entwicklung im Kontext von Bewegung, Spiel und Sport - Einführung. In: M. Giese & L. Weigelt (Hrsg.), Inklusiver Sport- und Bewegungsunterricht. Theorie und Praxis aus Sicht der Förderschwerpunkte (S. 154–166). Aachen: Meyer & Meyer.

Ricking, H. (2017d): Nicht allein – Mentoring-Programme stellen Kindern und Jugendlichen eine Vertrauensperson an die Seite. Grundschule, 9, 32–38.

Ricking, H. (2018): Grenzen und Scheitern in Erziehungsprozessen. In: T. Müller & R. Stein (Hrsg.), Erziehung als Herausforderung (S. 209–219). Bad Heilbrunn: Klinkhardt.

Ricking, H. & Albers, V. (2019): Schulabsentismus. Intervention und Prävention. Heidelberg: Carl-Auer.

Ricking, H. & Hagen, T. (2016): Schulabsentismus und Schulabbruch. Stuttgart: Kohlhammer.

Ricking, H. & Hennemann, T. (2008): Stillstand oder Innovation? Tendenzen in der Didaktik und Methodik im Förderschwerpunkt der emotionalen und sozialen Entwicklung. In: G. Biewer, M. Luciak & M. Schwinge (Hrsg.), Begegnung und Differenz. Menschen –Länder – Kulturen. Beiträge zur Heil- und Sonderpädagogik (S. 361–370). Bad Heilbrunn: Klinkhardt.

Ricking H. & Ockenga, F. (Hrsg.) (2011): Mobile Dienste in der schulischen Erziehungshilfe. Oldenburg: diz.

Ricking, H. & Rieß, B. (2013): Abschlussbericht der wissenschaftlichen Begleitung und Evaluation des Projekts »INKLUSIV AKTIV des Landkreises Stade und der Stadt Buxtehude. Oldenburg: Universität.

Ricking, H. & Schulze, G. (2010): Lebensproblemzentrierte Pädagogik als Handlungskonzept für Unterricht. In: H. Ricking & G. Schulze (Hrsg.), Förderbedarf in der emotionalen und sozialen Entwicklung (S. 110–119). Bad Heilbrunn: Klinkhardt.

Ricking, H. & Schulze, G. (Hrsg.) (2012): Schulabbruch – ohne Ticket in die Zukunft? Bad Heilbrunn: Klinkhardt.

Ricking, H., Schulze, G. & Wittrock, M. (2009): Schulabsentismus und Dropout: Strukturen eines Forschungsfeldes. In: H. Ricking, M. Wittrock & G. Schulze (Hrsg.), Schulabsentismus und Dropout. Erscheinungsformen Erklärungsansätze Intervention (S. 13–48). Paderborn: Schöningh.

Ricking, H. & Speck, K. (2020): Definition von Schulangst – Einführung und wissenschaftliche Grundlagen. SchulVerwaltung spezial, 3, 100–103.

Ricking, H. & Tabeling, M. (2008): Sägen, bohren, schweißen – Praktisches Lernen in einer Schülerfirma. Lernchancen, 66, 49–51.

Ricking, H. & Wittrock, M. (2012): Und wer nimmt sie? Schüler und Schülerinnen mit gewaltförmigen Verhaltensmustern in Zeiten der Inklusion. Sonderpädagogische Förderung heute, 2, 190–202.

Ricking, H. & Wittrock, M. (2017): Schulabsentismus, Motivation und Engagement in der Schule. In: A. Methner, K. Popp & B. Seebach (Hrsg.), Verhaltensprobleme in der Sekundarstufe. Unterricht – Förderung – Intervention (S. 188–211). Stuttgart: Kohlhammer.

Rieger-Ladich, M. (2014): Auffälliges Vermeidungsverhalten: Scheitern als Gegenstand des pädagogischen Diskurses. In: R. John & A. Langhof (Hrsg.), Scheitern – Ein Desiderat der Moderne? Innovation und Gesellschaft (S. 279–299). Wiesbaden: Springer.

Rieß, B. (2017): Unterstützung auf sechs Stufen. Unterrichtsstörungen effektiv begegnen. Grundschule, 1, 29–32.

Rieß, B. & Bolz, T. (2015): Das gestufte System sonderpädagogischer Förderung in Niedersachsen – Zusammenstellung empirischer Ergebnisse aus den wissenschaftlichen Begleitungen Mobiler Dienste und Beratungs- und Unterstützungssysteme im Förderschwerpunkt Emotionale und Soziale Entwicklung. Sonderpädagogik in Niedersachsen. 43, 4, 98–109.

Rieß, B., Ricking, H., Hillenbrand, C. & Schulze, G. (2018): Ausbildung für ein sonderpädagogisches Lehramt an der Carl von Ossietzky Universität Oldenburg. Sonderpädagogische Förderung heute, 63, 3, 293–306.

Rieß, B. & Wittrock, M. (2015): Abschlussbericht über die wissenschaftliche Begleitung des Projekts BASIS – Gemeinsames Beratungsangebot der Niedersächsischen Landesschulbehörde und des Landkreises Verden zur Stärkung der Inklusiven Schule. (https://www.

landkreis-verden.de/portal/seiten/basis-beratung-fuer-schulen-und-eltern-901000988-20600. html), Zugriff am 04.04.2020

Robert-Koch-Institut (Hrsg.) (2018a): KiGGS Welle 2 – Erste Ergebnisse aus Querschnitt- und Kohortenanalysen (Studie zur Gesundheit von Kindern und Jugendlichen). Journal of Health Monitoring, 3, 1.

Robert-Koch-Institut (Hrsg.) (2018b): KiGGS Welle 2 – Gesundheitliche Lage von Kindern und Jugendlichen. Journal of Health Monitoring, 3, 3, Berlin.

Rogers, C. (1972): Die nicht-direktive Beratung. München: Kindler.

Rogers, C. (1981): Der neue Mensch. Stuttgart: Klett-Cotta.

Roorda, D. L., Koomen, H. M., Spilt, J. L. & Oort, F. J. (2011): The Influence of Affective Tea-cher-student Relationships on Students' School Engagement and Achievement: A Meta-Analytic Approach. Review of Educational Research, 81, 4, 493–529.

Rosenberg, M. S., Wilson, R, Maheady, L. & Sindelar, P. T. (2003): Educating Students with Behavior Disorders. Boston: Allyn & Bacon.

Rotter, K. (2014): IEP Use by General and Special Education Teachers. SAGE Open, 4, 1–8.

Sander, A. (1998): Kind-Umfeld-Analyse: Diagnose bei Schülern und Schülerinnen mit be-sonderem Förderbedarf. In: W. Mutzeck (Hrsg.), Förderdiagnostik bei Lern- und Verhal-tensstörungen (S. 6–19). Weinheim: Beltz.

Sattler, D. (2016): Rechne mit dem Unerwarteten! Überlegungen zum Scheitern in der Sozi-alarbeit. Evangelische Jugendhilfe, 93, 3, 169–173.

Schad, G. (2008): Vom Verschwinden der Pädagogik im Wissenschaftsbetrieb der Verhaltens-gestörtenpädagogik. In: H. Reiser, A. Dlugosch & M. Willmann (Hrsg.), Professionelle Kooperation bei Gefühls- und Verhaltensstörungen (S. 29–41). Hamburg: Kovač.

Schad, G. & Stein, R. (2005): Einführung in die Pädagogik bei Verhaltensstörungen. In: S. El-linger & R. Stein (Hrsg.), Grundstudium Sonderpädagogik (S. 409–431). Oberhausen: Athena.

Schäfer, H. & Rittmeyer, C. (Hrsg.) (2015): Handbuch Inklusive Diagnostik. Weinheim: Beltz.

Scheithauer, H., Mehren, F. & Petermann, F. (2003): Entwicklungsorientierte Prävention von aggressiv – dissozialem Verhalten und Substanzmissbrauch. Kindheit und Entwicklung, 12, 2, 84–99.

Scheithauer, H., Braun, V., König, L., Warncke, S. & Walcher, A. (2019): Fairplayer.Manual – Klasse 5–6: Förderung von sozialen Kompetenzen – Prävention von Mobbing und Schul-gewalt. Praxismanual für die Arbeit in Schulklassen. Göttingen: Vandenhoeck & Ruprecht.

Scheithauer, H., Bull, H. D., Walcher, A., Warncke, S. & Klapprott, F. (2019): Fairplayer.Man-ual – Klasse 7–9: Förderung von sozialen Kompetenzen - Prävention von Mobbing und Schulgewalt. Theorie- und Praxismanual für die Arbeit mit Jugendlichen in Schulklassen. Göttingen: Vandenhoeck & Ruprecht.

Scheller, I. (1987): Erfahrungsbezogener Unterricht. Frankfurt: Cornelsen Scriptor.

Schlee, J. (1985): Zum Dilemma der heilpädagogischen Diagnostik. Vierteljahresschrift für Heilpädagogik und ihre Nachbargebiete, 54, 3, 256–279.

Schlee, J. (1989): Zur Problematik der Terminologie in der Pädagogik bei Verhaltensstörungen. In: H. Goetze & H. Neukäter (Hrsg.), Pädagogik bei Verhaltensstörungen (S. 36–49). Berlin: Marhold.

Schlee, J. (2008): 30 Jahre »Förderdiagnostik« – eine kritische Bilanz. Zeitschrift für Heilpäd-agogik, 4, 122–131.

Schmid, A. C. (2014): Beratung. In: F. B. Wember, R. Stein & U. Heimlich (Hrsg.), Handlexikon Lernschwierigkeiten und Verhaltensstörungen (S. 94–96). Stuttgart: Kohlhammer.

Schmid, M. (2014): Eine Traumapädagogik brauchte es, weil ... Projektidee und Überlegungen zur konkreten Umsetzung des Projekts. EREV Theorie und Praxis der Jugendhilfe, 2, 8, 13–37.

Schmitt, F. (1999): Förderschwerpunkt Unterricht kranker Schüler. Zeitschrift für Heilpäd-agogik, 4, 182–186.

Schmitz, C. & Wittrock, M. (2010): Auch Verhalten muss gelesen werden – Behavioral Literacy. Zeitschrift für Heilpädagogik, 61, 51–58.

Schnebel, S. (2012): Professionell beraten: Beratungskompetenz in der Schule. Weinheim/Basel: Beltz.

Schnoor, H., Lange, C. & Mietens, A. (2006): Qualitätszirkel. Theorie und Praxis der Problemlösung an Schulen. Paderborn: Schöningh.

Schomaker, C. & Ricking, H. (2012): Pädagogik der besonderen Bedürfnisse. Eine Einführung in die modularisierte Sonder- und Rehabilitationspädagogik. Bd. 2: Handlungsformen. Battmansweiler: Schneider.

Schor, B. J. (2002): Mobile sonderpädagogische Dienste. Donauwörth: Auer.

Schrapper, C. (2013): Fallverstehen und Diagnostik in der Kinder- und Jugendhilfe. Jugendhilfe, 51, 2, 89–97.

Schröder U. & Wittrock, M. (Hrsg.) (2002): Lernbeeinträchtigung und Verhaltensstörung. Konvergenzen in Theorie und Praxis. Stuttgart: Kohlhammer.

Schubert, J. (2002): Der Jungtätervollzug in Niedersachsen - Eine Lebenschance für junge Menschen. In: M. Bereswill & T. Höynck (Hrsg.), Jugendstrafvollzug in Deutschland: Grundlagen, Konzepte, Handlungsfelder. Beiträge aus Forschung und Praxis (S. 285–300). Mönchengladbach: Forum Verlag.

Schuck, K. D. (2001): Fördern, Förderung, Förderbedarf. In: G. Antor & U. Bleidick (Hrsg.), Handlexikon der Behindertenpädagogik – Schlüsselbegriffe aus Theorie und Praxis (S. 63–67). Stuttgart: Kohlhammer.

Schulte-Markwort, M. & Riedesser, P. (1999): Das prekäre Verhältnis von Kinder- und Jugendpsychiatrie und Pädagogik – aus der Sicht der Kinder- und Jugendpsychiatrie. In: R. Harter-Meyer, M. Schulte-Markwort & P. Riedesser (Hrsg.), Hilfen für psychisch kranke Kinder und Jugendliche. Perspektiven einer Kooperation von Pädagogik und Kinder- und Jugendpsychiatrie (S. 41–58). Münster u. a.: LIT.

Schultze-Krumbholz, A., Zagorscak, P., Roosen-Runge, A. & Scheithauer, H. (2018): Medienhelden. Unterrichtsmanual zur Förderung von Medienkompetenz und Prävention von Cybermobbing. München: Reinhardt.

Schulze, G. & Wittrock, M. (2008): Schulaversives Verhalten. In: B. Gasteiger-Klicpera, H. Julius & C. Klicpera (Hrsg.), Sonderpädagogik der sozialen und emotionalen Entwicklung (S. 219–233). Göttingen: Hogrefe.

Schulze, G. & Wittrock, M. (2018): Von der Feldtheorie zur Person-Umfeld-Analyse – Entwicklung eines Anamnese- und Förderinstruments in der cross-kategorialen Sonderpädagogik. In: J. Alber, S. Kaiser, G. Schulze (Hrsg.), Die Person-Umfeld-Analyse in der Sonder- und Rehabilitationspädagogik (S. 17–36). Bad Heilbrunn: Klinkhardt.

Schulze, G. C. (2003): Die feldtheoretische Lebensraumanalyse – ein Konzept für eine prozessgeleitete Diagnostik zur Entwicklung von Fördermaßnahmen im Rahmen einer »crosscategorialen« Sonderpädagogik. Zeitschrift für Heilpädagogik, 54, 5, 204–212.

Schumacher, G. (1979): Neues Lernen mit Verhaltensgestörten und Lernbehinderten. Der durchstrukturierte Klassenraum. Berlin: Marhold.

Schuster, B. (2013): Führung im Klassenzimmer. Berlin: Springer.

Schwabe, M. (2014): Brauchen wir ›Intensivpädagogik‹ und wenn ja welche für was? Zur Konturierung eines zu Recht umstrittenen Begriffes. Evangelische Jugendhilfe, 5, 279–287.

Schwager, M. (2011): Gemeinsames Unterrichten im Gemeinsamen Unterricht. Zeitschrift für Heilpädagogik, 62, 3, 92.

Schwarzer, C. & Buchwald, P. (2006): Beratung in Familie, Schule und Beruf. In: A. Krapp & B. Weidenmann (Hrsg.), Pädagogische Psychologie (S. 575–612). Weinheim: Beltz.

Schwarzer, C. & Posse, N. (1986): Beratung. In: B. Weidenmann & A. Krapp (Hrsg.), Pädagogische Psychologie (S. 631–666). Weinheim: Beltz.

Schwarzer, R. (2000): Stress, Angst und Handlungsregulation. Stuttgart: Kohlhammer.

Schweder, M. (2014): Lehrer sein, das ist schwer – Hinter Gittern noch viel mehr?! Die berufsbildende Schule (BbSch), 66, 103–107.

Scruggs, T. E., Mastropieri, M. A. & McDuffie, K. A. (2007): Co-Teaching in Classrooms: A Metaanalysis of Qualitative Research. Exceptional Children, 73, 4, 392–416.

Seiffge-Krenke, I. (2008): Schulstress in Deutschland: Ursachen, Häufigkeiten und internationale Verortung. Praxis für Kinderpsychologie und Kinderpsychiatrie, 57, 3–19.

Seitz, S. & Haas, B. (2015): Inklusion kann gelernt werden! Weiterbildung von Lehrkräften für die Inklusive Schule. Vierteljahresschrift für Heilpädagogik und ihre Nachbargebiete, 84, 9–20.

Seitz, W. (1992): Problemlagen und Vorgehensweisen der Diagnostik im Rahmen der Pädagogik bei Verhaltensstörungen. In: G. Hansen (Hrsg.), Sonderpädagogische Diagnostik (S. 107–139). Pfaffenweiler: Centaurus.

Sekretariat der Ständigen Konferenz der Kultusminister der Länder in der Bundesrepublik Deutschland (1998): Empfehlungen zum Förderschwerpunkt Unterricht kranker Schülerinnen und Schüler. Berlin.

Sekretariat der Ständigen Konferenz der Kultusminister der Länder in der Bundesrepublik Deutschland (2018): Bildung und Erziehung als gemeinsame Aufgabe von Eltern und Schule – Informationen der Länder über die Zusammenarbeit von Eltern und Schule. Berlin.

Sekretariat der Ständigen Konferenz der Kultusminister der Länder in der Bundesrepublik Deutschland (2019): Statistik – Daten und Fakten für die Bildungspolitik. (https://www.kmk.org/dokumentation-statistik/statistik.html), Zugriff am 04.04.2020

SGB VIII in der Fassung vom 26. Juni 1990 (BGBl. I S. 1163), zuletzt geändert durch Art. 6 G v. 4.8.2019 (BGB1.I 1131). (https://www.sozialgesetzbuch-sgb.de/sgbviii/1.html), Zugriff am 26.09.2019

SGB V, Gesetzliche Krankenversicherung, zuletzt geändert durch Art. 12 G v. 9.8.2019 I 1202. (https://www.sozialgesetzbuch-sgb.de/sgbv/1.html), Zugriff am 26.09.2019

Siegel, L.-J. & Welsh, B.-C. (2013): Juvenile Delinquency. The Core. Wadsworth: Cengage Learning.

Sickendiek, U., Engel, F. & Nestmann, F. (2002/2008): Beratung. Eine Einführung in sozialpädagogische und psychosoziale Beratungsansätze. Weinheim: Juventa.

Simmel, G. (1968): Soziologie. Untersuchungen über die Form der Vergesellschaftung. Berlin: Duncker & Humblot.

Sklad, M., Diekstra, R., Ritter, M. & Ben, J. (2012): Effectiveness of School-Based Universal Social, Emotional, and Behavioral Programs: Do They B Students' Development in the Area of Skill, Behavior, and Adjustment? Psychology in the Schools, 49, 892–909.

Sonntag, K. (Hrsg.) (2016): Personalentwicklung in Organisationen. Psychologische Grundlagen, Methoden und Strategien. Göttingen: Hogrefe.

Spalding, B. (2000): The Contribution of a ›Quiet Place‹ to Early Intervention Strategies for Children with Emotional and Behavioral Difficulties in Mainstream Schools. British Journal of Special Education. 27, 3, 129–134.

Spalding, B. & Kastirke, N. (2002): Umgang mit »auffälligem Verhalten«. Das Konzept des »Quiet Places« an englischen Grundschulen. Zeitschrift für Heilpädagogik, 53, 378–382.

Speck, K. (2009): Schulsozialarbeit. München: Reinhardt.

Speck, K. & Jensen, S. (2014): Kooperation von Jugendhilfe und Schule im Bildungswesen. Ein vergleichender Blick mit Fokus auf die Schulsozialarbeit in Deutschland, den USA und Schweden. Die Deutsche Schule, 106, 1, 9–29.

Speck, K. & Wittrock, M. (2018): Multiprofessionelle Kooperation von Jugendhilfe und Schule bei Schulabsentismus unter besonderer Berücksichtigung des Zurückhaltens von Kindern und Jugendlichen. In: H. Ricking & K. Speck (Hrsg.), Schulabsentismus und Eltern (S. 229–244). Wiesbaden: VS.

Speck, K. & Wulf, C. (2018): Multiprofessionelle Kooperation in der Kinder- und Jugendhilfe. Unsere Jugend, 70, 50–54.

Speck, K., Olk, T. & Stimpel, T. (2011): Auf dem Weg zu multiprofessionellen Organisationen? Die Kooperation von Sozialpädagogen und Lehrkräften im schulischen Ganztag. Empirische Befunde aus der Ganztagsforschung und dem Forschungsprojekt »Professionelle Kooperation von unterschiedlichen Berufskulturen an Ganztagsschulen« (ProKoop). Zeitschrift für Pädagogik, 57, 184–201.

Speck, O. (1989): Sonderpädagogische Organisationsformen. In: H. Bach (Hrsg.), Handbuch der Sonderpädagogik. Bd. 6 (S. 191–228). Berlin: Marhold.

Speck, O. (1991): Chaos und Autonomie in der Erziehung. München: Reinhardt.

Speck, O. (2010): Schulische Inklusion aus heilpädagogischer Sicht. München: Reinhardt.

Speck, O. (2011): Wage es nach wie vor, dich deines eigenen Verstandes zu bedienen! Zeitschrift für Heilpädagogik, 3, 84–91.

Spieß, E. (1996): Kooperatives Handeln in Organisationen. Theoriestränge und empirische Studien. München: Hampp.

Spies, A. & Pötter, N. (2011): Soziale Arbeit in Schulen. Eine Einführung. Wiesbaden: VS.

Spies, A., Chamakalayil, L., Wittrock, M. & Ricking, H. (2010): Abschlussbericht. Wissenschaftliche Begleitung der »Delmenhorster Präventionsbausteine«. Oldenburg: Universität.

Spilt, J. L., Koomen, H. M. Y. & Thijs, J. T. (2011): Teacher Wellbeing. The Importance of Teacher-Student Relationships. Educational Psychology Review, 23, 457–477.

Spilt, J. L., Vervoort, E. & Verschueren, K. (2017): Teacher-Child Dependency and Teacher Sensitivity Predict Engagment of Children with Attachment Problems. School Psychology Quarterly, 33, 3, 1–15.

Spilt, J. L., Vervoort, E., Koenen, A. K., Bosmans, G. & Verschueren, K. (2016): The Socio-Behavioral Development of Children with Symptoms of Attachment Disorder: An Abservational Study of Teacher Sensitivity in Special Education. Research in Developmental Disabilities, 56, 71–82.

Sroufe, L. A. (1996): Emotional Development: The Organization of Emotional Life in the Early Years. New York: Cambridge University Press.

Sroufe, L. A. (2005): Attachment and Development: A Prospective, Longditudinal Study from Birth zu Adulthood. Attachment & Human Development, 7, 349-367.

Stallard, P. (2015): Kognitive Verhaltenstherapie mit Kindern und Jugendlichen: Ein Arbeitsbuch. Paderborn: Junfermann.

Standop, J. (2016): Werte in der Schule. Weinheim: Beltz

Stark, R. (2017): Probleme evidenzbasierter bzw. orientierter pädagogischer Praxis. Zeitschrift für Pädagogische Psychologie, 31, 2, 99–110.

Statistisches Bundesamt (Hrsg.) (2019): Justiz und Rechtspflege. Strafvollzug. (https://www.bmi.bund.de/SharedDocs/downloads/DE/publikationen/themen/sicherheit/pks-2018.html), Zugriff am 22.10.2019

Stein, R. (2006): Professionalität (einschließlich Supervision und Qualitätssicherung). In: G. Hansen & R. Stein (Hrsg.), Kompendium Sonderpädagogik (S. 331–344). Bad Heilbrunn: Klinkhardt.

Stein, R. (2011): Pädagogik bei Verhaltensstörungen – zwischen Inklusion und Intensivangeboten. Zeitschrift für Heilpädagogik, 62, 9, 324–336.

Stein, R. (2012): Beratung als Aspekt sonderpädagogischer Professionalität. Skizze einer Baustelle – am Beispiel des Kontextes Erziehungshilfe. Zeitschrift für Heilpädagogik, 7, 279–286.

Stein, R. (2012): Förderung bei Ängstlichkeit und Angststörungen. Stuttgart: Kohlhammer.

Stein, R. (2013): (Sonder-)pädagogische Diagnostik aus wissenschaftlicher Perspektive: Grundlegendes und Aktuelles. Präsentation im Rahmen der IBB-Schuljahresabschlusstagung München. (https://bildungspakt-bayern.de/wp-content/uploads/2015/03/1501 08_stein-wuerzburg-diagnostik-IBB-07-2013.pdf), Zugriff am 04.04.2020

Stein, R. (2015/2019): Grundwissen Verhaltensstörungen. Baltmannsweiler: Schneider Hohengehren.

Stein, R. (2018): Erziehung und Fragen der Moralität. In: T. Müller & R. Stein (Hrsg.), Erziehung als Herausforderung (S. 35–59). Bad Heilbrunn: Klinkhardt.

Stein, R. & Müller, T. (2014): Psychische Störungen aus sonderpädagogischer Perspektive. Sonderpädagogische Förderung heute, 59, 232–244.

Stein, R. & Müller, T. (2018): Verhaltensstörungen und emotional-soziale Entwicklung: zum Gegenstand. In: R. Stein & T. Müller (Hrsg.), Inklusion im Förderschwerpunkt emotionale und soziale Entwicklung (S. 22–47). Stuttgart: Kohlhammer.

Stein, R. & Stein, A. (2014): Unterricht bei Verhaltensstörungen: Ein integratives didaktisches Modell. Bad Heilbrunn: Klinkhardt.

Stein, R. Kranert, H.-W., Tulke, A. & Ebert, H. (2015): Auffälligkeiten des Verhaltens und Erlebens in der Beruflichen Bildung – Eine Studie mit den Achenbach-Skalen. Empirische Sonderpädagogik, 4, 341–365.

Steiner, H., Karnik, N. S., Plattner, B, Silverman, M. & Shaw, R. (2008): Neue Ansätze zur Jugenddelinquenz: Neurowissenschaften und Entwicklungspsychiatrie. In: H.-C. Steinhausen & C. Bessler (Hrsg.), Jugenddelinquenz. Entwicklungspsychiatrische und forensische Grundlagen und Praxis (S. 13–26). Stuttgart: Kohlhammer.

Steinhausen, M. (2019): Psychische Störungen bei Kindern und Jugendlichen. München: Urban & Fischer.

Stelly, W. & Thomas, J. (2005): Kriminalität im Lebensverlauf. Tübingen: Institut für Kriminologie der Universität Tübingen.

Stockmann, R. & Meyer, W. (2010): Evaluation. Eine Einführung. Obladen & Farming Hills: Verlag Barbara Budrich.

Strasser, U. (2004): Wahrnehmen, Verstehen, Handeln. Förderdiagnostik für Menschen mit einer geistigen Behinderung. Luzern: Ed. SZH/SPC.

Stuhlmann, M. & Pianta, R. C. (2009): Profiles of Educational Quality in First Grade. The Elementary School Journal, 109, 323–342.

Sutterlüty, F. (2003): Gewaltkarrieren – Jugendliche im Kreislauf von Gewalt und Missachtung. Frankfurt a. M.: Campus.

Tänzer, U. (2002): Die Illusion von Trainingsprogrammen. Oldenburg: Bibliotheks- und Informationssystem der Universität.

Team MoDiEDel & Ricking, H. (2011): Mobile Dienste Emotionale und soziale Entwicklung Delmenhorst. In: H. Ricking & F. Ockenga (Hrsg.), Mobile Dienste in der schulischen Erziehungshilfe (S. 59–69). Oldenburg: diz.

Thiel, H., Buchleither, S. & Pfänder, L. (2019): Die Klientel im Förderschwerpunkt emotionale und soziale Entwicklung. Sonderpädagogik in Niedersachsen, 47, 40–45.

Toman, H. (2007): Classroom-Management. Baltmannsweiler: Schneider Hohengehren.

Trautmann, M. (2019): Seiten- und Quereinsteiger in der Schule. Neue alte Wege in den Lehrerberuf. Pädagogik, 6, 6–8.

Trost, A. (2018): Bindungswissen für die systemische Praxis. Göttingen: Vandenhoeck & Ruprecht.

Tupaika, J. (2003): Schulversagen als komplexes Phänomen. Bad Heilbrunn: Klinkhardt.

Ulich, E. (2011): Arbeitspsychologie. Stuttgart: Schäffer/Poeschel.

UNO (2006): Convention on the Rights of Persons with Disabilities (CRPD) vom 13.12.2006 (Übereinkommen über die Rechte von Menschen mit Behinderungen). Resolution 61 & 106 der Generalversammlung der UNO.

Urban, M. (2007a): Externe Unterstützungssysteme der schulischen Erziehungshilfe – ein Überblick. In: H. Reiser, M. Willmann & M. Urban (Hrsg.), Sonderpädagogische Unterstützungssysteme bei Verhaltensproblemen in der Schule. Innovationen im Förderschwerpunkt emotionale und soziale Entwicklung (S. 91–112). Bad Heilbrunn: Klinkhardt.

Urban, M. (2007b): Beratungs- und Unterstützungssysteme für den Förderschwerpunkt Emotionale und soziale Entwicklung – Ergebnisse eines Schulversuchs in Niedersachsen. In: H. Reiser, M. Willmann & M. Urban (Hrsg.), Sonderpädagogische Unterstützungssysteme bei Verhaltensproblemen in der Schule. Innovationen im Förderschwerpunkt emotionale und soziale Entwicklung (S. 287–342). Bad Heilbrunn: Klinkhardt.

Urban, M., Reiser, H. & Willmann, M. (2008): Ambulante/Mobile Hilfen. In: B. Gasteiger-Klicpera, H. Julius & C. Klicpera (Hrsg.), Sonderpädagogik der sozialen und emotionalen Entwicklung (S. 668–685). Göttingen: Hogrefe.

Urban, M., Hövel, D. & Hennemann, T. (2018): Ben & Lee. 3. und 4. Klasse. Programm zur Förderung sozial-emotionaler Kompetenzen in Verbindung mit fachlichen Zielen des Deutsch- und Sachunterrichts. Köln: hpa edition.

Vaughn, S., Linan-Thompson, S. & Hickmann, P. (2003): Response to Instruction as a Means of Identifying Students with Reading/Learning Disabilities. Exceptional Children, 69, 391–409.

Verband Sonderpädagogik e. V. (Hrsg.) (2014): Positionspapier Berufsbild der Sonderpädagoginnen und Sonderpädagogen im inklusiven Kontext. (http://www.verband-sonderpaeda gogik.de/upload/pdf/Positionen/Berufsbild_Sonderpdagoge_-_Langfassung.pdf), Zugriff am 01.11.2019

Vernooij, M. (2010): Zur Problematik der schulischen integrativen Erziehung und Bildung von Kindern und Jugendlichen mit Verhaltensstörungen. In: H. Ricking & G. Schulze (Hrsg.), Förderbedarf in der emotionalen und sozialen Entwicklung (S. 29-40). Bad Heilbrunn: Klinkhardt.

Vernooij, M. & Schneider, S. (2018): Handbuch der Tiergestützen Internvention: Grundlagen – Konzepte – Praxisfelder. Wiebelsheim: Quelle & Meyer.

Vernooij, M. & Wittrock, M. (2008): Verhaltensgestört!? – Zur Mehrperspektivität eines Phänomens. In: M. Wittrock & M. Vernooij (Hrsg.), Verhaltensgestört!? Perspektiven, Diagnosen, Lösungen Im Pädagogischen Alltag (S. 11–14). Paderborn: Schöningh UTB.

Vernooij, M. & Wittrock, M. (Hrsg.) (2008): Verhaltensgestört!? Perspektiven, Diagnosen, Lösungen im pädagogischen Alltag. Paderborn: Schöningh UTB.

Vernooij, M. A. (2005): Erziehung und Bildung beeinträchtigter Kinder und Jugendlicher. Paderborn: Schöningh UTB.

Vernooij, M. A. (2007): Einführung in die Heil- und Sonderpädagogik. Theoretische und praktische Grundlagen der Arbeit mit beeinträchtigten Menschen. Wiebelsheim: Quelle & Meyer.

Verschueren, K. & Koomen, H. M. Y. (2012): Teacher-Child Relationships from an Attachment Perspective. Attachment and Human Development, 14, 3, 205–211.

Vierbuchen, M.-C. (2015): Förderung sozial-kognitiver Informationsverarbeitung im Jugendalter – Konzeption und Evaluation eines Förderprogramms unter besonderer Berücksichtigung spezifischer Risikofaktoren für schulischen Dropout. Dissertation. Universität Oldenburg. (http://oops.uni-oldenburg.de/2463/), Zugriff am 04.04.2020

Vierbuchen, M.-C. & Bartels, F. (2019): Feedback in der Unterrichtspraxis. Stuttgart: Kohlhammer

VN-BRK (Behindertenrechtskonvention der Vereinten Nationen) (2008): Gesetz zu dem Übereinkommen der Vereinten Nationen vom 13. Dezember 2006 über die Rechte von Menschen mit Behinderungen sowie zu dem Fakultativprotokoll vom 13. Dezember 2006 zum Übereinkommen der Vereinten Nationen über die Rechte von Menschen mit Behinderungen vom 21. Dezember 2008. (https://www.behindertenbeauftragte.de/SharedDocs/Publikationen/UN_Konvention_deutsch.pdf?__blob=publicationFile&v=2), Zugriff am 18.05.2020

Vogel, D. (2019): Banking Time – ein beziehungsorientierter Umgang mit auffälligem Verhalten. Schweizerische Zeitschrift für Heilpädagogik, 25, 3, 33–39.

Voigt, J. & Ricking, H. (2008): Wir gründen eine Schülerfirma. Ein pädagogisches Konzept für die schulische Berufsorientierung. Lernchancen, 66, 29–33.

Voigt, U. (1998): Empirische Untersuchungen zum Rückschulungserfolg von Schülern mit Verhaltensstörungen. Hamburg: Kovač.

Voß, S. & Gebhardt, M. F. (2017): Verlaufsdiagnostik in der Schule. Empirische Sonderpädagogik, 2, 95–97.

Voß, S. & Hartke, B. (2014): Curriculumbasierte Messverfahren (CBM) als Methode der formativen Leistungsdiagnostik im RTI-Ansatz. In: M. Hasselhorn, W. Schneider & U. Trautwein (Hrsg.), Lernverlaufsdiagnostik (S. 83–101). Göttingen: Hogrefe.

Voß, S., Sikora, S. & Mahlau, K. (2017): Vorschlag zur Konzeption eines curriculumbasierten Messverfahrens zur Erfassung der Rechtschreibleistungen im Grundschulbereich. Empirische Sonderpädagogik, 2, 184–194.

Wachtel, P. (2010): Situation und Perspektiven des Förderschwerpunktes Emotionale und soziale Entwicklung. In: H. Ricking & G. Schulze (Hrsg.), Förderbedarf in der emotionalen und sozialen Entwicklung (S. 14–28). Bad Heilbrunn: Klinkhardt.

Wagner, F. (2012): Theorie und Praxis der Beratung in sonderpädagogischen Handlungsfeldern. Aktuelle Tendenzen und Herausforderungen. Zeitschrift für Heilpädagogik, 7, 287–293.

Walkenhorst, P. (2006): Delinquenz. In: G. Antor & U. Bleidick (Hrsg.), Handbuch der Behindertenpädagogik. Schlüsselbegriffe aus Theorie und Praxis (S. 209–212). Stuttgart: Kohlhammer.

Walkenhorst, P. (2008): Jugendstrafvollzug. In: B. Gasteiger-Klicpera, H. Julius & C. Klicpera (Hrsg.), Sonderpädagogik der sozialen und emotionalen Entwicklung. Handbuch Sonderpädagogik. Bd. 3 (S. 701–723). Göttingen: Hogrefe.

Walkenhorst, P. (2010): Jugendstrafvollzug. APuZ, 7, 22–28.

Walkenhorst, P. (2016): Jugendstrafvollzug. In: I. Hedderich, G. Biewer, J. Hollenweger & R. Markowetz (Hrsg.), Handbuch Inklusion und Sonderpädagogik (S. 308–313). Bad Heilbrunn: Klinkhardt.

Walkenhorst, P. & Bihs, A. (2011): Kriminalität junger Menschen. Grundlagen – Entwicklungen – jugendstrafrechtliche Behandlung und förderschulische Interventionsperspektiven. Zeitschrift für Heilpädagogik, 7, 244–257.

Warnke, A. (2015): Kinder- und Jugendpsychiatrie und -psychotherapie. Frühförderung interdisziplinär, 34, 243–246.

Warnke, A. & Lehmkuhl, G. (2011): Kinder- und Jugendpsychiatrie und Psychotherapie in Deutschland. Die Versorgung von psychisch kranken Kindern, Jugendlichen und Familien. Stuttgart: Schattauer.

Warzecha, B. (2003): Unterricht, Bildung und Erziehung in der Kinder- und Jugendpsychiatrie. In: B. Warzecha (Hrsg.), Heterogenität macht Schule. Beiträge aus sonderpädagogischer und interkultureller Perspektive (S. 259–265). Münster: Waxmann.

Weidner, M. (2006): Kooperatives Lernen im Unterricht. Das Arbeitsbuch. Seelze: Klett/Kallmeyer.

Weinberger, S. & Lindner, H. (2011): Personenzentrierte Beratung. Stuttgart: Kohlhammer.

Weinert, A. (2004): Organisations- und Personalpsychologie. Weinheim/Basel: Beltz.

Weishart, H. (2008): Innovationen in Unternehmen und Schule – Faktoren und Strategien. Berlin: Wissenschaftlicher Verlag.

Weishaupt, H. (2015): Aus-, Fort- und Weiterbildung für ein Schulwesen auf dem Weg zur inklusiven Schule. Zeitschrift für Heilpädagogik, 66, 216–229.

Weltzien, D., Fröhlich-Gildhoff, K., Strohmer, J., Reutter, A. & Tinius, C. (2016): Multiprofessionelle Teams in Kindertageseinrichtungen. Weinheim/Basel: Beltz.

Wember, F. (2013): Herausforderung Inklusion: Ein präventiv orientiertes Modell schulischen Lernens und vier zentrale Bedingungen inklusiver Unterrichtsentwicklung. Zeitschrift für Heilpädagogik, 10, 380–388.

Wentzel, K. R. (2010): Students' Relationships with Teachers. In: J. L. Meece & J. C. Eccels (Hrsg.), Handbook of Research on Schools, Schooling, and Human Development (S. 75–91). New York: Routledge.

Werner, B. & Quindt, F. (2014): Aufgaben von Lehrkräften in inklusiven Settings: Eine empirisch- analytische Studie zur Erfassung und Klassifikation von Aufgaben von Lehrkräften in inklusiven Settings. Zeitschrift für Heilpädagogik, 65, 12, 462–471.

Wertgen, A. (2014a): Schule und Kinder- und Jugendpsychiatrie. In: F. B. Wember, R. Stein & U. Heimlich (Hrsg.), Handlexikon Lernschwierigkeiten und Verhaltensstörungen (S. 208–209). Stuttgart: Kohlhammer.

Wertgen, A. (2014b): Kinder- und Jugendpsychiatrie und Schule für Kranke: zur interdisziplinären Kooperation zweier Institutionen und ihrer Akteure. In: E. Flitner, F. Ostkämper, C. Scheid & A. Wertgen (Hrsg.), Chronisch kranke Kinder in der Schule (S. 158–176). Stuttgart: Kohlhammer.

Wettstein, A. & Scherzinger, M. (2019): Unterrichtsstörungen verstehen und wirksam vorbeugen. Stuttgart: Kohlhammer.

Wilbert, J. (2014): Instrumente zur Lernverlaufsmessung: Gütekriterien und Auswertungsanforderungen. In: M. Hasselhorn, W. Schneider & U. Trautwein (Hrsg.), Lernverlaufsdiagnostik. Test und Trends. N. F. Bd. 12 (S. 281–308). Göttingen: Hogrefe.

Wilbert, J. & Linnemann, M. (2011): Kriterien zur Analyse eines Tests zur Lernverlaufsdiagnostik. Empirische Sonderpädagogik, 3, 225–242.

Will, W. D. (2008): Schulische Bildung psychisch kranker Kinder und Jugendlicher an der Schule für Kranke. In: S. Denner (Hrsg.), Soziale Arbeit mit psychisch kranken Kindern und Jugendlichen (S. 237–247). Stuttgart: Kohlhammer.

Williford, A. P. & Pianta, R. C. (2020): Banking Time: A Dyadic Intervention to Improve Teacher-Student Relationship. In: A. Reschly, A. Pohl & S. Christenson (Hrsg.), Student Engagment (S. 239–250). New York, NY: Springer.

Willmann, M. (2005): Schule für Erziehungshilfe – Survey 2004/05. Eine bundesweite Totalerhebung der Schule für Erziehungshilfe in Deutschland: Vergleich von Bundes- und Länderergebnissen. Zeitschrift für Heilpädagogik, 56, 11, 442–445.

Willmann, M. (2006): Pädagogisch-therapeutische Unterrichtsmodelle im Förderschwerpunkt Emotionale und Soziale Entwicklung – eine Literaturübersicht zu didaktischen Konzepten der Pädagogik bei Verhaltensstörungen. Heilpädagogische Forschung, 32, 2, 76–89.

Willmann, M. (2007a): Steigerung der erzieherischen Kompetenzen durch sonderpädagogische Konsultation. Zeitschrift für Heilpädagogik, 58, 6, 214–222.

Willmann, M. (2007b): Die Schule für Erziehungshilfe/Schule mit dem Förderschwerpunkt Emotionale und Soziale Entwicklung: Organisationsformen, Prinzipien, Konzeptionen. In: Reiser, H., Willmann, M. & Urban, M. (Hrsg.), Sonderpädagogische Unterstützungssysteme bei Verhaltensproblemen in der Schule (S. 13–70). Bad Heilbrunn: Klinkhardt.

Willmann, M. (2008a): Schule für Erziehungshilfe, Förderschule im Bereich Emotionale und soziale Entwicklung. In: B. Gasteiger-Klicpera, H. Julius & C. Klicpera (Hrsg.), Sonderpädagogik der sozialen und emotionalen Entwicklung. Handbuch Sonderpädagogik. Bd. 3 (S. 686–700). Göttingen: Hogrefe.

Willmann, M. (2008b): Sonderpädagogische Beratung und Kooperation als Konsultation: theoretische Modelle und professionelle Konzepte der indirekten Unterstützung zur schulischen Integration von Schülern mit Verhaltensproblemen in Deutschland und den USA. Hamburg: Kovač.

Willmann, M. (2010a): Emotional-soziale Schwierigkeiten und Verhaltensstörungen. In: V. Moser (Hrsg.), Enzyklopädie Erziehungswissenschaften Online (EEO): Fachgebiet Behinderten- und Integrationspädagogik. Weinheim: Juventa.

Willmann, M. (2010b): Verhaltensstörungen als Erziehungsproblem: Zur pädagogischen Position im Umgang mit schwierigem Verhalten. In: B. Ahrbeck & M. Willmann (Hrsg.), Pädagogik bei Verhaltensstörungen (S. 205–214). Stuttgart: Kohlhammer.

Willmann, M. (2012): De-Psychologisierung und Professionalisierung der Sonderpädagogik. Kritik und Perspektiven einer Pädagogik für »schwierige« Kinder. München: Reinhardt.

Willmann, M. (2015): Emotional-soziale Schwierigkeiten und Verhaltensstörungen: Diagnostik und Assessment in der inklusiven Schule. In: H. Schäfer & C. Rittmeyer (Hrsg.), Handbuch Inklusive Diagnostik (S. 419–431). Weinheim: Beltz.

Willmann, M. (2018): Vermessung des Verhaltens, Normierung zur Inklusion? RTI als evidenzbasierte Pädagogik – eine Kritik. Zeitschrift für Grundschulforschung, 11, 1, 101–114.

Willmann, M. & Reiser, H. (2007): Schule als vernetztes System – Eine systemtheoretische Betrachtung möglicher Schnittstellen der schulischen Erziehungshilfe mit ihren Umgebungssystemen. In: H. Reiser, M. Willmann & M. Urban (Hrsg.), Sonderpädagogische Unterstützungssysteme bei Verhaltensproblemen in der Schule, Innovationen im Förderschwerpunkt Emotionale und Soziale Entwicklung (S. 113–138). Bad Heilbrunn: Klinkhardt.

Wilson, S. & Lipsey, M. (2007): School-Based Interventions for Aggressive and Disruptive Behavior: Update of a Meta-Analysis. American Journal of Preventive Medicine, 33, 130–143.

Winkel, R. (1986): Die kritisch-kommunikative Didaktik. In: H. Gudjons & R. Winkel (Hrsg.), Didaktische Theorien (S. 79–93). Hamburg: Bergmann.

Winkel, R. (2011): Der gestörte Unterricht. Baltmannsweiler: Schneider Hohengehren.

Winnicott, D. W. (1973): Vom Spiel zur Kreativität. Stuttgart: Klett-Cotta.

Wittchen, H.-U. & Hoyer, J. (2011): Was ist Klinische Psychologie? Definitionen, Konzepte und Modelle. In: H.-U. Wittchen & J. Hoyer (Hrsg.), Klinische Psychologie und Psychotherapie (S. 27–55). Berlin: Springer.

Wittrock, M. (2007): Ist die Schule für Erziehungshilfe zeitgemäß? Zur schulischen Betreuung von Kindern und Jugendlichen mit Beeinträchtigungen im Verhalten bzw. in der emotionalen und sozialen Entwicklung. In: W. Mutzeck & K. Popp. (Hrsg.), Professionalisierung von Sonderpädagogik. Standards, Kompetenzen und Methoden (S. 276–283). Weinheim: Beltz.

Wittrock, M. (2008): Ansatz der Lebensproblemzentrierten Pädagogik. In: M. Vernooij & M. Wittrock (Hrsg.), Verhaltensgestört!? Perspektiven, Diagnosen, Lösungen Im Pädagogischen Alltag (S. 150–172). Paderborn: Schöningh UTB.

Wittrock, M. (2011): Mobile Dienste und Beratungs- und Unterstützungssysteme im Förderschwerpunkt Emotionale und soziale Entwicklung – Chancen und Grenzen mobiler Arbeit. In: H. Ricking & F. Ockenga (Hrsg.), Mobile Dienste in der schulischen Erziehungshilfe (S. 43–51). Oldenburg: diz.

Wittrock, M. & Ricking, H. (2017): Lebensproblemzentrierung und Unterrichtsgestaltung. In: A. Methner, K. Popp & B. Seebach (Hrsg.), Verhaltensprobleme in der Sekundarstufe (S. 84–94). Stuttgart: Kohlhammer.

Wittrock, M. & Schulze, G. (2005): Kindheit und Jugend in Familie heute. In: G. Schulze & M. Wittrock (Hrsg.), Familien in Multiproblemlagen – Kinder in Multiproblemlagen (S. 9–16). Oldenburg: diz.

Wustmann-Seiler, C. (2015): Resilienz. Berlin: Cornelsen.

Zentrum für Lehrkräftebildung – Didaktisches Zentrum (DiZ) (2019): Weiterbildung Sonderpädagogik. (https://uol.de/weiterbildung-sonderpaedagogik), Zugriff am 20.11.2019

Ziegenhain, U. & Fegert, J. (Hrsg.) (2008): Kindeswohlgefährdung und Vernachlässigung. München: Reinhardt.

Ziegenhain, U., Schöllhorn, A., Künster, A., Hofer, A., König, C. & Fegert, J. M. (2010): Werkbuch Vernetzung. Chancen und Stolpersteine interdisziplinärer Kooperation und Vernetzung im Bereich Früher Hilfen und im Kinderschutz. Köln: NZFH.

Zimmermann, D. (2017): Traumatisierte Kinder und Jugendliche im Unterricht. Ein Praxisleitfaden für Lehrinnen und Lehrer. Weinheim: Beltz.

Zimmermann, D., Fickler-Stang, U., Dietrich, L. & Weiland, K. (2019): Professionalisierung für Unterricht und Beziehungsarbeit mit psychosozial benachteiligten Kindern und Jugendlichen. Bad Heilbrunn: Klinkhardt.

Autorinnen und Autoren

Viviane Albers, M. Ed., wissenschaftliche Mitarbeiterin, Carl von Ossietzky Universität Oldenburg, Institut für Sonder- und Rehabilitationspädagogik, Pädagogik bei Verhaltensstörungen/Emotionale und soziale Entwicklung.

Jun.-Prof. Dr. Frederike Bartels, Universität Vechta, Erziehungswissenschaften, Grundschulpädagogik.

Prof. Dr. Menno Baumann, Fliedner-Fachhochschule Düsseldorf, Intensivpädagogik.

Tijs Bolz, M. Ed., wissenschaftlicher Mitarbeiter, Carl von Ossietzky Universität Oldenburg, Institut für Sonder- und Rehabilitationspädagogik, Pädagogik bei Verhaltensstörungen/Emotionale und soziale Entwicklung sowie Sonder- und Rehabilitationspädagogische Psychologie.

Dr. Dennis Hövel, Universität zu Köln, Department Heilpädagogik und Rehabilitation, Erziehungshilfe und sozial-emotionale Entwicklungsförderung.

Dr. Frank Ockenga, Förderschullehrer, Förderschule Emden.

apl. Prof. Dr. Heinrich Ricking, Carl von Ossietzky Universität Oldenburg, Institut für Sonder- und Rehabilitationspädagogik, Pädagogik bei Verhaltensstörungen/ Emotionale und soziale Entwicklung.

Bastian Rieß, Carl von Ossietzky Universität Oldenburg, Institut für Sonder- und Rehabilitationspädagogik, Koordinator für den Ausbau Sonderpädagogik.

Simona Selle, Carl von Ossietzky Universität Oldenburg, Zentrum für Lehrkräftebildung.

Jun.-Prof. Dr. Marie-Christine Vierbuchen, Universität Vechta, Erziehungswissenschaften, Inklusive Bildung.

Tomke Weihrauch, wissenschaftliche Mitarbeiterin, Carl von Ossietzky Universität Oldenburg, Institut für Sonder- und Rehabilitationspädagogik, Pädagogik bei Verhaltensstörungen/Emotionale und soziale Entwicklung.

Prof. Dr. Manfred Wittrock, Carl von Ossietzky Universität Oldenburg, Institut für Sonder- und Rehabilitationspädagogik, Pädagogik bei Verhaltensstörungen/Emotionale und soziale Entwicklung.